清廉之岛建设理论指导
与实践探索

主　编：逄奉辉　王振海　曹　胜　贾乐芳
副主编：邵　勇　常　春　孙　涛　牛月永　郭江龙

中国海洋大学出版社
· 青岛 ·

图书在版编目（CIP）数据

清廉之岛建设理论指导与实践探索 / 逄奉辉等主编 .
青岛：中国海洋大学出版社，2024. 10. -- ISBN 978-7-
5670-3980-3

Ⅰ. D261. 3-53；D262. 6-53

中国国家版本馆 CIP 数据核字第 20249DN202 号

出版发行	中国海洋大学出版社			
社　　址	青岛市香港东路 23 号		**邮政编码**	266071
出 版 人	刘文菁			
网　　址	http://pub.ouc.edu.cn			
订购电话	0532-82032573（传真）			
责任编辑	邵成军　杨亦飞		**电　　话**	0532-85902533
特约编辑	田　雨　郭士民　闫鑫淇			
印　　制	日照日报印务中心			
版　　次	2024 年 10 月第 1 版			
印　　次	2024 年 10 月第 1 次印刷			
成品尺寸	170 mm × 240 mm			
印　　张	24			
字　　数	440 千			
印　　数	1—1 000			
定　　价	129. 00 元			

编委会

（按姓氏笔画排列）

目 录

CONTENTS

1

第一篇
习近平总书记关于党风廉政
建设的重要论述

习近平总书记关于党风廉政建设重要论述的本质特征及价值意蕴

一、习近平总书记关于党风廉政建设重要论述的立论之基

第一,继承马克思主义经典作家的廉政建设理论。马克思恩格斯在《共产党宣言》中指出,"共产党人……他们没有任何同整个无产阶级的利益不同的利益"。[1]共产党人自始至终是同人民站在一起的,并且一直为人民群众谋求福祉和利益。马克思不断丰富廉政理论,进一步厘清廉政的本质。列宁在此基础上不断推进从严治党和廉政教育。

第二,遵循中国共产党百年历史中廉政建设的经验。在中国革命和建设的过程中,毛泽东同志十分重视党的作风建设。改革开放后,邓小平同志重点加强制度和法治建设。江泽民同志不断吸取之前的经验,进一步加强党风廉政建设。胡锦涛同志指出,要以科学发展观为指导,并进一步提出以人为本的廉政思想。

第三,新时代全面从严治党的需要。当前,国际关系一直处于持续紧张的状态,国际治理和社会的可持续发展面临着非常大的威胁。面对这些问题,习近平总书记意识到问题的严重性,并提出关于党的建设新要求。新的历史征程上,中国共产党要在党员干部能力、工作方法等方面作出更大努力。

二、习近平总书记关于党风廉政建设重要论述的本质特征

第一,坚持以人民为中心。习近平总书记指出,"要把造福人民作为最重要的政绩"。[2]党风廉政建设的最初目的与最终归宿都是人民。党的十八大以来,习近平总书记重点推进党风廉政建设,把造福人民群众作为推进建设的工作动力。

第二,坚持唯物辩证的科学方法。党的十八大以来,习近平总书记将辩证思维运用到党风廉政建设中,将理论与现实相结合,使腐败这个棘手的问题得到有效的遏制。坚持辩证思维这一科学方法,对于营造风清气正的良好政治生态具有积极的意义。

第三,坚持从整体上看问题。在推进党风廉政建设过程中,习近平总书记运用重点论与整体论相结合的方式。比如,提出"老虎""苍蝇"一起打。习近平总书记根据我国的现实国情,在实践中不断摸索,提出了党风廉政建设的重要论述。

三、习近平总书记关于党风廉政建设重要论述的价值意蕴

党的十八大以来,习近平总书记深刻意识到反腐败的重要性。因此,习近平总书记以为民思维、辩证思维与整体思维为根据,依法严惩腐败行为,为世界各国政党的发展贡献中国智慧和中国方案。从目前来看,中国的话语权在国际上的地位越来越高。中国在推进党风廉政建设中,坚持从全局的角度出发,针对不同的情况制定具体的方案,不断构建反腐的新秩序,努力推进反腐败工作,充分体现了中国智慧。

参考文献

[1] 马克思,恩格斯. 马克思恩格斯选集(第1卷)[M]. 北京:人民出版社,2013:413.

[2] 向全国各族人民致以美好的新春祝福　祝各族人民幸福吉祥　祝伟大祖国繁荣富强[N]. 人民日报,2021-02-06(1).

(李莹蔚　青岛科技大学马克思主义学院)

习近平总书记关于党风廉政建设和反腐败斗争重要论述探究

一、是全面从严治党、锻造伟大事业坚强领导核心的需要

中国共产党的作风问题至关重要,党的作风建设就好比逆水行舟,不进则退,丝毫不能松懈。良好的作风不是一蹴而就的,在这个过程中,总会遭遇一次又一次消极因素的影响,必须时刻提高警惕。良好的作风能够相互影响,产生积极作用,但同时更要意识到,不好的作风往往具有更强的传染性,甚至会对好的作风产生影响。纠正不良作风,务必要坚决有力。在反腐败斗争上更是如此。基于此,习近平总书记进一步要求,"这是开展党风廉政建设和反腐败工作的指导性文件,各级党委要认真执行,把这项重大政治任务贯穿到改革发展稳定各项工作之中"。[1]我国政党制度经过了历史一次又一次的考验,也获得了人民群众的支持。它与其他政党制度有着本质区别。一方面,它能防止出现一党制所形成的监督制约能力低下的问题,另一方面也能避免因多党制而出现的政党之间恶斗不断的弊端的情况。它高度融合了中国共产党和各民主党派的特色和能力,从而在更大程度上汇聚成智慧结

晶,发挥其最大合力为人民谋福祉,并以推动经济社会发展和实现个人的全面进步作为不懈追求的目标。为此,必须坚决打赢这场保护人民利益的反腐败斗争。反腐败斗争没有停歇的时候,是一场不会终止的战役,必须持之以恒,充分认识到它的长期性、艰巨性,否则就会面临反弹的风险,甚至摧毁已有的成就。

二、是夯实党的执政基础、巩固党的执政地位的根本保障

自成立之日起,中国共产党就清楚地知道自身强大的力量来自人民,站在人民的立场就能获得人民群众的尊重和支持,就能拥有源源不断的强大力量。坚持以人民为中心不是每天摇旗呐喊的口号,必须落实在行动上,真真正正地扎根于人民群众的最深处,解决人民群众深恶痛绝的问题,消灭令人民群众痛心疾首的现象。腐败就是这些问题和现象之一,倘若不能正确处理腐败问题,势必会失了人民群众的心,既不利于树立党的政治威信,也影响着党的执政地位。这是一场输不起的斗争。得罪一些腐败分子不要紧,重要的是不能得罪亿万群众的心。这是一笔换谁都清楚的账。为此,以习近平同志为核心的党中央出台了一系列政策,时刻保持坚定决心,以强有力的手腕治理腐败现象,取得令人满意的成效,更深层次地保障了人民群众的切身利益,将党与人民更加紧密地联系在一起。

参考文献

[1] 习近平关于党风廉政建设和反腐败斗争论述摘编 [M]. 北京:中央文献出版社,中国方正出版社,2015.

(谷 雪 青岛科技大学马克思主义学院)

习近平总书记关于新时代廉政建设重要论述探析

一、从传统文化廉政到习近平总书记廉政建设重要论述的内涵

反腐倡廉关乎着人民的利益问题,更关乎着政党的存亡问题。习近平总书记顺应时代和国情发展的变化,批判地继承了传统的廉政理念,结合马克思恩格斯及其中国共产党历代领导人关于反腐败问题的论述,丰富了中国特色社会主义的廉政文化。

（一）传统文化中廉政的探析

秦汉时期是廉政思想发展的重要时期。秦朝《秦律》的颁布,使得法治成为廉政的重要手段,法治建设逐步系统化。秦简《为吏之道》中规定官员要做到"清廉无谤",要求为政者要做到清正廉洁。汉朝有"试任制",官员只有具有作风严正的思想,经过一年的试任期,才能转为正式官员。隋唐时期的统治者大力推行廉政制度,对治理国家起到了积极作用。隋文帝打击腐败官员,处死了一批贪污受贿分子,以严厉的法治手段来加强对官员的监督。唐太宗十分重视廉政建设,认为君主言论会对社会产生巨大的影响,因此提倡"慎言语",对多方意见进行广泛听取。宋元时期的民族背景与其他朝代不同,具有鲜明的时代特色。宋代制定了《刑统》法律,建立"六察官"监察制度,权力的分立,使得各个官员之间相互监督、相互制衡。元朝统治者为了发挥监察机关的作用,从中央到地方建立了权力的监察机构,对机构官员作了严格的纪律要求。明清时期的中央集权达到顶峰,朱元璋认同儒家的"民本思想",认为勤俭、仁政、爱民是稳定国家的重要前提,建立了一系列廉政制度,主张要自上而下形成清廉的社会风气。

（二）习近平廉政建设重要论述的内涵

习近平总书记在党的二十大报告中指出:"我们开展了史无前例的反腐败斗争,以'得罪千百人,不负十四亿'的使命担当祛疴治乱。""党的十八大以来,习近平总书记针对管党治党面临的突出问题,提出了自我革命的目标和任务,形成了党的自我革命的战略思想。[1]"我们党始终坚定走群众路线,坚持一切为了群众,一切依靠群众,踏踏实实为群众服务,就需要全体共产党员积极保持党的先进性和纯洁性,始终把人民利益放在第一位。

习近平总书记提出要接受群众监督,坚决杜绝违纪行为。法治监督就是运用法治制约权力的使用,防止滥用权力和不正当手段的出现,全面从严治党,维护社会秩序。习近平总书记指出,马克思主义权力观的核心是权为民所赋、权为民所用。廉政建设决定了党的事业的发展,政府清廉,政治清明,是全心全意为人民服务的基本要求。因此,全党要秉承艰苦奋斗的优良作风。无论时代如何变化,共产党人要始终坚持清正廉洁和勤俭节约的优良作风。要坚决抵制奢靡之风,要彻底清除社会毒瘤,就要加强政治生态建设以及廉政建设,永远保持党内清正之风。

参考文献

[1]过勇.坚决打赢反腐败斗争攻坚战持久战[J].中国党政干部论坛,

2022（11）：139-144.

（王雨晴　山东科技大学马克思主义学院）

习近平总书记关于廉政建设重要论述的传统文化意蕴与创新性

习近平总书记继承并发展了中华优秀传统廉政文化，如"修身自省"的自律思想、"民为邦本，本固邦宁"的民本思想等，形成了一系列关于廉政建设的重要论述。

一、"为政以德，修身自省"，以"三严三实"规定干部队伍建设方式

古代"修身自省"既强调要有坚定的理想信念，又重视养成开阔通达的个人境界，而且要进行自我教育、自我管理，对自身品德修养进行检验，达到廉洁奉公，丰富了优秀传统文化中的廉政、廉洁文化。

习近平总书记结合时代特征总结出"三严三实"思想，指出其是巩固党的事业稳定发展的有效武器。批评与自我批评，自觉联系人民群众，实事求是，都是党员干部"修身"的形式表现。党员干部自觉加强党性修养和廉洁文化学习，强化为人民服务的能力，要时刻保持修身内省、自我反思。

二、"民为邦本，本固邦宁"，发展"以人民为中心"的人民至上思想

在古代，民本思想根基深厚，这为奠定廉洁自律的品德修养提供了基础和保障，也是廉政建设的关键。

习近平总书记在将马克思主义党建理论中国化的过程中，为中国优秀传统廉政文化中的民本思想的价值理念注入了新的内涵，提出"以人民为中心"的思想和"始终把人民放在心中最高的位置"。党中央高度重视党与人民的关系，特别强调维护人民的利益是夺取反腐败压倒性胜利的终极目标，维护人民利益和推进廉政建设是相辅相成的。中国共产党以改善人民生活水平和质量为奋斗目标，对于同民生相关的重大问题做出了回应和支持。这些是传统民本思想在新的历史条件下的发展与充实，体现了党对廉政建设和反腐败的新认识。

三、"崇节俭、寡欲望",从"崇俭戒奢"中跳出"历史周期率"

自古以来,明贤圣君高度重视廉洁政治,以俭以养德、奢则败政的原则治理国家,将崇尚节俭作为治国理政的重要途径。在中华传统文化中,崇尚节俭的廉政思想源远流长,对于提高对当前的反腐倡廉建设的认识程度和惩治力度具有重要意义。

习近平总书记强调,家无俭不兴,党无俭必亡。[1]党的十八大以来,习近平总书记在全党推崇勤俭节约风气,肃清风气,整顿党内不良奢侈作风。从在党内开展四风建设,到在社会倡导全民节约,习近平总书记在许多场合的重要讲话中都包含了一系列崇尚节俭的廉政理念。习近平总书记强调,无论何时何地,党员干部都要秉持崇俭戒奢的艰苦作风,才能赢得民心。[2]习近平总书记指出,要时刻铭记历代政息人亡的历史教训,保持党的清廉本色,永葆党的生机和活力。

参考文献

[1] 中共中央文献研究室. 厉行节约反对浪费重要论述摘编[M]. 北京:中央文献出版社,2013:54.

[2] 吴日明,张娣. 中国传统文化与习近平廉政话语的构建[J]. 廉政文化研究,2015,6(6):20-26.

(高梦琳　青岛科技大学马克思主义学院)

习近平总书记关于反腐败重要论述的理论渊源

政治学语意下,腐败意指"政治之癌"的权力腐败[1],腐败问题是古往今来都存在的一种历史现象,反腐败斗争也被视为一项重大工程在推进。习近平总书记关于反腐败的重要论述不是无源之水、无本之木,具有极其深厚的理论渊源。

一、对中华历史上廉政文化的创造性转化

中华民族历史上有着丰富的廉政文化,且保留至今,正所谓"廉者,政之本也,民之惠也"。习近平总书记强调,坚持从严治党,必须"积极借鉴我国历史上优秀廉政文化,不断提高党的领导水平和执政水平,提高拒腐防变和抵御风险的能力"。[2]从周公"敬天保民"实施德政到孔孟"以民为重""民

贵君轻"，都将以民为本的思想体现得淋漓尽致。秦朝的商鞅变法，厉行法治；朱元璋出身贫寒，曾发起一场声势浩大的反腐肃贪运动，同时他鼓励民间反腐，大大发挥了百姓的监督作用。当下，以习近平同志为核心的党中央更是以强有力的法律严厉打击腐败现象，以实现保护人民利益的初衷。

二、对马克思廉政思想的时代化发展

马克思分析了当时社会腐败现象产生的根源，即私有制的产生。私有制使每个资本家都有自己的私利，为了谋取更大的利益难免会走上腐败的道路，以私有制为基础的资产阶级政权是"一切腐败事物的温床"。腐败是人民的公敌，因为资本家的腐败、官员的腐败最终受压迫和受苦的还是广大人民群众。因此，马克思从人民利益出发，提出无产阶级政党和公职人员要有公仆意识，无产阶级政党和政权机关要做人民利益的代表者；为了防止公职人员由公仆变为主人，对公职人员实行全面的选举制，对不合格的公职人员实行撤换制；此外，高薪制不复存在，保证公职人员的工资与熟练工人的工资无较大差别。中国共产党在开展反腐败斗争的过程中，并未只局限于党内这个范围，而是做到始终没有脱离人民群众这个最广泛的主体，充分发挥人民群众的监督作用。

三、对我国历代领导人积极开展反腐败斗争实践的延续和升华

毛泽东同志一直坚持将思想教育摆在首位，并指出，针对党员干部思想信念不坚定的情况，增强其自我控制能力势在必行，因此，开展反腐倡廉教育迫在眉睫，通过思想教育引导党员干部们坚定马克思主义信仰，进而肃清党内的贪污腐败风气。以邓小平同志为核心的党中央领导集体，提出要不断加强法治建设，建设廉洁奉公的政府，保证改革开放的进程平稳推进。此外，邓小平同志还十分重视监督的作用，不管是党员内部监督，还是群众监督以及无党派人士监督，都要充分发挥其作用，全员助力反腐败。以江泽民同志、胡锦涛同志为代表的中国共产党人不仅对腐败问题坚决惩治，还在思想上预防腐败，丰富和发展了党的反腐败体系，为新时代反腐败斗争提供了理论指导和实践源泉。

参考文献

[1] 李玉贵，李婧．习近平论反腐败斗争 [J]．科学社会主义，2018 (2)：97-
    101．
[2] 习近平．借鉴历史上优秀廉政文化　不断提高拒腐防变能力 [N]．人民

日报,2013-04-21(1).

（董　萍　山东科技大学马克思主义学院）

习近平法治思想的辩证唯物主义视角

时代是思想之母,而思想则是时代的先导。回顾总结党的百年峥嵘历史,我们党在团结带领全国各族人民,彻底改变国家民族命运的同时,创造出了无数弥足珍贵的思想理论财富,习近平法治思想就是这些宝贵的思想理论财富的重要组成部分。党的二十大报告对坚持以习近平法治思想为指引,深入推进法治中国建设作出重大决策部署,为建设社会主义法治国家指明了前进方向。那么,习近平法治思想的基本内涵是什么?具体包含哪些时代价值?本文拟就上述问题略作粗浅的探讨。

一、习近平法治思想的基本内涵是什么

（一）习近平法治思想的基本内涵

什么是习近平法治思想?习近平法治思想的核心要义是什么?笔者认为,理解和诠释这一重要思想理论成果不能拘泥于某一既定的思维模式,必须从实践、历史、文化等思维要素和文化因子方面予以多视角的分析。辩证唯物主义哲学原理指出,任何事物都是质和量的统一,世界上不存在有质无量、有量无质的事物,无质无量的事物是无法想象的。质是我们认识事物的前提,量是我们认识事物的深化。深刻理解习近平法治思想的基本内涵、核心要义也要遵循辩证唯物主义和历史唯物主义的基本原理和认识方法。

基于思想理论的传承关系分析。党的十八大以来,以习近平同志为核心的党中央,不断深化对国家治理规律的探索和认识,不断总结中国法治实践的历史,特别是新中国成立七十余年、改革开放四十余年治国理政的经验教训,深刻认识到"治国理政须臾离不开法治""没有全面依法治国,我们就治不好国、理不好政,我们的战略布局就会落空"[1]。党的二十大提出"在法治轨道上全面建设社会主义现代化国家",突出"更好发挥法治固根本、稳预期、利长远的保障作用"[2]。厉行法治是建设社会主义现代化强国、实现中华民族伟大复兴的可靠保障。自党的十八大,到中央全面依法治国会议的召开,到党的二十大,习近平总书记通过重要的会议、讲话、报告等多种方式,

将全面依法治国的地位进一步提高,作用进一步强化,内涵进一步丰富,运用进一步娴熟。所以,习近平法治思想具有深厚的现实依据和理论基础,是习近平新时代中国特色社会主义思想的"法治篇"和重要组成部分。

基于实践的源泉动力分析。人类制度文明演进的历史充分昭示出"法令行则国治,法令弛则国乱"的深刻道理。新中国成立以来,我们党深刻认识到法治在国家治理中的重要作用,认识到法治对于坚持和发展中国特色社会主义、推进社会主义现代化建设的重大意义。所以,习近平法治思想产生于中国特色社会主义建设的伟大实践中,是对要不要全面依法治国、怎样才能实行全面依法治国等重大战略问题的科学回答,必须成为全面依法治国的根本遵循和行动指南。

基于历史文化的传承发展分析。习近平法治思想产生于中国特色社会主义建设的伟大实践,同时又吸收借鉴了几千年的中华法治文明成果,赋予了源远流长的中华法治文明新的时代内涵。中华民族在历史发展长河中积淀了深厚的法律文化,显示了中华法治文明的深厚底蕴。党的十八大以来,习近平总书记深入挖掘和传承中华优秀传统法律文化精华,如扬弃传统文化的"民惟邦本、本固邦宁"的民本理念,使中国特色社会主义法治思想牢牢建立在以人民为中心的根本出发点、着力点上;扬弃"出礼入刑、隆礼重法"的治国策略,弘扬"天下无讼、以和为贵"的价值追求,弘扬"德主刑辅、明德慎罚"的慎刑思想等等,不仅向世人展示了中国的法治精神和人道主义精神,同时又赋予中华法治文明新的时代内涵。

基于个人与集体的关系分析。马克思主义经典作家历来强调法治的地位和作用,十分重视法治理论的研究。习近平法治思想是与习近平新时代中国特色社会主义经济思想、强军思想、生态文明思想、外交思想等其他新思想相互统一、不可分割的重要组成部分,理论底蕴深厚,体系架构完备。习近平法治思想广泛分布在习近平总书记的重要讲话、报告、理论著述和党的路线方针政策当中,是中国共产党集体智慧的结晶。

(二)习近平法治思想的核心要义

上述关于习近平法治思想性质地位的分析,是深刻领会习近平法治思想的质的方面,还必须对其核心要义予以解释,这样才能更深刻、更全面。在中共中央全面依法治国会议上,习近平总书记对当前和今后一个时期推进全面依法治国要重点抓好的工作提出了11个方面的要求。这"十一个坚持"是习近平法治思想的核心要义,第1~3个坚持是回答"建设什么样的法治国家",包括依法治国的政治基础、道路方向、根本着力点出发点等问题。第4~11个坚持是回答"怎样实行全面依法治国",包括依法治国的关键核心、法治体系建设、法治工作队伍建设等问题。这些核心要义既是认真学习、深刻领会、贯彻落实习近平法治思想的重要内容，又是牢牢把握全面依法治国政治方向、重要地位、工作布局、重点任务、重大关系、重要保障，高水平走好法治建设之路的重要环节。

二、习近平法治思想的时代价值

价值即意义。时代价值就是时代对它的需要程度。习近平法治思想对当代中国和世界的意义无疑是十分重要。《人民日报》《学习时报》等主要媒体分别用《全面依法治国的根本遵循和行动指南》《新时代法治中国实践的思想旗帜和行动纲领》等标题予以肯定。概而述之主要有以下方面。

政治纲领意义。《求是》杂志载文《坚持以习近平法治思想为指导，谱写新时代全面依法治国新篇章》指出，"习近平法治思想是顺应实现中华民族伟大复兴时代要求应运而生的重大理论创新成果，是马克思主义法治理论中国化的最新成果，是习近平新时代中国特色社会主义思想的重要组成部分，是新时代全面依法治国的根本遵循和行动指南"[3]。"习近平法治思想在全面依法治国中的指导地位的确立，在马克思主义法治理论发展史和中国特色社会主义法治建设史上具有里程碑意义。"[4]深入研究阐释和宣传贯彻习近平法治思想，有利于统一广大干部群众的思想认识，增强"四个意识"，坚定"四个自信"，做到"两个维护"，使广大党员干部自觉与党中央在思想政治上保持高度一致，坚定不移走中国特色社会主义法治道路。习近平法治思想既是对马克思主义法治理论的一脉相承，又有许多创新发展，开辟了马克思主义法治理论新境界，因此具有非常深刻的政治纲领意义。

时代标志意义。历史和现实无数次昭示，法治兴则国兴，法治强则国强。全面推进依法治国是关系我们党执政兴国、关系人民幸福安康、关系党和国家长治久安的重大战略问题，是完善和发展中国特色社会主义制度、推进国家治理体系和治理能力现代化的重要方面。习近平总书记以马克思主义政治家、思想家、战略家的非凡理论勇气，以深远的战略思维、强烈的历史担当和宏大的战略气魄，从历史和现实、国际和国内相统一的角度，对为什么要依法治国，怎样实行全面依法治国等重大战略问题予以回答和部署。习近平法治思想涵盖改革发展稳定、内政外交国防、治党治国治军等各方面的法治问题，是把中国法治文明带进多元世界政治文明的重大标志性事件，具有鲜明的时代特征、时代价值。

强基固本意义。法治是当今世界各个国家普遍采取的治国理政的基本方式，也代表了一定程度的世界发展趋势。习近平总书记强调指出，"依法治国地位更加突出、作用更加重大"[5]。"要更加注重发挥法治在国家治理和社会管理中的重要作用",明确将依法治国确立为"党领导人民治理国家的基本方式",把全面依法治国确定为"四个全面"战略布局的重要组成部分,把建设法治中国目标确立为全面依法治国的宏伟发展蓝图,从而将法治和法治建设提升到前所未有的高度。法治是国家治理体系和治理能力现代化的重要依托。实践证明,只有在法治轨道上推进国家治理体系和治理能力现代化,对国家根本制度、基本制度、重要制度进行明确的宪法和法律的规范并且保证实施,才能有效保障国家长治久安。只有以习近平法治思想为指导,才能更好发挥法治对改革发展稳定的引领、规范、保障作用,才能固根基、扬优势、补短板、强弱项,从而推动法治中国建设。

参考文献

[1] 王晨．习近平法治思想是马克思主义法治理论中国化的新发展新飞跃 [J]．中国法学,2021(2):5-19.

[2] 杨春福．习近平法治思想的时代特色 [J]．群众,2020(23):20-21.

[3] 蒋传光．习近平法治思想的核心内容 [J]．学习与探索,2021(1):1-20,202.

[4] 魏胜强,任庆素．加快建设中国特色社会主义法治体系——深入学习贯彻党的十九届六中全会精神系列党课 [J]．党课参考,2022(6):46-63.

[5] 王晨．坚持以习近平法治思想为指导谱写新时代全面依法治国新篇章 [J]．中国法学,2021(1):5-10.

(李印广,李 赛 中共青岛市城阳区委党校)

第二篇
党风廉政建设基本理论

新时代全面从严治党与廉政建设的启示

一、背景：时代主题不断演进呼唤全面从严治党战略实践与时俱进

随着社会改革的逐步展开，现代化的社会治理必然要有特定的公共依据，法治社会所追求的公正利益结构调整，本身就是以共同富裕的社会主义本质要求为基准，从制度上不断平衡的结构性要素与实践。从社会主义所追求的"共同富裕"整体本质上看，更加平衡的利益结构调整离不开全局性的利益整合。而具有执政领导地位的中国共产党要当好中国式现代化前进与廉政建设方向上的掌舵人，就要坚持"总揽全局、协调各方"的根本要略，以总体性视野来对整个国家公共治理体系建设和廉政服务改革进行科学而有效的顶层设计。

然而，开启迈向共同富裕新时代的中国，却面临着不充分不平衡的利益格局，社会发展结构面临诸多挑战。全面深化改革战略能否成功给党的执政能力带来巨大考验。自党的十八大一路走来，肩负从小康社会到现代化强国建设使命的党需要探寻出与时俱进的国家治理路径，以纯洁性建设为核心的自我革命促进廉政服务效能提升。2014年，习近平总书记提出在把握全面建成小康社会、全面深化改革、全面依法治国的同时，注重"全面从严治党"，并把将党的领导能力建设尤其是反腐倡廉工作作为影响到中华民族伟大复兴梦想实现的关键所在。因此，"四个全面"战略成为中国特色社会主义在新时代顺利实现现代化的重要总体部署，影响着整个社会共同体在未来阶段建设的总进程和总趋势。

二、中国式现代化要求党以自我革命带动社会革命

2017年党的十九大再次明确，党的建设是在新时代的一项新的伟大工程，是关乎中华民族现代化的"四个伟大"建设任务之一。2021年，在中国共产党坚强有力的领导下，全体人民终于胜利完成了全面建成小康社会的第一个百年奋斗目标，为开启中国式现代化"共同富裕"新征程打下了良好的经济社会基础。所以"四个全面"战略的第一个任务由此调整为"全面建设社会主义现代化国家"，并在2022年党的二十大之际有了以中国式现代化造就人类文明新形态更加明确的本质性表述。中国共产党的领导是中国特色社会主义最本质的特征。故而新征程上，中国共产党要继续发挥好中国特色社会主义掌舵手的领航作用，通过不断推进落实全面从严治党，来增强行政领导工作中的廉政效能，继而带动国家治理现代化，凸显中国式现代化的道路特质和原则性特征。

作为执政党的中国共产党在中国特色社会主义社会经济发展方式转型进程中既然具备掌舵人角色,那么在进行顶层设计时必须正确把握社会共同体的整体改革指向和内在价值维度。由于社会转型期的内在调整本质上是对于体制、机制以及涉及主体利益实现的制度法规环境进行完善和调整,所以中国特色社会主义的建设就必须遵从相应的社会主义核心价值原则,在实践上也要遵守特定的程序规范。这对于作为执政党顶层设计核心力量的中国共产党来说,提出了相当重要的时代考验。所以全面深化改革所进行的政务布局与法治的实施,都对党的功能和作用提出了更高要求。全面从严治党与自我革命直接呼应,那么其改革大趋势必定具有一定的原则向度。

三、以高效能廉政建设推进新时代国家治理向"共同富裕"向度迈进的原则

首先,中国共产党作为先进的马克思主义政党,其进步性体现在追求人类解放的革命政治属性上。正因为党坚持共产主义解放原则,在进行改革实践时,必须严格遵循追求人作为类主体自由而全面发展的基本价值取向。中国共产党从这一根本原则出发去制定和维护社会结构化改革的公共规范,通过具有包容性的顶层设计让改革与发展的福利进一步惠及最广大人民群众,从而巩固党在推进共同富裕进程中的执政基础,在政治上保持和巩固社会治理的合法性,由此更好地实现中国共产党全心全意为人民服务的根本宗旨,体现其作为无产阶级政党应有的价值属性和坚定立场。所以,新征程要继续全面从严治党来保障公共政务及社会治理的有效性,就要继续在思想和政治上,以马克思主义中国化三次飞跃性成果为指导,注重改革要以人民为中心,推动社会多元利益诉求在多元主体共治中统筹兼顾,对整个共同体的根本利益所在和价值立场进行科学合理的定位,让最广大人民群众在共同富裕的普惠性改革中体验获得感。为此党要继续秉承作为无产阶级政党的坚定信仰,始终代表最广大人民根本利益,通过全过程人民民主,将动态平衡的方法应用于利益结构改革和廉政服务建设之中,从而不断满足主体人自由而全面发展的解放诉求,通过党政治属性的深化,来加强党对自身纯洁性、纪律性、先进性的持续治理。

其次,全面深化改革与全面依法治国都是党在现代化国家新征程中要坚持落实的战略抉择,这一选择也体现了中国共产党对于时代脉搏的敏锐洞察力,而这正是保证党能够始终在百年变局中发挥好应变领导作用,突出先进性所需要注重的。要实现保证新时代廉政公务的持续有效就需要深化全面从严治党,需要党能够统揽与时代主题高度一致的公共战略规划,使各层级公共部门的廉洁政务实施都具备人民性、实效性。而政党若要具备这种能

力,就必须坚持群众路线,从实践主体中汲取发展所需的政治智慧,凝聚最大公约数,通过与人民群众的互动来铺展治国理政所需的社会基础。

把共同富裕这一涉及人民切身利益的重大抉择作为基本现代化的标志,人民必然有充分的理由参与其中并且在整个政务实践过程中发挥监督和反馈作用。而人民的参与实际上也就对党的政务治理提出了考验。因为公共法制在制定、决策、实施、修改、完善的每一个环节都离不开基层实践的验证和理性经验的总结。为了获得能够成为有效治理举措的前期感性材料,就需完善全过程人民民主,及时关注民众反馈并做出合理反应,依据多元渠道收集基层信息为完善政策填充必要的社会能量,做到决策科学务实、政务公开透明,增进社会包容性使之持续有效。

再次,全面从严治党从另一角度来讲是一种社会性系统治理,须基于规律以自我革命带动社会革命。政党是社会共同体中的组织,其政治价值在于维护其所代表的社会阶级根本利益。人民对于利益的追求总是要遵从特定的社会秩序和行为规范,政党作为一个系统性的组织存在于社会之中,也要依照历史规律完成目标任务。在社会系统层面就是要有相应的秩序结构作为系统演进的规制。对于党自身"革命"的整个治理应放在其所处社会整体体系之内考量,因而党自我治理也须遵从法治性、系统性、科学性原则。由于全面深化改革目标在于不断完善社会主义体制,不断地推进国家治理体系和治理能力现代化,使整个社会可以更为全面协调可持续发展,那么维护整个组织体系的平稳运行就成为首要任务。

社会体系的内在机理的进化,关键看生产力所需释放的方向,而以人的现代化为核心的社会生产力其发展运作的主体归根到底是人本身。"环境的改变与人的活动的一致,只能被看作是并合理地理解为变革的实践。"[1] 共同体建设需要人充分发挥创造性。人这一实践主体能动作用的发挥,既然只能发生在同一社会共同体之中,那么相互联系的主体就要按照共同体运动规律有序地展开。因为党的发展必然寓于社会共同体中,所以党的自我运作要依据人类历史规律并根据社会主义建设规律来实现。作为解放生产力代表的中国共产党,自身治理改革也具有社会示范价值,其对宪法法律权威的维护将扩大社会公信力。为此,除了协同社会多元主体力量不断完善各项公共法规政策外,也必须加强党内法规建设,由完善党的法务治理实现系统性的组织建设。"完善党内法规制定体制机制,加大党内法规备案审查和解释力度,形成配套完善的党内法规制度体系。注重党内法规同国家法律的衔接和协调,提高党内法规执行力,运用党内法规把党要管党、从严治党落到实处,促进党员、干部带头遵守国家法律法规。"[2] 要做到依法依规从严治党,实现党的运作程序化、制度化、规范化,从而健全党领导组织效能的完整性与系统性、协调性。

第四,将依法治国与从严治党结合起来目的在于深化廉政改革,促进整个社会多元利益协同发展,让每一个主体都能共享到改革开放带来的成就,从而促进共同富裕。全面建成小康社会就体现出党对于维护社会可持续繁荣与公平正义的积极向度。全面从严治党是为了在新时期党能够发挥出利益统筹和激发动力的引领作用,突出其社会整合与协调能力,而党对高效廉政治理的规划要坚持合规律性与合目的性的统一。"人民是政党的基础;而政党是人民得以有机聚合和整体存在的内在力量与机制。这样的结构模式与现代国家建设相结合,在使人民共和得以可能的同时,也使得人民建设现代国家、实现当家作主有了一个战略模式,即政党领导人民建设国家,简称'党建国家'。"[3]党的顶层设计有助于将存在于社会中的碎片化信息整合为一个有机的功能性公共政策,让力量集中于一点实现整体效率。尽管其本身具有动态性,但是整合作用在推进国家治理现代化过程中必不可少,不同主体的诉求得到集中可以使人们最有效地发现现实中最迫切的问题,并可以通过综合平衡的办法选择最具有普遍性的公共解决机制。这样将分散的力量组织为有效性的功能体系,实现多元主体共同治理,让政务实施有更多的承载手段分散公共部门的压力,从而提高效率。"人类不能产生新的力量,而只能是结合并运用已有的力量;所以人类便没有别的办法可以自存,除非集合起来形成一种力量的总和才能够克服这种阻力,由一个唯一的动力把它们发动起来,并使它们共同协作。"[4]廉洁政务作为一种面向社会的普遍性治理措施,必然有一定的规制作用。人们的结合与遵守也往往按照各自利益与整体一致的原则出发。党的功能角色即促进人们实现协同一致,并发挥整体效应,那么它对于公共利益的再整合就尤为重要。之所以要从严治党,也正是因为其在改革调整与政策制定中有这样的角色定位,所以才须加强社会利益整合的能力,扩大执政基础,完善治理体系建设,以严格规范的时代要求促进社会主义事业不断前进。

四、结语

总的来看,国家治理现代化所依赖的公共政务与法规机制离不开执政党的科学设计和民众的积极参与。面向共同富裕的中国式现代化,需要党严格依照不断完善的法律法规有序推动。整个改革过程的有效性只能是一种主体动态实践、动态完善,对于共同利益的多元主体诉求有效协调、动态平衡的状态。社会生态系统的活力就需要能够代表先进生产力要求与文化前进方向的执政党不断地坚持和建设性投入。全面从严治党是时代赋予的战略使命,在"中国逻辑中,'党建国家'实际上是以人民共和的方式建立现代化国家的一种战略模式。这种战略模式之所以能够成立,是因为人民通过这个党实现有机聚合,从而能够在整体上成为掌握国家权力、当家作主的力量;这种战略之所以有效,是因为将人民凝聚一体的党能够成为社会核心力量,从而为现代国家制度体系的成长提供有力的依靠和支持"[5]。中国共产党为实现全民族伟大复兴掌舵正确科学的前进方向,以自身政务能力提高来促进社会顶层设计的完善,通过自我革命带动社会革命治理建设,构建起多元和谐共生的社会环境,最终以治理现代化彰显人类政治文明新形态。

参考文献

[1] 马克思恩格斯文集(第 1 卷)[M]. 北京:人民出版社,2009:500.

[2] 中共中央关于全面推进依法治国若干重大问题的决定[N]. 人民日报,2014-10-28(1).

[3] 林尚立. 构建民主——中国的理论、战略与议程[M]. 上海:复旦大学出版社,2012:6-7.

[4] [法]让·雅克·卢梭. 社会契约论[M]. 何兆武,译. 商务印书馆,2003:18.

[5] 林尚立. 构建民主——中国的理论、战略与议程[M]. 上海:复旦大学出版社,2012:9.

(路 尧 青岛大学)

坚持党的自我革命 助推民族伟大复兴

党的二十大报告指出,我们党作为世界上最大的马克思主义执政党,要始终赢得人民拥护、巩固长期执政地位,必须时刻保持解决大党独有难题的清醒和坚定。新民主主义革命时期,面对民主人士黄炎培提出的如何跳出历代王朝"其兴也勃焉,其亡也忽焉"历史周期率问题,毛泽东给出的答案是"让人民监督政府"。经过党的百年奋斗尤其是新时代十年的伟大变革,习近平总书记又给出了第二个答案——"自我革命",这实现了从外向他律到内向自律的深入。[1] 历史和现实充分证明,坚持自我革命是中国共产党作为马克思主义政党区别于其他政党的鲜明品格、最大优势和显著标志,是党领导人民夺取革命、建设、改革和复兴一系列伟大胜利的根本保证,是党始终走在时代前列的力量源泉。

一、坚持自我革命是中国共产党百年奋斗的宝贵历史经验

纵观百年征程，党的自我革命是具体的而不是抽象的。中国共产党人在实践中探索并不断回答建设什么样的长期执政的马克思主义政党、怎样建设长期执政的马克思主义政党的重要课题，中国共产党在自我革命的淬炼中由小党成长为大党、由大党走向强党并引领伟大社会革命。

在浴血奋战、百折不挠的新民主主义革命时期，从国共合作破裂、大革命失败到紧急召开八七会议，从为了肃清党内和军队存在的极端民主化、非组织化等错误倾向到召开古田会议，从红军第五次反"围剿"失败、长征初期严重受挫到及时召开遵义会议，从党内出现"左"倾教条主义、右倾错误到大规模发动延安整风，从为了促进和迎接解放战争胜利的到来、推动和发展新中国的建设事业到决策性召开西柏坡会议等，中国共产党人在历史关头一次次勇于自我革命，这不仅是中国共产党生存和发展的主观需要，也是夺取新民主主义革命胜利的客观要求。

在自力更生、发愤图强的社会主义革命和建设时期，中国共产党开始执掌政权，但是由于受到权力和金钱的诱惑，少部分党员理想信念有所缺失进而误入歧途。面对党内突出问题，中国共产党再次进行整党整风运动，无论是"三反"运动，还是社会主义教育运动等，都彰显了党自我革命的高度自觉。尽管这一时期出现了"大跃进""人民公社化运动"等严重错误，但是中国共产党人敢于坚持真理、修正错误，为完成社会主义革命和推进社会主义建设密切了党和人民的关系。

在解放思想、锐意进取的改革开放和社会主义现代化建设时期，随着社会主义市场经济的深入发展，党内出现的问题也日趋复杂。党中央审时度势地研判新问题、新特点和新矛盾，及时通过自我革命增强执政水平和能力。1985年11月24日，《关于农村整党工作部署的通知》出台，从严治党首次明确在中央文件中出现，在党的十三大写入党代会报告之中，并在党的十四大写入党章。在自我革命具体实践中，党内集中教育活动有序进行，并成为党内自我教育的一种常态，为进行改革开放和社会主义现代化建设奠定了重要基础。

在自信自强、守正创新的中国特色社会主义新时代，党的自我革命以摧枯拉朽之势达到前所未有的新高度，一场力度之大、范围之广和层次之深都史无前例的反腐败斗争在中华大地掀起，党内政治生态由宽松软向严紧硬转变。党中央以壮士断腕的勇气和魄力，经过不懈努力，坚定不移"打虎""拍蝇""猎狐"，着力解决人民群众反映强烈的突出问题，反腐败斗争取得压倒

性胜利。同时,中国共产党更加注重党内集中学习教育,先后开展党的群众路线教育实践活动、"三严三实"专题教育、"两学一做"学习教育、"不忘初心、牢记使命"主题教育、党史学习教育等,并使"读原著、学原文、悟原理、知原义"成为党内理论学习的常态。通过一系列强有力的自我革命举措,党的领导全面加强,为开创和推进中国特色社会主义新时代提供了领导力量。

中国共产党凭借敢于斗争、善于斗争的勇气一次次进行自我革命,坚持发现问题、形成震慑不动摇,及时消除党内所存在的各种突出问题,从而更好地顺应时代潮流所需、实践发展所需、人民呼唤所需,永葆马克思主义政党的先进性和纯洁性,这也为中华民族迎来从站起来、富起来到强起来的伟大飞跃夯实了根基。

二、自我革命是中国共产党性质、宗旨、初心、使命的鲜明展现

通过自我革命坚持真理、修正错误是中国共产党成长壮大的关键,也是中国共产党不同于其他政党的鲜明特质,更是中国共产党的性质和宗旨、初心和使命、生存和发展的实践需要。

中国共产党始终将维护最广大人民的根本利益和全心全意为人民服务贯穿波澜壮阔的百年党史中,带领亿万人民通过艰苦卓绝的不懈努力,推翻了压在中国人民身上的"三座大山",为民族独立、人民解放做出巨大牺牲。据不完全统计,从建党到新中国成立的 28 年间,壮烈牺牲有名可查的烈士达到 370 万人,他们用鲜血染红了五星红旗,用生命换来了新中国。中国共产党执政后,从开展土地改革运动到实行包产到户再到进行粮食补贴;从面对大饥荒到抗震抗洪抗疫再到构建覆盖全民的社会保障网;从解决温饱问题到全民摆脱贫困线再到加快建设共同富裕的美好生活……在应对这些重大关键问题面前,中国共产党始终将人民群众的根本利益和生命安全放在首位,坚持人民至上,勇于自我革命,用实际行动践行党的性质和宗旨。

中国共产党之所以能够将自我革命贯穿百年奋斗全过程,是因为党自成立之日起,就将为中国人民谋幸福、为中华民族谋复兴确立为自己的初心使命。一百年来,中国共产党因人民而生、因人民而兴,依靠人民群众矗立起了坚不可摧的铜墙铁壁。中国共产党始终将人民放在心中最高位置,把所有精力都用在让老百姓过好日子上。虽然时代已发生变化,但唯一不变的是中国共产党为人民服务的主动作为。全党同志必须时刻牢记"国之大者",与人民同呼吸、共命运、心连心,把千家万户的事当作千头万绪的事,以"时时放心不下"的责任感着力解决人民群众的操心事、烦心事和揪心事,做人民群众的知心人、贴心人和热心人,不断增强人民群众的获得感、幸福感和安全感,并将之作为检验工作的重要标准,更好赢得人民群众的信任和支持。

伟大自我革命能够保持党健康肌体的纯洁性,不断增强党的自身免疫力。[2]中国共产党之所以伟大,并不是因为其不犯错误,而是从不讳疾忌医,着力解决"七个有之"等问题,进一步完善自我革命制度规范体系,培养了极强的自我修复能力。通过不断自我革命,中国共产党能够永葆马克思主义政党本色,进一步提高自我净化、自我完善、自我革新、自我提高的能力和水平,赢得党心、军心和民心,从而更好地坚定历史自信、掌握历史自觉、赢得历史主动,增强全党的组织力、凝聚力、向心力和战斗力,确保党的领导不弱化、不虚化、不淡化、不边缘化,这也是作为世界上最大的马克思主义政党打不倒、压不垮走向强大的基本保证。

全面从严治党永远在路上,党的自我革命永远在路上。[3]在全面建设社会主义现代化国家的新征程中,"黑天鹅"和"灰犀牛"事件仍然存在且频发,中国共产党要始终保持一往无前的奋斗姿态和永不懈怠的精神状态,牢记党的性质、宗旨、初心、使命,永远吹冲锋号,将自我革命进行到底,必将创造更显荣光的崭新奇迹。

三、"两个答案"协同助力实现中华民族伟大复兴

中国共产党永葆先进性和纯洁性、永葆青春活力,这不仅是一个重大的政治理论问题,更是一个重大的社会实践问题,事关党的长期执政、事关中国式现代化、事关中华民族伟大复兴事业,必须以抓铁有痕、踏石留印的韧劲和决心着力解决。

从让人民监督政府到自我革命的拓展,"两个答案"深化了对共产党执政规律、社会主义建设规律、人类社会发展规律的认识,极大地丰富了马克思主义政党建设的理论与实践。中国共产党外靠人民监督、内靠自我革命,在双向互促中勇于坚持真理、修正错误,勇于追求真理、守正创新,勇于刀刃向内、刮骨疗毒,不断彰显制度优势和治理效能,带领亿万人民创造新的历史伟业。

面对世界百年未有之大变局,全党要牢记中国共产党是什么、要干什么这个根本问题,弘扬伟大建党精神,传承红色基因,赓续红色血脉,一如既往地将"两个答案"向纵深推进。全党上下要认真学习贯彻党的二十大精神和习近平总书记关于自我革命的重要讲话精神,持续营造风清气正的良好政治生态,以便更好地应对变局、把握大局、开创新局,努力建设一支信念坚定、素质优良、规模适度、结构合理、纪律严明、作用突出的党员队伍,从而确保党不变质、不变色、不变味。

回望过往的奋斗路,中国共产党初心不改、玉汝于成,以"为有牺牲多壮志,敢教日月换新天"的大无畏气概书写了最恢宏的史诗。眺望前方的奋进

路,中国共产党青春永驻、芳华常在,以"长风破浪会有时,直挂云帆济沧海"的大担当精神续写民族复兴的壮丽凯歌。只要全国各族人民更加紧密地团结在以习近平同志为核心的党中央周围,深刻领悟"两个确立"的决定性意义,牢记"三个务必"、增强"四个意识"、坚定"四个自信"、做到"两个维护",承载着人民对美好生活向往的"复兴号"巨轮一定能够披荆斩棘、乘风破浪,胜利驶向光辉的彼岸!

参考文献

[1] 齐卫平. 自我革命:跳出历史周期率新答案形成的思想逻辑[J]. 理论探讨,2022(3):5-12.

[2] 江金权. 自我革命是党跳出历史周期率的"第二个答案"[N]. 人民日报,2022-03-16(9).

[3] 习近平. 高举中国特色社会主义伟大旗帜 为全面建设社会主义现代化国家而团结奋斗——在中国共产党第二十次全国代表大会上的报告[M]. 北京:人民出版社,2022:64.

(王付欣,王宇飞 中国海洋大学马克思主义学院)

一体推进不敢腐、不能腐、不想腐的实践路径

把中国的事情办好,关键在党。党面临的最大威胁是腐败。腐败毒瘤危及党的生死存亡,必须坚决清除。反腐败事关民心向背,事关党的长期执政,既是一场重大的政治斗争,又是最彻底的自我革命。同腐败的斗争是殊死较量,我们只能胜、不许败,必须决战决胜。一体推进不敢腐、不能腐、不想腐(以下简称"三不"),是党中央在新时代创造性提出并实行的斗争方略,为我们打好这场极其艰难的持久战攻坚战,并最终赢得胜利,提供了路径方法上的理论指导和实践遵循。

一、一体推进"三不"的重大意义

中国共产党自成立以来,在不同时期,总是根据形势与任务的变化,客观分析腐败产生、发展、变化的阶段性特点,科学制定不同的反腐败斗争方略和方式方法,并因时因势作及时和必要的调整,务求取得实效。

革命战争时期,反腐败实行"两线作战"。一方面,通过揭露军阀政府、国民党政府的腐败本质和行为,与之进行坚决斗争。比如延安时期,人民群

众从"延安作风"与"西安作风"的对比中看到了国家未来希望所在,坚定不移跟党走。另一方面,通过思想教育、纪律制度约束,推动党内和解放区人民政府保持清正廉洁,对少数人的腐败行为实行"零容忍"。比如,无论是在中央苏区,还是在陕甘宁边区以及各解放区,都通过党的纪律和法律法规约束党员干部行为,严惩谢步升、肖玉璧等影响恶劣的腐败分子,成为建设清廉政治的样板。

新中国成立初期,侧重治标反腐败。为使党员干部做到"两个务必",防止其因权力侵蚀而蜕化变质,我们党发挥严惩、监督和教育综合功能,通过开展反贪污、反行贿、整党整风运动,查办刘青山、张子善大案要案等,肃清和惩处了贪腐分子,震慑和教育了一些人,有效遏制了腐败滋生蔓延势头。

改革开放以后,逐步转向反腐败治标与治本并重。针对改革开放中出现的腐败现象,邓小平同志提出改革开放和惩治腐败要两手抓,两手都要硬,强调反腐败不能只靠教育引导,更要靠法律制度来约束。在后来的反腐败斗争中,党中央结合改革开放的形势任务和发展目标,逐步提出,惩治腐败是一项系统工程,必须治标与治本并重,惩防结合,综合治理。这表明,我们党在把握和运用反腐败规律方面又上了一个新台阶。

进入新时代,一体推进"三不",实行系统施治反腐败。腐败成因复杂多样,且易于多发复发、升级变异,这决定了治理腐败必须系统施治、多措并举。党中央深刻洞察腐败生成机理、表现特征和变化趋势,提出并一体推进"三不",把严厉惩治、制度约束和教育引导融合贯通,形成治理合力,通过系统、综合治理,取得总体成效。

一体推进"三不"是新时代反腐败斗争新经验的总结与体现。从把"三不"一体推进作为反腐败斗争的"基本方针"到上升为"战略目标",从努力取得更多制度性成果和更大治理成效到在反腐败斗争中取得了显著成效、积累了重要经验,背后折射出的是我们党对反腐败有效举措和长久之策的顶层设计和战略谋划,以及对标本兼治、系统施治的反腐败理论和实践的创新发展,为今后的反腐败工作提供了指导和遵循。

二、一体推进"三不"的内涵要求和实践成效

准确把握一体推进"三不"的深刻内涵,首先要明晰"三不"的功效和定位,厘清"三不"之间内在的逻辑关系。不敢腐,侧重于惩治和威慑,因重典治乱和代价高昂使人心存畏惧而"不敢",解决的是腐败成本问题;不能腐,侧重于制度制约和监督监察,以纪法的刚性约束让人无机可乘而"不能",解决的是腐败机会问题;不想腐,侧重于教育和引导,以理想信念、道德情操、廉洁品性等加强自我约束而"不想",解决的是腐败动机问题。其次要

以系统思维一体推进"三不"统筹联动,形成合力,增强总体效果。一体推进"三不",既不是三个阶段的划分,也不是孤立的三个环节的排列,而是"惩、治、防"层层深化递进、环环相扣、互为补充完善有机整体,所以三者要一体推进,综合发力,在进行其中任何一项工作时,都要统筹考虑到其他两项工作的推进,避免因一个方面工作滞后而影响一体推进工作的整体进程和综合效果。要按照全周期管理方式,在协调联动上作统筹安排,把"三不"的惩治震慑、制度约束、思想教育优势紧密结合起来,打通内在联系,释放综合效能,使各项措施从制定、实施到取得成效,都能够既相互配合、相互促进,又相得益彰。

党的十八大以来,我们党一体推进"三不",反腐败斗争的力度和规模都史无前例,世所罕见,取得的成效令人瞩目。

不敢腐的惩慑成效凸显。我们党坚持以零容忍态度惩治腐败,"打虎""拍蝇""猎狐"多管齐下、尺度不松,反腐败斗争进入有案必查、有腐必惩的常态化阶段,形成了纠治和惩防并举的良性循环,受到群众赞誉,党长期执政根基得以巩固。

不能腐的笼子更加密实。我们党始终坚持依规治党,党内法规体系逐渐形成并不断完善。例如,对党章、准则、条例等进行修改、制定和修订;制定对"一把手"和领导班子进行监督的意见、印发制止党政干部经商办企业、限制其配偶子女经商办企业的相关规定等;推进反腐败国家立法,实施监察法、公职人员政务处分法等,反腐败法律体系也已形成并得到完善。强化制度刚性,使不能腐的约束效能全面增强。

不想腐的思想提坝不断夯实。我们党高度重视思想建党,注重用党的创新理论教育引导人,五次大规模的党内集中学习教育,起到了铸思想之魂的作用,对优秀传统文化精华的学习与汲取,使人们正心明德,拒腐防变能力全面提升。

三、一体推进"三不"的实践路径

新征程上,面对依然严峻复杂的反腐败斗争形势,我们必须结合实际,积极探索一体推进"三不"的实践路径,充分发挥惩治震慑、惩戒挽救、教育警醒综合功效,以取得更多、更大治理成效。[1]

强化不敢腐的惩治机制。要继续坚持严的主基调不动摇,对不收敛不收手者,继续坚持重点惩治,让腐败者付出高昂代价,对意欲贪腐者构成强势震慑,使其不敢越界。要正确判断和把握腐败的新特点、新变化、新趋势,重点关注金融、国企、高校、粮食购销、乡村振兴等政策支持力度大、投资多,资金、资产、资源、权力集中的重点领域,瞄准土地批租、招商引资、审批监管、基础设施建设、公共资源交易等方面的关键环节、关键权力,实行靶向精准治疗、精确惩治。适时开展专项治理、行业治理和系统治理,将一体推进"三不"要求贯通治理全过程。健全追逃防逃追赃机制,决不让腐败分子心存幻想,逍遥法外。

强化不能腐的约束机制。一要健全制度、堵塞漏洞。以案促改促治是一体推进"三不"在查处惩治、监督审查、教育警示、完善整改等工作环节贯通融合的有力抓手,通过剖析案件,及时发现管理漏洞、制度短板和监督难点,找准深层次共性问题症结和要害,提出整改建议和对策,修定完善相关的制度和纪法,增强治理腐败的综合成效。二要加强对"一把手"的重点监督,紧盯政治问题和经济问题交织、权力与资本勾连问题,实行精准有效问责,确保领导干部手中的权力得到科学配置、规范使用和监督到位,防止领导干部以权谋私,搞权钱交易、权力寻租,沦为为少数人谋利的代言人、代理人。三要把执纪执法贯通起来,强化综合效能,通过严格执纪执法,增强制度约束刚性,确保各项法规制度落地生根。四要注重运用信息化手段和成果,健全监督对象有关信息的采集、汇总、分析、共享机制,扎实推进检举举报、外部信息查询等平台建设,提升精准监督能力,积极应对腐败手段隐形变异、翻新升级新挑战。

强化不想腐的自律机制。一体推进"三不","不想"是根本,也是最难做到的。反腐越深化,越要靠信仰、信念的对决与较量。一要加强理想信念教育和党史学习教育,提高党员干部的思想觉悟和精神境界,牢记党的性质宗旨和初心使命,树立正确的"三观",强基固本,坚守正道、祛恶扬善,增强不想腐的自觉。二要加强廉政教育。选取违纪违法典型案例,做实做好党员干部警示教育,尤其是"身边人""身边事"案例的血泪教训,最能触动人的内心和灵魂,让人引以为戒,明底线、知敬畏,增强不想腐的定力。此外,领导干部要带头廉洁修身、正己率人,慎独慎微,力戒贪欲,严格家风家教,管好家属、亲属和身边人,让"不想腐"的观念入心入脑,以免"废职亡家"。三要贯通运用"四种形态",既严格依规依纪依法开展工作,又注重保护干部干事创业的积极性、主动性、上进心和精气神,在治病救人方面发挥"四种形态"的最大综合功效。

参考文献

[1] 中共中央文献研究室. 习近平关于全面从严治党论述摘编[M]. 北京:中央文献出版社,2021.

（张新鸿　中共青岛市黄岛区委员会党校）

力戒形式主义官僚主义的实践逻辑

党的二十大报告中指出,要坚持以严的基调强化正风肃纪,锲而不舍落实中央八项规定精神,持续深化纠治"四风",重点纠治形式主义、官僚主义,坚决破除特权思想和特权行为。形式主义、官僚主义是党的大敌,是人民的大敌,严重阻碍党的路线战略方针,严重侵害人民利益,危害着党和国家各项事业的健康发展。力戒形式主义、官僚主义是一个长期而艰巨的任务,必须在各个方面各个环节上共同发力,正确把握其关键及重点,以全面铲除形式主义、官僚主义,净化党内政治生态。

第一,必须深刻认识反对和整治形式主义、官僚主义的长期性和艰巨性。毛泽东同志指出:"官僚主义和命令主义在我们的党和政府,不但在目前是一个大问题,就是在一个很长的时期内还将是一个大问题。"[1]习近平总书记也指出:"作风建设永远在路上,没有完成时。"[2]这项任务具有长期性,究其原因,是封建社会中封建统治阶级长期形成的形式主义和官僚思想,不可避免地通过某种途径得以传承并留存至今,且我国还处于社会主义初级阶段,在制度建设和完善过程中,对权力的监督制约尚有不健全的地方。艰巨性体现在形式主义和官僚主义往往与实际工作结合,具有一定隐蔽性且容易反复,以各种形式顽固地存在着。因此,对形式主义和官僚主义的抵制与纠正不是一朝一夕的事,而是需要长期坚持和努力。

第二,必须正确把握整治形式主义、官僚主义的关键环节和重点领域。习近平总书记指出:"党内作风问题表现多样、成因复杂,有主要矛盾和矛盾的主要方面,也有次要矛盾和矛盾的次要方面。解决问题就要抓住主要矛盾和矛盾的主要方面。"[3]人们对党和政府的了解和信任,很大程度上来自于他们在日常生活中接触到的基层机构和干部。因此,有必要紧紧抓住领导机关和干部中的这个"关键少数",他们的言行不仅影响着国家治理体系的顺利运行,也是基层机关和干部的模仿对象。

第三,必须把反对和整治形式主义、官僚主义贯穿于党的建设的始终。在政治建设方面,全体党员干部要清醒地认识到反对和整治形式主义、官僚主义的重要性和必要性,坚持贯彻落实党中央重大决策指示,以实际行动和成绩践行党的初心和使命。在思想建设方面,必须把理想信念教育摆在中心位置,让广大党员干部形成牢固正确的政绩观、权力观、事业观。在组织建设方面,党和国家干部的选拔任用,要真正做到以德为先、德才兼备、公平公正。在纪律建设中,必须加强对党员干部的纪律约束和责任追究。在制度建设方面,要纠正制度建设中导致滋生形式主义、官僚主义和其他作风问题方面的不足,建立健全完整的制度体系,以保持和巩固党的作风建设成效。

参考文献

[1] 毛泽东文集:第六卷 [M]. 北京:人民出版社,1999.

[2] 中共中央党史与文献研究院. 习近平关于力戒形式主义官僚主义重要论述摘编 [M]. 北京:中央文献出版社,2020.

[3] 习近平关于力戒形式主义官僚主义重要论述选编 [M]. 北京:中央文献出版社,2020.

(张晓君 山东科技大学马克思主义学院)

马克思主义廉政理念对新时代廉政建设的启示

如何加强党的廉政建设,从根源上防止腐败现象的产生,是关系国计民生的重大现实问题。目前,中国特色社会主义进入新时代,加强廉政建设根本在于建设一个清廉且高效的政府,这是加强党的廉政建设的重中之重。政府作为倾听接纳民意、为民服务的国家机关,每一位任职的国家公职人员都应当充分认识到身上的权利与义务。只有将反腐倡廉工作融入社会政治、经济、文化建设的方方面面中去,才能将腐败的现象从根本上消灭。

马克思早年便就廉政问题提出了这样的观点:阶级社会产生腐败现象的原因是私有制的出现,因此要想消灭腐败只有消灭阶级社会才能实现,所以需要用革命手段推翻资产阶级的统治才能够彻底铲除腐败。[1] 在无产阶级的国家,仍然需要防范腐败风险。廉政建设便成为党净化自身的重要手段,只有这样才能够有效地避免腐败在党内的滋生。党内出现的一些滥用职权现象不仅会消解党内成员的斗志,更会对实现社会主义强国奋斗目标造成严重后果。社会主义的实现不是一帆风顺的,仍需警惕腐败风险,推进廉政建设伴随着社会主义事业的进展也需要不断深化。

首先,要强化制度建设。健全的制度是约束公民行为的重要手段,完善的法律基础是推进廉政建设的重要保障。其次,明确改革是发展的动力,坚持用改革和发展推进廉政建设。社会在不断发展,廉政建设也要与时俱进。随着问题不断暴露出来,廉政建设力度也要跟上。目前,廉政建设中存在许多问题,如程序制度有待优化。解决这些现实问题根本要靠创新。此外,还要强化对权力的监督。在对如何监督权力的考量之中,要考虑到权力实施和落实中各个主体之间相互关系的协调和运用,使权力的运行能真正落到实处。另外,廉政建设的发展需要来自整个社会的支持,在社会上形成腐败可耻、崇尚廉政的社会氛围,助推廉政建设发展。最后,要完善监督机制和权力制约机制。在廉政建设过程中,公民对于政府公职人员的监督也十分必要,公民可以通过民主监督正确行使自己的权利,通过电话上访、网上投诉等方式维护自己的利益,能够有效地约束一些权力滥用的行为,一定程度上规范政府的行为。

由于社会成员的文化背景、认识水平存在差异等原因,廉政建设存在一系列的问题,如部分环节中无法形成政府公职人员和公民的良性互动。廉政建设如果缺乏民众的参与,就变成了政府单方面的行为,极少数政府公职人员对廉政建设的认识比较片面,缺乏主动性。所以必须提高公职人员的职业素养,同时充分发挥人民群众对各级领导干部的监督作用。

参考文献

[1] 马克思,恩格斯. 马克思恩格斯选(第1卷)[M]. 北京:人民出版社,2013.

(张雨林 青岛科技大学马克思主义学院)

经典作家的廉政理念及当代启示

党的二十大报告强调,"腐败是危害党的生命力和战斗力的最大毒瘤"[1]。惩治腐败、建设廉洁政府是马克思主义经典作家在实践经验基础上总结得出的科学结论,对于当前继续深入推进全面从严治党、加强反腐倡廉斗争等方面意义重大。

马克思、恩格斯总结了以往斗争和革命经验教训,并在此基础上对无产阶级建设"廉价政府"进行了构思和阐述。首先,"廉价政府"属于无产阶级。马克思、恩格斯指出,"腐败现象是生产资料私有制的必然产物"[2]。马克思和恩格斯认为只有无产阶级建立政权,实现生产资料公有制,才能真正杜绝腐败的现象。其次,无产阶级政党的本质要求推进廉政建设。马克思、恩格斯认为作为无产阶级先锋队的共产党担负着消灭特殊利益的使命,即消灭贪污腐败,建设廉洁的国家。列宁赞同马克思、恩格斯的"社会公仆"思想,为了杜绝公职人员内部的腐败现象,他采取了加强教育、严刑峻法等方法。最后,社会主义制度是推进廉政的政治基础。马克思、恩格斯认为剥削制度必然会导致腐败现象的产生。列宁认为,社会主义法治能够杜绝腐败的产生,所以廉政建设只能在社会主义法治环境内实现。

以上经典作家的廉政理念对于我们党加强反腐倡廉建设具有重要启发作用。第一,坚定道路自信。只有从削弱腐败产生的制度基础入手才能从根本杜绝腐败现象的产生。马克思、恩格斯认为生产资料公有制是廉政的经济基础。所以,我们只有坚定走中国特色社会主义道路,才能进一步推进我国廉政建设。第二,强化宗旨意识。全体党员要用心为人民办实事,保持自身的政治本色,用实际行动赢得民心,坚持做到一切为了人民。第三,推进法治建设。在马克思、恩格斯以及列宁对于反腐倡廉建设的构思中,可以看出他们将重心放在强化监督制度、健全社会主义法治等推进法治建设方面,这对于当今我们党廉政建设具有重大的启示作用。我们党要健全完善党内法规制度,用制度规范党员;全面推进国家监察体制改革,完善监督制度体系,实现对公职人员全方位、全覆盖式监督,推进全面从严治党。

总之,廉政建设的道路险阻漫长,我们要重视马克思主义经典作家的廉政理念,并将其与中国特色社会主义相结合,与当今时代相融合,不断推进中国共产党的廉政建设和反腐败斗争。

参考文献

[1] 习近平. 高举中国特色社会主义伟大旗帜　为全面建设社会主义现代化国家而团结奋斗——在中国共产党第二十次全国代表大会上的报告[M]. 北京:人民出版社,2022:69.

[2] 马克思,恩格斯. 马克思恩格斯选集(第2卷)[M]. 北京:人民出版社,1995.

(赵乙潈　青岛科技大学马克思主义学院)

一体推进党风廉政建设和反腐败斗争的实践路径

党风廉政建设是事关中国共产党先进纯洁,事关中华民族伟大复兴梦想实现的重大政治工作。习近平总书记在党的二十大报告中指出,"以'得罪千百人,不负十四亿'的使命担当祛疴治乱"[1]。党的十八大以来,在党中央的重拳出击和持续推进下,党风廉政建设工作成效显著。

一、深化教育引导，夯实廉政基础

深化廉洁教育，有利于增强党员干部理想信念和拒腐防变的定力。只有通过理论教育、树立先进模范等方式提高党员干部队伍思想政治意识和思维层次，补足精神之"钙"，才能使广大党员干部坚定清正廉洁的行动自觉。党的十八大以来，"八项规定"的出台、"三严三实"等专项活动的开展扭转了以往不良的工作作风，同时通过开展主题教育、专题学习以及日常学习等，以学促行，筑牢廉洁自律防线，夯实廉政基础。

二、加强监督管理，筑牢廉政高墙

监督是实现干部清正、政府清廉的重要途径，加强监督管理，有利于筑牢廉政高墙。党的十八大以来，"阳光"政府建设取得新成效，政府各项工作做到阳光透明，让广大人民群众更好地参与到政府建设和工作监督中来；拓宽信访渠道，加大群众知晓率，对于群众信访中反映的问题高度重视和分析研判，把群众急愁难盼事情解决的质量作为衡量政府工作和党员干部的重要指标；通过强有力的监督管理来推动党风廉政建设和反腐败斗争，坚决清除一切影响党的先进性和纯洁性的因素。

三、扎紧制度笼子，完善廉政体系

把权力关进制度的笼子里，有利于塑造中国共产党的廉洁制度形象。党的十八大以来，党中央以党章和各项制度条例为基本遵循，不断加强廉政制度建设，完善廉政体系；通过纪律在前法律在后的思想，对于违规违纪问题做到抓早抓小；同时以"规矩和制度"作为约束，坚持腐败现象零容忍，通过规矩和制度的确立，为党和国家选人用人提供了更为具体的遵循，对党和干部的行为准则也有了更清晰的规定，"三不腐"机制夯实了中国共产党廉政建设制度保障。

党的十八大以来，逐步形成了一体推进"三不"的反腐败斗争方略。在依法严厉惩治、形成不敢腐的惩戒机制的同时，注重深化标本兼治，坚持思想建党和制度治党紧密结合，完善法规制度，形成不能腐的防范机制，加强思想教育，形成不想腐的自律防线，着力营造不敢腐、不能腐、不想腐的氛围，直至取得反腐败斗争压倒性胜利。党风廉政建设是马克思主义政党的必然要求，也是中国共产党保持先进纯洁和生机活力的关键所在。新的时代背景下，党风廉政建设面临新的挑战，要进一步加大党风廉政建设力度，持续推动海晏河清的政治生态建设。

参考文献

[1] 习近平. 高举中国特色社会主义伟大旗帜　为全面建设社会主义现代化国家而团结奋斗——在中国共产党第二十次全国代表大会上的报告 [M]. 北京：人民出版社，2022.

（杨志国　青岛科技大学马克思主义学院）

新时代构建全面从严治党体系的逻辑理路

2021 年 7 月，习近平总书记在庆祝中国共产党成立 100 周年大会上明确指出："我们党历经千锤百炼而朝气蓬勃，一个很重要的原因就是我们始终坚持党要管党、全面从严治党，不断应对好自身在各个历史时期面临的风险考验，确保我们党在世界形势深刻变化的历史进程中始终走在时代前列，在应对国内外各种风险挑战的历史进程中始终成为全国人民的主心骨！"[1]

一、领导要强：坚持和加强党中央集中统一领导

新时代构建全面从严治党体系，要始终坚持和加强党中央集中统一领导。中国共产党的领导彰显了中国特色社会主义制度优势，要健全总揽全局、协调各方的党的领导制度体系，确保党的力量辐射到国家事业全局；完善党中央重大决策部署落实机制，严防严控"上有政策，下有对策"类似决策扭曲现象；坚持科学执政、民主执政、依法执政，切实贯彻民主集中制；要加大力度大抓基层，确保基层党组织真正发挥战斗堡垒作用；选拔德才兼备高素质人才，严管与厚爱结合，确保全党在政治方向、政治立场、政治道路上始终同党中央保持一致。

二、思想要正：坚持不懈用习近平新时代中国特色社会主义思想凝心铸魂

思想建设是新时代全面从严治党的无形阵地，思想是否正确关乎能否构建强有力的全面从严治党体系。要坚持用马克思主义中国化时代化的最新成果统一思想、统一意志、统一行动；要加强理想信念教育，补足精神之"钙"，引导全体党员自觉成为中国特色社会主义共同理想和共产主义远大理想忠实践行者。

三、监督要紧：完善党的自我革命制度规范体系

要紧绷精神，坚持问题导向，清除侵蚀党的健康肌体的一切毒瘤，确保党不变质、不变色、不变味；强化政治监督，落实《新形势下党内政治生活的若干准则》，制度治党、以规治党，提高党员干部的政治判断力、政治领悟力、政治执行力；健全立体全面的监督体系，建立纪检、审计、巡视等多部门联动的监督体系，推动监督责任落实；发挥政治巡视的利剑作用，完善巡视巡察上下联动工作格局，提高巡视工作的精准性，将巡视之剑磨得更加光亮。

四、肃纪要严：坚持以严的基调强化正风肃纪

百年光荣传统和优良作风历久弥新，要坚持大力弘扬，以优良作风创造新伟业；发扬钉钉子精神，锲而不舍地落实中央八项规定，真抓实干，令行禁止；构建风清气正的党内风气，抓住"关键少数"以上率下，坚决铲除形式主义、官僚主义等不正风气。腐败是威胁百年大党生命力、战斗力、凝聚力的最大毒瘤，前进号角必须始终吹响。要形成不敢腐的威慑力，坚持"老虎""苍蝇"一起打，保持反腐败斗争的高压态势，形成有腐必治、有腐必打的震慑力。

参考文献

［1］习近平．在庆祝中国共产党成立100周年大会上的讲话［M］．北京：人民出版社，2021：19．

（汪舒怡　山东科技大学马克思主义学院）

新时代中国共产党廉洁文化建设路径

一、丰富廉政文化内涵，增强廉政文化认同感

习近平总书记在党的二十大报告中强调，社会主义核心价值观是全体中国人民共同追求的价值取向，是文化最深层的内核，决定着文化建设的性质和方向[1]。因此，廉政文化的建设应该以社会主义核心价值观为指引。社会主义核心价值观与廉政文化建设相融合，使得廉政文化也能够充分发挥对社会思潮的价值导向作用。社会主义核心价值观的国家、社会、个人三个层面进行结合，分别内化成为廉政文化建设的整体目标、党员干部的工作准则以及党员干部的做人基准。

廉政文化建设最优效果就是"外化于行,内化于心",可以从多种文化资源中挖掘廉政文化,丰富廉政文化的内涵,从而进一步增强公众对于廉政文化的认同感。廉政文化的建设可以从中华优秀传统文化中挖掘古代先贤的优秀廉政思想,结合中华优秀传统文化形式加以展现表达,例如廉政春联、廉政戏剧。要注重廉政文化与群众文化的有机结合,以达到廉洁清正观念深入人心的最优效果。

二、加强评估机制建设,健全廉政文化监督机制

检验廉政文化建设成效的关键在于廉政文化建设的评估。对于廉政文化的建设是真正取得实质性效果还是仅停留于形式,这需要一套成熟、科学的评估机制进行评估。廉政文化建设工作受组织部门、宣传部门以及纪委监委多个部门的监督,为避免重叠监督和监督空缺现象的出现,要致力于建立一个公开、透明、科学的廉政文化监督体系。监督方式可以在原有的热线、信箱、上访的基础上,增设邮箱、网络人工投诉接待、网络调查等多种形式。要加强对于纪委监委等主要监督部门的监督的同时,着力推进党外人士对于党内廉政文化建设工作的监督,着力构建以党内监督为主导,其他监督途径有机融合、监督方式有机贯通的廉政文化建设监督机制。

三、融入文化新载体,搭建廉政文化新平台

要充分利用大数据时代的海量数据和资料,搭建网络廉政宣传平台,通过网络平台加强廉政文化宣传。例如,在学习强国软件中增设廉政文化模块,在每日任务中增加廉政文化学习要求,使得党员干部切实投入廉政文化的"实学"中。习近平总书记在文艺工作座谈会上指出:"文艺创作方法有一百条、一千条,但最根本的方法是扎根人民。只有永远同人民在一起,艺术之树才能常青。"[2] 要大力推进以廉政文化为题材的影视艺术作品创作,多部门联合推出高质量、高水准、高反响的艺术作品。

要充分利用具有廉政文化特色的红色基因,挖掘廉政文化旅游景观;挖掘其历史人物、历史事迹和历史价值,增强廉政文化旅游景观的文化底蕴。同时,廉政机关、高校以及廉政文化旅游景观实现互相结合,通过资源结合优势互补,构建高水准、高内涵、高标准的廉政文化教育基地。

参考文献

[1]习近平.高举中国特色社会主义伟大旗帜　为全面建设社会主义现代化国家而团结奋斗——在中国共产党第二十次全国代表大会上的报告[M].北京:人民出版社,2022:63.

[2]李屹.铸就中华民族伟大复兴时代的文艺高峰[J].红旗文稿,

2022（17）：4-9，1.

（王亚楠　山东科技大学马克思主义学院）

依法治国方略中的法治思维

依法治国是新时代我们党治国理政的基本方略。全面推进依法治国既要健全完善相应的法律法规，也要加快思想观念变革。所以，习近平总书记要求："各级领导干部要提高运用法治思维和法治方式深化改革、推动发展、化解矛盾、维护稳定能力，努力推动形成办事依法、遇事找法、解决问题用法、化解矛盾靠法的良好法治环境，在法治轨道上推动各项工作。"[1] 这是习近平总书记基于马克思主义法治理论，着眼于建设社会主义法治国家的战略要求，也是我们学习理解什么是法治思维、如何培育良好的法治思维的理论指南。

一、思维方式和法治思维

（一）什么是思维方式

列宁指出："人的实践经过千百万次的重复，它在人的意识中以逻辑的格固定下来，这些格正是（而且只是）由于千百万次的重复才有着先入之见的巩固性和公理的性质。"[2] 列宁所说的"逻辑的格"就是当代思维科学所揭示的思维方式的基本内涵。从列宁的论述中不难看出，人类千百万次的重复实践是这些"逻辑的格"得以产生的基础和源泉，离开实践的思维方式就是无源之水、无本之木。其次，人脑是这些"逻辑的格"得以产生的直接载体和物质基础，突出了人类认识的主体性地位。再次，这些"逻辑的格"在服务于人类实践的过程中具有先入之见的巩固性和公理性特征，或者说思维方式是在实践中产生并且反过来为实践服务的，在实践中得到检验和修正，从而迫使人们在从事新的实践活动时依循于它。

（二）法治思维的内涵

什么是法治思维？ 2015 年 4 月 1 日，人民网载文《法治思维是运用法治的一种思维方式》指出："法治思维是基于法治的固有特性和对法治的信念，认识事物、判断是非、解决问题的思维方式。"笔者认为，理解法治思维要突出其思维理念，更要强调现实的需要和操作实效性。

客观来说，法治思维主要指的是人类符合法治的精神、原则、理念、逻辑和要求的思维习惯和程式，这是法治思维的逻辑前提。就法治的主体而言，法治思维的主体不单单指公共权力的享有者、行使者，也包括全体公民。否则，法治思维和法治实践就无从谈起。就思维的最终归宿而言，法治思维既要注重按照一定的逻辑思维构建的法律文化、法治习惯和法治心理，更要突出自上而下的法治推行和自下而上的依法参与、依法维权、依法办事等。概而言之，笔者认为，法治思维是以公平、正义、合理、合法为价值取向，按照法治的理念、原则和标准判断，分析处理什么是法治、如何开展法治等理论问题和实践问题的理性思维方式。概念、案例、条款等是其最基本的思维要素，思维主体的知识结构、文化素养、思维方式等内容构成法治思维的思维构架和运思路径。其中，公平、正义、合理、合法等法治理念是法治思维的思维趋向和归宿。

（三）法治思维的基本要求

首先，明确法治思维的致思趋向和价值尺度，尊重法律、敬畏法律、服从法律。法治思维以公平、正义、合理、合法作为其思维理念和价值尺度，其最终目标是提高全社会的法治化程度，树立法律的权威，形成敬畏法律、服从法律、遵守法律的社会氛围。学习运用法治思维，除了增加法律知识的积累，更要突出法治实践的应用性和可操作性，进一步彰显、提升、强化法律的公信力，提升社会的法治化程度，进而最终树立起法律的权威，使之成为内化于心、外化于行的理想信念和法治文化。

其次，把握法治思维的思维框架和运作路径，突出程序正义、实体正义。法治是人类社会治理的重要方式之一，是现代文明的重要标志，符合当今法治社会的发展趋势。程序正义既是法治的基本内涵，也是人治与法治、专制与民主的制度分水岭。从某种意义上讲，程序正义就是要让老百姓能看得见正义的实现过程，程序的价值在于公平、公正、参与、尊重，排除个人主观色彩和随意裁量，尊重当事人的尊严、自由和权利。另外，还要突出实体正义，确保证据的准确性、合法性，力争使每一起案件都能事实清楚、证据确凿充分、运用法律正确、裁判处理公正。

再次，把握法治思维的发生机制和致思路径，突出逻辑实证性、有机补充性。一般说来，任何一种思维方式都要具备两条思维发生的机制。一是在运用抽象概念的思维过程中形成对事物的认知与把握。二是在演绎具体的概念思维过程中形成具体的措施和办法。法治思维按照法律逻辑思考、分析和解决各种问题，又要将法治理念、法律知识、法律规定付诸实践，公平、正义、合理、合法是其逻辑的总体原则和价值归宿，因而表现出较为突出的逻辑理性和实证科学性。另外,法治思维是应用于法治实践,区别于政治思维、经济思维、维稳思维而提出的特定概念,具有其特定的优越性和普适性。

二、法治思维的重要意义

(一)法治思维对贯彻落实依法治国具有一定的世界观方法论意义

世界观就是人们对世界的根本观点和看法,有什么样的世界观就有什么样的方法论。法治思维的思维理念与司法工作的最高要求、基本准则具有高度的一致性。按照法治思维,人们能够对什么是法治、为什么要法治、怎样进行法治等问题进行科学的理性回答,同时对更好地开展法治实际工作具有一定指导意义。另外,司法工作人员如果能够切实按照法治思维,牢记司法工作的基本要求,按照正当合理的司法程序,维护好当事人的合法权益,切实体现出公平、公正的法治理念,则对化解社会矛盾、维护社会稳定、赢得人们的价值认同具有较为现实的指引导向意义。

(二)法治思维对贯彻落实依法治国具有鲜明的与时俱进意义

党的十八大以来,依法治国成为我们党治国理政的总体方略,建设法治中国成为中国历史上的时代强音。可以说,各级领导干部能否提高运用法治思维和法治方式深化改革、推动发展、化解矛盾、维护稳定的能力,直接关系到依法治国方略能否落地生根,事关我们党执政能力水平和法治水平的高低。另外,依法治国的时代强音和法治思维的思想变革是同几千年人治社会随意性、陈腐性、落后性、破坏性的彻底决裂,符合当今法治社会的发展趋势,事关中国未来社会的发展走向,具有鲜明的与时俱进意义。

(三)法治思维是深化改革、化解矛盾、维护稳定的有效举措

以习近平同志为核心的党中央根据我国经济社会发展的实际,提出了全面建成小康社会、全面深化改革、全面依法治国、全面从严治党的总体部署。实现这一宏伟目标,离不开法治工作的保驾护航,需要提高党员干部、司法人员和全体公民的法治思维水平。深化改革必须于法有据,遵循法治的路径,运用法治思维和法治方式才能得以深入持久,积极稳妥。其次,法治是维护社会大局稳定的"安全阀"。当前社会形势纷繁复杂,矛盾纠纷层出不穷。要运用法治思维和法治方式维护社会稳定,充分发挥司法在解决纠纷、化解矛盾中的主导作用,尊重、引导和支持群众依法反映自身诉求,在法治许可的框架内解决利益冲突,通过相应的渠道和程序化解矛盾。运用法治思维建立健全科学有效的利益协调机制、诉求表达机制、权益保障机制,对于化解矛盾、形成和谐多赢的社会局面具有重要意义。再次,法治思维作为一种科

学的认知、把握、评价事物的思维方式,对切实监督司法工作人员的权力运用,提高法官、律师、检察官等司法人员的人文素养和道德情操,构建积极向上的法治文化,还有直接的现实意义。

三、培养法治思维的基本途径

（一）建立健全以学习培训为主的内生外化机制,增强价值认同

培养法治思维既有理想信念的成分,也是一种价值观的取舍,应充分发挥互联网、电视、广播、报刊等媒体的宣传导向功能,搭建多方位、多维度宣传平台。宣传专栏、专题节目、专题讨论、交流学习心得等方式应增加对法治思维的研究、理解和宣传,增强社会主义法治理念,使法治思维成为每个公民特别是党员干部的心理需求,养成依法履职、依规办事的习惯,推进法治实践进机关、进社区、进学校、进企业、进乡村。

（二）突出以融入践行、自律他律为主的路径选择,强调身体力行

无论是法治思维的培养还是道德情操的修炼,最终都强调学以致用、知行合一。首先,党员干部、法官、警察、检察官、律师等既是国家公务人员,又是实践法治思维的典范,应以身作则,牢记法治理念,一丝不苟、兢兢业业、爱岗尽责,确保司法公正,积极践行法治思维。其次,要及时总结法治实践活动中的先进典型,通过守法模范、典型事例等身边的鲜活榜样帮助人们置身于生动的遵纪守法、维权护法情景之中,产生强烈的道德共鸣与价值认同,从而为培育优良的法治思维创造氛围。另外,司法工作人员和党员干部应加强法治思维内化于心、外化于行的自觉性,既要循序渐进,又要高度重视,使公平、公正、合理、合法等法治理念真正付诸法治实践当中。

（三）建立健全相应的规章制度,为培养法治思维提供制度保障

没有规矩不成方圆,培养法治思维同样离不开规章制度。首先,要建立健全法院、检察院、公安、司法等职能部门的司法工作考核评价体系,在考核评价体系项目之中,应包含法治思维培育践行的实际内容,对其实际效果既要加强政府领导,更要注重群众监督、评价和反馈。其次,以考核评价体系为基础构建奖惩机制,充分发挥奖优罚劣、培育氛围的作用。另外,应大力推行问责制,按照有权就有责、滥权应担责、侵权要追责的要求,强化领导干部的责任意识和担当意识。对讲人治、讲专制而导致重大责任事故、重大群体性事件的领导干部,要坚决追究责任,使法治思维、法治方式真正地落到实处。对法治思维培训活动进行及时总结,对考核评价结果进行系统分析,根据制度、措施所暴露的问题及时进行完善和优化,确保各项制度的公平、正义、合理、合法。

（四）加强个人主观世界的改造,培养法治思维

改造个人主观世界其实质就是在积极参加社会实践的基础上,用马克思主义的世界观、人生观、价值观改造个人的非无产阶级思想成分。改造个人主观世界的内容很多,认真学习各种法律知识,积极培养法治思维,自觉形成遵法、守法、依法的思想认识是其重要内容之一。理论与实践相结合,勇于开展批评和自我批评,吸收借鉴历代贤哲的省察克己、自省自律、慎思慎独的修身方式,对改造个人主观世界、培养法治思维具有相得益彰、彼此促进的意义。

参考文献

[1] 习近平.习近平谈治国理政(第一卷)[M].北京:外文出版社,2014:142.

[2] 列宁.列宁选集:第38卷[M].北京:人民出版社,1998:233.

(李印广,倪 巧 中共青岛市城阳区委党校)

坚持以人民为中心的政治立场

一、以人民为中心政治立场的基本内涵

（一）什么是政治立场

马克思主义政治学原理指出,政治是指政府、政党等治理国家的行为。政治是以经济为基础的最高上层建筑,是经济的集中表现。政治作为事关国家大政方针、军事外交、社会治理等根本全局的行为,其核心问题是国家权力问题。在国家尚未消亡、阶级斗争不同程度存在的前提下,其实质是阶级关系和阶级斗争。

政治立场,是人们在社会政治生活中观察、分析和处理各种问题的根本立足点、出发点,就是人们在想问题办事情时,以谁的利益为出发点,为谁谋利益的问题。就政治本身而言,政治立场就是开宗明义地亮出我是谁、为了谁、依靠谁的问题。从理论与实践结合的角度看,政治立场就是为谁说话、为谁做事、为谁服务的问题。政治立场于政党和个人而言,必需而且必要。一

是政治立场是政治构成的方向性要素。政治主体的政治行为一般包括政治立场、政治观念、政治态度、政治信仰、政治技能、政治行为等多种要素,而政治立场在政治行为中起着根本性、方向性作用。二是政治立场是任何党派和个人无法回避、必须解决的问题。辩证唯物主义认为,任何一种思想理论都或多或少、或明或暗、直接间接地存在着程度不同的党性问题。

（二）以人民为中心政治立场的基本内涵

中国共产党人的政治立场是由党的性质、宗旨和奋斗目标所决定的。毛泽东同志曾经指出:"我们是站在无产阶级的和人民大众的立场。对于共产党员来说,也就是要站在党的立场,站在党性和党的政策的立场。"这就明确指出,人民立场既是无产阶级的党性立场,也是共产党人的政治立场。[1]每个共产党员和各级领导干部,都要坚定不移地站在党和人民的立场上来想问题,办事情。

习近平总书记在党的十九大报告中指出:"人民是历史的创造者,是决定党和国家前途命运的根本力量。必须坚持人民主体地位,坚持立党为公、执政为民,践行全心全意为人民服务的根本宗旨,把党的群众路线贯彻到治国理政全部活动之中,把人民对美好生活的向往作为奋斗目标,依靠人民创造历史伟业。"这是对人民历史主体地位,党的性质宗旨,践行人民立场的路径方法和奋斗目标的全面阐述,也是对以人民为中心政治立场的科学界定。

总之,以人民为中心的政治立场就是习近平总书记的谆谆教诲"我们的执政理念,概括起来说就是:为人民服务,担当起该担当的责任",就是"以人民立场为立场,始终站在人民中间,与人民同呼吸、共命运、心连心"。这既是中国共产党人的执政理念,也是党的各项工作的出发点、落脚点,还是党员领导干部的基本政治要求。

二、坚持以人民为中心政治立场的重要意义

坚持以人民为中心的政治立场是历史唯物主义基本原理的要求。今天,习近平总书记回顾历史,放眼时代,在坚持唯物史观人民创造历史基本原理的基础上,进一步强调指出,"民者,国之根也""人民是创造历史的动力,我们党任何时候都不要忘记这个历史唯物主义最基本的道理""我们必须坚持国家一切权力属于人民,坚持人民主体地位"。从"四个全面"战略布局到"五位一体"总体布局,从贯彻落实新发展理念到中华民族伟大复兴中国梦的实现,始终贯穿着以人民为中心的发展思想,充分体现了一位坚定的马克思主义政党领袖相信人民、依靠人民的政治立场。

（一）坚持以人民为中心的政治立场是中国革命和建设实践的基本结论

习近平总书记在庆祝建党95周年的讲话中指出："在95年波澜壮阔的历史进程中，中国共产党紧紧依靠人民，跨过一道又一道沟坎，取得一个又一个胜利，为中华民族作出了伟大历史贡献。"这个伟大历史贡献就是：我们党团结带领中国人民进行28年浴血奋战，打败日本帝国主义，推翻国民党反动统治，完成新民主主义革命，建立了中华人民共和国；完成社会主义革命，确立社会主义基本制度，消灭一切剥削制度，推进了社会主义建设；进行改革开放新的伟大革命，极大激发广大人民群众的创造性，极大解放和发展社会生产力，极大增强社会发展活力，人民生活显著改善，综合国力显著增强，国际地位显著提高。这是历史的选择，人民的选择，发展的必然，基本的结论。

（二）坚持以人民为中心的政治立场是全面推进习近平新时代中国特色社会主义伟大实践的现实需要

新时代，以习近平同志为核心的党中央，紧密结合当代中国的时代背景和实践要求，围绕中国特色社会主义的重大时代课题，绘就了高举中国特色社会主义伟大旗帜，决胜全面建成小康社会，夺取习近平新时代中国特色社会主义伟大胜利，建设社会主义现代化强国，实现中华民族伟大复兴的宏伟蓝图。目标神圣而又伟大，充满艰辛、困难、挫折和风险。实现这一伟大目标，关键在党，关键靠党对全国各族人民的领导。历史和实践已经昭示，只有在党的领导下，团结带领全国各族人民，充分调动人民群众的主动性、积极性、创造性，汇聚人民群众的磅礴力量，才能实现中华民族伟大复兴的梦想。只有在党的领导下，团结带领全国各族人民，才能有效应对重大挑战、抵御重大风险、克服重大阻力、解决重大矛盾，取得伟大斗争的胜利，才能继续坚持中国特色社会主义道路，进一步完善中国特色社会主义制度，进一步增强中国特色社会主义文化自信，夺取新时代中国特色社会主义伟大事业的新胜利。

（三）坚持以人民为中心的政治立场是当前"不忘初心、牢记使命"主题教育的政治要求

当前，"不忘初心、牢记使命"主题教育在全党范围内深入开展。习近平总书记指出："开展这次主题教育，是党中央统揽伟大斗争、伟大工程、伟大事业、伟大梦想作出的重大部署，对统筹推进'五位一体'总体布局、协调推进'四个全面'战略布局、决胜全面建成小康社会、夺取新时代中国特色社会主义伟大胜利、实现中华民族伟大复兴的中国梦，具有重大而深远的意义。"开展这次主题教育，"是用新时代中国特色社会主义思想武装全党的迫切需要;是推进新时代党的建设的迫切需要;是保持党同人民群众血肉联系的迫切需要;是实现党的十九大确定的目标任务的迫切需要"。

三、坚持以人民为中心政治立场的对策建议

习近平总书记在纪念马克思诞辰 200 周年大会上的重要讲话中指出:"我们要始终把人民立场作为根本立场,把为人民谋幸福作为根本使命,坚持全心全意为人民服务的根本宗旨,贯彻群众路线,尊重人民主体地位和首创精神,始终保持同人民群众的血肉联系,凝聚起众志成城的磅礴力量,团结带领人民共同创造历史伟业。"这是如何在实践中坚持以人民为中心政治立场的要求和依据。

我们要以"不忘初心、牢记使命"和深入开展党史学习教育为契机,进一步强化立党为公、执政为民、全心全意为人民服务的性质宗旨,夯实以人民为中心政治立场的宗旨信念基础。中国共产党的诞生和使命,就是为中国人民谋幸福,为中华民族谋复兴,全心全意为人民服务。中国共产党在 100多年的历史中,始终是在全心全意为人民服务的实践中发展壮大起来的。我们党一经成立就公开申明,党除了工人阶级和最广大人民的利益,没有自己的特殊利益。夺取政权,执掌政权,不断加快改革开放步伐,解放和发展生产力,都是为了人民的获得感、幸福感和福祉,这是中国共产党人的生命和力量所在。

我们要始终牢记和坚持理论联系实际、知行合一的马克思主义原则,防止和杜绝理论脱离实际、言不顾行、言高行卑、口惠而实不至的不良作风。实践、实行是马克思主义最显著的特征,空谈理念、坐而论道、不重实行,就离开了马克思主义,违反了马克思主义,就不是马克思主义。另外,习近平总书记在十九大报告中指出,党员干部要弘扬忠诚老实、公道正派、实事求是、清正廉洁等价值观,坚决防止和反对个人主义、分散主义、自由主义、本位主义、好人主义,坚决防止和反对宗派主义、圈子文化、码头文化,坚决反对搞两面派、做两面人。这些思想行为与党的性质宗旨背道而驰,与坚持以人民为中心的政治立场格格不入。

我们要认真学习和贯彻落实习近平新时代中国特色社会主义思想,把"以人民为中心的发展思想"贯穿于"四个全面"战略布局与"五位一体"总体布局当中,让全体人民获得更好的教育、更稳定的工作、更满意的收入、更可靠的社会保障、更高水平的医疗卫生服务、更舒适的居住条件、更优美的环境、更丰富的精神文化生活。

我们要继续坚定不移地贯彻落实群众路线这一党的生命线和根本工作路线。党的根基在人民,力量在人民。密切联系群众是党的最大优势,脱离

群众是党执政后最大的危险。所以,我们要坚持把增进人民福祉,促进社会公平正义,作为党和政府工作的出发点和落脚点,不断解决人民群众最关心、最直接、最现实的利益问题。党员干部要深怀爱民之心、恪守为民之责、善谋富民之策、多办利民之事,急群众之所急。

参考文献

[1] 崔海教. 坚持人民立场的时代要求 [N]. 人民日报,2018-03-15(7).

(孙海燕,李印广　城阳区委党校)

新时代中国共产党政德建设的三重维度

一、价值之维:新时代中国共产党政德建设的必然逻辑

（一）实现国家治理体系和治理能力现代化的内在要求

百年来,党领导人民进行伟大奋斗,于危机中育先机,于变局中开新局,开创了中国式现代化道路,创造了人类文明新形态。国家治理现代化作为中国式现代化的构成性要素,它的实现是一个系统工程,其中首要的问题就是需要强大的领导力量来动员社会各类主体实现协同共治。中国共产党作为国家治理的领导核心,始终致力于构建符合中国国情、具有中国特色的国家治理体系,不断将治理实践更好地转化为制度成果,将制度优势更好地转化为治理效能。新时代,实现国家治理体系和治理能力现代化,要求中国共产党具备极大的政治勇气、极高的政治品格和道德素养,这就更加凸显了政德建设的重要性。加强政德建设不仅能够提高广大党员干部的政治领导力、思想引领力、群众组织力和社会号召力,使他们更加积极主动地创新治理理念,研究和部署国家治理、地区发展和人民向往的新制度,又有利于广大党员干部不断强化制度意识,严格按照制度行权履责,自觉接受制度的监管,从而提升我们党的执政能力和国家治理能力。因此,新时代实现国家治理体系和治理能力现代化本质上必然要求加强党的政德建设。

（二）提高党员干部政治能力的道德基础

政治能力是党员干部把握方向、把握大势、把握全局的能力,包括政治判断力、政治领悟力和政治执行力。党员干部卓越的政治能力要以深厚的道德素养为基础,加强中国共产党政德建设是提升党员干部政治能力的必由之

路。首先,提高政治判断力需要以对党忠诚的政治品格为保障。对党忠诚是对共产党人明大德的深刻诠释。做出方向明确、立场坚定、逻辑科学的政治判断客观上要求广大党员干部必须不折不扣贯彻落实党的理论和各项路线方针政策,能够站在政治全局上把握形势变化和观察处理问题,抵御风险挑战,增强政治主动。其次,提高政治领悟力需要以坚定不移地为民初心为前提。党员干部守公德,就是胸怀"国之大者",体现为把国家的大事、人民的大事刻在脑子里、印在心里、抓在手里,顺应人民群众对美好生活的向往,带领人民创造美好生活。这既是党员干部守公德的客观要求,又是提升政治领悟力的根本保证。再次,提高政治执行力需要以清正廉洁的品行操守为基础。严私德是全面提升党员干部政治执行力的前提和基础。新时代,党员干部只有注重个人品行操守的塑造,才能真正做到忠诚履职、守土尽责、拒腐防变,彰显党员干部强大的政治执行力。

（三）引领新时代公民道德建设的风向标

"党员干部的道德操守直接影响着全社会道德风尚。"[1] 政德建设是社会道德建设的重要组成部分,党员干部政德建设和公民道德建设具有内在统一性。公民道德建设的对象是包括广大党员干部在内的全体社会公民,党的性质决定了党员干部的道德规范和行为操守对整个社会的道德风尚具有引领和示范作用。当前,在复杂多变的国内外形势下,各种社会矛盾纷繁交织,各种社会思潮此起彼伏,滋生出一些道德问题。在此情况下,需要加强政德建设,以党员干部崇高的道德风范率先垂范社会道德风尚,发挥政德建设对社会道德建设的风向标作用。新时代加强政德建设,有利于党员干部树立忠诚老实、公道正派、艰苦奋斗、清正廉洁的好干部形象,为公民道德建设作出表率,以自己的模范行为和高尚品格感召和凝聚群众,弘扬共产党人的价值观,引领广大人民群众更加主动地将正确的道德认知转化为积极的道德实践,带领人们在全社会塑造崇德向善、见贤思齐、德行天下的时代新风尚,为谱写公民道德建设新的篇章汇聚道德力量。

二、时空之维:新时代中国共产党政德建设的现实逻辑

意识形态多元化给部分党员干部坚定理想信念带来考验。当前,"两个大局"交织激荡,国内经济社会深刻变革,各方面利益格局深度调整,各种社会思潮暗流涌动,人们价值取向日益多元化加剧了意识形态领域的复杂性,滋生出一些干扰共产党良好政德形象的负面因素,给新时代政德建设增加了风险。同时,在网络信息化迅猛发展的背景下,西方敌对势力凭借其经济优势和话语霸权在网络领域施行"西化"图谋,西方敌对势力持续开展意识形

态渗透的目的就在于侵蚀中国共产党的理想信念,扰乱中国共产党的政治定力、政治原则与政治方向,动摇中国共产党的执政根基。意识形态领域风险挑战内外交织、错综复杂,给新时代中国共产党坚定理想信念,继而以坚定的信仰信念信心培育正确的政德观,加强政德建设带来考验。

市场经济的负面性对部分党员干部坚守价值取向形成挑战。社会主义市场经济是一个开放的体系,我国既在经济全球化的浪潮中不断融入日益开放的世界市场经济,也在不断克服逆全球化的余波中展现社会主义市场经济的生机与活力。同时,我们也必须清醒地认识到,逆全球化思潮下,西方国家自诩为然的市场经济放大了市场经济重利性和等价交换原则的弊端性,成为少数党员干部政德失范行为的滋生土壤。市场经济条件下,交换是市场经济机制发挥作用的主要驱动力,大多数经济活动围绕等价交换原则而展开,市场经济允许各经济主体在商品交换过程中追求自身经济利益的最大化。然而,通过等价交换来满足自身需求的市场逻辑与党性相冲突,这种逻辑绝不能引入党内政治生活。交换性一旦成为部分党员干部腐败思想的诱发因子,就会导致党群关系、政商关系发生质变,从而致使一些弱化和损害党的先进性和纯洁性的问题萌生,向社会传递消极文化,阻碍党的健康发展。

三、实践之维:新时代中国共产党政德建设的应然逻辑

(一)明大德:铸牢共产主义理想信念

新时代,"明大德,就是要铸牢理想信念,锤炼坚强党性"[2]。第一,坚定马克思主义信仰。马克思主义信仰是建立在对马克思主义理论深刻理解和把握基础上的。广大党员干部要深入研读马克思主义经典,掌握马克思主义基本原理,善于用理论指导实践,勇于结合实践推进理论创新,扎实提高思想觉悟和理论素养,在知行合一中涵养忠于信仰的道德情操。第二,增强中国特色社会主义理想信念。坚定中国特色社会主义理想信念,必须学习贯彻习近平新时代中国特色社会主义思想。广大党员干部要坚持用这一科学理论武装头脑、指导实践,推动国家治理体系和治理能力现代化,让中国特色社会主义制度的优越性得以充分彰显,将中国特色社会主义道路越走越宽广。第三,增强对实现中华民族伟大复兴中国梦的信心。弘扬伟大建党精神,能够使党员干部坚定理想信念、查找党性差距、校准前行方向,始终保持不畏艰难勇往直前的大无畏精神,推动党和国家事业发展,增强实现中国梦的必胜信心。

(二)守公德:站稳以人民为中心的价值立场

新时代党员干部守公德就是在公共事务管理活动中坚持党性和人民性

的统一，始终站稳人民立场，积极担当、勇于作为，不断满足人民群众对美好生活的向往，切实增进民生福祉。首先，要弘扬和践行社会主义核心价值观。"核心价值观，其实就是一种德。"[3] 广大党员干部要用社会主义核心价值观倡导的道德理念和优良传统严格要求自己，不断提高自身道德素养和服务意识，以榜样的风范感召群众、带动群众，形成积极向上、奋发进取的良好社会风尚。其次，要坚持人民至上的价值追求。坚持人民至上就要办好他们最关心的、最符合他们期待的事，真抓实干解决好人民群众的困难和诉求，以人民群众的满满的获得感、幸福感和安全感厚植党和国家事业发展的坚实底气。最后，要有敢于担当、勇于斗争的精神境界。广大党员干部要发扬实事求是和钉钉子的精神，敢于直面一切矛盾和困难，勇于讲真话、做实事、求实效，能够为维护党和人民的利益牺牲一切，积极带领人民群众克服困难、战胜风险、渡过难关，真正做到守土有责、守土负责、守土尽责。

（三）严私德：严格约束个人操守行为

严私德，就是在任何场域，即便是在台下、在家里、在八小时之外、在无人知晓的地方也能严格约束自己的操守和行为，做到严于律己，克己奉公，清正廉洁。首先，要强化纪律意识和规矩意识。要推动全党纪律教育向制度化、常态化的方向发展，引导广大党员干部懂纪律、明规矩，持之以恒正风肃纪，珍惜好、管好、用好手中的公权力。其次，要注重小节，防微杜渐。党员干部干事创业，要有灵敏的嗅觉和见微知著的能力，把握好事物"量"和"质"之间的辩证关系，高度警惕各种"糖衣炮弹"和"推杯换盏"的小事，增强底线思维和忧患意识，居安思危，未雨绸缪，守住内心、守住小事小节，增强拒腐防变的免疫力，淬炼自警自律的私德修为。最后，要把家风建设摆在重要位置。广大党员干部要真正做到以德治家、以俭持家、以廉养家，严格要求家属子女，管理好身边的工作人员，教育他们树立自食其力、艰苦奋斗的良好观念，以身作则地为全社会作出好的表率，以新时代共产党人的良好家风促进党风政风，引领社会文明新风尚。

参考文献

[1] 新时代公民道德建设实施纲要 [M]. 北京：人民出版社，2019：14.

[2] 习近平 . 领导干部要讲政德 [M]. 北京：人民出版社，2018：1.

[3] 郜爱红，李淑英 . 领导干部必须讲政德 [J]. 红旗文稿，2018（10）：12.

（孙　健，贾　楠　山东科技大学马克思主义学院）

运用法治思维、法治方式正风肃纪反腐

党的十八大以来，以习近平同志为核心的党中央坚持"打虎""拍蝇""猎狐"，全面推进全面从严治党、党风廉政建设和反腐败工作，取得了党风廉政建设和反腐败斗争的辉煌成就。但是，应该看到，我国反腐败斗争的形势依然严峻复杂，腐蚀和反腐蚀斗争依然长期存在。要实现反腐败工作制度化、规范化、长效化，必须认真贯彻落实习近平法治思想，坚持以法治思维和法治方式正风肃纪反腐，运用法治化手段持续推进党风廉政建设和反腐败工作，巩固和发展反腐败斗争的压倒性胜利，构建风清气正的政治生态。

一、法治思维、法治方式的内涵

法治思维、法治方式中的"法"的内涵不仅仅局限于国家出台的各项法律法规，而是关于法律法规、党纪党规及各种政策规章制度的统称。《中共中央关于全面推进依法治国若干重大问题的决定》中明确，中国特色社会主义法治体系建设包括"形成完善的党内法规体系"。由此可见，在"法治思维、法治方式"这个命题中，"法"的内涵不限于法律，还包括了党内法规、党的纪律、党的政策、党和国家制度等[1]。

法治思维从字面含义上看，就是将法治的诸种要求运用于认识、分析、处理问题的思维方式[2]，是从法治价值与法治精神的视角出发，充分利用法律的原则、规范、方法和逻辑去思考、判断并寻求解决具体问题的思路和方法[3]，是一种以法律规范为基准的逻辑化的理性思考方式。法治思维与人治思维是相对应的，法治思维强调处事过程中要严守"合法性"的底线，要求依法履行公职的人员在履职过程中，必须严格遵守党纪国法，遵守相应的规则和程序，摒弃人治思想、官本位思想、特权思想，做到法无授权不可为、法定职责必须为，自觉接受法律纪律监督、承担法律纪律责任。意识决定行为。法治方式简单来说，就是运用法律思维处理问题与解决问题的方式，是法治思维的行为过程与表现形式。将法治思维运用到实践领域，是法治思维在实践活动中的具化，是制度运用、程序适用的过程。

二、法治反腐的意义

（一）有利于实现全面从严治党与全面依法治国深度融合，推进党和国家治理现代化

运用法治思维与法治方式正风肃纪反腐，将法治理念融入运用到反腐败工作中，坚持依法依规依纪反腐，有利于深入推进全面从严治党、全面依

法治国。《中共中央关于全面推进依法治国若干重大问题的决定》明确要求加快推进反腐败国家立法,完善惩治贪污贿赂犯罪法律制度,将法治思维与法治方式运用到反腐败工作全过程,构建完备的法律纪律监督体系,依纪依法对国家公职人员及全体党员实施监督,严肃查处违纪违法行为,用法律纪律有效规范权力运行,避免权力被滥用,实现全面从严治党与全面依法治国的深度融合,对于推进党和国家治理现代化有十分重要的意义。

（二）有利于推进反腐败工作科学化、规范化,构建反腐败长效机制

运用法治思维和法治方式正风肃纪反腐,将反腐败工作纳入法治轨道,有利于推进反腐败工作更加高效、科学、规范运行,更好地保持惩治腐败高压态势,实现反腐败工作长效化。一方面,通过加强制度建设构建反腐败的制度之笼,利用法律与纪律的刚性约束,加强对公权力运行的监督管理,让公权力在阳光下运行、在法律纪律规则下运行,可以有效减少腐败问题滋生的土壤,切实提升反腐败工作质效。另一方面,通过法律法规规定,可以实现反腐败机构合理配置及规范高效运行,使审查调查权力依法行使,实现违纪违法案件审查调查过程中的程序正义,有效维护被审查调查人的合法权益,避免冤假错案的发生。积极推进运用法治思维与法治方式正风肃纪反腐,能够有效避免运动式反腐时松时紧的弊端,减少反腐败过程中"人治"因素的影响,更好地保持反腐败的高压态势,形成反腐败长效机制,巩固和发展反腐败斗争的压倒性胜利。

（三）有利于实现国家高效治理,提高人民群众幸福感、获得感

有效运用法治思维和法治方式正风肃纪反腐,坚决依规依纪依法惩处腐败分子,深入推进"打虎""拍蝇""猎狐",营造风清气正的政治生态,有利于国家的长治久安,增强人民群众的幸福感、获得感。党的十八大以来,我们坚持依法反腐,"老虎""苍蝇"一起打,既严肃查处违纪违法的领导干部,又着力整治群众身边的腐败问题与不正之风,坚决清除一切腐败分子,有效维护了社会的公平正义,维护了人民群众的合法权益,增强了群众对反腐败工作的理解、对党和政府的认同,澄清了政治生态、凝聚了党心民心、增强了国家治理的效能,为国家的稳定和发展提供了坚强的政治保障。

三、运用法治思维与法治方式正风肃纪反腐存在的问题

（一）法治文化建设有待加强

随着我国全面依法治国战略的不断推进,法治的观念逐渐深入人心,社会整体的法治观念有了很大程度的提升。但是,目前来看,在执政者层面,有

法不依、执法不严、违法不究、以权压法、以权代法的现象依然存在,部分公职人员纪律规矩意识淡薄,官本位思想、特权思想、官僚主义作风作祟,缺乏对法律纪律的敬畏,极少数人面对全面从严治党的高压态势,依然不收手、不收敛,顶风作案,从中央到地方贪污受贿等大案要案不断发生,群众身边腐败问题依然存在,严重影响了党和国家的形象。在公民层面,由于法治反腐的普法工作不到位、传统潜规则思想等因素的影响,法治反腐的软环境建设不够,群众参与法治反腐的积极主动性不强,举报反映问题大多出于利益冲突,缺乏共同构建廉洁文化生态的法治自觉。

(二)配套的制度体系还不健全

构建适应中国实际的政策理论需要依托中国实践。在中国共产党改革、发展、稳定的总要求下,试点被广泛应用在经济、政治、文化、社会等各领域政策改革中。[4] 2018 年,国家开始推进国家监察体制改革试点工作,同年 3 月 20 日,全国人大表决通过了《中华人民共和国监察法》(以下简称《监察法》),明确将所有行使公权力的人员纳入监督范围,进一步完善了反腐败法律体系,但是,监察体制改革时间较短,《监察法》规定较为笼统,立法过程中仅将监察机构的设置、职责、权限等框架进行了规定,更为具体的细则及争议较大的问题则想通过"摸着石头过河"、实践试错的方式进一步完善,整个法律体系还不够系统完整,如单位是否纳入监察范围、对监察主体的违法责任追究等未立法明确[5]。国家监察体制改革后,整个反腐败工作机制发生了较大的变化,全国人大及人大常委会及时对《刑法》《刑事诉讼法》等法律法规进行了修订,但是《监察法》与其他法律法规的协调配合仍需进一步加强,如监察机关在国家赔偿中的责任还未予以明确。纪法衔接不够到位,党的纪律和国家法律的边界不够明确,导致实践应用中有时无所适从。

(三)反腐败队伍建设还需加强

纪检监察机关专责承担党内监督与国家监察职责,是反腐败工作的主要执行者,其法治化建设水平将直接影响反腐败工作的实际成效。近年来,各级纪检监察机关在国家监察体制改革后,扎实推进纪检监察机关规范化、法治化建设,但是,从干部队伍整体结构看,纪检监察干部专业结构仍然不合理,受过专业法学教育的人员较少,对纪检监察干部的专业化能力培训方式单一、内容不够精准,干部的法治素养与法治反腐的要求依然存在较大的差距。对纪检监察干部队伍的激励约束不足,纪检监察干部职业荣誉感、待遇保障等与纪检监察工作繁重程度不相匹配,缺乏有效的激励机制。审查调查权力内控机制还需进一步加强,对纪检监察干部的监督不够到位,"八小时之外"监督缺位,纪检监察干部自身腐败问题凸显,甚至出现跑风漏气、以案谋私、压案不报等现象,导致反腐败工作未能沿着法治轨道有效运行,严重影响了法治反腐的成效。

四、运用法治思维与法治方式正风肃纪反腐的实现路径

(一)培育法治意识,强化反腐败法治思维理念

思维是行动的先导,推进反腐败工作法治化、规范权力运行,必须重视领导干部法治思维的培养,要以法治思维作为指引[6],教育引导作为法治思维和法治方式主体的公职人员摒弃"官本位"的思想、重人治的理念,坚持宪法和法律至上,树立权由法定、权依法使等基本法治观念,坚定法治信仰、培育法治精神,进一步强化法治意识、法治思维、法治素养,做到依法执政、依法行政,不断提高运用法治思维和法治方式解决问题的能力。进一步强化法治理念,将纪律法治意识内化于心、外化于行,牢牢把握住纪律法律的底线,确保各项工作依纪依法运行。

要注重法治反腐的社会参与,发挥人民群众的主体地位。加强法治文化软环境建设,培育社会法治思维,增强人民群众的法治信仰,使法治精神深入人心。加强法治反腐的宣传力度,充分利用新媒体宣传方式,强化社会法治反腐的意识,引导群众积极参与法治反腐,形成监督的合力。建立健全监督举报、实名反馈、激励保障等制度机制,激发人民群众参与法治反腐的积极性、主动性,增强社会监督、舆论监督的效力。

(二)加快反腐败国家立法,构建完善的制度体系。

腐败问题的发生,很大程度上是因为"不能腐"的制度之笼还不够严密,把权力关进制度的笼子里,才是反腐败的治本之道。推进运用法治思维和法治方式正风肃纪反腐,必须将制度建设放在首位,不断加强法律制度、纪律规范建设,完善法治规范体系,为法治反腐提供坚强的制度保障。

进一步加强反腐败法律体系建设。尽快研究通过《监察法实施条例》,明确《监察法》具体的实施细则,进一步规范监察权的行使,使审查调查权力在法治轨道上运行。结合工作实际,制定出台《监察官法》,有针对性地明确监察官的准入资格、权利义务、福利保障等制度,保障监察权的独立行使,达到监察权独立行使的立法目的。进一步清理、规范、完善《检察官法》《国家赔偿法》等法律法规,推进国家监察体制改革后相关法律法规配套衔接,促进监察权与其他国家权力协调运行。

进一步完善党内法规体系。党内法规体系是全面从严治党的重要依据,是我国反腐败法律体系的重要组成部分。"全面推进依法治国,必须努力形

成国家法律法规和党内法规制度相辅相成、相互促进、相互保障的格局。"[7]要结合国家监察体制改革后纪检监察工作实际,进一步推进党内法规与国家法律的制度衔接,明确党内法规与国家法律的权力调整边界,保障党内法规与国家立法的协调一致,更加有效地规范权力的运行。

(三)加强纪检监察机关规范化法治化建设

国家监察体制改革以来,纪检监察机关作为同时履行党内监督与国家监察两项职责的专责机关,是反腐败的主体机构。要实现法治反腐,强化纪检监察机关的规范化法治化建设、提高纪检监察干部的法治素养有着十分重要的意义。

加强专业化能力培训,建设一支知法懂法的高素质纪检监察干部队伍。运用法治思维和法治方式正风肃纪反腐,作为执纪执法者的纪检监察干部首先要知法懂法。国家监察体制改革后,纪检监察工作的领域同时涉及刑事、民事、行政等多个领域,对纪检监察干部的专业化能力要求越来越高。这就要求纪检监察机关进一步加强内部培训,提升纪检监察干部的法治素养。要综合分析目前纪检监察干部的法律专业能力与法治水平,有针对性地规划培训内容,创新培训的方式方法,通过分层、分类、多形式的培训,提高纪检监察干部运用法治思维与法治方式反腐败的能力。

增强程序意识,强化内部激励约束。正人要先正己,打铁必须自身硬。纪检监察机关承担着维护党纪国法权威、推进反腐败斗争的光荣使命和重要职责,作为监督别人的人,更要加强自身建设,做到自身净、自身正,才能实现更有效的监督。要建立健全请示报告等制度机制,在严格遵守监督执纪工作规则和监督执法工作规定等程序规定基础上,进一步推进纪检监察机构职能、权限、程序、责任等法定化、制度化,使监督检查、审查调查权限严格依法依规依纪行使,健全内控机制,及时发现问题、纠正偏差。进一步完善奖惩机制,建立科学、有效、可量化的考核制度,推进绩效考核科学化、精细化,真正实现奖勤罚懒的目的。完善纪检监察干部监督管理体制机制,采取多种形式加强对纪检监察干部八小时以外"生活圈""社交圈""朋友圈"的管理监督,对执纪违纪、执法违法者"零容忍",坚决查处私存问题线索、跑风漏气、说情打招呼、违规过问案件等违纪违法行为。对违纪违法者,在坚决处理处分的同时,通过调离、分流等方式,及时清理出纪检监察干部队伍。

参考文献

[1]张文显.以法治思维和法治方式反对腐败[N].中国纪检监察报,2019-11-25(2).

[2] 张立伟. 什么是法治思维和法治方式[N]. 学习时报,2014-03-31(5).

[3] 唐开元. 执政党提高运用法治思维和法治方式能力的路径探索[J]. 法制与社会,2020(8):107-108,122.

[4] 宋云鹏. 政策试点机制研究——基于医药卫生领域的考察[M]. 北京:社会科学文献出版社,2023.

[5] 颜士颖. 监察法与刑事法的衔接协调与规范运行[D]. 济南:山东政法学院,2020.

[6] 孙楠. 法治反腐的一般特征[J]. 山西师大学报:社会科学版,2017,44(6):44-48.

[7] 习近平. 关于《中共中央关于全面推进依法治国若干重大问题的决定》的说明[N]. 人民日报,2014-10-29(2).

（孙宁怿　中共崂山区委党校）

群众路线对党风廉政建设的重要性

党的二十大报告指出:"全党要坚持全心全意为人民服务的根本宗旨,树牢群众观点,贯彻群众路线,尊重人民首创精神,坚持一切为了人民、一切依靠人民,从群众中来、到群众中去……"[1] 由此可见,群众路线必须深入贯彻到治国理政的方方面面。新时代,党风廉政建设虽已取得重大成果,但仍然面临着许多危险与考验。因此,要始终坚持群众路线,发挥群众路线对党风廉政建设的促进作用。

一、"一切为了群众,一切依靠群众"为党风廉政建设提供理论指导

党风廉政建设是一项长期工作,需要有坚定的理论基础为支撑。"一切为了群众"指明了党风廉政建设的最终目的,"一切依靠群众"指引着党风廉政建设如何前行。坚持"一切为了群众,一切依靠群众",就要发挥人民群众参与党风廉政建设的关键性作用。依靠人民群众的集体性智慧,制定好党风廉政建设的法律法规,同时,让党风廉政建设在人民群众的监督下运行,让党员干部不敢腐。

新时代,仍然有部分党员对党风廉政建设的认识不足,如机械地参加会议,消极地学习,不能真正领悟党的性质与宗旨,不能理解人民群众的重要性,容易做出损害人民群众利益的事情。因此,党组织必须加强对党员理论

学习的要求,加强党员对"一切为了群众,一切依靠群众"的理论认识,进而深刻体会人民群众对党风廉政建设的重要性,巩固自身的理论基础,将其内化于心、外化于行。只有这样,在面对诱惑时,党员干部才能以坚韧的意志力克服私欲,从根本上坚定不想腐的决心,始终站在人民群众的立场上解决问题,确保党风廉政建设始终维护人民群众的根本利益。

二、"从群众中来,到群众中去"为党风廉政建设提供实践导向

深入群众,才能为群众服务,党风廉政建设是否取得新成效是由人民群众来评判的。人民群众的批评可以让党员干部及时发现错误,人民群众的监督可以让党员干部避免再犯错误。党风廉政建设的根本目的是维护人民群众的利益,因此必须坚持"从群众中来",收集群众的问题,找到解决方法,再"到群众中去"解决问题,验证理论是否真正解决了人民群众的问题,是否得到人民群众的认可。

新时代,部分党员干部缺乏群众工作经验,他们不懂得人民群众的艰辛,不能设身处地地为人民着想。因此,必须坚持"从群众中来,到群众中去"为党风廉政建设的实践导向,鼓励各级党员领导干部走进群众,走进基层。只有亲身参与实践,与人民群众打成一片,才能有所收获;只有将所思所想进行加工再运用到群众中去,维护群众利益,才能真正实现党风廉政建设的根本目的。

参考文献

[1] 习近平. 高举中国特色社会主义伟大旗帜 为全面建成社会主义现代化国家而团结奋斗——在中国共产党第二十次全国代表大会上的报告[N]. 人民日报,2022-10-26(1).

（段慧敏 山东科技大学马克思主义学院）

第三篇
党风廉政建设历程

党的十八大以来思想政治教育与党风廉政建设

党的廉政建设是关乎我国生死存亡的重要问题,而思想政治教育不仅是中国共产党加强作风建设的重要手段,同时还为党风廉政建设提供思想基础和保障。党的二十大报告指出:"坚持不懈用新时代中国特色社会主义思想凝心铸魂,全面加强党的思想建设,加强理想信念教育,引导全党牢记党的宗旨,自觉做共产主义远大理想和中国特色社会主义共同理想的坚定信仰者和忠实实践者。"可见,加强思想政治教育是全面从严治党、加强党风廉政建设的基石。党员干部只有在思想认知层面上真正意识到清正廉洁的重要性,才能自觉培养和践行廉政行为。

回顾党的奋斗历程,开展思想政治教育一直是我们的一个优良传统。无论是领导革命还是国家建设,我们总是根据时代的发展变化和党内出现的新问题,有针对性在全党开展集中教育,不断进行自我净化、自我完善和提高。党的十八大以来,党中央先后部署开展了多次思想政治层面的教育,主要有党的群众路线教育实践活动、"三严三实"专题教育、"两学一做"学习教育、"不忘初心、牢记使命"主题教育、党史学习教育等。一系列的主题教育,不断引导广大党员坚定信仰信念、增强"四个意识",筑牢同以习近平同志为核心的党中央保持高度一致的思想根基,汇聚推动改革发展稳定的强大正能量。

一、党的十八大以来党的思想政治教育的新特点

党的十八大以来,全党始终紧紧围绕全面从严治党要求,把深入学习贯彻习近平总书记系列重要讲话精神和治国理政新理念新思想新战略作为首要任务,加强思想政治教育的历次重大部署,推动党内教育从"关键少数"向全体党员拓展、从集中性教育向经常性教育延伸,使党内思想政治教育环环相扣、步步深入。

(一)在教育对象上,从"关键少数"到全体党员拓展

党的十八大以来的历次集中教育,在教育对象上,是一个由点到面的过程。2013年6月至2014年10月,以作风建设为切入点,全党以县处级以上领导干部为重点,自上而下分两批,深入开展了党的群众路线教育实践。2015年4月至2016年2月,对照习近平总书记提出的"严以修身、严以用权、严以律己,谋事要实、创业要实、做人要实"要求,"三严三实"专题教育在县处级以上领导干部中深入开展。[1] 从2016年2月开始的"两学一做"是面向全体党员深化党内教育的重要实践,是推动党内教育从"关键少数"向广

大党员拓展、从集中性教育向经常性教育延伸的重要举措。自此,思想政治教育"由点到面"全面铺开,要求全体党员牢固树立"四个意识",严格党的组织生活,把全面从严治党要求落实到每个支部、每名党员。自 2019 年 6 月至 2020 年 1 月,全党自上而下分两批开展了"不忘初心、牢记使命"主题教育。这次教育活动的重点之一是教育引导广大党员干部保持为民务实清廉的政治本色,自觉同特权思想和特权现象作斗争,坚决预防和反对腐败,清清白白为官、干干净净做事、老老实实做人。2021 年 2 月开始的党史学习教育,教育对象范围不仅扩展到全体党员,更是通过各种方式,让广大人民群众在文化感受中爱党爱国爱社会主义。

（二）在教育方式上,从集中性教育向经常性教育延伸

党的十八大以来党的思想政治教育是一个由集中性教育到经常性教育延伸的过程。党的群众路线教育时间节点是 2013 年 6 月至 2014 年 10 月;"三严三实"专题教育是在 2015 年 4 月至 2016 年 2 月;在"两学一做"学习教育持续深入推进过程中,2017 年 3 月,中央办公厅印发《关于推进"两学一做"学习教育常态化制度化的意见》,要求各级党组织要把推进"两学一做"学习教育常态化制度化作为全面从严治党的战略性、基础性工程,履行主体责任,抓常抓细抓长。"两学一做"学习教育不是一次活动,这次教育突出正常教育,区分层次,有针对性地解决问题,用心用力,抓细抓实,真正把党的思想政治建设抓在日常、严在经常。2021 年 2 月开始的党史学习教育,将党的思想政治教育推向常态化、长效化。随着党史学习教育总结会议的召开,全党集中学习党史即将告一段落,但学习中国共产党百年历史,单靠一次集中党史学习教育是远远不够的。为努力构建党史学习教育常态化长效化制度机制,不断从党的历史中汲取经验和智慧,充分发挥百年党史以史鉴今,资政育人的重要作用,中共中央办公厅印发《关于推动党史学习教育常态化长效化的意见》强调,要把推动党史学习教育常态化长效化同做好中心工作结合起来,把党史学习教育成效转化为干事创业的动力、举措和成效。

（三）在教育载体上,从理论学习到数字信息化延展

在党史学习教育中,我们党借鉴历次党内集中教育活动好做法好经验的基础上,结合党史学习教育的特点和党员干部实际需求,在学习方法和载体上进行了大胆创新,特别是利用现代信息技术推出了一系列可视化、数字化的党史题材红色文化作品,收到了很好的学习教育效果。比如电影党课、音乐党课、美术党课、戏曲党课等特色艺术党课,在润物无声中让党的故事、党的创新理论深入人心。应该更加注重运用现代科技和传播途径,打造更多

党史题材的红色文化作品特别是影视作品,通过互联网开展全方位、多维度传播,让人民群众在接受文化艺术熏陶中学习党的历史、增强党性修养、激发爱国热情。

二、党的十八大以来的思想政治教育对党风廉政建设的作用

党的十八大以来的思想政治教育一环扣一环,对党风廉政建设起到了相当大的作用。

(一)引导作用

党的十八大以来,思想政治教育主要是通过理想信念的灌输和渗透对广大党员干部发挥引导作用。如:党的群众路线教育实践活动中,把学习教育贯穿始终,不断坚定理想信念,强化宗旨意识,将学深学透习近平总书记系列重要讲话精神,作为强化思想理论的重要手段。在党风廉政建设中,以理想信念教育、政治教育、道德教育、法纪教育为主要内容,对党员干部和广大群众进行思想政治教育,不断提高全体人民的理论修养水平。

(二)激励作用

思想政治教育的激励作用,旨在通过对清正廉明的行为进行积极宣传,提高广大群众的思想观念和政治素养;通过对党员干部和广大群众进行腐败现象危害性教育,使广大群众自觉抵制腐朽思想,提高自身拒腐防变的能力,构建清正廉洁的内在防御机制,推动党风廉政建设的进程。如:在"两学一做"学习教育中,要求党员领导干部不断践行《准则》《条例》,执行双重组织生活制度,在民主生活会和组织生活会上检身正己,开展批评和自我批评,报告个人有关事项,说清楚纪检机关谈话函询的具体问题,做到对党忠诚老实。以严格党内政治生活、加强党内监督为抓手,专题教育引导广大党员特别是党员领导干部以"四讲四有""四个合格"为标尺,主动对照、深入查摆,学思践悟、筑牢"初心"。通过树立正确用人导向、改进政绩考核评价、表彰激励先进典型、探索容错纠错机制等举措,引导党员干部担当负责、苦干实干,聚力脱贫攻坚、保障 G20 峰会、筹办冬奥会、抗灾抢险……处处都有广大党员冲锋一线的身影。

(三)转化作用

思想政治教育的转化作用,主要是通过思想观念的认同、内化过程实现的。在党风廉政建设过程中,当党员干部认同了党风廉政教育的相关内容,就会将其内化为自身的廉洁思想,外化为清正廉洁的日常行为。如:在党史学习教育中,党员干部通过学习百年党史,深刻认识到,在我国社会主义革

命、建设、改革的非凡历程中，一代又一代奋斗者顽强拼搏、不懈奋斗，涌现出无数感天动地的英雄模范。他们用智慧和汗水甚至鲜血和生命，为国家富强、民族振兴、人民幸福书写了可歌可泣的壮丽篇章。各个历史时期都涌现出许多英雄模范，像"生的伟大、死的光荣"的刘胡兰，宁死不屈、战斗到底的狼牙山五壮士，坚贞不屈的巾帼英雄江竹筠，勇往直前、舍生取义的董存瑞，为人民服务的典范张思德。我们将对英雄模范先进事迹的认同，转化为工作的动力及清正廉洁的自觉遵循。

参考文献

[1] 袁金辉.推动党史学习教育常态化长效化[N]学习时报，2022-01-14（3）.

[2] 姜凤艳，程芳薇，王晓娟.思想政治教育视阈下党风廉政建设研究[J].世纪桥，2017（3）：34-35.

[3] 宁夏社会科学理论研究中心.着力构建党风廉政建设长效机制[N].宁夏日报，2020-03-31（10）.

[4] 盛若蔚.从"关键少数"向全体党员拓展[N].人民日报，2017-06-20（17）.

（刘　珺　中共胶州市委党校）

建党以来廉政建设的成就与经验启示

成由廉洁、败由贪腐，这是一条被反复证明的历史规律。2021年是中国共产党建党100周年，百年党史回答了"建设什么样的党，怎样建设党"这个基本的问题，积累了政党建设的丰富经验。廉政建设是党在廉洁执政方面所进行的思想、政治和法治建设。中国共产党一直都高度重视廉政建设，在革命、建设和改革的各个时期，始终把反腐倡廉作为自己的原则立场和重要任务，形成了优良的传统，积累了丰富的经验。

一、廉政建设是党的建设的重要内容

治理腐败既是一个长久的历史问题，也是一个广泛性的世界难题。对于执政党而言，腐败严重腐蚀着党的机体，损害着党同人民群众的关系，对党的执政地位构成巨大的威胁；对于国家而言，腐败是损害社会公平、侵蚀社会活力、影响经济社会发展和国家长治久安的致命风险。"中国历史上因为统治集团严重腐败导致人亡政息的例子比比皆是,当今世界上由于执政党腐化堕落、严重脱离群众导致失去政权的例子也不胜枚举。"[1]从鸦片战争到中国共产党创建之前的时段,中国政治腐朽、国家贫弱。各种救国主张、政治势力纷纷走上历史舞台,百家争鸣。中国共产党之所以能够最终获得人民群众的支持和拥护,就是因为中国共产党致力于建立一个清正廉洁的新型政党。

在党的十九大报告中,习近平总书记提出了新时代党的建设总要求,形成了全面推进党的政治建设、思想建设、组织建设、作风建设、纪律建设,把制度建设贯穿其中,深入推进反腐败斗争的崭新布局。[2]党风廉政建设和反腐败斗争作为党的建设的重要内容,是涉及群众利益和执政党地位的重大政治任务。党的十八大以来,党风廉政建设和反腐败工作取得了历史性成就、压倒性胜利。但是,我们也要清醒地认识到,形势依然严峻,我们必须认真总结建党以来廉政建设中的经验,推动党风廉政建设不断取得新的成就。

二、中国共产党廉政建设的伟大历程

(一)新民主主义革命时期党的廉政建设

建党初期和大革命时期,是党的廉政建设的起步时期。中国共产党自成立之日就在拒腐防变方面进行了思想和理论上的初步探索。党创立初期,颁布了《中国共产党第一个纲领》,明确提出要搞好廉政建设。党的二大通过的《中国共产党章程》制定了关于党的纪律的条文,规定了要对党员的违纪行为予以处分。党的三大规范了入党程序,严把入党关。1926年8月党中央发布的《关于坚决清洗贪污腐败分子的通告》是中国共产党历史上第一个惩治贪污腐败分子的文件,阐明了清洗贪污腐败分子的必要性。土地革命时期是党的廉政建设的初步探索阶段。中国红色政权之所以能够在夹缝中生存、发展、壮大,一个重要原因就在于反腐倡廉方面展开了卓有成效的工作。这一时期党的廉政建设的探索主要集中于红军和苏维埃政府内部。党制定了"三大纪律八项注意"来约束革命队伍。苏区政府先后制定了多部法律法规来肃贪惩腐。《关于惩治贪污浪费行为——中央执行委员会第26号训令》,成为中国共产党成立以来颁布的第一个反腐败法令。这些举措有力地打击了腐化分子,培育出了苏区人民广为传颂的"苏区干部好作风"的良好风尚。抗日战争时期是党的廉政建设探索的深化阶段。随着抗战形势的需要,1937年中国共产党提出的《抗日救国十大纲领》明确了实行地方自治、铲除贪官污吏、建立廉洁政府的主张,实行以法治为基础的腐败治理措施,并注重用思想政治教育来增强廉洁自律的自觉性,使党领导的抗日民主政权成为中国有史以来最民主、廉洁的政府。解放战争时期是党的廉政建设探索的巩固阶段。随着革命的最终胜利步步来临,党内、军内滋生了居功自傲、不思进取、贪图享乐的不良风气。毛泽东在党的七届二中全会上指出,全党同志要在"糖衣炮弹"面前保持定力,时刻保持警惕。毛泽东创造性地提出了"进京赶考论"、用民主跳出"历史周期率""两个务必"思想、中国共产党领导的多党合作和政治协商制度等,这些思想和制度的提出具有重要的历史意义。

(二)社会主义革命和建设时期党的廉政建设

随着中华人民共和国的成立,我们党开始执掌全国政权,党的廉政建设进入全面实施阶段。由于执政地位和执政环境的深刻变化,党和政府内部出现了一些不良现象:一些党员特权意识和补偿心理凸显,部分掌握公权力的党员沾染上了资产阶级腐朽思想,留用的旧政权中的许多公务人员思想还未得到彻底的改造,在新政权中往往利用职权贪污腐化。针对新中国成立后廉政建设面临的严峻形势,党及时地开展了"三反""新三反"和新的反贪污浪费等整风整党运动,解决了党员干部中存在的官僚主义、命令主义作风以及思想和组织不纯的问题,查处了许多腐败案件,清除了许多腐败分子,震慑了党内的不良风气,使党员干部增强了拒腐防变的自觉性,进一步纯洁了党的队伍。进入全面建设社会主义时期,党面临新的形势与任务,对抓好廉政建设、增强党拒腐防变的能力提出了更为迫切的要求。1956年召开的党的八大明确指出党风和廉政建设中存在的问题,认为新中国成立后党内贪污腐化、违法乱纪行为有了某种程度的发展,指出要从思想教育和健全法规制度两方面抓起,提出要加强对党和政府的监督。党的八大以后,党采取了一系列廉政措施,如1957年的整风运动、农村社会主义教育运动和"五反"运动等。党还开展了树立先进典型、进行榜样教育的活动,如"铁人"王进喜、"党的好干部"焦裕禄,创造了反腐倡廉工作中榜样教育的成功典范。

(三)改革开放和社会主义现代化建设新时期党的廉政建设

党的十一届三中全会的召开,标志着我国进入改革开放和社会主义现代化建设的新时期,也是党的廉政建设史上的伟大转折。随着市场经济的兴起,拜金主义、享乐主义等一些腐朽的思想也悄然泛起,部分意志不坚定的党员出现了腐化变质的倾向,新的不正之风滋生蔓延。这一时期的廉政建设主要是打击经济犯罪,纠正不正之风,注重把改革开放与惩治腐败有效地结合起来。邓小平敏锐地提出了"两手抓"方针,即一手抓改革开放,一手抓惩治腐败。党的十一届三中全会后,中央和地方各级纪律检查委员会普遍建立,《人民检察院组织法》《关于党内政治生活的若干准则》等一系列法律法规相继颁布实施。党中央制定颁布了一系列党内法规制度,为廉政建设提供了有力的法律和制度武器。党的十三届四中全会以后,以江泽民同志为核心的党的第三代中央领导集体,作出了加强党风廉政建设的新部署。此时的廉政建设注重处理好与经济建设的关系,把反腐败斗争同改革、发展、稳定有机结合;明确要将反腐败作为一项系统工程来抓,坚持标本兼治、综合治理,并探索总结出了教育是基础、法治是保证、监督是关键的三位一体的治理新路子,为从源头上预防和治理腐败指明了方向。党的十六大以后,以胡锦涛同志为总书记的党中央着力将反腐败斗争推向深入,在"标本兼治、综合治理"的同时强调"惩防并举、注重预防",构建了惩治和预防腐败的制度体系,注重从源头上加大对腐败的治理,严堵反腐工作中的漏洞,走出了一条中国特色反腐倡廉道路。

（四）新时代党的廉政建设的伟大创举

党的十八大以来,以习近平同志为核心的党中央坚持无禁区、全覆盖、零容忍严肃查处腐败分子,坚决遏制腐败现象蔓延势头,着力营造不敢腐、不能腐、不想腐的政治氛围,反腐败斗争压倒性胜利态势已经形成并巩固发展。党的十九大报告明确指出,强化不敢腐的震慑、扎牢不能腐的笼子、增强不想腐的自觉。坚持"老虎""苍蝇"一起打,以零容忍的态度惩治腐败,推动反腐败无禁区,先后查处了一批高级领导干部,有效地遏制了腐败蔓延的势头。党中央还高度重视涉及群众利益的"微腐败",切实维护人民群众的合法权益;通过"打虎""拍蝇""猎狐"等高压反腐手段,给心存侥幸者以强大的震慑,让伸手者不敢伸手,"不敢腐"的目标初步形成;不断健全惩治和预防腐败法治体系,完善党内法规体系,着力健全监督体系,深化监察体制改革,增强了监督实效。"不能腐"的制度日益完善。高度重视理想信念对于党员干部的重要作用,逐渐形成了全面系统的反腐倡廉教育体系,教育引导党员干部筑牢思想防线。"不想腐"的自律机制正在形成。

三、经验与启示

（一）治国必先治党,治党务必从严

党的性质、党在国家和社会生活中所处的地位、党肩负的历史使命,要求我们治国必先治党,治党务必从严。习近平总书记在庆祝中国共产党成立95周年大会上强调:"治国必先治党,治党务必从严。如果管党不力、治党不严,人民群众反映强烈的党内突出问题得不到解决,那我们党迟早会失去执政资格,不可避免被历史淘汰。"中国共产党作为世界上最大的马克思主义执政党,要带领 14 亿人口的大国实现 21 世纪中叶的强国目标,就必须坚定不移地加强自身建设,不断推进全面从严治党。

(二)重视制度治党,始终把制度挺在前面

制度优势是一个政党、一个国家的最大优势。全面从严治党是一项复杂的系统工程,需要各个层面、各个维度同时共向发力,其中制度建设是根本性保障。习近平总书记在党的群众路线教育实践活动总结大会上首次将制度建设提升到制度建党的高度上来,充分表明了我们党对制度建设的重视,进一步表明制度建设对全面从严治党的重要性。加快构建严密完善的管党治党制度体系,从制度上确保党中央集中统一领导更加坚强有力,着力用制度解决党内突出问题,着力用制度治党管权治吏,着力把制度优势转化为治理效能,保障党和国家事业开创新局面。

(三)狠抓作风建设,净化党内政治生态

党的作风影响政风民风,作风建设始终是全面从严治党的重要内容。有什么样的党内政治生活,就有什么样的党员、干部作风。改进作风,就是要净化政治生态,营造廉洁从政的良好环境。党的十八大以来,从"八项规定"到群众路线教育实践活动,从"三严三实"专题教育到"党史学习教育",作风建设的弦越拧越紧。习近平总书记指出,我们党作为马克思主义执政党,不但要有强大的真理力量,而且要有强大的人格力量;真理力量集中体现为我们党的正确理论,人格力量集中体现为我们党的优良作风。党的各级组织和每个党员干部都要坚持从自我做起,自觉用《准则》对照自己的思想和行动,坚持严字当头,敢于自我解剖,也要以《条例》为准绳,把党内监督体现在时时处处、点点滴滴的"小事"中,形成科学管用的防错纠错机制。

(四)始终坚持人民至上,牢记宗旨使命

党的根基在人民、血脉在人民、力量在人民。进入新时代,人民对美好生活的向往总体上已经从"有没有"转向"好不好",廉政建设必须准确把握我国社会主要矛盾的发展变化,坚持人民至上,紧抓民心这个最大的政治,把顺应人民对美好生活的向往作为根本工作导向,坚持人民群众反对什么、痛恨什么,就坚决防范和纠正什么,坚决纠治侵害群众切身利益的问题,着力解决群众反映强烈的突出矛盾,让人民群众在全面从严治党中增强获得感,不断增强党执政的民心民意基础。

参考文献

[1] 中共中央纪律检查委员会，中共中央文献研究室．习近平关于党风廉政建设和反腐败斗争论述摘编［M］．北京：中央文献出版社、中国方正出版社，2015：5-6.

[2] 习近平．决胜全面建成小康社会　夺取新时代中国特色社会主义伟大胜利［N］．人民日报，2017-10-19（1）.

（刘志城　中共胶州市委党校）

延安时期廉政文化建设的基本经验

延安时期，在廉政文化的指引下，党内贪污腐败现象逐渐减少，党员干部的思想觉悟不断提高，廉政规章制度和监督机制基本健全，在全社会形成了廉政清洁的良好风尚，使党得到了广大人民群众的支持和拥护，为抗日战争的胜利提供了组织保障，对新时代廉政文化建设有着重要的启示借鉴意义。

一、继续发扬延安时期党员干部以身作则的优良作风

延安时期，中国共产党在推进廉政文化建设的过程中特别重视言教与身教的并重。1939年，刘少奇指出："我们要真正自觉地始终站在无产阶级先锋战士的岗位，真正具有共产主义的世界观，并且始终不脱离当前无产阶级和一切劳动群众的伟大而深刻的革命运动，努力学习、锻炼和修养，培养马克思和列宁那样的作风，不断提高自己革命品质。"[1] 党员干部不断加强自身的思想道德修养，并将无私奉献精神提升到党性和共产主义道德的高度。中共中央领导人从自身做起，始终保持劳动人民的淳朴本色，出现了许多以身作则、弘扬艰苦朴素作风的典范。毛泽东在延安时期工作环境简陋、穿戴简朴、生活简单，他仍严格遵守规章制度，心系红军战士并与他们一起度过了艰苦的岁月。这就要求新时代的党员干部要以身作则，清正廉洁，严格要求自己，发挥榜样作用，自觉将学习到的马克思主义理论知识作为推动实践工作的行动指南，夯实廉政清洁的思想根基，引领新时代廉政文化建设的一股热潮。

二、继续发扬延安时期严厉惩治贪官的基本做法

陕甘宁边区政府以民主、诚信、造福人民为核心,把公平、诚信、清正廉洁、守法作为政府工作人员的基本原则,注重党员干部的道德修养和行为规范,树立廉政为民的思想,倡导政府工作人员廉洁从政。陕甘宁边区政府颁布了《陕甘宁边区政府干部奖惩暂行条例》等一系列法律法规,建立健全反腐败制度,严格执法,实行奖惩制度,规范党员干部的行为规范,对一些腐败变质的党员干部现象予以重刑。在延安时期,毛泽东坚决与贪污腐化做斗争。政府在法律法规中明确提出严惩新贪官的措施,这使得边区政府有了法律可以遵循,为廉政文化的建设提供了法治保障。新时代我们党员干部要严格遵守反腐败法律制度,保持清正廉洁的政治本色,坚决抵制腐败问题,敢于向不正之风亮剑。

习近平总书记在党的二十大开幕会上向全党郑重提出:"腐败是危害党的生命力和战斗力的最大毒瘤,反腐败是最彻底的自我革命。"[2] 因此,新时代我们党要始终坚持为人民服务,不忘初心、牢记使命,保持清正廉洁。唯有清正廉洁才能推进国家治理体系和治理能力的现代化。

参考文献

[1] 中共中央研究室编 . 建党以来重要文献选编(1921—1949):第 16 册[M]. 北京:中央文献出版社,2011:473-474.

[2] 习近平 . 高举中国特色社会主义伟大旗帜　为全面建设社会主义现代化国家而团结奋斗——在中国共产党第二十次全国人民代表大会上的报告 [M]. 北京:人民出版社,2022:69.

(尹俊婷　山东科技大学马克思主义学院)

中国共产党百年党风廉政建设的经验

党风廉政建设是党的建设的重大任务。习近平总书记指出,"坚定不移推进党风廉政建设和反腐败斗争,坚决清除一切损害党的先进性和纯洁性的因素,清除一切侵蚀党的健康肌体的病毒"。要做到以史为鉴,充分汲取过去在党风廉政建设中积累的历史经验,以永远在路上的坚韧精神,走好新时代赶考路,掌握好历史发展规律和大势,走持续推进党风廉政建设之路,为我国全面建成社会主义现代化强国增砖添瓦,为我国实现中华民族伟大复兴奠

定基础。

一、坚持中国共产党对党风廉政建设的集中统一领导

要夺取反腐倡廉的新胜利,必须坚持党的领导。在新时代,积极推进党风廉政建设,就必须坚持党对党风廉政建设的集中统一领导。在战略全局上,把党风廉政建设和反腐败斗争作为整体统筹推进。在体制机制上,服从党中央作出的制度安排,对于党从组织形式、职能定位、决策程序上做出的部署,必须将其具体化,完善党领导反腐败的工作体制、实施举措和决策机制,使党牢牢掌握反腐败斗争的领导权。

二、坚持治国必先治党,治党务必从严

治国必先治党,治党务必从严。要想管好一个国家就必须管好执政的政党,而管好一个政党就必须从严出发,党内问题管理不好,没有权威震慑力,就不可避免地会出现各种问题,最终会被历史淘汰。管党治党,必须严字当头,把严的要求贯彻全过程,做到真管真严,绝不容忍任何腐败现象。全面从严治党,首先要从制度入手,加大对从严治党的制度制定,将制度深入地贯彻落实下去。此外,还要明确各级人员的责任,做到责任终身制,使得党风廉政建设具体到人。

三、坚持以人民为中心的管党治党政治理念

"党来自人民,为人民而生,因人民而兴。"[1]坚持以人民为中心是党风廉政建设的价值追求。党风廉政建设的根本出发点和落脚点就是要以人民为中心,在管党治党理念上也要坚持以人民为中心。习近平总书记指出:"要把造福人民作为最重要的政绩,坚决反对和克服形式主义、官僚主义。"必须紧紧围绕人民这个最大的政治,一切以人民利益为重,不断满足人民对美好生活的需要,坚决查处危害人民群众利益的现象。因此,在党风廉政建设中,我们党必须坚持以人民为中心。

四、坚持有腐必反、有贪必肃

反腐倡廉永远在路上,我们党要时刻保持清醒的认识,做到有腐必反、有贪必肃。要对腐败现象零容忍,对于腐败贪官严肃处理。要做到党纪国法面前没有例外,全党全社会所有人一律平等,不论谁有腐败贪污行为都会受到法律制裁。不仅要解决发生在群众身边的不正之风和腐败问题,还要坚决惩治领导干部违纪违法现象。对于腐败现象绝不姑息,从中央到地方各级领导干部都要在管好自己的同时,管好自己的领域,营造风清气正的上下级关系和同事关系。始终做到心中有畏、言有所戒,不越红线、不触法律底线。

参考文献

[1] 习近平. 在"不忘初心、牢记使命"主题教育工作会议上的讲话 [J]. 求是, 2019 (13): 1-9.

（朱琼迪　山东科技大学马克思主义学院）

党的廉政建设百年回望与经验启示

一、中国共产党廉政建设的百年回望

唯有倾听历史之声,方能把握好新时代廉政建设的目标任务。新民主主义革命时期,中国共产党以"抉择"为主旋律开展廉政建设,党的廉政建设在探索中取得初步成效。新中国成立后,党的廉政建设进入全面实施阶段。1956 年,毛泽东在党的八大上提出"只有让人民来监督政府,政府才不敢松懈"[1]。相应地,整风运动、"三反""五反"运动等也进一步净化了党员队伍。进入社会主义现代化建设的新时期,邓小平提出,"还是要靠法制,搞法制靠得住些"[2]。这一时期,中国共产党完善党章,把依法治国作为我国的基本方略,对权力的制约和监督也得到加强。党的十八大至今,中国共产党不断统筹推进党内法规的立改废释工作。如今,"照镜子、正衣冠"的观念已然在每一位党员心中扎根。扎实有力的廉政建设大大增强了党的凝聚力、战斗力。

二、中国共产党百年廉政建设的经验启示

以党的自我革命不断加强党的建设,是新时代加强从严治党的关键环节,是由党的性质、党在新时代肩负的历史使命,以及人民群众对执政党的热切期盼所决定的,不仅对完成新时代的重大历史任务至关重要,也对开辟中国式现代化新道路,为人类社会谋进步具有巨大意义。廉政建设永远没有休止符。深刻总结党推进廉政建设的百年经验现实意义极高。第一是要坚持和加强党的全面领导。"党政军民学,东西南北中,党是领导一切的。"要在强化党建方面下功夫,以"刀刃向内"的勇气治党管党。第二是要坚持人民群众的主体地位。与人民群众紧密相连是我们党进行廉政建设的核心目标。《关于新形势下党内政治生活的若干准则》中,也对"保持党和人民群众的血肉联系"作出了要求。第三是强化廉政建设的政治优势。近几年,中国共产党不断深入开展规范党内工作作风,进行有效党内监督等从严治党工

作,党和国家的发展之路更加开阔。

三、中国共产党百年廉政建设的价值旨归

习近平总书记指出,"办好中国的事情,关键在党,关键在党要管党、全面从严治党"。勇于自我革命是新时代全面从严治党的内在特征。中国共产党从成立之初就体现了"从严治党"的鲜明特征。第一,这是坚持和发展中国特色社会主义的重要命题。廉政建设不仅是历史的,也是坚持和发展中国特色社会主义的时代热忱。若一味"闭门造车",就可能出现"身体已进入 21 世纪,而脑袋还停留在过去"的现象。第二,这是推进国家治理体系和治理能力现代化的有力支撑。百年来,国家治理经验已经体现在以民为本、反腐倡廉等多个维度。党的十八大至今,廉政建设为国家治理注入了"强心剂",不断激发出治理活力。第三,这是实现中华民族伟大复兴中国梦的必然要求。廉政建设从来都与中国梦密切相连。加强廉政建设,是跳出"历史周期率",顺应新发展要求的必要举措,助力新的历史征程上的中华民族伟大复兴。

参考文献

[1] 中共中央文献研究室. 毛泽东著作专题摘编 [M]. 北京:中央文献出版社,2003:2162.
[2] 邓小平文选(第 3 卷)[M]. 北京:人民出版社,1993:379.

(孙恬格 青岛科技大学马克思主义学院)

中国共产党百年廉政建设历程及经验启示

一、党的百年廉政建设历程

中国共产党成立后就对廉政工作给予了高度的重视,党的廉政建设工作贯穿中国革命、建设、改革开放以及新时代等各个历史阶段。党成立后最早进行的反腐工作是在 1922 年安源路矿工人运动取得胜利后,工人社团成立并发展形成了消费合作社,后期出现了一些腐败贪污的现象,党针对此现象实施了相关的整改措施。新中国的成立,标志着中国共产党廉政建设进入了初步建设时期。这一时期,我们注重加强对党内的监督,充分利用民主党派和无党派人士的力量进行民主监督,廉政体系初步形成。党的十一届三中

全会开启了社会主义现代化建设的新时期,为了加强全党全国反腐败斗争的信心,提出了加强对反腐败的教育和法律监督,开辟了中国特色反腐败斗争的新路径。党的十四大至十七大这一时期,虽然中国共产党的廉政制度一直在不断完善,但腐败势头仍十分严峻。江泽民认为,对于反腐败要抓住教育、法治以及监督三个方面。胡锦涛提出要充分调动人民的工作热情,切实发挥人民的监督作用。

党的十八大的召开标志着我国廉政建设进入了新的阶段,自此党的反腐工作达到空前水平,廉政工作成效显著,贪污腐败现象得到了严厉惩处。党在人民心中树立了威信,赢得了广大人民的拥护,执政基础得到进一步加强。

二、党的百年廉政建设历史经验

回顾百年来的廉政建设历程,首先我们可以看到,党的领导是我们开展反腐倡廉工作的根本保证。在党的领导下,不管是在革命战争时期,还是在建设、改革等各个阶段,廉政建设都有其鲜明的特点。百年廉政历程充分证明,只有坚持党的领导,反腐败斗争才能沿着正确的方向前进。其次,坚持走群众路线是廉政建设和反腐败斗争的动力,中国共产党百年反腐败实践表明,人民群众是反腐倡廉的主导力量,反腐败工作要想保持健康稳定的发展,必须依靠广大人民的支持和参与。最后,坚持制度建设是廉政建设和反腐败斗争的保证。邓小平指出:"制度好可以使坏人无法任意横行,制度不好可以使好人无法充分做好事,甚至会走向反面。"[1]因此,要将权力牢牢锁在制度的笼子里,让党员干部们明白什么是"红线",什么是"底线"。同时,新时期制度反腐既要在制度上持续改进,又要注重制度的实施,提高制度的质量。

三、结语

反腐倡廉工作永远在路上,我们党在廉政建设的百年历程中积累了具有中国特色的经验。新时代,要推进我国治理体系和治理能力现代化建设,就必须做好反腐工作,打好党风廉政建设这场持久战,最终取得根本性胜利。

参考文献

[1] 邓小平文选(第2卷)[M].北京:人民出版社,1994:333.

(左　娟　青岛科技大学马克思主义学院)

西柏坡精神对新形势下廉政建设的启示

一、西柏坡精神对新形势下廉政建设的重大意义

党的十八大以来，习近平总书记在多个重要场合都强调指出，要结合时代特点大力弘扬西柏坡精神。2013年总书记再赴西柏坡时强调，对我们党而言，西柏坡是立规矩的地方；2016年在建党95周年大会上，总书记要求我们始终以永不懈怠的精神状态和一往无前的奋斗姿态，做好新时代的答卷人；2021年中央党校中青班开班式上，总书记从六个方面要求青年干部做好党的光荣传统和优良作风的忠实传人，这六个方面中至少有三个方面与西柏坡精神一脉相承，高度一致。在党的二十大上，总书记再次强调：坚决打赢反腐败斗争攻坚战持久战。[1]

在中国共产党100余年的辉煌历史中，西柏坡这段历史显而易见牢牢占据了其中的重要一席。党中央在西柏坡的时间虽短，然而却取得重要成绩。在这里，我们通过土改和整党，为中国革命实现历史性转变奠定了丰厚的社会基础；通过九月会议，为组织战略决战做了思想上、组织上、物质上的充分准备；通过三大战役，一举实现了全国胜利的加速到来；通过七届二中全会，使全党在新形势下达到高度统一，为我们工作重心由农村转向城市，由战争转向生产建设，由新民主主义转向社会主义，做了诸多重要且必要的准备。在卓有成效的实践中，我们党形成了包括一切为了人民、一切依靠人民的"两个一切"精神；形成了务必继续保持谦虚、谨慎、不骄、不躁的作风，务必继续保持艰苦奋斗的作风的"两个务必"精神；形成了善于打破旧世界、善于建设新世界的"两个善于"精神；形成了敢于斗争、敢于夺取胜利的"两个敢于"精神，其丰富的内涵对今天仍有很强的指导意义。

二、西柏坡精神与新形势下廉政建设的逻辑关系

（一）"两个一切"精神是新形势下廉政建设的最终目标

西柏坡时期，革命形势的迅速发展要求中国共产党以前所未有的姿态，充分发扬一切为了人民、一切依靠人民的"两个一切"精神，调动社会各阶层、各阶级的积极性，为打倒国民党反动集团，为建设新中国而努力奋斗。"两个一切"，是由中国共产党的性质和宗旨所决定的，因而是中国共产党区别于其他政党的显著标志之一，到今天也是检验中国共产党员的思想和言行是否符合最广大人民群众利益的一个重要标准。党的十八大以来，以习近平同志为核心的党中央高度重视廉政建设，先后出台若干重要规定，采取若干

重要举措,并以身作则、率先垂范,反腐力度空前强大,深得党心军心民心,政治风气为之焕然一新。这些成绩的取得,正是因为以习近平同志为核心的党中央始终把人民放在心中最高位置,把一切为了人民、一切依靠人民作为工作的出发点和落脚点,因而必然得到最广大人民的绝对拥护。

（二）"两个务必"精神是新形势下廉政建设的思想源泉

作为西柏坡精神的核心,"两个务必"精神从一定意义上讲就是我们新形势下廉政建设的思想源泉。回首过去,我们党带领人民艰苦奋斗、砥砺前行 28 年,在即将迎来革命胜利的形势下,于 1949 年 3 月召开了解放战争时期唯一一次中央全会,也就是七届二中全会。针对党内因为胜利可能出现的以功臣自居、停顿不求进步、贪图享乐不愿再过艰苦生活等情绪,毛泽东及时指出:要警惕没被拿枪的敌人打败,却被敌人的"糖衣炮弹"攻陷。毛泽东强调:中国革命是伟大的,但是要知道革命以后的路更长,工作更伟大、更艰苦,所以务必继续保持谦虚谨慎不骄不躁的作风,务必继续保持艰苦奋斗的作风。

（三）"两个善于"精神是新形势下廉政建设的实践动力

西柏坡时期,中国共产党在即将夺取全国胜利,工作重心即将由农村转移到城市,由战争转向生产建设的关键时刻,在革命即将由新民主主义革命转向社会主义革命的重大转折点上,在"不但善于破坏旧世界,还将善于建设一个新世界"的"两个善于"精神引领下,不但解放了城市,而且成功地在城市站稳了脚跟,不但巩固了新生的人民政权,而且开启了社会主义革命的伟大历史源头。那么新形势下做好廉政建设同样要求实事求是、按照客观规律办事,同样要善于处理复杂矛盾关系,从而推动事业发展。只有这样,廉政建设才能真正见实效、出实绩。

（四）"两个敢于"精神是新形势下廉政建设的责任担当

在西柏坡时期,"两个敢于"精神集中地揭示了中国共产党的信心和勇气。面对蒋介石反动集团的步步紧逼,面对敌强我弱的不利态势,我们坚信只要有人民的坚定支持,只要有党的坚强领导,依靠小米加步枪一样能打得过蒋介石的飞机加坦克。正是在这种精神的指引下,在三大战役中,我们敢于打大战,打攻坚战,打大城市,发扬了横扫落叶如卷席的彻底革命精神。敢于斗争、敢于胜利,实质上是敢于对人民负责的一种责任担当。在战争年代,我们坚信我们党有能力带领人民打倒一切反动派,让中国人民站起来;在和平年代,我们能坚信我们党有能力带领人民建设好自己的国家,不但能站起来，还能富起来、强起来。

三、西柏坡精神对新形势下廉政建设的现实启示

（一）始终把为了人民作为廉政建设的出发点和落脚点

人民是历史的创造者，群众是真正的英雄。无论在革命战争年代还是和平建设时期，我们的各项工作取得的任何成绩，都离不开广大人民群众的支持和拥护。中国共产党的阶级属性和宗旨就决定了党在执政的各个方面和各个领域都要坚持以人民为根本。执政为人民，决定了我们各项工作必然要求以人民利益为出发点和落脚点。当前我们处在中华民族伟大复兴的关键历史节点，更需要加强廉政建设，以全心全意为人民服务、有担当、有作为、廉洁奉公的党员干部队伍带领人民向着伟大复兴中国梦奋勇前进，这就更体现出廉政建设的重要性。所以，要始终把为了人民作为廉政建设的出发点和落脚点。

（二）始终以赶考的精神状态确保廉政建设扎实有效

习近平总书记在"不忘初心　牢记使命"主题教育大会上的重要讲话中曾着重指出，无论我们走得多远，都不能忘记来时的路。中国共产党历经苦难辉煌，从建党之初的50多名党员发展到今天的9 000多万名党员，与始终加强自身建设，始终注重自我革新有着密不可分的关系。就廉政建设的重要性而言，从一定意义上讲，廉政建设是我们开展各项工作的定海神针。廉政建设搞得好，其他各项工作开展起来就游刃有余，无后顾之忧；廉政建设搞得不好，其他各项工作开展起来必然处处掣肘，如临深渊。这也就意味着廉政建设的成效对其他各项工作的开展成效有着巨大影响。这就要求我们在廉政建设上始终牢记我们党面临的考试远未结束，很多工作只是走出了万里长征的第一步，开启了一出长剧的一个小序幕，未来的路还很长，工作更加艰巨、更加复杂。要始终保持赶考的精神状态、"临战"的精神状态，争取在管党治党上取得新成绩，在从严治党上取得新效果，在改革开放上开辟新境界，在推动发展上实现新跨越。

（三）善于在新形势下多措并举开展廉政建设工作

改革开放四十多年来，我们的经济基础和上层建筑的诸多领域已经发生深刻变革，与之相对应的廉政建设的环境、任务、内容等各个方面都发生了很多变化。这就要求我们与时俱进，在新形势下多措并举开展好廉政建设工作。要做好思想政治工作，首先要利用好各种媒介，尤其是新媒体加大宣传教育力度，让广大党员干部充分认识并理解我们的各项任务和要求；其次

要加强调查研究,随时掌握党员干部思想动向,尤其是针对各种新的错误思想,要及时从三观入手,有针对性地开展教育;再次要结合好各部门工作实际,针对热点问题及时释疑解惑,让党员干部把思想认识统一到党中央的决策部署上来。要强化责任和规矩意识。要向广大党员干部明确,主体责任是政治责任,规矩意识是刚性要求,这些都是硬任务,要通过多做"提提领子""扯扯袖子"的工作,让"红红脸""出出汗"成为常态,让"洗洗澡""照镜子"成为常识,让广大党员干部明底线、知敬畏。

(四)以敢于斗争敢于夺取胜利的精神加强廉政建设

从革命战争年代敢于与各种反动势力做坚决斗争,推翻三座大山,让中国人民站起来,到和平发展时期敢于不断推动各项改革走向深入,让中国更好地融入世界,让中国人民富起来,到党在新形势下带领全国人民开启中华民族伟大复兴新征程,让中国人民强起来,靠的就是我们在把握规律、结合实际基础上敢于斗争、敢于夺取胜利的精神支撑。对于党风廉政建设而言,同样也要以"两个敢于"精神为支撑,科学推动各项工作,形成廉政、勤政的良好环境以服务发展大局。一是要敢于知责。党员干部要认真深入学习领会中央关于廉政建设的总体部署,省市和本系统、本行业、本部门关于廉政方面的具体要求,做到心中有责,知敬畏、知进退。二是要敢于担责。党员干部要进一步强化责任意识、担当意识,明晰责任主体是谁。三是要敢于履责。习近平总书记指出,干部就要有担当,有多大担当才能干多大事业,尽多大责任才会有多大成就。

参考文献

[1] 中国政府网.习近平:高举中国特色社会主义伟大旗帜　为全面建设社会主义现代化国家而团结奋斗——在中国共产党第二十次全国代表大会上的报告[EB/OL].(2022-10-25)[2023-10-25]http://www.gov.cn/xinwen/2022-10-25/content_5721685.htm.

（李盛祥　中共青岛市崂山区委党校）

中央苏区廉政建设及其经验

习近平总书记在十九届中央纪委五次全会上强调:"要以强有力的监

督,确保党中央重大决策部署贯彻落实到位。党员、干部要筑牢思想防线,时刻自重自省自警自励,慎独慎微慎始慎终,做政治信念坚定、遵规守纪的明白人。"历史是最生动的教科书,站在历史新征程上,回望党的百年奋斗过程中的作风建设,对于肃清党员干部思想上的不正之风,提高干部素质,从而打造极具奋斗精神的廉洁队伍具有重要意义。土地革命时期在中央苏区根据地,毛泽东同志等党的领导人不仅在对敌作战方面英勇顽强,在加强自身建设的实践也极具典型意义。他们开展了一次力度空前的党风廉政建设,种种举措对于当今仍具有重要的启发意义。

一、中央苏区廉政建设的背景

中华苏维埃共和国临时中央政府成立后,在政权建设方面面临严峻挑战,贪污腐败现象尤其突出,采取强有力措施有效遏制这些现象成为一项重要任务。因此,苏维埃政权开启了轰轰烈烈的廉政建设。

(一)贪腐现象时有发生

尽管中国共产党始终牢记为人民服务的宗旨,领导干部具有较高的政治觉悟,但是由于领导队伍构成成分较为复杂,存在大量农民和小资产阶级,他们自身的局限性使得他们中有些人信念不再坚定,逐渐开始以权谋私,贪污腐败现象开始涌现。在这场反腐败斗争中,不乏许多被处理的典型。1932年,谢步陞被公开处决打响了中央苏区反腐败斗争的第一枪。腐败案件出现,加重了中央苏区政府的财政负担,对于党同人民群众的关系也带来不少负面影响,导致了民心动摇、军心涣散。因此,开展反腐败斗争迫在眉睫。

(二)铺张浪费屡禁不止

《红色中华》对中央苏区浪费现象作出过报道。如1932年《红色中华》报道,小岔乡苏维埃政府"做一面旗子就花费了九块大洋,两根手枪丝带,花费了一块二毛四"。[1]这对财政不宽裕的政府来说,属实花费不少。除此以外,还有许多讲究排场、浪费资源钱财的面子工程,造成了不良后果。

(三)官僚主义作风有所抬头

由于新生政权在组织和人员构成上还不成熟,在政权组织形式和管理上仿照苏联高度集中模式,这一模式在诸多方面可以实现集中力量办大事,同时也为家长制、官员独断等不良习气提供了生长空间。这些现象严重破坏了党内民主,严重影响了党群关系以及平等原则。此外,旧时代的封建思想也开始抬头,在此腐化之下,许多官员忘记为人民服务的初衷,将理想信念抛之脑后。长此以往,官僚主义盛行,必将危害党的事业。

二、中央苏区廉政建设举措

为惩治贪腐现象,保证苏区干部队伍的清廉,以期更快实现革命胜利,中国共产党在苏区开展了规模巨大的反腐倡廉斗争。

(一)严格法令,加大约束

从1932年2月至1934年10月,中央苏区开展了两年多的反腐败斗争。廉政建设也为巩固新政权、发展革命事业提供了持久的内生动力。

这一时期的反腐倡廉包括反对贪污腐化、铺张浪费、官僚主义和命令主义等。在反腐败斗争中,中央苏区采取严格措施推动清正廉洁干部队伍的建设,制定实施了严格的法令和政策,为反腐倡廉活动的开展提供了法律依据,对中央苏区的进一步巩固和建设发挥了重要作用。[2]

(二)厉行节约,反对浪费

中央苏区号召干部群众节省开支以支持抗战,为此采取了多种措施进行开源节流。在政府的号召下,各级各类工作人员和广大军民积极以实际行动投入厉行节约、反对浪费的行动中去。这一行动取得了良好的成效,奢靡浪费现象明显减少,给政府节约了大量的财政资金,广大干部与群众的关系也更加密切融洽,广大军民团结一心,为战争节省了大量物资。

(三)加强监督,完善机制

为及时遏制贪污腐败现象,减轻贪污腐败带来的不利影响,中央苏区探索建立了一套较为完备且行之有效的监督措施。

首先,健全法制,充分发挥法制监督作用。苏维埃政权高度重视立法与法令的实施,对于诉讼原则和制度、司法机关和检察机关都进行了系统完善,为抑制腐败提供了强有力的法律保障。其次,严明党纪,充分发挥党内监督的作用。通过出台法案的形式,强调加强党内监督的重要意义,敦促各级各类公职人员坚决执行党的纪律。除此之外,中央苏区还通过加强思想政治教育等方式来严肃党内政治生活,并且逐渐形成了批评与自我批评制度,很大程度上促进了党内良好政治风气的形成。再次,健全政府监督,有效防止腐败。通过自上而下设立群众监督机构、有效接收和解决群众举报信息、成立工农检察委员会等举措对贪污腐化事件展开调查。最后,重视舆论,发挥舆论监督作用。苏维埃临时政府的机关报《红色中华》在监督政府工作、批判揭露不正之风等方面发挥了重要作用。《红色中华》开辟专题栏目,一方面揭露贪腐现象,给群众以警示与教育,给官员以震慑;另一方面,对积极工作、廉洁奉公的人员加以表扬鼓励,激励大家向他们学习。

三、中央苏区廉政建设的历史经验

党在中央苏区短短几年的执政经历,为当今中国反腐倡廉建设提供了宝贵的经验借鉴,值得我们深入研究和思考。

(一)充分发动群众,扩大党外监督

群众监督是促进反腐倡廉工作有效开展的重要举措,发挥好群众对政府和公职人员的监督作用至关重要。苏区政府成立控告局,投放控告箱以鼓励群众举报贪腐现象,同时,突击队对群众举报信息进行核查,一旦发现,绝不姑息,以实际行动提高震慑力。新闻媒介在廉政建设中发挥着重要的监督作用。机关报《红色中华》就对各类贪污腐败进行揭露批判,对好现象进行表扬鼓励,树立典型。报刊在打造廉洁的苏维埃政府过程中发挥了不可估量的作用。

(二)建章立制,提高党内监督

苏维埃政府的党内监督主要是依靠政府颁布行政法令,建章立制,以及在党内进行批评与自我批评等方式进行的。在行政方面,中华苏维埃临时中央政府成立工农检察部,作为苏维埃政府的重要检察机关,主要负责对苏区政府各个部门与各机关工作人员进行监督与检查;在制度方面,主要是加强纪律建设,颁布各项反腐训令,以及在党内召开民主生活会等,从制度上思想上对广大干部进行约束。

(三)专注民生,密切党群关系

中央苏区时期,民生问题一直是政府关注的焦点之一。这一时期,党兴办了大量学校,开展义务教育和扫盲工作,提高了群众的文化水平。此外,在医疗卫生方面也投入良多。党一直关注苏区的民生问题,着力解决老百姓面临的一切难题。党在苏区执政期间,为苏区的百姓解决了许多民生问题。如在苏区创办了大量的学校,开展义务教育,扫除文盲,提高了苏区群众的文化水平,客观上为新中国成立奠定了人才基础;设立卫生管理机构,建立大量的红军医院,提高群众医疗卫生条件,这些举措都让群众拍手称快。"苏区干部好作风"对任何时期党的建设都具有重要意义,弘扬苏区精神,则有利于营造良好的政治生态。老一辈革命家以坚决的姿态与贪污腐败现象进行

斗争,巩固着新生的政权,也密切着与群众的关系,为当今各项工作的开展,尤其是反腐倡廉提供了宝贵的经验。

(四)政治民主,坚持党的领导

中国共产党成立初期,党内非无产阶级思想和部分人的贪腐行为严重影响了政权建设,也破坏了民主集中制。民主集中制对加强党内监督、抑制腐败行为具有重要意义。苏维埃临时中央政府以民主选举的方式产生决策机构和中央执行委员,后以中央执行委员会委任苏维埃各级政府的部长,极特殊情况下采取委派的方式。临时中央政府成立前,决策机关很多都是沿用封建的"一言堂"形式,这种形式明显不符合民主政治的要求,极易滋生官僚主义。时任中央组织部部长的任弼时多次强调坚持民主集中制的重要性,要求各级部门必须实行集体领导。为提高政府效能,中央政府明确各部门分工,坚持重大决策通过民主会议决定,少数服从多数,坚持党对各项事务的统一领导,强化民主观念,肃清各种不良思想。

参考文献

[1] 万振凡.《红色中华》与苏区社会 [J]. 江西师范大学学报:哲学社会科学版,2012(6):53-61.

[2] 傅克诚,李本刚,杨木. 中央苏区廉政建设 [M]. 北京:中央文献出版社,2009.

(刘萱萱　济宁医学院)

第四篇
廉洁文化建设

社会主义廉洁文化融入社会治理实现路径

一、社会主义廉洁文化概述

从文化的角度来看,廉洁文化在本质上就是关于廉洁的内涵、理论、观点、行为,以及交流和教育活动。廉洁文化与廉政文化相互联系,但又存在区别。相对而言,廉洁文化的适用更广泛。

社会主义廉洁文化与社会治理存在密切联系。第一,二者在内容逻辑上相互呼应。治理理论的"调和"性、"过程"性、"多元"性、"互动"性与社会主义廉洁文化的和谐理念在根本上是契合的。第二,在目标实现中相互补充。第三,在功能发挥上相互助益。在这个层面上,二者是"合则两利",互相促进各自职能的实现。

二、党的十八大以来廉洁文化建设存在的问题

极少数党员干部理想信念缺失,以诚信为主的道德丧失,价值取向扭曲,以利益为主,对廉洁文化建设认识不深。[1] 廉洁文化建设受众面窄。一些单位和部门硬件建设和软件建设仍存在不同步问题,廉洁教育仍然比较偏向行政单位,缺乏对传统廉洁文化的宣传。科学考核机制不健全,廉洁文化建设评价标准不科学,廉洁文化建设评价方法不客观,廉洁文化建设评价结果应用不充分。

三、社会主义廉洁文化融入社会治理的实现路径

首先,发挥社会主义核心价值观引领作用。第一,加强教育引导。教育应当发挥引导的作用,拓宽教育内容,多元化教育方法,让广大党员简洁明了地感知、接受和认可社会主义核心价值体系的要求和内容。第二,注重实践养成。长期性和反复性的实践锻炼,才能将社会主义核心价值观转化为人民群众的道德法则和行为规范。第三,发挥好价值示范,发挥广大党员在廉洁教育中的模范作用,以身作则。其次,巩固廉洁文化教育机制保障作用,创新廉洁文化教育的方式方法。第一,促进教育方式方法和手段的创新。第二,坚持科学理论指导,发挥廉洁理念的指导作用,发挥廉洁观念的教育作用。第三,拓展廉洁文化教育和宣传方式。第四,要采取分众式的教育宣传。最后,健全廉洁文化建设执行机制。第一,健全党内廉洁法规体系。第二,完善廉洁文化建设的保障机制。第三,加强廉洁文化建设的监管力度。当前,公职人员的监督机制尚未完善,影响了廉洁文化建设的进程,必须建立健全科学合理的监督体系。

四、结语

新中国成立以来,我们党在建设廉洁高效政府,实现国家的政权建设、经济建设、思想文化建设方面取得了卓越的成就,但在社会治理方面还存在一些问题。党的十八届三中全会首次提出了"国家治理体系和治理能力现代化"。在社会转型的大背景下,在社会治理中融入社会主义廉洁文化,对于充分发挥社会主义廉洁文化在社会治理中的功能,调动社会的潜在文化资源,并以此创新社会治理的实现路径,推动社会治理向更高层次、更高效率前进,具有重要意义。

参考文献

[1] 丁奇.党的十八大以来廉政文化建设研究[D].南京:中共江苏省委党校,2020.

(匡秀钰　青岛科技大学马克思主义学院)

党风廉政建设中对中华优秀传统文化中的廉政资源的创新性运用

一、中华优秀传统文化中的廉政资源

中华优秀传统文化历史悠久,历来有注重廉洁的政治传统。首先,中华优秀传统文化有着丰富的廉政文化资源,包含以人为本、为政以德、廉荣贪耻、节俭寡欲等重要文化思想。其次,中华民族自古以来注重家教家风,其内容广泛,包括教子做人、立德立身、明辨是非、重德轻利等方面,传统廉洁家风资源成为官员人格塑造与培育的关键。再次,古代廉政社会文化最具中华民族特色的内容就是"清官文化",典型清官资源成为对官场人员树立榜样与进行宣传教育的主要内容。[1] 最后,古代社会严格的选拔与完善的监察形成了成熟的"防腐治腐"官吏制度资源,涵盖官员的选拔任用制度、考核监督制度、巡视惩治制度等各个方面。这些传统廉政优秀文化成为当前推动党员干部官德建设、营造反腐良好氛围和有效遏制贪腐之风蔓延的重要资源。

二、新时代党风廉政建设存在的困境及成因

自党的十八大以来,党中央高举反腐倡廉的旗帜,我国党风廉政工作取

得很大进展。但由于整治贪污问题难度大,还面临诸多风险挑战问题。首先,腐朽文化入侵,极少数官员廉政意识薄弱,资本主义的生活方式及功利主义倾向不断冲击着传统的道德观念。部分官员看重功利,缺乏廉洁奉公的意识,也没有深刻认识到腐败行为的严重后果。其次,部分干部家风不正、家属目的不纯。家教不严、家风败坏,往往是领导干部走向严重违纪违法的主要原因之一。再次,廉政教育方式单一,效果不显著。教育形式缺乏吸引力,教育内容未统一硬性规定,教育方法缺乏创新形式及载体。最后,干部任用失真,巡视制度不健全。干部考察失真失实,其敬业精神、清廉意识等内在素质难以准确考察。

三、新时代对中华优秀传统文化中廉政资源的创造性运用

在深入推进新时代党风廉政建设的实践中,根据当前面临的困境,必须创造性利用中国传统文化中蕴含的优秀廉政资源。首先,继承传统廉政文化,强化廉政意识教育,让传统廉政文化思想吹进机关,使领导干部在"润物细无声"之中养成行动自觉,养成良好作风。其次,以家风促党风,注重对领导家属的家风教育。领导干部可以从中华优秀传统文化中的家训家风中汲取营养,严格管理家属和身边人员,培育优良的家风,净化政治生态。再次,创造性利用新兴媒体,传播优秀传统廉政文化,将中华传统廉政文化的内在价值以更丰富的表现形式融入党风廉政建设中,借助影视、新闻、广播等媒体展现传统的廉政文化。最后,继续完善干部队伍建设,强化巡视监察制度,筑牢干部廉政的心理与法律防线,全方位推进新时代党风廉政建设的创新发展。

参考文献

[1] 白茂峰.在清官文化的深远启迪中把握长期执政的历史主动[J].山西社会主义学院学报,2022(03):72-80.

(姜亚萍　青岛科技大学马克思主义学院)

中华优秀传统文化中的廉政资源及创新运用

一、中华优秀传统文化中蕴含的廉政理念资源

第一,爱民兴廉的民本思想资源。中华优秀传统文化中丰富的民本思想

是实现廉政的基础和核心。孔子指出,"民以君唯心,君以民为本""君以民存,亦以民亡"。只有以百姓为重,为政者才得以实施廉洁政治。第二,以德促廉的德政思想资源。孔子的德政思想认为,"为政以德,譬如北辰,居其所而众星共之"。清廉行政中"德"字是居于首先地位的,德政思想强调为官者要为大多数人民利益着想,要不断使自己的品德变得高尚,这样才能够实现廉洁政治,得到人民的拥护和支持。第三,勤俭助廉的尚俭思想资源。为官者强调廉洁无私,于百姓分毫不取,为人者强调"君子以俭为德,小人以侈丧躯",尚清廉,重名节[1]。勤俭节约不仅是中华民族的传统美德,也是治家治国的重要指导思想。

二、实现中华优秀传统文化中廉政资源创新运用的深层机理

一方面,实现中华优秀传统文化中的廉政资源创新运用的必要性在于历史是延续的,文化血脉也是延续的。传统是现代的根和源,现代是传统的叶和流,中国特色社会主义廉政文化和廉政建设的推进同样要以中华传统文化中蕴含的廉政资源为借鉴,承继传统廉政资源中的积极合理因素,通过对传统进行反思和总结,不但便于更加清晰地梳理传统廉政资源,而且能够更加系统化、制度化地创新运用传统廉政资源以指导当下社会主义党风廉政建设。另一方面,实现中华优秀传统文化中廉政资源的创新运用的可能性在于传统廉政资源的作用发挥和当下的现代土壤具有内在一致性。这种内在一致性首先表现为社会文化发展的相对独立性,相对独立性体现在廉政资源中就意味着旧有的廉政思想和制度一经形成并成为"资源"便有其再生和拓展的能力[2],因此廉政资源具有了连续性、累积性和遗传性。

三、中华优秀传统文化中廉政资源的创新运用

要挖掘利用好廉政思想资源,夯实"不想腐"的思想根基,实现中华优秀传统文化中廉政资源的创新运用。要承继和发展"爱民兴廉"的民本思想资源,扬弃"以德促廉"的德政思想资源,传承"勤俭助廉"的尚俭思想资源,树立俭而不奢、勤俭节约的为政思想观念和新型消费理念。民本思想资源随着时代的发展不断进行着资源更新,并成为反腐败和廉政建设中的核心价值理念。要树立"以人民为中心"的价值理念,把以人民为中心作为开展工作的目标,确保国家的长治久安。在中国特色社会主义进入新时代的新形势下,以德促廉就要求各级为政者和公共事业管理者加强党性和道德修养,牢记宗旨、以德为政、为政清廉。

参考文献

[1] 颜克亮,陈洪娟. 传统文化中廉政思想的价值内涵 [J]. 重庆社会科学,
2012(4):22-25.
[2] 杨朔. 中华传统廉政文化的历史发展及当代价值研究 [D]. 银川:宁夏
大学,2021.

(魏文超　山东科技大学马克思主义学院)

中华优秀传统文化中廉政资源创新性运用路径

中华优秀传统文化积淀着中华民族最深沉的精神追求,是我们党治国理政的思想资源。其中包含着廉洁文化、考核制等丰富的廉政资源[1]。将中华优秀传统文化中的廉政资源进行创新性运用,对加强新时代廉政建设至关重要。

一、创立廉政文化体验街区

可以在全国各地设立廉政文化体验街区,街区可深入挖掘当地的文化故事、廉政名人事迹、家谱等资源[2]。首先是可以在传统的街区基础上增加廉政文化元素,以廉政文化为主题,结合当地历史、传统、人文等元素,打造具有当地特色的街区廉洁主题。其次是可以利用现代科技手段,将街区廉洁文化与现代科技手段相结合,通过 VR/AR 等方式将街区内的所有建筑设施和服务项目等都做成具有廉政属性的体验性项目。最后,将党风建设与城市管理相结合,打造具有浓厚文化氛围和强烈感染力的廉政街区。

二、发挥廉洁基地教育功能

廉洁基地要发挥教育功能,有两个注意事项。一是要找准对象。如果是以案释纪、以案释法的活动,最好选党员干部熟悉的案例;如果是警示教育,最好选腐败分子曾经或正在服刑犯的案例。二是要找准载体。要把廉洁基地打造成党员干部学习教育的阵地。首先,可以将一段文字、一段视频和一个案例融合在一起,能让党员干部从中学习借鉴廉政经验、警示自己;其次,可以将几个廉洁故事的展板或音频结合起来,让党员干部更好地理解故事背后的深意;最后,可以将反腐倡廉的相关制度设计与警示教育相结合,让党员干部更好地遵守纪律。

三、完善权力监督制约机制

党的二十大报告指出要"完善权力监督制约机制"[3]。一是推动党内监督制度体系向监督效能转化。应该以习近平新时代中国特色社会主义思想为指导，紧紧围绕"两个维护"的根本任务，聚焦党内政治生活，在党的组织体系中形成监督合力，确保党内政治生活准则、党内监督条例等党内法规得到有效贯彻落实。二是进一步强化党外监督。应将"四种形态"的运用作为重要的内容纳入党员干部的管理中，并结合不同的政治表现、工作情况，对党员干部采取提醒谈话、函询、诫勉等方式，使其不敢逾越纪律底线，形成良好互动。三是强化群众监督。群众监督是对党员干部的全过程监督，不仅要进行定期的民主评议，还要与其他人民群众组织开展"民主监督"活动。

参考文献

[1] 张绪红. 传统文化视野下的党政机关廉政文化建设策略研究[J]. 新西部，2018（30）：11-12.

[2] 张蕊. 从传统廉政文化视角探析廉政教育的新思路[J]. 现代交际，2022（3）：93-99,124.

[3] 高刘阳. 新时代党内监督的生成逻辑和理论创新[J]. 中共福建省委党校（福建行政学院）学报，2022（5）：85-91.

（钱　莹　山东科技大学马克思主义学院）

新媒体时代廉政文化建设思路

当前，我国的廉政文化建设成效显著。在廉政文化建设上，我们党十分重视对模范事迹的宣传与弘扬。各地在廉政文化建设中充分挖掘地方特色，逐渐形成了适合自身发展且效果显著的廉政文化建设模式。如江西省将红色旅游与廉政文化建设相结合，使党员干部及人民群众在游玩过程中同时受到红色文化和廉政文化的双重教育；浙江省杭州市下城区以家庭为着眼点开展"传承廉韵好家风"的活动，通过宣传和成果展示让社区内所有家庭成员都意识到廉政文化的重要性。但应看到，目前我国廉政文化建设在形式上也存在一些不足，多为开主题会议、贴宣传标语条幅、印发相关事迹材料等。新媒体时代，廉政文化建设工作应抓住机遇，实现廉政文化与新媒体的良性互动。

一、新媒体的基本内涵及时代特征

在如今的媒体宣传中,新媒体无疑成为热点词条,主要指的是一种经过数字化处理具有革命性的媒体传播形式。新媒体在传播的过程中主要借助于计算机网络等新兴科技手段,在内容形式、对象途径等方面区别于传统媒体。新媒体是一个相对的概念,具有鲜明的时代特征。在过去以印刷媒介为主流媒体的时候,电台、电视等电子媒体即为新媒体。当电台、电视等媒介成为社会主流媒体的时候,以网络技术为基础的短信、博客、微博、微信等媒体成了当今时代的新媒体。

（一）互动性:信息传播便捷快速

新媒体在传播时间上具有全时性与即时性,既能不受时间限制随时发布信息,实现了信息的全面对接,又能在信息产生的第一时间向外界发布;在传播速度上极快,可以在事件发生伊始就进行报道,对事情的发展进行实时的跟踪,并通过网络、移动终端、数字电视等各种途径进行迅速传播;在传播形式上具有全媒性,能够将图文、音视频及超链接进行有效的深度融合。

（二）及时性:内容扩散快而且广

在印刷媒介时代,由于信息采集、排版印刷工艺、传播渠道等方面的限制,信息的初始传播速度基本上是用"天"为单位来计算的,信息的扩散速度,则需要用"周"或"月"为单位来计算。在电视等电子媒介时代,信息的传播已达到"小时"或同步传播的速度,但信息的扩散速度,还是需要以"天"为单位来计算。但在网络媒介时代,微博、微信等工具已成了自媒体形式,在同步传播的同时,信息的扩散已达到了爆炸式的传播,在以"小时"为单位的时间内就达到传统媒体一天的传播效果。[1]因此,在新媒体时代,在舆论宣传和舆论监控时一定充分掌握媒体的传播速度。

（三）广泛性:受众群体广而全域

全域性扩大了新媒体的覆盖地域,受众群体可以随时随地发送与接收信息;全渠道性丰富了新媒体的传播渠道,传播实体与虚拟相配合,客户端十分多样,手机、电脑、移动终端等渠道都能进行信息的发布和接收;全民性增加了人们参与新媒体的积极性,信息的传播不再是某些专业机构或媒体的事情,人人都可参与其中,通过不同的渠道编辑、发布信息。

（四）包容性:信息容量突破限制

在信息呈现的方式上,新媒体的全媒体性使其集文字、图片、音频、视频、超链接于一身，信息的发布者、传播者及获取者可以根据自身需求或偏好进行选择；在信息呈现的数量上，新媒体拥有容量极大的数据云端，无论是整体性的信息还是碎片化的数据都能全部储存并呈现出来；在呈现信息的性质上，新媒体突破了传统媒体信息传播的单向限制，信息的传播者和信息的接收者可以实现角色的转换甚至进行多向互动。

二、新媒体视域下廉政文化建设存在的问题

新媒体虚拟性、全时性、全球性的舆论场域特点与碎片化、情绪化、随机性的传播内容特点，对于廉政文化建设的管理和监控具有不利作用。新媒体的发展与全球化、思想文化的多元化发展互相影响，冲击着我国的廉政文化建设。

（一）西方腐朽文化渗透，影响人们对廉政文化的认同

西方意识形态和西方腐朽思想文化通过网络轻而易举地渗透到我们的文化中来，在网民浏览各种貌似一般信息的过程中，潜移默化地把西方的价值观和意识形态灌输给网民，从而增加了我国廉政文化建设的风险。西方文化和意识形态通过新媒体的渗透，淡化了人们对我国廉政文化的认同感和归属感。

（二）网络暴力文化的侵蚀，影响党和政府的公信度

身份虚拟与空间虚拟使得一些人放纵自我、为所欲为，一些非法活动与不良信息通过新媒体得到肆意传播，增加了社会不稳定的风险。一些不法分子在党和政府推行廉政文化建设的过程中，肆意造谣生事、攻击谩骂，通过网络暴力手段对当事人进行诋毁。[2]受其煽动，致使一些不明真相的群众被误导，从而对党和政府产生不满情绪，影响党和政府的公信度，干扰党和政府方针政策的落实与实施。

（三）网络守法意识的淡漠，干扰廉政文化建设氛围

网民参与话题讨论的热情与频率在新媒体的广泛应用下得到极大激发，具有共同关注话题的人们无形中被聚集起来，从而助推了各种事件的发展。在新媒体网络世界中现实世界的"众口铄金"现象表现得并不逊色，由于参与者的增多，负面消息以及谣言传播所产生的影响直接关联着整个事件的发展走向。一些人们的道德法律底线会被不断突破，理智在追逐"真相"中逐渐丧失，越来越多的人将"法不责众"作为自身不法行为的借口，也有越来越多人的尊法守法意识在从众行为中逐渐淡薄。

（四）网络监督机制的缺失，增加廉政文化建设风险

借助于新媒体来创新廉政文化建设的方式方法，是当前应对全时段网络媒体监控难挑战的重要手段。监督不力与机制不健全是影响当前廉政文化建设的重要问题之一。传统媒体的单向度传播模式被打破，传播主体和信息受众在新媒体环境中实现了双向互动。新媒体是当之无愧的"大众"媒体，在此环境下人人都有可能成为"媒体人"，都可能随时将所见所闻所感发布出去，信息内容是否与主旋律相契合则成为监管的难题，传播内容的监督监控由此成为新媒体环境下的棘手问题。

三、新媒体与廉政文化建设的融合发展路径

随着网络技术的不断升级，新媒体将会进一步发挥其在速度、容量以及交互性等方面的优势，成为传播与获取信息的重要媒介。新媒体时代，廉政文化建设机遇与挑战并存，相关部门应充分利用这一时代性工具，为廉政文化建设作出更大的贡献。

（一）强化廉政文化氛围建设，加大新媒体廉政文化引导

一是加大相关基础设施的人力、物力和财力的投入，明确廉政文化建设新媒体注册标准，坚决实行新媒体的实名身份制，提升认证账号的审核严谨度，确保廉政文化新媒体平台的质量和水平。以微博、微信等新媒体为媒介，通过推送、开屏页面等方式加大廉政文化的建设、宣传和服务力度。二是引领群众树立主人翁意识，紧跟时代步伐，利用新媒体的便捷性主动及时学习廉政文化建设相关理论和知识，提高自身科学文化修养和思想道德修养，在使用新媒体的过程中遵守网络道德规范。三是开展新媒体青少年廉政文化教育。网络素养将是互联网社会不可或缺的能力。学校应结合青少年的身心健康发展特征，打造相应的廉政文化线上教育课程。

（二）创新内容形式及载体，实现廉政文化建设新突破

新媒体时代，廉政文化建设需要不断进行创新，以适应时代需要。一是创新理论。紧跟形势，既要继承传统，延续廉政文化建设的宝贵经验，又要结合当前我国政治、经济、社会、生产、生活等方面的新特征强化廉政文化的时代内涵。应依托新媒体加强党、政府、学校、企业及社会组织之间的联动，开展具有前瞻性的廉政文化理论研究。二是创新技术。2020 年 9 月 26 日，中共中央办公厅、国务院办公厅印发了《关于加快推进媒体深度融合发展的意见》。应构建适应全媒体生产传播的架构，形成集约高效的内容生产传播链条，增强主流媒体的市场竞争意识和能力。三是创新载体。廉政文化建设离

不开多样的传播载体,短视频平台、小众社交平台以及远程线上平台都是未来廉政文化建设载体创新的突破口。[3]

(三)健全监督管理体制机制,强化新媒体与廉政文化建设融合治理

习近平总书记强调:"健全和完善党内监督、民主监督、法律监督和舆论监督体系,强化对权力运行的制约和监督,形成不敢腐、不能腐、不想腐的有效机制。"廉政文化建设不仅仅是文化、理念等思想层面上的建设,相关法律法规和制度等制度性建设也是新媒体时代廉政文化建设的重要组成部分,必须与时俱进。应以国务院办公厅于 2019 年 4 月 1 日印发《政府网站与政务新媒体检查指标》和《政府网站与政务新媒体监管工作年度考核指标》为契机,加快出台针对政务新媒体的制度规章,在职责、标准、时间等方面对其进行规范,如提升新媒体运营方申请注册的准入门槛;细化用户协议和使用条款,有针对性地推送廉政文化相关内容等。同时也要对政务新媒体的举报监管制度、惩处保护制度等进行逐步健全完善,确保有法可依。

参考文献

[1] 窦克林.创造性转化　创新性发展　高质量推进廉洁文化建设——山东省加强廉洁文化建设综述[J].中国纪检监察,2022(7):18-19.
[2] 隋军.加强新时代廉洁文化建设　涵养风清气正的政治生态[J].机关党建研究,2022(4):19-21.
[3] 赵翠玲,张莉莉,张世良.新媒体视阈下的廉政文化建设[J].中国集体经济,2015(2):48-49.

(张　雪　中共青岛市胶州市委党校)

新媒体时代如何加强廉洁文化建设

一、新媒体时代给廉洁文化建设带来的机遇

在新媒体时代以前,廉洁文化的宣传工作主要借助广播、电视、讲座等这类传统的宣传方式,以传达上级政府针对廉洁文化建设颁布的政策制度。进入新媒体时代,互联网云计算、大数据分析、云储存等一系列新技术手段蓬勃兴起,科学技术的革新使得廉洁文化宣传有了新的手段。在新媒体时代,我们可以利用网络开展廉洁文化"微课堂",廉洁文化专家讲座等可以借

助腾讯视频等软件随时随地进行,使得廉洁文化宣传不再受到时间空间的制约。[1]

新媒体的产生和快速发展加速了廉洁教育的革新。依托互联网平台对广大人民群众进行廉洁教育,使廉洁教育有了新的载体,能更好地推进廉洁文化建设。在丰富廉洁文化建设宣传内容的同时,使得廉洁文化内容与人民群众联系更为紧密,易于为人民群众了解,进而加速了我国廉洁文化建设步伐。借助互联网,新媒体教育平台提供多元化廉洁文化服务的同时,新媒体以其便携性也给移动教育领域带来巨大的便捷性以及个性化、自主化的学习场景,逐渐成为在线教育的主流。

二、新媒体时代给廉洁文化建设带来的挑战

网络的虚拟性反映出人的劣根性。在虚拟的网络世界中,很多东西与现实存在很大的差异,网络信息良莠不齐,网络言论不受控制,同时人与人的交流缺乏现实感,容易产生网络诈骗、黄赌毒等违法犯罪现象,造成人们的价值观扭曲,给廉洁文化建设带来不小的挑战。在新媒体时代,新媒体的开放性以及即时性等特点,使得各种真假信息也可以通过新媒体迅速传播开来,多元文化与各种鱼龙混杂的信息对人们的思想观念、政治观点、道德规范产生了冲击。同时,新媒体使得信息影响范围无限扩大,在新媒体平台发布信息,可以在全国甚至全世界范围内迅速传播。因此,这就需要人们提高辨别能力以及树立良好的网络道德规范,辨别信息真假,自觉抵御与廉洁文化相违背的不良文化,促进廉洁文化建设更好地开展。

三、新媒体时代廉洁文化建设应对挑战的措施

要充分利用互联网的优势,适时进行廉洁文化建设,把握当前社会热点,借助新媒介,开展丰富多彩的廉洁文化活动。可以展示反腐倡廉网络的成果,并添加相关的教育影视作品,从而最大限度地推广和传播廉洁文化知识。

各级宣传部门、新媒体的线上宣传工作与传统宣传工作相结合,纵横交错,形成一个广大的传播体系和网络。要健全廉洁文化新媒体教育平台,使廉洁文化宣传教育不留死角,覆盖到社会的各个阶层、各个方面,全方位推进社会主义廉洁文化建设。

加强对新媒体的监督,既能保证公众的监督权利,又能为公众的政治参与创造一个方便、安全的网络环境,也能增强公众参与的积极性和主动性,从而为我国的廉政文化建设提供法律保障。

参考文献

[1] 关于新形势下党内政治生活的若干准则 [N]. 人民日报,2016-11-03（5）.

（张文盛 青岛科技大学马克思主义学院）

新媒体时代廉政文化建设面临的问题及对策

一、新媒体时代廉政文化建设出现的问题

（一）新媒体算法所导致的"信息茧房"限制廉政文化的传播

"信息茧房"作为一个独立名词最早出现于 2006 年凯斯·桑斯坦的《信息乌托邦》一书中,用以描述在信息超负荷时代公众出现的信息偏食现象。受众总会倾向于选择自己感兴趣的信息,而新媒体的算法也会优先为用户推荐符合其偏好的信息,新媒体算法所导致的"信息茧房"会大大缩减廉政文化的传播范围。

（二）网络"泛娱乐化"导致廉政文化难以引起重视

"网络'泛娱乐化'是指随着资本不断逐利并依托网络新媒体技术造成'娱乐越界',即娱乐渗透到经济、政治、文化等领域,甚至导致'娱乐至上'倾向。"[1]现今新媒体平台上的大量娱乐性信息会影响受众理性思考,使受众沉迷于感官刺激和短暂愉悦。随着技术的发展进步,人们被"泛娱乐化"侵蚀的同时,也被信息传播的极高效率所支配,从而导致人与信息之间的过度连接。

二、新媒体时代促进廉政文化建设的对策

（一）规范平台算法使用

规范平台算法使用,算法使用要适度。算法是造成信息茧房产生的首要原因,控制算法的使用是解决这一问题的关键。第一,对于不同年龄段的受众,可采取不同的算法策略。对于成年人,在利用算法推荐符合其兴趣的信息的同时,也要有目的地向其推荐符合社会主义主旋律的相关信息。对于未成年人,由于其难以辨别信息的真假及好坏,暂可不对其使用算法精准推荐。为避免其受到某些信息的错误引导,可只为其推荐具有正向引导作用的

信息。第二,根据时段适当调节算法推荐的使用程度。新媒体平台可通过用户使用数据分析哪个时段用户最为活跃,在用户最活跃的时段减少算法推荐的使用,并增加符合主流价值观的信息的推送量。

（二）引导平台承担责任

引导平台积极承担社会责任,兼顾社会利益。我们务必构建以社会责任为核心的新媒体信息类型干预机制,促使平台减少娱乐性信息的提供。第一,增强新媒体平台的社会责任感。通过引导教育,促使新媒体平台主动承担社会责任,呈现正确的价值观,给予廉政文化以流量扶持。第二,完善网络法律法规制度。国家于2020年实行的《网络信息内容生态治理规定》和2021年实施的网络"清朗行动",都是为了治理在新媒体技术的推动下的网络空间过度娱乐化现象。

参考文献

[1] 张广鑫,刘春晶. 网络"泛娱乐化"对大学生树立理想信念的影响及应对之策 [J]. 黑龙江教育（高教研究与评估）,2022（9）:84-86.

（冯丽阳　山东科技大学马克思主义学院）

新媒体时代如何推进廉政文化传播建设

新媒体时代,廉政文化传播需要不断进行创新,以适应时代需要。但是面对复杂的网络环境以及腐朽思想的侵蚀,我们传播廉政文化要坚持马克思主义的指导思想地位,坚持党的领导,利用不断发展的自媒体条件,传播具有中国特色的廉政文化。

一、坚持马克思主义意识形态领域的指导地位,牢牢掌握意识形态工作领导权

当前我国文化正在受到西方各种腐朽文化的侵袭。新媒体时代廉政文化传播建设要在坚持马克思主义理论的指导下宣传主流思想文化,积极同各种腐败思想作斗争。习近平总书记反复强调,意识形态工作是党的一项极端重要的工作,是为国家立心、为民族立魂的工作,要牢牢掌握意识形态工作领导权和话语权。在当今经济全球化的时代,许多外国资本涌入中国,将资本主义思想中的一些腐朽观念带入了中国,对我国廉政文化传播建设造成了

不利影响。只有坚持马克思主义在意识形态工作方面的领导权,才能保证廉政文化传播建设的正确性,充分发挥廉政文化建设的积极作用。

二、建立健全廉政文化传播制度,构建中国特色社会主义廉政文化体系

新媒体时代廉政文化传播建设要遵循党的领导,不断在党的领导下建立健全廉政文化传播制度,构建具有中国特色的社会主义廉政文化体系,坚定不移地加强中国特色社会主义反腐倡廉建设。廉政文化传播建设要与时俱进,充分利用新媒体的传播特点和手段,结合时代特点不断推陈出新,建立与新时代相适应的廉政文化传播制度,逐渐形成长效机制,积极营造勤政廉政氛围,扎实推进我国反腐倡廉建设。[1]

三、结合中华优秀传统文化,丰富廉政文化的思想内涵

在新媒体时代背景下,宣传廉政文化要与优秀传统文化相结合,要注意其传播建设的内涵深度,避免泛泛而谈。习近平总书记强调,研究我国反腐倡廉历史,了解我国古代廉政文化,考察我国历史上反腐倡廉的成败得失,可以给人以深刻启迪,有利于我们运用历史智慧推进反腐倡廉建设。在学习历史的基础上阐发廉政文化的更深层次的内涵,是社会主义先进文化建设的新发展、新探索。时刻牢记在创作廉政文化作品时,不断结合历史事实深刻阐释其内涵,向大众传播高质量高水平文化作品。

四、积极拓宽廉政文化传播渠道,充分发挥舆论监督作用

廉政文化传播建设应当充分发挥新媒体日渐成熟的技术优势,拓宽廉政文化传播建设的渠道,使廉政文化以更加自然的方式融入日常生活中去。我国政府历来高度重视新媒体平台的积极作用,为公民行使监督权利提供便捷畅通的渠道。我们要在此基础上不断丰富廉政文化的内容和拓宽其传播渠道,更好地发挥群众的监督作用,让更多的党员干部时刻保持廉洁奉公的态度,提升自己的能力和水平,发挥我国廉政文化传播建设的最大作用。

参考文献

[1] 林楠. 论廉政文化建设的三个实践维度[J]. 学术探索,2012(3):31-33.

(马　赛　山东科技大学马克思主义学院)

新媒体时代加强廉政文化建设的现实路径

一、新媒体对廉政文化建设的推动作用

新媒体的出现与发展,拓宽了传统廉政文化建设的领域,实现了新兴媒体与廉政文化的有机结合。廉政文化的建设与宣传也从原有的广播、电视、报纸等传统方式逐步转化为运用新媒体技术手段进行相关理论的宣传和普及。除此之外,借助新媒体及通信能力的提升,廉政文化得以以更快的速度、更巧妙的方式、更大的覆盖范围深入人心。

新媒体的出现使得原有的单向输出环境发生了转变,在新媒体的加持下,廉政文化建设的步伐得以快速提升。相较于以往垂直性的廉政文化宣传教育,通过新媒体平台更有助于民众与政府间的互动关系建立,这既有助于加深民众对于廉政文化相关理论的理解,增强教育宣传效果,更有助于政府机关根据网民的意见及建议适当调整宣传的方式及内容。

二、新媒体在廉政文化建设运用中的现实问题

新媒体作为当前廉政文化建设的重要途径和手段,在推动新时代廉政建设的过程中,也存在着监管不力的实际问题。例如:新媒体的入门门槛监管不严;新媒体领域信息发布者的安全性难以保障;将举报信息经由新媒体进行发布,怎样保证发布者的人身财产安全,如何建立有序的举报程序。

新媒体在当前的廉政文化建设中虽然得到了一定的利用,但是其真正的效能却没有完全发挥出来。习近平总书记指出:"新媒体思想舆论工作的正道,在于化解负效应,激发正能量,成为治国理政、凝聚共识的助手。"[1] 在利用新媒体的领域中,仍存在着一些问题。1. 未能实现不同新媒体的整合发展。新媒体作为一种技术手段拥有多种表现形式,目前,部分地区尚未实现新媒体在宣传廉政文化方面的全覆盖和应用,使得新媒体的宣传效果大打折扣。2. 未能实现廉政文化建设的精简化。廉政文化新媒体载体应当实现精准推送和个性化匹配的功能,以实现最佳宣传效果。

三、运用新媒体推动廉政文化建设的现实路径

新媒体空间同样不是法外之地,要加强新媒体领域的制度建设,加强对于新媒体的监管。应从以下几方面着手:1. 建立完整的新媒体信息审查体系。应该将新媒体信息发布纳入审查过程中,对于信息的真实性进行合理性审查。2. 建立举报信息处理平台。对于举报信息的处理要快速高效。3. 建立责任人负责制度。新媒体时代深化廉政文化建设,要注重主流媒体和廉政

文化的有效衔接：1. 创新廉政文化产品。注重廉政文化产品的创作，重视廉政文化产品的宣传力量，发挥其引导人的实际作用。2. 扩大优秀文化产品的宣传力度。不仅要重视廉政文化产品的创作，更要注重其宣传，使优秀的廉政文化作品得以发挥其实际育人功能。

参考文献

[1] 中共中央宣传部. 习近平总书记系列重要讲话读本 [M]. 北京：学习出版社，人民出版社，2014：107.

（孙云鹏　山东科技大学马克思主义学院）

传统廉洁家风的时代价值及转化路径

家风是一个家族世代传承的价值准则、行为方式。好家风是一个人立身处世的根本，也是整个社会和谐发展的内在动力。党的二十大报告明确要求以加强家庭家教家风建设为着力点，提高全社会文明程度。传统家风蕴含着丰富的廉政价值资源，充分挖掘其中的廉政价值并探索价值实现的路径具有重要意义。

一、传统家风中蕴含的"廉洁基因"

（一）克己慎独的修身之道

从古至今，大量的事实表明，修身养性、严以律己是家庭和睦、事业成功的基石。春秋时期宋国大夫正考父在家庙的鼎上铸下铭训："一命而偻，再命而伛，三命而俯。循墙而走，亦莫余敢侮。饘于是，鬻于是，以糊余口。"鲁国的大夫臧孙纥曾称赞正考父是有良好行为以及完美道德的圣人，他的子孙必定有德才出众的达人。这个德才出众的达人就应在孔子身上了。孔子主张的"克己复礼为仁"成为儒家学说的核心思想，对后世产生了极为深远的影响。

（二）勤俭节约的持家之道

一粥一饭，当思来之不易；半丝半缕，恒念物力维艰。传统家风历来重视勤以持家、俭以守家。诸葛亮以"静以修身，俭以养德"训示儿子以俭朴的生活作风涵养德行。司马光以身示范，在《训俭示康》中写道："众人皆以奢靡为荣，吾心独以俭素为美。"勤俭节约的家庭风气对于推进全社会勤俭之风，防范奢靡之风的滋生蔓延，具有重要作用。

（三）清正廉洁的为政之道

历朝历代为官清廉者，必有廉洁家风。东汉太尉杨震学识渊博，勤勉清廉，留下了"四知拒金"美名，他以"清白吏子孙"为家训严格要求后人。杨氏子孙大都博学清廉，并以"清白吏"誉满天下。林则徐教子联发人深省："子孙若如我，留钱做什么？贤而多财，则损其志；子孙不如我，留钱做什么？愚而多财，益增其过。"他在《赴戍登程口占示家人》留下广为传颂的名句"苟利国家生死以，岂因祸福避趋之"，表明了自己刚正不阿、忠诚无私的爱国情怀。林则徐后人继承祖志，为国为民鞠躬尽瘁死而后已。[1]

传统家风涵养着中华民族的精神品格，这种精神品格作为一种深层次的特质根植于人们内心深处，达到广泛认同和精神自觉，对于构建和美家庭、和谐社会作用重大。

二、新时代赓续传统家风"廉洁基因"的现实意义

（一）以"家廉"促"身廉"，涵养清正作风的现实需要

家风纯正，雨润万物；家风隳坏，污秽尽来。家风败坏往往是党员干部违纪甚至演变为"全家腐"的重要原因。有的领导干部自身意志薄弱、理想信念动摇，在利益与诱惑面前丧失党性；有的领导干部疏于对配偶、子女及身边人的防范管束而沦为阶下囚。苏荣夫妻档、刘铁男父子兵等"全家腐"案件屡见不鲜，严重败坏了党风政风。[2]因此，要高度重视党员干部家风建设，以好家风涵养好作风。

（二）以"家廉"促"党廉"，建设清廉党风的现实需要

廉洁家风是党员干部提高党性修养的文化基因，是促使党员干部廉洁奉公、拒腐防变的无形力量，也是党风廉政建设得以不断完善的主力推手。这就要求党员干部正确认识培树廉洁家风的重要性紧迫性，把传承传统家风的"廉洁基因"、培养高尚道德情操与党员干部廉洁自律的党风建设有机结合起来，形成良性互动，净化党内政治生态。

（三）以"家廉"促"社廉"，营造清朗社风的现实需要

在经济全球化、文化多元化、信息网络化的时代背景下，社会道德风尚方面存在不容乐观的诸多问题，拜金主义、享乐主义、利益至上、权钱交易等与社会主义核心价值观相悖的丑恶现象滋长蔓延，严重危害社会肌体的健康。纵观中华民族上下五千年历史,国家文化使得国家层面的政治、经济、文化、礼俗融合为一体。一个家庭有好家风,这个家庭就会和睦兴旺,无数家庭有好家风,整个社会就会风清气正。因此,我们需要充分发挥家风文化的德育功能,以廉洁家风促进社会风气向好向善。

三、以廉洁家风推进党风廉政建设的路径

以良好家风助推青岛市党风廉政建设,要在社会主义核心价值观的引领下,将传统家风中的"廉洁基因"融入修身齐家治国理政实践中,实现廉洁家风的创造性转化。

(一)个人层面:把廉洁奉公作为修身之本

在现实生活中,党员领导干部兼具家庭人、政治人双重角色,对应着不同的义务和责任。对于党员干部而言,这两种角色之间既有协调一致的地方,也有矛盾冲突的时候。新时代党员干部必须首先履行政治人职责,严以修身、心存敬畏,在廉洁自律上作出表率。

一是明大德。坚定信仰信念是党员干部安身立命的根本。新时代共产党员要做到明辨是非,旗帜鲜明,立场坚定,无惧风浪,自觉锤炼党性修养。

二是守公德。牢记人民公仆的身份,念民忧,行民盼,解民难,将"我将无我"的担当和"不负人民"的情怀融入为人民服务实践中。

三是严私德。风成于上,俗形于下。新时代党员干部要带头培养健康向上的生活情趣,正确处理公与私、义与利、是与非的关系,严作风、正家风,在社会上发挥示范引领作用。

(二)家庭层面:把廉洁文化作为齐家之基

新时代党员干部要提高廉洁家风传承意识和实施家庭教育的能力,汲取传统优秀家风家训资源,让廉洁文化基因植根于家教、家规、家训之中。

一是立家规。立好家规是构建良好家风的基础。党员干部治家有时难以靠制度的"硬约束",这就需要借助家规家训的精神力量和道德力量来加以约束。曾国藩说:"子孙虽愚,亦必略有范围也。"这个"范围",就是不许出格的规矩。党员干部要通过立家规为自己和家庭成员的行为划定不可逾越的底线,以"铁规矩"为廉洁家风保驾护航。

二是严惩戒。党员干部要正确认识严管与厚爱的辩证关系,把对家人的厚爱建立在严管基础之上。《汉书》记载了一则"王吉去妇"的典故。王吉曾居长安,东邻枣树果满枝头,垂到王吉院中,王吉妻子忍不住摘了几颗。王吉得知后一怒休妻。东邻听说后十分不安,打算砍掉枣树。后经左邻右舍再

三劝说,王吉才把妻子接回。为此,邻里皆敬重王吉。党员干部对于家人的出格言行,必须及时制止,严肃对待,维护清正家风。

三是懂真爱。党员领导干部要强化自己的家庭属性,以家庭成员的身份自觉参与家教互动,避免家庭教育中的角色缺位。要协调好夫妻关系,塑造"贤配偶";要正确对待子女教育,做到既关心其生活,也要严格要求其品质,念好"育子经";要孝敬父母,处理好与亲戚朋友的关系,管好"身边人",牢牢守住家庭关、亲情关。

（三）制度层面:把制度建设作为"家廉"促"党廉"之要

道德自律和制度约束是家风建设过程中不可或缺的两个方面。良好家风不仅要依靠家庭成员的道德自律,还要将家风建设纳入制度层面,为廉洁家风促进党风廉政建设提供制度保障。家庭廉洁氛围的形成和家庭成员廉洁行为的养成,需要加强对党员干部家风建设的制度性介入,切实发挥好家风在治国理政中的重要作用。

一是要建立常态化学习制度。深入挖掘传统家风特别是本土优良家风中的廉洁文化基因,把廉政家规家训、名言警句融入党员干部常态化学习培训中,以正反两方面案例为着力点,以情感人,以理服人,潜移默化提高党员干部廉政意识。

二是要完善考核奖惩机制。家风建设作为家庭美德的重要内容,应当纳入领导干部考核机制,把家风优劣作为选人用人、评先选优的重要考核指标。

三是要健全家风监督机制。舆论监督在遏制腐败、扬善惩恶、净化社会风气等方面发挥了重要作用,也是曝光领导干部家人言行失范的主渠道。因此,要充分发挥舆论监督和法律制度监督的作用,促使家风问责的外在压力转变为党员干部从严治家的内在动力,防患于未然,形成良好的政治生态。

参考文献

[1] 孙立刚. 优良家风建设的当代价值及其路径 [D]. 大连:辽宁师范大学, 2019.

[2] 卢莹莹. 家风家训"廉洁基因"对推进党风廉政建设的现代价值及转化路径 [J]. 中共成都市委党校学报,2017（3）:40-44.

（丁爱梅　中共青岛市即墨区委党校）

以良好家风促进党内政治生态建设

在党的二十大报告中首次出现"家教家风"内容,这深刻体现了新时代家教家风在社会发展中的基础作用。家风与党内政治生态建设紧密相连,良好的家风能够促进党内政治生态建设。

一、良好家风对党内政治生态建设的作用

家风也称门风,是一个家庭不同于其他家庭的风尚、气质,是家庭中所有成员共享的精气神,是一个家庭世代相传的价值准则。传统的家风蕴含着丰富的政治生态建设内容。因此,家风对党内政治生态建设具有重要的指导价值。

(一)建设良好家风有利于推动党风廉政建设

家风与社会风气紧密相连。良好的家风中包含着廉洁观念,如清正廉洁、廉洁齐家等。而领导干部的家风直接影响着党的形象。老百姓对党和政府的评价主要是看党员领导干部的实际行动,尤其注重看党员领导干部的家风。党风廉政建设离不开家风建设,家风建设是领导干部养成廉洁意识的第一道关口。因此,领导干部的家风正,领导干部就能养成廉政的作风,就能经受住各种考验,就能遵守党纪,在群众中有好的口碑,群众就会对党和政府充满信任;如果领导干部家风不廉,就能滋生腐败,老百姓对党和政府的评价就不好,从而不相信党和政府。所以,领导干部的家风既关系着领导干部个人的前途,又反映出中国共产党整个组织的形象。家风建设与党风廉政建设关系紧密,家风建设推动党风廉政建设。

(二)建设良好家风能够推动社会和谐

家庭和谐是社会和谐的基础,家庭和谐则社会安定。建设好的家风,有利于适应新时代经济社会发展的要求,推动社会和谐。新时代的家风建设必须用社会主义核心价值观为引导,为家风建设增添新的时代内涵。新时代网络化负面的传播影响了公众的判断能力,从而使部分公众缺乏社会责任感,特别是对青少年影响极大。如果不以建设优良家风为抓手,社会主义核心价值观就难以落实,因为,加强家风建设是弘扬社会主义核心价值观的基础。

(三)建设良好家风为优化政治生态提供保障

直接决定政治生态好坏的是领导干部,领导干部的家风建设与政治生态建设紧密相连。[1]领导干部如果家风不正,就会导致全家塌方式腐败,严

重影响党风,对政治生态危害极大。从目前查处的党员干部违法犯罪案例中,我们不难看出,领导干部的贪污腐化多数与家庭家风不正有关,有的领导干部家庭利益至上,不顾国家利益和集体利益,钟情于谋私牟利,让亲属大肆敛财,其危害程度令人震惊。如全国政协原副主席苏荣贪污案中,有14名家庭成员涉案。这样的腐败事件严重破坏了社会秩序,败坏了党的政治生态,严重损害党的事业,使党在老百姓心目中的威望降低。因此,建设良好家风与优化政治生态关系紧密,并且为优化政治生态提供保障。

二、新形势下家风面临的挑战

在新的历史时期,以家教家风推进政治生态建设,面临着较大的风险和挑战,需要深入分析当前客观现实,认清切实存在的问题,为建设优良家教家风扫除障碍。

(一)社会上利益化思想的蔓延阻碍了家风的传承

当前社会一些人做事越来越功利化,甚至有些人为了自身利益而做出损害他人利益的行为。市场经济背景下,一些人的眼光越来越盯着钱看,从而造成诚信缺失现象非常严重,一些家庭内部也会因为钱财纠纷出现父子反目、兄弟反目的情况,这就越发需要将人们出现扭曲的思想逐步调整过来,加强宣传教育,积极落实社会主义核心价值观,纠正人们的错误认知,营造充满正能量的社会风气。

(二)家庭变化失去了传统家风资源

新时代,由于工作和学习交流的范围日益扩大,社会成员在地区和区域间的流动性很强。传统的家庭结构发生了变化,一个个小家庭取代了"家族"。典型的现象就是当前子女远离故土、远离父母,独自去外地打拼,最后在当地组建自己的家庭,只是逢年过节才会回故土短暂居住。这种情况下,传统的家教家风对新组建的家庭及成员影响有限,优良的家风可能没有办法完全被小家庭所接受,小家庭的家风建设遇到了挑战。

(三)传统教育缺失导致优良家风传承受阻

随着改革开放的深入,人们的思想意识发生了变化,思想也越来越多元化。传统教育对成年人在成长过程中的影响有限,在其为人父母后对晚辈进行教育时,对传统教育的继承既不重视,也没有很好地继承和发扬。优良的家教家风在代际传递过程中逐渐缩减,最后甚至会造成部分人认为自己的家庭是没有家教家风可言的,各自都是完全的自由,不受其他人的约束。这种现象如果任由发展下去,其后果不堪设想,应当引起我们足够的重视。

（四）电子设备广泛使用也使传承优良家教家风受到威胁

随着电子设备的普及,年轻人的关注点集中在了电脑、手机、网络上。工作期间不能与家人交流,回家后年轻人又喜欢玩电子产品,不太喜欢和父母、其他家庭成员进行交流。甚至有些父母刚跟孩子说几句家长里短的话,子女就有可能表现出不耐烦,打断或阻止其继续话题。这使得优良的家教家风没有了传承的时间和空间,父母对子女的影响非常有限。

三、以良好家风推进党内政治生态采取的措施

家风建设是一个漫长的过程,短时间内不可能见效,需要长期坚持不懈。因此,要按照《习近平关于注重家庭家风家教建设论述摘编》要求,加强家风建设。要理清家风与党内政治生态二者之间的关系,从多维度、多方位做好家风建设顶层设计,为推进党内政治生态建设提供指导。

（一）强化家风建设的顶层设计

家风建设涉及文化、政策、制度等方面内容,是一个艰巨而又任重道远的任务,因此,需要强化顶层设计。家风建设主要靠党委领导、政府主导。政府要坚持高标准谋划,通过完善顶层设计,构建共治工作体系,出台新的政策。同时,创新家庭家风建设的工作机制,就是各部门协同、群众参与、做好服务。当前,重点是加强家风建设的理论研究,依托高校科研单位从理论上找准家风建设的难点和瓶颈,提出合理可行的方案,编写成教材。同时,要加大用社会主义核心价值观来引领家风建设的宣传力度,让群众理解新时代家风建设的内涵。要创新家风建设形式,运用"互联网＋"形式,使家风建设有成效。要把家风建设同领导干部的考评任用相结合考,用制度约束领导干部搞好家风建设,为改善社会风气起表率作用。

（二）强化表率作用

据统计,我国现有 4.9 亿户家庭,每户家庭不到 3 人。因此,家庭风气建设任务艰巨。领导干部的家风显得尤为重要。领导干部家庭风气如何,取决于领导干部的示范作用。领导干部带头廉洁修身,家庭成员就会模仿做;反之,当官敛钱,道德败坏,必然毁坏家庭,必然损害党风政风,给国家经济社会发展造成较大损失。领导干部要想发挥表率作用,就应该做好以下三个方面工作。

领导干部要加强党性修养,把对党的忠诚体现在家风建设行动中,引导

亲属爱党爱国家。领导干部对家庭负责,才能对群众负责;能够在家庭生活中做到勤俭节约、为人谦和,才能在工作中自觉抵制享乐,这样的领导干部就能够受群众欢迎,就能够做好本职工作。

领导干部要正确处理公与私的关系。能否正确处理公与私之间的矛盾,更是体现了领导干部家风的好坏。因此,领导干部无论何时何地都要敬畏法纪,筑牢领导干部家庭廉洁自律的阵地。

领导干部要管好身边人。领导干部的平时言行影响着自己的家风建设,而老百姓看领导干部,一般要看领导干部身边人员,从中判断领导干部是怎样的人,也就能看出党风廉政建设的效果。近年来,查处的贪腐案件中,父子共同犯罪、夫妻共同犯罪、全家腐败等现象,令人震惊。所以,要通过学习、参观、座谈等形式对家人进行警示教育,引导家人建设优良的家风,为改善社会风气党风做出自己应有的贡献。

(三)强化家风挖掘

深入挖掘家风家训,使其具有生命力是当前家风建设采取的重要措施之一。要深入挖掘当地的好家风家训,通过明确挖掘方向、丰富挖掘方式、突出挖掘重点等方式,提升传播力,使家风家训的内涵符合新时代要求。同时,要着力打造家风建设品牌,扩大影响力,让更多的老百姓能够接受,使他们积极参与家风建设活动,真正为政治生态建设提供思想养料。

(四)强化家庭教育

强化家庭教育是当前搞好家庭家风建设的重要措施。家庭教育对家风建设起着重要作用,家庭教育缺失,家庭事件就会频发,甚至家庭中还会出现违法犯罪的事件。搞好家庭家风建设需要家庭、学校、政府、社会共同努力。特别是政府应该加大投入,在家庭教育科学普及、专业骨干培训等方面下功夫,建立统一的家庭教育指导服务体系,使家庭教育取得新成效。

(五)强化家风建设是廉政建设的重要内容

优秀的家风中包含廉洁自律、廉洁齐家的内容,这也是党风廉政建设的重要内容。家庭是人生的第一所学校,更是党风廉政建设不可缺少的场地。家风正能够防止腐败现象的发生,家风败坏就能滋生腐败。当前,少数领导干部对家风与党风廉政建设的关系认识不明确、不重视,以至于发生家庭共同腐败现象。因此,党组织要加强对党员领导干部的思想教育,把家庭廉洁之风与党风廉政建设等同对待,组织开展丰富多彩的活动,指导党员领导干部强化家风意识,将领导干部亲属作为教育对象,强化家庭助廉意识;党员领导干部要带着责任,在自身示范的基础上教育家庭成员廉洁自律,使家庭形成清廉的风气,助力党风廉政建设。

参考文献

[1] 习近平. 在会见第一届全国文明家庭代表时的讲话[N]. 人民日报,2016-12-16(2).

(王林云　青岛西海岸新区工委党校)

加强党员领导干部家风建设

党的十八大以来,党员领导干部的家风建设问题成为党中央高度关注的重大课题。2022 年 6 月 17 日,习近平总书记在主持中央政治局第四十次集体学习时强调指出,"领导干部特别是高级干部要管好自身,还要管好家人亲戚、管好身边人身边事、管好主管分管领域风气"。[1] 所以,在全面从严治党向纵深发展的大背景下,党员领导干部家风建设已经成为党风建设的重要内容,是全面推进廉洁教育的重要抓手。它影响党员领导干部的思想和行为作风,与党风、政风、社会风气相互作用。

一、党员领导干部家风建设的基本内涵

党员领导干部身为国家的公职人员,其一言一行不仅体现着本人的能力、作风、品行等外在修养及内在的涵养,而且体现着一个国家、一个政党的外在形象和品质。笔者认为,党员领导干部的家风建设基本内涵应包括公私分明、勤俭持家、廉洁清正等基本内容。

(一)公私分明

坚持公私分明是《中国共产党廉洁自律准则》对每位党员的首要要求,党员领导干部尤其要率先践行,因为党员领导干部只有划清公与私的界限,才能有正确的事业观、政绩观。无数事实一再证明,党员领导干部具备公私分明的品格,就能严格要求配偶、亲属及其工作人员,真正做到为民分忧,为国尽责。

(二)勤俭持家

勤俭是中华民族的传统美德。勤俭不仅可获得财富,而且也是获取知

识、提高才干的重要途径。曾国藩家族之所以代代都有才俊,就在于曾国藩倡导了勤俭的良好家风,影响深远、让人常读常新的《曾国藩家书》中谈的最多的就是"勤俭"二字。党员领导干部要让自己的子女及亲属明白,财富和地位不能靠裙带关系及走后门获取,理应靠个人努力以及生活上的勤俭来取得。只有在生活上克勤克俭,不求奢华,才能不依仗家族的势力,才能不凭借家庭的富裕,做到自律自立,成就一番事业。

(三)清正廉洁

清正廉洁是各级领导干部必须具备的基本道德素养,也是各级领导干部高风亮节的基石。在中华民族传统中,"清廉"是老百姓对官员最高的褒奖,历史上宋朝的包拯、明朝的海瑞、清朝的于成龙,千百年来他们之所以备受百姓推崇,就在于他们在为官时真正践行了清正廉洁的品格。中国共产党历经百年风风雨雨,赢得了广大老百姓的衷心拥护,其原因是在各个历史时期,有许许多多清正廉洁的党员领导干部全心全意为人民服务。党员领导干部只有清正廉洁,才能真正想民众之所想、急民众之所急,及时解决民众急难愁盼的问题,党的执政地位才能稳如磐石。

二、加强家风建设　全面推进廉洁教育的途径

在中国共产党第二十次全国代表大会开幕会上,习近平总书记指出:"全面建设社会主义现代化国家、全面推进中华民族伟大复兴,关键在于党。"[2]关键在于党员领导干部能够主动作为,廉洁自律,全心全意为人民服务。所以,解决党员领导干部家风建设问题,关系党的伟大使命任务的成败。

(一)要以身修德,做弘扬好家风的标杆

一是要加强自身学习,提升道德境界,认真系统学习党的基本知识、基本理论。当前,迫切需要党员领导干部全面学习好党的二十大精神的核心要义和基本内容,不断提高道德素养。二是要严格遵守党的纪律和规矩,强化纪律、规矩意识,严守各项纪律、规范,在工作和生活中自觉把党的纪律要求内化为自我约束需要。三是保持健康的生活情趣。兴趣爱好是生活的重要组成部分,党员领导干部要注意培养与健康生活方式相适应的兴趣爱好,如读书、运动等,同时要恰当处理好兴趣爱好与人际交往之间的关系,好而不露,爱而不受。

(二)要率先垂范,引领家庭及身边人向上向善

一是从严治家,积极发挥家属的作用。无数事例证明,家属当好贤内助、做好监督员,能够构建抵御违法犯罪的安全防线。二是培育健康向上的家庭

生活作风。党员领导干部家庭要提倡勤俭节约、不怕吃苦、奋斗进取，反对奢侈浪费、好逸恶劳、贪图享乐。要积极向家庭成员传递正能量的信息，即改善生活条件要靠务实诚恳的劳动创造，而不是靠发不义之财，生活上也要量力而行等。

（三）要以史为鉴，用中华民族优秀的治家文化滋养好的家风

家风是无言的教育，在一个人世界观、人生观、价值观的养成过程中，家风的教化作用意义重大。中华民族历来重视家风的培育和传承。三国时期诸葛亮的《诫子书》《又诫子书》、清朝《曾国藩家书》以及当代《傅雷家书》等，都是家书文化的典范；封建士大夫杨震、诸葛亮、范仲淹、欧阳修、包拯、张英等的治家故事，浙江浦江的郑义门、安徽桐城的六尺巷、江西德安的义门陈等都是古代治家文化的遗产。对这些优秀的治家文化，要引导党员领导干部细细品读，真正内化于心，用中华民族优秀的治家文化滋养领导干部的家风，吸取优秀家风丰富的养分。党员领导干部要用规矩约束家庭，把党的政治规矩转化为家庭规矩，把规矩作为家庭治理和家风建设的标杆。

（四）要强化考核，把家风建设作为党员领导干部考核的重要内容

一是强化制度监督。党的十八大以来，党中央制定了220多部党内法规，其中有的党内法规为党员干部建设良好家风订立了规矩。在此基础上要进一步对党员领导干部个人报告有关事项同监督检查结合起来，要对党员领导干部配偶、子女及其经商行为加以规范，加大巡视力度。对党员领导干部家风考核要细化，增强发现家风问题的针对性。对于家风不止、家庭影响不良的党员领导干部，在选拔任用上严格控制，决不能"带病提拔"。二是在外部监督上，要形成群众监督、媒体监督、社会监督等多渠道的监督机制，让领导行使权力的每一环节置于"镁光灯"下，使公权力真正为民谋福、为民办事。三是加大对党员领导干部在家庭美德、家风建设方面的考核力度和执纪问责，从根本上构建对党员领导干部的监督体系。

参考文献

[1] 习近平. 习近平主持中共中央政治局第四十次集体学习并发表重要讲话 [N]. 新华社，2022-06-20.

[2] 习近平. 高举中国特色社会主义伟大旗帜，为全面建设社会主义现代化国家而团结奋斗 [M]. 北京：人民出版社，2022.

（张海伦　中共胶州市委党校）

第五篇
"清廉之岛"建设

建设"清廉之岛"社会治理共同体

党的二十大报告明确提出,健全共建共治共享的社会治理制度,提升社会治理效能,提高社会治理社会化、法治化、智能化、专业化水平,建设人人有责、人人尽责、人人享有的社会治理共同体。毋庸置疑,建设"清廉之岛"社会治理共同体,是决定青岛高质量建设新时代中国特色社会主义现代化国际大都市的重要基础和有力支撑。

一、"清廉之岛"是建设社会治理共同体的重要切入点

"清廉之岛"是高质量社会治理共同体的灵魂。把"清廉之岛"作为重要切入点,要把握以下三个关键。

(一)完善党委领导

完善党委领导的组织体系。一方面积极发挥党委总揽全局、协调各方的领导作用。将"清廉之岛"社会治理共同体纳入青岛市委、市政府重要议事日程,纳入年度工作重点和县市区党政领导班子政绩考核,纳入经济社会发展总体规划,树立清廉也是政绩的思想导向。同时定期针对社会治理的热点、难点、堵点问题,开展专题调研,帮助实际问题的解决,推动基层社会治理工作提档升级。另一方面强化党政主导。将青岛市域社会治理共同体建设与优化营商环境、扫黑除恶、脱贫攻坚、乡村振兴战略等结合起来,将平安创建与创建全国文明城市的决策部署结合起来,将社会治理共同体与民生工程建设等中心工作结合起来,不断推动"清廉之岛"社会治理共同体融入社会经济发展大局。

(二)建立制度保障

一方面在完善社区(村)社会治理网格化积分管理办法的基础上,逐步拓展延伸至县(市、区)、乡镇(街道)以及综治(平安建设)工作目标考评单位,把各级各部门的工作责任通过积分制管理平台建立管理账户,形成横到边、纵到底的市域社会治理现代化建设责任体系。另一方面要根据各区、镇(街)和各部门工作职责,将"市域社会治理现代化评价指标"按照共性目标和个性目标要求逐一分解、细化,落实到地方和部门,通过正面清单项目奖分与负面清单项目扣分,记录其工作绩效,促使各项工作落实落地。

(三)落实治理责任

夯实各级党委的职责任务,形成市、县(市、区)、乡镇(街道)、村(社区)

权责明晰、高效联动的党委引领社会治理工作格局。强化市级的统筹引领，加强县（市、区）主体责任，细化量化市域社会治理的总体思路、政策导向、目标任务，协调推进市域社会治理工作各项政策在本辖区落实落地。进一步明确乡镇推动社会治理具体工作任务，切实提高履职能力。支持村支部组织发动群众，团结引导群众和社会自治组织规范运作，夯实社会治理基层基础。

二、"清廉之岛"社会治理共同体建设要坚持以人民为中心

以人民为中心建设社会治理共同体既是党的根本宗旨的体现，也是新时代呼应人民需求、解决人民生活困扰的出发点和落脚点。坚持以人民为中心建设"清廉之岛"社会治理共同体，就明确了方向，定准了坐标。

（一）建立社会治理良性互动新机制，推动形成政府主导、社会调节、居民自治的良性互动

政府主导控底线，兜住底，管好公共服务，行驶好公共职能；社会调节守基本，以政府购买公共服务的形式发挥社会调节的优质服务功能，以民间组织的协调能力发挥其弥补政府"最后一公里"的补充治理功能，以公益组织的公益属性发挥其社会矛盾"减震器"的功能；居民自治调和谐，发挥居民自治组织的功能和居民参与社会治理的功能；人民有当家作主的需求，应通过基层协商、居民协商等协商民主形式消解基层矛盾，让人民当家作主，同时畅通人民调解、司法调解等途径，化解居民家庭、邻里之间矛盾，消解社会戾气，增进家庭和睦、邻里和善，以居民议事会、社区议事会为载体，集众人之力破解治理难题，给百姓以表达利益诉求、发表意见的机会和场合，完善涉百姓身边事的社会治理决策参与程序。

（二）完善增进社会公平正义的新机制

"清廉之岛"社会治理共同体建设，要下一番功夫。一方面要兜住起点公平的教育，另一方面要布局机会公平的就业。要把两个公平的实现路径依托于社会治理共同体，把政策落实到普通民众身上。要以乡镇、街道办事处作为破除体制机制障碍的政策末端，发挥村委会、居委会联系党和群众的桥梁作用，完善乡镇、街道人力资源服务体系，建立乡镇、街道教育服务体系，以基层人力资源、教育服务为突破点，促进社会流动的基础动力，保就业、保基本教育，为社会成员进入社会参与竞争提供基本技能和安身立命之本。兜住底线，为基层群众搭建"就业避风港"，对于因多种原因退出社会工作的人员，要给予职业教育再培训的兜底服务。对无法参与社会工作的老弱病残等居民要应保尽保，兜住生存、生活底线，不能出现突破社会底线的行为，构建

起基层社会治理的防火墙。

（三）健全社会治理服务机制

治理和管理一字之差，体现的是系统治理、依法治理、源头治理、综合施策。要将"清廉之岛"社会治理共同体建设推向深入，使群众都满意，重点是理顺办事流程，科学治理、系统治理，提高服务意识，转变管理思维，丰富治理手段，形成公平正义社会治理新格局。

三、"清廉之岛"社会治理共同体建设要增强防范化解社会风险的能力

防范化解社会风险是市域社会治理体系和能力现代化建设的重大攻坚战，也是"清廉之岛"社会治理共同体建设的重大突破点。

（一）加快社会心理服务体系建设，建立心理疏导和危机干预机制

社会心态影响社会安定，社会心理影响社会态度。2018年，国家卫健委、中央政法委等十部委开展全国社会心理服务体系建设试点工作，提出到2021年底，试点地区逐步建立健全社会心理服务体系，将心理健康服务融入社会治理体系、精神文明建设，融入平安中国、健康中国建设。这表明，国家对社会心理服务体系建设的要求，从之前的呼吁、倡导阶段迈进具体建设、落实阶段。青岛被列为全国试点城市，要抓住机遇，加快社会心理服务体系建设，这是从源头遏制社会风险的重要举措。一要加快构建社会基层，特别是以社区、村居为载体的心理咨询服务体系，从家庭矛盾化解入手，化解社会风险。二要健全对社会弱势群体、留守老人、留守儿童、空巢老人、空巢青年、空巢儿童的心理关爱，以亲情、乡情、人情搭建心理关爱架构，以最便捷的方式、最简单的形式，尽快将制度建立起来，逐步完善。三要建立心理随访制度，为社会成员建立心理档案，增强心理关爱的针对性和有效性，把青岛居民的心理预期和发展预期引导到正向积极心态上来，这才是治本之策。

（二）加快社会安全防控体系建设，建立信息化、智能化阻断机制

首先要加强对自然风险向社会风险传导的阻断机制。在从自然风险向社会传导的过程中，要阻断导致社会风险出现的传导机制，重点是做到灾害及时救援、信息及时披露、谣言及时处理，降低社会紧张情绪，缓解社会危机情绪，减少诱发社会风险的因素，阻断两个风险的交叉出现，化解矛盾。其次要加强平安青岛建设。要切实维护社会稳定，及时化解出现的苗头性、趋势性问题，依法严惩扰乱医疗秩序、市场秩序、社会秩序等违法犯罪行为。"清廉之岛"社会共同体建设要严惩扰乱医疗秩序、市场秩序、社会秩序等的黑

恶势力,进一步扫清阻碍基层社会治理顺畅运行的治安因素,还百姓以海晏河清的基层治理安全环境。

四、"清廉之岛"社会共同体建设要努力建成我国社会治理新标杆

社会治理共同体也是生产力,也是满足人民美好生活需要,解决发展中不平衡、不充分问题的"利器"。"清廉之岛"社会共同体建设要努力打造几个鲜明亮点,努力建成我国社会治理新标杆。

(一)"清廉之岛"社会治理共同体要优化精准化的工作服务体系

精准就是要在社会治理中避免大水漫灌式的服务。这样基层工作人员工作更有效率,为人民服务更有水准,百姓问题解决更有针对性、有效性,可以达到百姓不累、工作人员不忙乱的状态。核心是治理体系智能化、专业化,以"互联网 + 治理"的形式,将百姓的治理需求与政府、社会组织的治理供给结合起来,推进治理体系供给与需求的平衡,实现高效配比和资源的优化配置。

(二)"清廉之岛"社会治理共同体要优化系统化的治理模块

以项目管理制度为载体,创新社会治理形式和载体,将社会治理问题模块化处理,引入社会治理项目管理机制,通过项目经理人和项目专员进行专业化的社会治理。改变目前存在的条块分割、多头治理格局,形成模块化一体化的项目制治理格局。以项目经理人的职业素养、专业素养提高社会治理难题的解决能力,不断提高问题经办人员的治理素质和素养,健全标准化的社会治理体系和治理模块,既能点面结合,又能以点带面,以面促点。

(三)"清廉之岛"社会治理共同体要优化高素质的专业人才库

当前青岛社会治理工作面临的难题之一就是人才资源供给不足,特别是高端管理人才、高端运营人才、高端标准定制人才、高端治理人才供给不足,这也是我国目前面临的治理困境的主要表现。社会治理共同体建设缺少专业化的社会治理人才,实际工作中不得不依靠经验治理的现象在一定范围内还存在。要加快建立以高端管理人才为主体,专业化、标准化的治理人才培养体系,下沉基层治理,制定标准化社会治理操作流程,改变以经验判断为主的应急式治理格局,加快进入常态化治理格局。

参考文献

[1] 习近平. 高举中国特色社会主义伟大旗帜 为全面建成社会主义现代化国家而团结奋斗——在中国共产党第二十次全国代表大会上的报

告［N］. 人民日报,2022-10-26(1).

(周　娟　中共青岛西海岸新区工委党校)

新媒体背景下的廉政文化助力"清廉之岛"建设

一、廉政文化的功能作用

首先,廉政文化具有价值导向功能,作为积极的社会意识,以反腐倡廉为根本价值取向,以廉洁为荣、贪腐为耻为情感逻辑,意在引导接受者坚定正确的价值观。其次,廉政文化能进行教育激励,是开展廉洁教育的重要载体,通过教育使清廉的观念深入人心,利用廉洁模范激励受众学习发展。最后,廉政文化能进行警示约束,利用反面典型引导个体崇廉耻贪,达到"惩防并举、注重预防"的效果。廉政文化包含的行为准则具有示范性和约束力,能对个体的实践进行规范。

二、新媒体在发挥廉政文化作用、助力"清廉之岛"建设中的价值

首先,新媒体的传播性有利于拓展廉政文化传播的途径范围。传播性是新媒体的本质属性,信息技术的发展使新媒体的传播具有全域性,传播渠道呈现多元化特征;打破了空间地域的限制,廉政文化的传播范围得到极大拓展。其次,新媒体的即时性有利于实现廉政文化作用的时效性。新媒体的显著特点是即时性,极大缩短了信息的生产、传播周期,能够实现信息的快速传播更新,能增强廉政文化作用的时效性。最后,新媒体的互动性有利于提高廉政文化有效性。新媒体的开放性使其具备个性化的传播优势。在新媒体环境里,个体同时是信息受众者和传播者,实现了传播接受的双向互动,进而促进廉政文化作用的有效发挥。

三、新媒体背景下廉政文化助力"清廉之岛"建设的实践路径

第一,搭建平台。充分利用专门的教育新闻平台,如学习强国等,将其作为廉政文化宣传的主阵地,设置"清廉之岛"专栏进行学习展示。此外,在社交娱乐平台上展开宣传,使受众在进行休闲娱乐的同时受到廉政文化的积极影响。第二,创新内容。对廉政文化进行创新运用,重视廉政影视作品的作用。廉政影视作品兼备娱乐性思想性,是"弘扬主旋律,激发正能量"[1]的优秀素材,要不断增加其放映量和宣传度。对反面案例进行创新利用,增强

廉政教育的针对性。第三,培养人才。相关部门及新媒体公司应加强对新媒体人才的培养和考核。新媒体工作者要坚持正确的政治方向和舆论导向,练就过硬业务能力,不断提高媒介素养。第四,优化环境。完善新媒体相关的法律法规,为其发展提供政策保障。完善新媒体监督制度,设置公开透明的监督平台。大力推广廉政文化,营造崇廉尚廉的文化氛围,在日常生活中润物无声地对人进行影响。

新媒体的传播互动极大增强了廉政文化的感染力,利用新媒体推动"清廉之岛"建设是党风廉政建设适应现代化网络化新常态的必然趋势。

参考文献

[1] 习近平谈治国理政(第一卷)[M].北京:外文出版社,2018:198.

(张宇晴 青岛科技大学马克思主义学院)

新媒体背景下"清廉之岛"廉政文化建设路径

在新时代,移动互联网起到了整合全社会大多数人群思想文化言论的作用,对于社会舆论有着明显的放大效用,也是廉政文化建设最有力的工具。

一、新媒体的时代特征

新媒体具有鲜明的时代特征,相对于旧媒体而言有以下几个特征。首先是极快的信息传播和扩散速度。在印刷媒介时代,信息的传播速度非常慢,动辄以"周"甚至"年"为计。而在网络媒介时代,微博、微信等人人都可以轻易拥有的工具已成了自媒体平台,信息的传播与发酵速度史无前例地提高,对舆论宣传和舆论监控提出了更高的要求。其次,自媒体实现了网上平等对话。新媒体时代,去中心化的自媒体的迅速发展在保证了公民话语权充分行使的同时,也在一定程度上削减了体制内媒体的舆论影响力和权威性。最后,新媒体已成为大众揭发腐败的重要场所。新媒体具有虚拟性和直接性,一定程度消解了人们的顾虑心理,可以在网上反映和举报遇到的问题。

二、新媒体背景下青岛市加强廉政文化建设的路径

为加强廉政文化建设服务,持续推进廉政文化的"清廉之岛"建设,青岛市就必须适应新媒体发展潮流,有效利用新媒体这一高效的工具。

（一）利用新媒体推广廉政文化

在新媒体阵地中,青岛市更要坚持马列主义的主导地位,利用新媒体积极宣传主旋律,促进中国特色社会主义廉政文化不断发展,增强坚持中国特色社会主义廉政文化的坚定性。同时,新媒体使得时间和空间距离进一步缩小,实现了更高层次的互联互通。这对"清廉之岛"文化建设工作者提出了更高要求,必须在提高自我控制能力与正确辨别是非的能力的基础上,充分吸收与融合世界各地廉政文化建设优秀成果。

（二）充分发扬新媒体反腐先锋作用

要利用新媒体在反腐败斗争中的突破口作用,促进党内党外通力合作,对党员领导干部行为和党内政治生活进行有效规整,营造干部清正、政府清廉、政治清明的风气[1],打造透明政府,建立廉洁政治。只有保持反腐压迫性态势和廉政文化建设常态与持续推进,才能保证廉政文化建设长期进行。

（三）加强电子政务建设媒体化

对于青岛市来说,一方面,政府事务的信息公开工作要着重建设,使得青岛市居民可以在网上便捷地查阅相关信息。民众能够根据这些信息更合理使用监督权,将权力牢牢关进铁笼中,有利于青岛市打造透明政府、不断提升政府公信力。另一方面,在举报机制与有关平台的构建上加大力度。市纪委监委网站在利用一键举报平台的基础上,能够获得各大门户网站与新媒体平台上的诸多反馈与举报信息,通过线上多个渠道的协同努力,提高拒腐防败能力。

参考文献

[1] 习近平主持中共中央政治局第四十次集体学习并发表重要讲话[N].
新华社,2022-06-20.

（庄　宁　青岛科技大学马克思主义学院）

纵深推进"清廉之岛"廉政文化建设

习近平总书记在党的二十大报告中强调,要加强新时代廉洁文化建设,教育引导广大党员、干部增强不想腐的自觉,清清白白做人、干干净净做事。[1] 近年来,青岛西海岸新区以"清廉新区"文化品牌为引领,以"亲清和畅岛、勤廉西海岸"为主线,突出十二大重点领域,深入打造"清廉之声""清廉课堂""清廉园地""清廉风韵"四大工程,营造了干部清正、政府清廉、政治清明的良好氛围,也为开创新时代中国特色社会主义现代化示范引领区建设提供了可复制、可推广的"西海岸经验"。

一、青岛西海岸新区廉政文化建设的主要做法

近年来,青岛西海岸新区坚持系统思维、平台思维、协同思维,将廉政文化建设纳入清廉新区建设,同步打响清廉政治、清廉政府、清廉国企、清廉村居、清廉文化攻坚战,充分发挥廉政文化浸润作用,推动全面从严治党向基层延伸、向纵深发展。

(一)放大平台效应,深度传播"清廉之声"

一是搭建媒体传播平台。新区建立了与工委宣传部、区广播电视台、青岛西海岸报等的协作机制,在区电视台开设"聚焦新区"专栏,通过"曝光台"通报问题,通过"回音壁"倒逼整改,对房租减免、道路施工、企业注册等问题进行了曝光,督促有关责任部门主动认领问题,强化整改落实。在公交车载电视投放廉政公益短片,激发全社会关注和参与,推动"清廉之岛"品牌深入人心。充分利用纪检监察网站、微信公众号,第一时间传播纪检监察工作信息,深度广泛传播"清廉之声",宣传廉政文化。目前"廉洁西海岸"微信公众号刊发各类文章 600 余篇。二是整合宣传力量。新区坚持廉政文化宣传 盘棋思想,在各人功能区、镇街、区直单位、区属国企分别明确一名廉政文化宣传员,组建 200 余人的廉政文化宣传员队伍,广泛宣传廉政文化建设工作亮点、经验做法。2019 年以来,通过各类媒体、报刊和系统内网站、简报等发表信息 400 余篇。三是完善舆情工作机制。组建镇街纪委专职舆情员和网评员队伍,加强舆论引导,强化对重点网站、本地论坛的精准监测,每日向市纪委报送重点舆情,对重大和敏感事件及时跟进引导,澄清谬误、激浊扬清,围绕时政热点跟帖 5 000 余条。

(二)聚焦受众需求,精准打造"清廉课堂"

一是发挥干部教育培训主阵地作用。将廉政教育作为必修课,纳入区委党校主体班次培训课程,引导党员干部筑牢拒腐防变思想防线。二是发挥反面案例的警示教育作用。新区开展了警示教育"三个一"活动,每年至少制作一部警示教育片、至少参观一次廉政教育基地、至少观看一部警示教育片。2019 年,新区组织拍摄警示教育片《土地交易背后的腐败》,观看场次

达到了 400 余场,通过"身边人、身边案",强化警示教育。三是发挥党组织日常教育作用。珠海街道编纂了《案例汇编》,灵山卫街道编写了《警示录(违纪违法典型案例汇编)》,长江路街道编写了《"身边的案例"廉政教育读本》,以发生在镇街道、村社的党员干部的身边人、身边事进行警示教育,为党员干部画明了红线。

（三）挖掘特色资源,扩容升级"清廉园地"

一是建设新区清廉地标。坚持区、镇街、村社三级联动,打造具有新区特色的"清廉园地"。新区廉政教育基地"政治学习馆"于 2021 年 11 月底正式开馆,展厅面积 1 000 余平方米,运用 VR 技术等信息化手段,创新展陈方式,提升廉政教育的传播力、吸引力和影响力,也成了新区特色的"廉洁地标"。二是广泛培育基层廉政文化示范点。比如,琅琊镇以"东境上邑、廉润古今"为主题,打造镇级廉政文化教育基地;黄岛街道龙湾崖社区开辟廉政文化长廊;隐珠街道建设廉政展厅,分设从严治党、以画释纪、以案说纪等板块;铁山街道围绕传承抗战红色基因,建成杨家山里红色教育基地;泊里镇建设镇党性教育基地、藏马县委旧址教育基地、横河廉政主题公园。三是打造精品路线。将区内廉政文化资源串珠成链,打造东西区各半日行程的廉政教育精品路线,充分发挥廉政文化建设的叠加效应。2019 年以来组织参观 400 余批次,受教育人员 10 000 余人次。

（四）弘扬崇廉文化,广泛宣传"清廉风韵"

一是融入主题活动。开展廉政教育宣传月活动,通过廉政教育案例展、参观廉政教育基地、创作廉政文化作品等形式进行廉政教育。截至目前,共组织到新区教育廉政教育基地参观 200 余批次,受教育人员 5 000 多人。二是融入家风建设。在党员干部家庭中开展家庭美德、家庭助廉教育活动,弘扬以廉立身、以廉治家、以廉教子的优良传统,让以清为美、以廉为荣的理念融入家庭生活。比如,泊里镇封家社区、大村镇西南庄村分别建立了村史馆,传承传统家规家训,弘扬以廉立身、以廉治家的优良传统。三是融入社区文化。新区在弘扬崇廉文化的同时,由纪监和文化部门联合发文,要求各部门单位结合七一、国庆等组织开展多种形式的廉政文化创演活动。比如,长江路街道成立长江廉政艺术团,开展社区巡回演出;胶南街道举办了廉政文化进社区文艺汇演、"廉政文化仲夏夜"电影展播等活动;琅琊镇开展崇廉尚廉书画作品征集活动,并通过微信平台等多种形式宣传廉政文化。从调研情况看,现在的新区,打麻将、喝酒、赌博的少了,唱歌、跳舞、绘画的多了,党群干群关系也更加和谐了。

二、纵深推进"清廉之岛"廉政文化建设的对策建议

廉政文化建设是新时期全面从严治党的一项重大任务,需要以宽广的视野、辩证的思维和大胆的实践不断探索、不断创新、不断突破。

（一）坚持围绕中心、服务大局,增强"清廉之岛"廉政文化凝聚力

廉政文化是全党全社会的共同课题,必须有效调动利用各类资源要素,密切配合、分工协作,形成大宣教工作格局。一要压实主体责任。要督促各级党委(党组)提高政治站位,加强压力传导,把廉政文化建设融入经济社会建设各个领域,贯穿于党的建设各个方面,形成"党委政府主抓、部门各负其责、纪委组织协调"的工作合力。二要强化全域统筹。"清廉之岛"既要突出特色,更要加强统筹谋划。要组织专门人员,借助专业力量,对青岛市域特有的历史传统、红色文化、特色素材进行研究、布局,对区、镇街一级的廉政教育场馆进行合理性规划、可行性论证、差异化安排,避免重复建设"大而全"的廉政教育场所。三要加强综合保障。在人员保障上,区市一级要成立"清廉之岛"建设专班,明确廉政文化宣传任务落实。在资金保障上,要积极争取各级党委政府支持,加大对"清廉之岛"廉政文化建设专项资金投入。在教育培训上,要将廉政文化建设培训纳入市级主体干部培训计划,全面提升基层干部廉政文化宣传工作能力水平。

（二）坚持时代特征、青岛特色,增强"清廉之岛"廉政文化吸引力

一要邀请名家大家讲清廉。2014年前后,青岛市曾举办廉政操守系列讲座,先后邀请了多位文化名人为全市党员干部作专题报告,在广大党员干部内心深处产生了强烈共鸣。建议继续采取这样的方式,进一步传承廉政基因,弘扬传统廉政文化。二要组织先进模范做代言。"我为'清廉之岛'代言"在"清廉之岛"开设以来,社会反响良好。要继续协调更多的劳动模范、先进典型来为"清廉之岛"代言,通过讲述自己的廉政感悟,加强思想引导和道德教化,推动以清为美、以廉为荣的价值观广泛传播。三要发挥廉政文化志愿者作用。要面向社会招募一批廉政文化志愿者,组织开展形式多样的志愿活动,进社区、进企业、进学校、进农村,广泛宣传廉政知识,弘扬廉政文化。

（三）坚持思想升华、习惯养成,提高"清廉之岛"廉政文化覆盖面

一要注重日常提醒。党员履职过程中要佩戴党员徽章,窗口单位党员要在"党员之窗"上亮明身份,主动接受监督。在办公场所要设立廉政宣传栏,张贴廉政格言、廉政警句等。在公交站亭、建筑楼面、户外电子屏、地铁传媒、

高铁传媒等专属区域,要设置廉政公益广告,形成与周围环境浑然一体的廉政文化氛围。二要加强重点节点提醒。开通"廉政提醒"短信平台。当重大节假日来临之际,对各级党员干部"节前提个醒,过个廉政节"。这样既有教育性,又有亲和力,广大干部也乐于接受。三要发挥家庭护廉作用。党员干部在社交圈、生活圈中发生一些细微变化,家属特别是配偶最易察觉到。建议由纪委、妇联牵头,向干部家庭发放争做"廉内助"的倡议书,引导党员干部家属争当"廉内助",常吹廉政风,形成家家把好廉政关的局面。

(四)要坚持以人为本、面向社会,全链条打造廉政人文环境

廉政文化的核心是人,要围绕人生成长曲线开展不同阶段的廉政教育,打造全链条的廉政环境。一要加强校园廉政文化建设。督促教育部门落实校园廉政文化建设责任,在大中小学中分类开设廉政文化课程,加强廉政文化宣传,在学生们心灵中种下"廉洁"的种子。二要加强社区廉政文化建设。通过组建廉政文化大院、廉政文化小区等大力开展廉政文化活动,使优秀的传统廉政文化和道德风尚在全社会发扬光大。三是组建廉政教育宣讲团。既要安排各级党委书记带头讲廉政党课,也要从不同群体、不同对象实际出发,分类别邀请行业代表进行廉政宣讲。可采取视频直播、远程教育等方式,将廉洁的价值导向融入廉洁文化的各领域。

(五)坚持完善机制、丰富载体,调动群众参与"清廉之岛"廉政文化建设积极性

一要建立举报腐败利益激励机制。要建立适应市场经济准则的实名举报奖励制度,使举报腐败由高风险、无收益的行为变为有收益、低风险的行为。调动群众参与的热情,改变群众只"参观"不"参与"的局面。二要打造精品廉政教育线路。统筹市、区、镇街资源和力量,同向发力、整体推进廉政文化建设,形成以市级廉政教育基地为龙头、区市一级各具特色、镇街一级精简实用的廉政文化阵地,将廉政文化元素串珠成链,打造廉政教育精品路线。三要丰富廉政文化载体。采取物质奖励与精神激励相结合,用群众听得进、听得懂和喜闻乐见的语言,集中创作一批反映时代主题、城市精神、道德情操、青岛特色的廉政文化精品。结合"三下乡"等各种主题鲜明、内容丰富的文化活动,培育风清气正的廉政文化教育效应和品牌效应。

参考文献

[1]习近平.高举中国特色社会主义伟大旗帜 为全面建成社会主义现代化国家而团结奋斗——在中国共产党第二十次全国代表大会上的报

告[N].人民日报,2022-10-26(1).

（胡文东　中共青岛西海岸新区工委党校）

培育廉政文化　助力"清廉之岛"建设

一、建设"清廉之岛"的背景

党的十八大提出了全面从严治党要求,强调"加强反腐倡廉教育和廉政文化建设";党的十九大提出,"弘扬忠诚老实、公道正派、实事求是、清正廉洁等价值观";党的二十大强调"加强新时代廉洁文化建设"。多年来,国家持续推进全面从严治党,推进反腐败斗争,推动正风肃纪,目的是夯实党长期执政的基础,维护国家安定社会和谐。

为进一步贯彻落实党风廉政建设相关要求,2019年7月,青岛市纪委市监委等多个部委联合印发《关于纵深推进"清廉之岛"廉政文化建设工作方案》,着力打造"清廉之岛"廉政文化品牌,搭建廉洁文化新平台。[1]三年多来,青岛持续传播清廉之声,弘扬清廉风韵,建设清廉园地,打造清廉课堂,推动清廉文化融入日常生活,努力创建廉政文化建设新格局。

二、廉政文化的丰富内涵

廉政文化,即廉洁从政的文化,以廉政为内涵、文化为形式。它是中华文化的重要组成部分,也是城市文化的一部分。在五千年文明史上,中国人创造了丰富的廉政文化,包括廉政诗文、格言警句和戏剧歌曲等,流传千古、影响至今。我们建设廉洁政府、廉洁城市,都离不开廉政文化。廉政文化是党员干部的价值观,包括为人民服务的宗旨观和政绩观。它传递了遵纪守法、清正廉洁、洁身自好、一身正气等价值理念,是做人和为官的根基。我们可以从以下几个方面来理解廉政文化的丰富内涵。[2]

（一）德与廉的关系

德是廉的前提,廉是德的重要组成部分。对于干部来说,德与廉是分不开的,为官必先修身,必须正直,要有君子之德。党员干部清白做事、踏实为官、坚守底线,符合组织对党员干部的培养标准,可以拉近与群众的距离,更容易开展工作,也能用良好道德品行育子传家。党员干部如果违背道德、贪赃枉法，必将受到法律制裁、殃及子孙。

（二）干部是落实廉政文化的主体

干部是处理政务、为民办事的，能够干好事、干实事、办成事最关键，干部贤能是廉政文化的根本。《论语》中记载了孔子"听其言而观其行""视其所以，观其所由，察其所安"的"举贤才"思想。《中庸》中有"为政在人""其人存则政举，其人亡则政息"等思想。可见，"举贤能""举贤才"就是廉的表现。

（三）以民为本是廉政文化的重要体现

"民为贵，社稷次之，君为轻""民为邦本，本固邦宁""君者，舟也；庶人者，水也。水则载舟，水则覆舟"都体现了民贵君轻、以民为本、为民服务的思想。干部践行廉政文化要落脚在真正做到全心全意为人民服务上。[3]

（四）从严治吏是廉政文化的保障

历史上，秦朝重罚劣吏、明太祖从严治贪、雍正严惩贪官都体现了从严治吏的政治文化。对于清官，官府也进行褒扬和宣传，如我们熟知的唐朝狄仁杰、北宋包拯、明朝海瑞、清朝刘墉。

历朝历代都建立了保证官员廉洁的制度，如古代考察官德的考课制度、汉朝的举孝廉制度、清朝的养廉银制度等。党的十八大以来，我们制定了一系列从严管党治吏的制度和规范，如党政领导干部廉政谈话制度、全面从严治党主体责任全程纪实制度，目的是培育不产生"老虎苍蝇"的政治生态环境。

（五）文化阵地是廉政文化的载体

廉政文化需要借助宣传语、书籍、故事、广播、影视剧等形式来展现，需要通过宣传栏、课堂、教育基地、公共场所等载体来传播。文化阵地建设是传播廉政文化的载体和依托。

三、培树廉政文化对清廉城市建设的意义

（一）培树廉政文化是深入推进反腐倡廉建设的重要举措

廉政文化传递廉政价值观和正确的价值导向，在反腐倡廉工作中发挥教育、引导、示范和熏陶作用。要通过廉政文化教育、熏习，学习廉洁理念、廉洁故事、廉洁法规，影响广大党员干部的思维模式，使干部绷紧廉洁自律这根弦，从而提醒和约束自身行为。

（二）廉政文化引领廉洁城市建设

廉洁是现代城市的重要标志之一，廉洁城市建设的根本是以德润城、以廉铸魂、以文化人。廉政文化建设是建设廉洁城市的关键：通过培育和弘扬廉政文化，推动机关建设廉洁氛围；通过教育和监督，使干部有戒惧之心；通过完善制度，规范党员干部的行政行为，使权力得到监控；通过宣传，使廉政文化潜移默化地引领廉洁城市建设。

（三）培树廉政文化，有助于提升城市声誉和形象、促进城市健康发展

干部是廉洁从政的主体，培育和弘扬廉政文化有助于打造廉洁干部队伍。在廉政文化引领下，官员廉洁自律、执政为民，政府务实高效、公开透明，市场环境统一规范、公平竞争，社会成员遵纪守法、文明诚信，必将提高城市形象，传播城市声誉，形成聚集效应。这样的城市必将极大地吸引人才、企业、项目入驻，为城市发展注入活力。

四、培育廉政文化助力"清廉之岛"建设的路径

"清廉之岛"建设不是搞一阵子，而是一项长期艰巨的历史任务。因此，必须构建长久的廉洁文化体系、规范的廉政制度体系，引领党员干部廉洁从政的履职行为，推动形成廉荣贪耻、崇尚廉洁的道德风尚和舆论氛围，进一步推进政治生态高质量发展。

（一）努力构建廉洁文化体系

1. 观念形态文化

党员干部廉洁勤政的基础是正确的价值观、政绩观。必须加强思想道德和党纪国法教育，使干部在思想上"不想腐"。要强化思想教育，培育廉洁理念，使廉政文化理念深入党员干部的思想和内心，成为他们自觉遵守的行为准则。要根据不同行业特点，培育行业特色廉洁文化。要继承弘扬我国历史上的优秀廉政文化，借助优秀传统文化规范廉政行为。

2. 制度行为文化

强化廉洁文化实践，锤炼党员干部作风。加强制约和监督，使干部在党纪国法面前"不敢腐"，在制度上"不能腐"。严密制度体系，严明纪律约束，规范权力运行，让权力在阳光下运作，打造阳光政府、阳光政务。各级党政机关、企事业单位要营造"莫伸手，伸手必被捉"的制度行为文化，让"有权必有责、用权受监督""保持为民务实清廉的政治本色"印在公职人员脑子里、刻在骨子里。

3. 物质形态文化

把廉洁理念融入各种廉洁文化载体建设中，打造廉政阵地，营造"以廉为荣、以贪为耻"的文化氛围。要打造廉洁教育阵地，如建立廉政教育基地、廉政博物馆，组织干部参观并撰写警示教育材料，进行交流发言；在机关和企事业单位、社区开设廉政讲堂，定期举办廉政讲座，邀请法官、检察官、纪委工作人员、法律教授等专业人士前来授课，学习廉洁人物事迹，观看廉洁文化影片，让干部学习正反两方面教材，时时敲响警钟。

（二）织牢织密监督管理网

1. 以实的举措强化组织管理监督

腐败是一个由小变大、从量变到质变的过程。很多官员看似突然偶然犯了错误，实则早就出现了不好的苗头、不正确的行为，时间久矣，而在这个过程中，组织的管理和监督偏于"宽、松、软"，在过组织生活时没有使其真正地"红红脸、出出汗"，批评和自我批评、民主评议、述职述廉时都是喊口号、说空话套话，没有真正地入脑入心。必须抓早抓小、防微杜渐，及早发现干部问题，然后有针对性地对其开展谈话、教育、函询、诫勉。通过主题党日、党课，经常性开展警示教育，提高干部的纪律意识，塑造机关单位廉洁从政的组织文化。

2. 以严的作风强化制度管理监督

制度管根本、管长远，要不折不扣地落实。要全面治理领导班子软弱涣散问题，以严的标准考察考核公职人员秉公用权、依法履职和廉洁从政情况，以硬的要求整治领导干部的奢靡、贪腐、不作为、乱作为问题，让违法乱纪的干部"下台"，动真碰硬，警示、挽救其他同志。要以雷霆作风塑造机关单位有法必依、违法必究的制度文化，营造弘扬正气、惩恶扬善的制度文化氛围。

3. 畅通社会监督管理渠道

社会监督是民主监督的一种重要形式。要努力畅通和完善群众监督渠道，在自媒体时代，鼓励通过网络监督、舆论监督、信函举报等方式，揭发、检举贪污受贿、为官不廉等行为，使党员干部增强受群众监督的意识，习惯在监督之下工作和生活。

此外，还要加大巡视整改力度，发挥纪委、监察委员会等的监督作用，教育与惩戒相结合，"软"的文化浸润与"硬"的纪律约束相结合，让贪腐无所遁形，让政治生态清清朗朗、干干净净。

参考文献

[1] 任晓萌. 清风廉韵润岛城——青岛推进"清廉之岛"廉政文化建设综述 [N]. 青岛日报,2021-10-19(1).

[2] 马尧. 创新推进廉政文化宣传 [N]. 青岛日报,2020-12-12(5).

[3] 李宁. 让清廉之风吹遍清廉之岛 [N]. 青岛日报,2020-07-18(4).

（李　琨　青岛西海岸新区工委党校）

新形势下基层"清廉之岛"建设困境与对策

党的十八大以来,我们党更加重视党的廉政工作建设,坚持将马克思主义基本原理同中国的实际情况相结合。习近平总书记一系列反腐倡廉重要讲话,推进了中国党风廉政的全面整顿,并强调了党要管党、全面从严治党,促使中国反腐倡廉取得了明显的进展,对于维持党内秩序稳定、国家安定和人民幸福具有重要的现实意义。

一、基层"清廉之岛"建设的必要性和紧迫性

在反腐倡廉建设之中,如果不能解决好基层的腐败问题,会直接损害人民群众的利益,影响党的执政声望。理解习近平总书记新时期党风廉政工程建设的重大论断,有助于能够更好地理解党风廉政工程建设一直在路上。

（一）基层"清廉之岛"建设的必要性

基层"清廉之岛"建设有利于进一步发挥廉政文化的重要功能,在社会中树立清正廉政的价值理念。按照习近平总书记对新型政商人际关系中"亲""清"的总结,青岛市积极打造"清廉之岛"的品牌,有利于解决贪污腐败现象,进一步优化政策生态建设,有着重大的理论价值与实际意义;通过稳步深化的纪检监察工作机构改革,扎实推动政策生态化高质量构建,积极地形成廉政文化良好氛围;通过"清廉之岛"创建为更好地开展党风廉政制度建设的各项重要工作创造了良好环境,真正地将体制优势转变为社会治理成效。

（二）基层"清廉之岛"建设的紧迫性

习近平总书记强调,开展党风廉政建设和反腐倡廉,是一个复杂的系统

工程。[1]一方面,要认清"清廉之岛"建设面临的复杂外部因素。在新形势之下,我们仍然面临着许多严峻的挑战,仍然有腐败的危险存在。受新自由主义意识形态思想、社会主义市场经济万能论等的影响,再加上中国目前处于大改革、大发展、大调整的关键性阶段,"金钱万能""利益最大化"等新思潮不断撞击着中国人民的传统价值观念和政治思想社会主义文化,拜金主义、享乐主义等在大舆论场传播。另一方面,要认清"清廉之岛"建设面临的严峻党内环境。党的十八大以来,中国的反腐倡廉已经获得了巨大的进展,可是党内依然存在着享乐主义和贪污腐败的现象,而基层"清廉之岛"的建立可以在基层减少毒瘤,进行反腐倡廉的政治建设,内部解决和严惩腐败的现象,坚持反腐倡廉,这是维护人民群众的利益、实现社会和谐和国家富强的基本途径。

二、基层"清廉之岛"建设的困境及原因分析

近年来,青岛市坚持系统规划、协调联动,着力创新完善不敢腐、不会腐、不想腐的制度体系,不断推动"清廉之岛"的构建,特别是注重基层"清廉之岛"建设,坚持从源头上夯实党风廉政工作制度建设的根基。这项工作虽然已经取得了较突出的效果,但依然面临着桎梏,需要予以更高度的重视。

（一）思想上,廉政意识淡漠

在基层走访调查的过程当中,笔者发现由于部分地方没有理解党风廉政建设的长期性问题,使得党纪的概念弱化,导致廉洁政治建设存在不积极、不作为的问题。造成这一局面的根源,主要在于宣传教育还不够深入。由于基层工作多小杂,基层党风廉政宣传不广泛深入,还没有形成针对性很强的廉政宣传局面。基层宣传工作方式比较简单,也没有鲜活而生动的例子,导致基层单位对党风廉政宣传工作不够重视,也没有结合实际灵活地贯彻落实党和国家的政策,使廉政意识无法内化于心。

（二）制度上,硬约束力薄弱

基层有些党内活动流于形式,没有认真开展批评和自我批评,基层组织建设责任制所应具有的激励和惩罚作用并没有得到充分的发挥。原因多为党员民主意识淡薄,不能真正地参与到议事办事之中,在群众关注的一些重点问题上,缺乏制度的规范性和制约性,缺乏监督机制的硬约束,导致即使有制度,也不能落实到真正的责任实施上,实施的结果也不能得到有效的监督。[2]

（三）实践上，宗旨观念欠缺

基层是最靠近人民群众的地方，但是由于少数党员宗旨观念淡薄，忽视了群众的利益，使党风廉政建设变成了空想。少数人为达目的不择手段的方式，助长了贪污腐败、违法乱纪现象，直接影响到基层党风廉政建设工作的开展。这一困境产生的原因多是少数基层权力运行不公开、不规范，职责不明确、责任落实不到位，廉政教育对象缺乏针对性教育，对群众举报的管得少，对以权谋私的事情管得多，极易在风雨考验中东摇西摆，缺乏政治定力，做出损害人民群众利益的事情。

（四）文化上，缺乏清廉文化阵地

少数人对社会主义市场经济发展的不平衡性以及对文化教育事业在反腐倡廉工作中的基础性地位和作用还没有必要的认识，廉政文化阵地建设也存在着地方与部门之间的不平衡性。在廉政文化的建设上，由于工作人员不够积极主动，不愿投入人员、物资和钱财，使廉政文化活动阵地的建立没有人、财、物上的保证。此外，少数地方家风村风建设重视不够、投入不足，廉政教育对象不广、教育形式单一，导致清廉文化阵地建设仍有较大欠缺。

三、基层"清廉之岛"建设的对策与路径解析

加强"清廉之岛"建设是一个长期过程，不可以一蹴而就。正视在建设中出现的困难，并切实加以解决，对推动基层"清廉之岛"建设可起到有力的促进作用。

（一）抓好教育，夯实基层"清廉之岛"建设的基础

要抓好定期的廉政培训。围绕每年党风廉政宣传教育的主要内容，要求广大基层领导干部、党员群众全面系统地认真学习习近平总书记有关反腐倡廉的重要讲话精神和有关党纪政纪法律法规，引导广大党员群众尤其是领导干部更加清醒地意识到严格遵守纪律的重大意义，进一步提高政治思维自律意识和遵纪守法的意识，保证在错综复杂的社会环境条件下，不被利益所惑、不被人情害到、不为私所动，让清廉为民的核心理念更加深入人心。

（二）突出学习，筑牢拒腐防变的思想防线

基层党员，特别是基层领导干部要通过深研细悟，识时代大势和大局，注重防微杜渐。青岛市要以走在前面作为战略站位，立足于青岛市干部作风能力提高，培养新时代青岛市领导人才队伍"凡事讲政策、谋事为大众、干事重实效性、成事争领先"的工作力量，努力提高"四项素质"，在学习中坚定

理想信念,从思想源头上解决问题。

要深刻认真学习青岛市第十三次党代会精神,坚定不移将党风廉政建设工作和反腐战斗开展彻底,继续推动不敢腐、不能腐、不想腐一体推动,使惩治工作获得更多机制性工作成果和更大整治效果,深刻打造"清廉之岛"品牌,进一步推动干部清正、官员廉洁、政治清明。

(三)加强监督,牢牢守住"不能"的底线

全面从严治党,基础重在全面,要无盲点、全覆盖,不得留下死角和空白;要在基层建立起不能腐的预防制度,在做好体制机制创新和制度构建的基础上,进一步加强纪法约束,有效根除腐败的滋生土壤。关键就是抓好基层的"关键少数",使基层单位的党员干部习惯在国家监督下工作。要把基层单位党风廉政建设责任制建设工作当成硬性要求来执行,基层单位的干部都要率先垂范,带头做好廉政文化建设的主要参与者、宣传者和实践家。

特别是应研究制定社区农村巡查工作办法,重点选取信访问题突出、违规违纪问题多发的村庄,综合采取延伸式、点题式、交叉式等方法,开展重点村庄巡查,构建标本兼治的长效机制。

(四)落实责任,打造服务人民和企业的护航舰

要将推行廉洁制度、清廉理念、廉洁教育、清廉文化等纳入为民生和企业发展服务的社会责任中,通过教育引导广大基层职工群众牢固树立廉洁自律意识。要对企业和群体进行真服务、服真务,对行政服务窗口等单位集中开展明察暗访,对出现的严重贪污违纪等问题深入分析研究。要不打招呼、直插服务现场,以普通群众身份亲自感受客户与群众服务过程,加大监督检查力度,有效增强工作的针对性和实效性。

(五)创新形式,推动家风建设走深走实

聚焦基层家风建设,重视村风家风建设,促进家庭成员共守廉洁家门、共建廉洁家风,是推进党风廉政建设的基本途径。进一步增强家风教育工作的吸引力和感召性,是青岛市开展家风教育创建工作的重要特点。可以采取制作文艺作品、出版图书、组织展示活动等多种形式,打造一些精品的廉政文艺节目,把廉洁文化教育纳入建筑小品、山东快书、传统戏曲等各类文化节目形式中,以文促廉倡廉,把家风文化渗透到基层党员干部群众的日常生活中。

参考文献

[1] 习近平关于党风廉政建设和反腐败斗争论述摘编[M].北京:中央文献出版社,中国方正出版社,2015.

[2] 习近平在中共中央政治局第十六次集体学习时强调 坚持从严治党 落实管党治党责任 把作风建设要求融入党的制度建设[EB/OL].(2014-06-30)[2023-10-11]http://www.Xinhuanet.com/politics/2014-06/30/c_1111389288.htm.

（许 彤 中共胶州市委党校）

青岛市即墨区"清廉之岛"建设典型案例

2019年,青岛市纪委监委推进"清廉之岛"建设,取得了阶段性成效。即墨区在政德教育基地建设方面有自己独特的优势,政德基地建设也取得了一定的成绩,积累了丰富的建设、运营和反馈等经验。2021年,即墨区委组织部联合即墨区委党校、即墨古城办联合申报了即墨古城政德教育基地,笔者作为主要参与者参与了申报、筹建、启用和反馈等全过程。启用一年来,在各级领导的关注和支持下,遵循"精细化、生态化、人文化"理念,积极应对疫情不利影响,统筹推进基础设施配套,不断拓展教育载体和形式,挖潜即墨历史上涌现出的廉吏故事,讲好德廉故事,挖潜德廉基因,打造优秀德廉文化教育基地。

一、即墨历史上廉政文化的传承

即墨有建立政德教育基地的条件,从即墨的历史传承可以看到一些端倪。商、周时,即墨属莱夷地。古代有华夷之分,《汉书》记载"东方有夷,夷有九种"。《论语》记载"子欲居九夷"。看到礼崩乐坏的现实,孔子想去九夷,因为夷有君子不死之国之称,民风基础好。

春秋战国时期,即墨属于齐国的通商大邑。齐桓公掌权以后重用管仲,确立工商业立国的基本方略,齐国发展盐业、渔业、纺织业,由国家铸造钱币调节物价,推动商品流通,鼓励商民与境外的贸易。经商需要法度,《管子》一书详细记载了齐国时期商贸和"招商引资"的各种规定,为即墨法度建设打好了基础。

秦汉时期,大一统文化开始形成,封建制度日渐完善,涌现出了如王吉家族、童恢等一批廉政爱民的官员。明清时期，五大家族代表人物，以及执政为民、仗义执言的李毓昌、许铤不辞劳苦，跋涉全县，勘察地理，了解民情，从实际出发，确定自己的施政大计。清朝时即墨县令康霖生在任仅二年，因积劳成疾殁于任所。近代以来，杜世询执政为民，不计个人得失为基层发声，给毛泽东主席写信大胆反映基层实际情况。

二、古城政德教育基地建成以来运行情况

2021年以来，在青岛市干部党性教育基地建设管理联席会议办公室的领导下，即墨古城政德教育基地开拓进取，克服疫情影响，积极作为，充分利用古城深厚文化资源基础，结合自身实际边建、边用、边完善，以学宫、文庙、县衙、牌坊街、戏台等特有公建为载体，重点建设德廉文化街为抓手，打造"两街、三公建"德廉文化五大组团区域，同步创作拍摄德廉文化宣传片、开发德廉文创产品、规划德廉参观路线、提升解说词、培养讲解员；先后接待了即墨区委组织部举办的区管干部培训班、中青年干部培训班、公务员和选调生初任培训班、"青选""即选"计划培训班以及事业单位初任培训班等共计20个班次1 000余人参观学习。

（一）完善基础设施，美化基地周边环境

一是交通配套日益完善。协调交通部门、公交公司开通古城西门外公交站29路、观光11路，北门外2、12、19、22路，南门外3路公交车，共计7条公交线路可直达古城；推进古城外南关桥和景岱街桥建成通车，东关街南通工程完工，优化了古城周边交通路网。二是提升基地街区绿化。改善街区环境，种植大型乔木160株，灌木约30 000株，城墙外增加花卉23 000余平方米，县衙及周边提升地被、草坪5 000余平方米，有力提升了基地街区景观效果。三是提升基地街区亮化。围绕提升基地教育氛围，提升了城楼、牌坊以及南门里大街、南顺城街、西顺城街、北顺城街等主要街道亮化，增加行道树木亮化。四是提升基地街区美化。开展地面立面、店招牌匾、户外广告等整治行动，增设雕塑、楹联等美化街区。五是增设基地城市家具。在基地范围内增设可移动桌椅、太阳伞等设施10余套，方便参观人群休息，延长驻留时间。

（二）挖掘教学内涵，丰富教学内容

一是丰富县衙德廉文化展陈。依托县衙丰富的传统文化教育资源，发挥德廉文化教育课堂作用，打造即墨县衙特色德廉文化地标。县衙展陈中展现德廉文化内容，完善箴石亭、戒石碑、清廉井、旌善亭、申明亭、"犭贪"照壁等基础设施及配套讲解，传承与弘扬"执法如山""清正廉洁""天理国法人情"等优秀德廉匾额文化。二是建设打造德廉文化街。德廉文化街选址于即墨县衙西街绿化区域,通过精心设计和规划,已建设成为与县衙相协调互彰的德廉文化主题街。德廉文化街以铜像雕塑群为主体,主题展现即墨历史上的六位著名官员事迹,分为三组铜圆雕《童恢驯虎》《许铤治水》《康霖生制定清丈法》和三组铜浮雕长卷《即墨大夫》《郭琇》《李毓昌》,错列排布落位,并完成循吏清风标志石。三是挖掘展示文庙德廉文化内涵。即墨文庙是古城中儒家文化代表性建筑,蕴含着丰富的儒家思想,阐释着儒家文化的博大精深,既是德廉修养的鲜活教材,也是德廉教育的宝贵资源和实物载体。借助即墨文庙承载的德廉文化开展干部德廉教育,阐发儒家文化中治国安邦、为官从政等思想,能更好地突显儒家德廉教育的功能。为体现即墨文庙中的德廉文化,在原有展品基础上,增设八组乡贤德廉人物展板、名宦乡贤祠导视牌及人物简介,并利用二维码等多种方式传播;完成崇圣祠《孔子圣迹图》中典故的精选阐释,如"职司委吏"等故事对德廉文化的诠释。四是学宫开设德廉文化大讲堂。学宫环境典雅庄重,契合德廉文化教育主题,常态化举办文化讲座和主题活动,营造了浓厚的德廉文化教育氛围,是德廉文化宣传推介的重要场地。五是打造戏台宣教点。戏台位于东门里大街中心区域,为财神庙南侧景观建筑,东连文庙,西接县衙,是市民游客进行公共活动的聚集场所。为吸引更多德廉文化教育受众,利用戏台大型显示屏,作为"爱国主义电影"宣传平台,持续播放正能量影片,如《家风》等优秀德廉文化影片,让市民游客在参观游览古城的同时增加观影体验。六是拍摄德廉宣传片。通过挖掘整理即墨历史上涌现出的崇高人物及其品德事迹,用影视作品展示即墨代表性的德廉人物故事,并整体介绍古城承载的德廉文化。七是开发德廉文创产品。根据古城展示的德廉文化,设计、定制一批既有实用功能又具欣赏价值的德廉文创产品,如笔记本、书签、纸砖、邮票等德廉文创产品,目前已完成制作并对外展示销售。其他如戒尺、优盘、印章等德廉文创产品正在进一步开发中。[1]

三、古城政德教育基地下一步工作重点

下一步,古城将通过打造的德廉文化组团区域优势,重点活化、扩大德廉文化教育作用,深度挖掘、整理衙署文化、儒家文化与德廉教育的关联意义,充分利用不同区域文化特点,策划开展德廉文化活动,如选取即墨代表性廉吏,通过对人物事迹进行挖掘、编撰,充分利用县衙场地,常态化演绎县官断案、县官巡游等活动,拓展深化即墨古城德廉文化教育效果。

（一）突出党风廉政教育的重点

一是坚定理想信念教育。通过在古城开展廉政文化课堂教学、实地参观等形式，坚定党员干部理想信念。习近平总书记指出："我们共产党人的根本，就是对马克思主义的信仰，对共产主义和社会主义的信念，对党和人民的忠诚。"[1]坚定的理想信念是共产党人的政治灵魂。有了坚定的理想信念，站位就高了，心胸就开阔了，就能"自觉抵御各种腐朽思想的侵蚀，永葆共产党人政治本色"。马克思主义真理的力量、道义的力量是我们坚定"四个自信"之源。要原原本本学习研读马克思主义经典著作和习近平新时代中国特色社会主义思想，全面提高马克思主义理论素养。此外，要增强党内政治生活的政治性、时代性、原则性、战斗性，尤其是要认真召开民主生活会和组织生活会，提高"三会一课"质量。

二是以"领导干部"为重点。领导干部是党风廉政教育的重点，这是因为领导干部对党风廉政建设和反腐败斗争的认识程度、抓的力度以及自身素质的高低，直接影响到一个地方、部门和单位党风廉政建设和反腐败斗争的成效。从实践维度看，加强党内政治文化建设，必然要落实到广大党员和领导干部的政治言论与政治行为中，而领导干部是增强党内政治文化建设实效性的关键主体。领导干部在党内所处的特殊地位及所肩负的重要职责，决定其在党内政治文化建设中处于关键地位。加强党内政治文化建设，必须从领导干部特别是高级干部抓起，形成一级做给一级看的示范效应，否则，容易带坏班子，搞乱风气。在实践中，一方面，我们要加强思想建设，教育引导党员干部坚定理想信念；另一方面，坚持正确的选人用人导向，有力抵制"关系学""潜规则"等庸俗腐朽政治文化的侵蚀。正是因为一大批有理想、有担当的领导干部坚持以身作则、以上率下，积极弘扬共产党人价值观，坚决抵制庸俗腐朽文化等不正之风，才保证了党内政治文化的健康发展。

（二）创新党风廉政教育的方法

把集中教育与日常教育相结合，确保党风廉政教育长流水、不断线。加强党内政治文化建设，首要的就是固本培元，树立以人民为中心的理念。从群众路线教育实践活动、"三严三实"专题教育、"两学一做"学习教育到"不忘初心、牢记使命"主题教育，都在着力解决党内存在的违背初心使命、信仰迷失等突出问题。在新时代的背景下，"不忘初心、牢记使命"是党内政治文化建设的主要内容，对于锤炼广大党员干净忠诚担当的政治品格意义重大，夯实了党内政治文化的思想之基与力量之源。要把正反两方面典型教育相结合，确保党风廉政教育更具吸引力、影响力。要把灵活多样的教育形式和针对性教育内容相结合,确保党风廉政教育更具亲和力、感染力。

参考文献

[1] 习近平. 关于全面从严治党论述摘编[M]. 北京:中央文献出版社,
2016.

（姚军亮 中共青岛市即墨区委党校）

青岛市黄岛区建设清廉新区探索

党的二十大报告明确指出,我们要增强党内政治生活政治性、时代性、原则性、战斗性,用好批评和自我批评武器,持续净化党内政治生态……健全全面从严治党体系,全面推进党的自我净化、自我完善、自我革新、自我提高,使我们党坚守初心使命,始终成为中国特色社会主义事业的坚强领导核心。青岛西海岸新区作为第九个国家级新区,要实施海洋战略、率先蓝色跨越、建设美丽新区,不仅需要山清水秀的自然生态,而且需要风清气正的政治生态。因为自然生态映射出环境的好坏,政治生态决定着工作的成败。

一、优化政治生态是全面从严治党的重要任务

政治生态,主要是指政治系统内部各要素之间以及政治系统与其他社会系统之间相互作用、相互影响、相互制约所形成的政治发展环境,它是政治生活状态的集中反映,是党风、政风、社会风气的综合体现。[1]

我们党是执政党,党内政治生态是否良好,不仅会对所有党员干部产生巨大影响,而且会对其他社会组织乃至整个国家政治系统产生至关重要的影响。

党的十八大以来,习近平总书记对政治生态问题进行过多次深刻阐述,使用"净化""优化"等概念,揭示了营造风清气正政治生态的重要性、紧迫性和艰巨性。

在党的二十大报告中,习近平总书记再次强调:"全党必须牢记,全面从严治党永远在路上,党的自我革命永远在路上,决不能有松劲歇脚、疲劳厌战的情绪,必须持之以恒推进全面从严治党,深入推进新时代党的建设新的伟大工程,以党的自我革命引领社会革命。"[2]

全面从严治党、加强和规范党内政治生活,极为重要的任务就是优化党

内政治生态。

新时代这十年,西海岸新区高度重视政治生态建设,一直强调要全面优化政治生态、建设清廉新区,为促进改革发展稳定提供坚强的政治保障。

二、优化政治生态、建设清廉新区的对策举措

西海岸新区经过多年的实践探索,清醒认识到:优化政治生态,建设清廉新区,绝非一朝一夕之功,需要发扬管党治党的政治优势,需要从落实《关于新形势下党内政治生活的若干准则》入手,严明政治纪律和政治规矩,健全权力监督体系,正风肃纪,反腐倡廉,为营造风清气正的政治生态提供制度保障;需要查找"污染源"、拿起"手术刀",既注重结合实际、立行立改,又注重探究规律、综合施治;需要从宏观和微观两个层面,以零容忍态度,多措并举,多管齐下,坚决纠正各种不正之风。

(一)宏观层面

1. 坚持正确用人导向是优化政治生态的前提

用人导向是一个地方选人用人的风向标。导向正确,好干部就能脱颖而出,品德差的干部、不作为的干部就没有市场;导向偏离,好坏标准颠倒,政治生态就会跟着紊乱。党的十八大以来,西海岸新区紧扣中央20字"好干部"标准,持续树立正确的用人导向,真正形成能者上、平者让、庸者下、劣者汰的选人用人机制,努力营造良好的政治生态。

2. 管好关键岗位干部是优化政治生态的核心

关键岗位的干部,尤其是在政治生态中居于核心、主导地位的干部,是权力监督的重点。一方面,要加强履职监督。通过严格执行民主集中制、重大事项公示公开、干部选拔任用常委会票决等举措,加强权力运行的监督和制约,斩断利益交换的链条。另一方面,要加强生活监督。把关键岗位干部"八小时之外"的生活圈、社交圈纳入组织视野,对热衷于经营"小圈子"的干部及时进行组织调整,让领导干部反对"小圈子",谨防"小圈子",远离"小圈子"。

3. 注重干部日常表现是优化政治生态的关键

组织部门在干部的提名、推荐、考察等环节具有把关定向的作用。因此,要把识人辨人的功夫下在平时,用在平时,多注重掌握和了解干部日常表现情况,千万不能"不到换届不考察、不到调整不掌握"。只有把功夫下在平时,考察干部才会更为精准,推荐干部才会更有底气,使用干部才会更有话语权。

4.坚持重大事项报告是优化政治生态的基础

要严格执行干部四项监督制度,对涉及领导干部的亲属、秘书、司机等身边人员的提拔任用报告事项,组织部门在把关时一定要慎重,不符合条件的坚决不予审批,防范权力"近亲繁殖",化解各种权力继承"圈子",让热衷于拉帮结派、培养亲信嫡系的干部没有市场。严格执行领导干部个人有关事项报告制度,加大抽查核查力度,对不如实申报或隐瞒不报的,严肃处理,使重大事项报告制度成为促使干部廉洁从政的利器。

5.加强干部轮岗交流是优化政治生态的手段

要按照新《条例》要求,严格执行干部交流回避制度,关键岗位干部必须异地交流任职,对在同一个地方、同一个行业任职时间较长的干部,要有计划地进行调整,对同一个岗位任职时间较长的干部,必须进行调整,防止少数心术不正的人在一个地方经营做大,形成盘根错节的"小圈子"。对权力相对集中的关键岗位,要严格执行任期制,加大干部交流轮岗频次,及时铲除政商勾结、"利益互惠"等各种圈子滋生的土壤,防范各种官商勾结毒瘤的形成,以一个个良好微生态的形成,推动整个政治生态系统的优化。

(二)微观层面

1.加强理想信念教育

共产主义远大理想和中国特色社会主义共同理想,是中国共产党人的精神支柱和政治灵魂;以伟大建党精神为源头的中国共产党人精神谱系,是我们过去为什么成功的重要精神力量,也是未来我们怎样才能继续成功的关键答案。当前,一些党员、干部热衷于关系学、官场术,拉帮结派、投机取巧,弄虚作假、慵懒无为,严重破坏了政治生态。党员、干部身上出现这样那样的问题,原因固然很多,但归根结底是理想信念出了问题。净化优化政治生态必须加强理想信念教育,大力弘扬以伟大建党精神为源头的中国共产党人精神谱系,使党员、干部解决好世界观、人生观、价值观这个"总开关"问题,帮助党员、干部牢固树立政治理想、正确把握政治方向、坚定站稳政治立场、严格遵守政治纪律,坚决抵制错误思想侵蚀,为净化优化政治生态奠定思想基础。

2.加强作风能力建设

一个地方政治生态如何,作风能力是晴雨表。针对作风能力建设这场攻坚战、持久战,西海岸新区始终坚定决心、保持韧劲,注重"破""立"并举,推动标本兼治。一是加大监督执纪力度,从具体问题抓起,一环扣一环、一锤接一锤，越往后执纪越严；二是保持曝光频度，让广大党员干部经常有对照、时刻有警醒，内心直面现实，形成"化学反应"，不断营造"不敢腐"的氛围；三是加大治理力度，检查落实中央八项规定精神、纠正"四风"等方面措施的执行情况，总结经验、梳理问题、完善制度，切实推动常态长效机制建设。

3.加强党内政治监督

"治人者必先自治，责人者必先自责，成人者必先自成。"一个政党自我约束、自我完善的水平，是衡量政党发展成熟程度的重要指标，也是政党永葆生机活力的重要条件。纵观我们党百年的发展历程，之所以能够战胜无数风险挑战，奥秘就在于不断增强自我净化、自我完善、自我革新、自我提高能力。新的历史条件下，只有加强党内政治监督，才能确保我们党经受住"四大考验"、克服"四大危险"，营造风清气正的党内政治生态，实现干部清正、政府清廉、政治清明。加强党内监督要把纪律挺在前面，运用好监督执纪"四种形态"，敢于较真碰硬，确保没有禁区、没有例外，促进政治生态的净化优化。

4.加强廉洁勤政建设

庸政、懒政、怠政是公权力的异化，是政治生态不良的一个突出表现。一些党员、干部宁愿不做事，但求不出事；消极怠工，当一天和尚撞一天钟；贪图安稳，对应该承担的责任上推下卸、击鼓传花。身在岗位不作为、拿着俸禄不干事，这也是一种腐败，会严重污染政治生态。解决庸政、懒政、怠政问题，必须加强廉洁勤政建设。加强廉洁勤政建设，关键是采取有力举措解决党员、干部在工作中存在的动力不足不想为、能力不足不能为、担当不足不敢为等问题。为此，西海岸新区通过多次开展"铸勤行动"，引导干部想干事、能干事、干成事、能共事，让注重实干的干部得到关心、受到重用，有效解决了庸政、懒政、怠政问题，风清气正的政治生态正在形成。

参考文献

[1] 张淼，王震.着力净化优化政治生态(治理之道)[N].人民日报,2017-05-05(7).

[2] 习近平.高举中国特色社会主义伟大旗帜　为全面建设社会主义现代化国家而团结奋斗——在中国共产党第二十次全国代表大会上的报告[N].人民日报,2022-10-26(1).

（庄洪艳，卢洪亮　中共青岛西海岸新区工委党校）

第六篇
高校廉洁文化建设

新时代高校廉政文化建设困境及优化策略

廉政文化建设既是我国社会主义先进文化建设的主要方面,也是我国高校校园文化建设的主要内容。高校肩负着为国家建设提供人才的重要任务,同时又肩负着传承中华优秀文化的重要职责。[1]高校应重视廉政文化的传播,推动清廉校园的构建。新时代,促进高校廉政文化建设对培育反腐倡廉人才、促进廉洁社会发展、推动国家党风廉政建设等具有重要的现实意义。

高校廉政文化以社会主义核心价值观为根本,充分反映高校师生公平、公正、诚信的精神追求,是高校关于廉洁办学所制定的规章制度的总和,是浓厚的校园廉政文化氛围的充分展示。近年来,从宏观视角来看,各高校积极稳妥推进廉政文化建设、响应国家号召,制定发展的总体规划,理论研究也在深入推进。但面对高校廉政文化建设这一问题,我们应清晰地认识到其两面性,尤其不可忽视发展过程中存在的现实困境。部分高校在推进廉政文化建设时,还存在认识具有误区、师生廉政意识薄弱、廉政文化建设方法单一、制度建设层面仍存疏漏等问题,很多"走形式"的活动使得宣传效果大打折扣。

高校师生是校园活动的主体,各高校应为师生提供健康的学习、生活环境。因此,高校应重视在廉政建设方面存在的问题,并制定积极的应对措施,有序开展工作,严厉惩处不廉政行为。针对关于廉政的认识存在误区、师生廉政意识薄弱这一问题,高校应对领导干部、教师、学生三类群体分别展开不同类型的教育活动,以保持廉政警戒线不动摇,树立正确的廉政观,增强对廉政文化的认识,推动校园廉政文化氛围的形成。针对廉政文化建设方法单一这一问题,高校可以开展关于廉政文化的微视频大赛、主题宣讲比赛等,并且可以借助教学楼走廊、学校宣传栏进行廉政文化宣传,还可让学生们走出校门,通过参观博物馆、党史馆,进行社会实践活动来提升廉政文化建设的效果。针对制度建设层面仍存疏漏这一问题,高校可以建立相关的惩戒机制,使廉政文化建设的推进从被动变为主动。要重视监督的重要性,不可忽视对高校主要领导人员、部门负责人的监督,认真贯彻落实监督机制,以此遏制腐败的滋生,推动清廉高校的构建。

在新时代全面加强高校廉政文化建设,体现了全社会对高等教育发展的精神呼唤,是对我国优秀文化的继承与发展,同时也展现出对反腐倡廉工作的全面支持。高校廉政文化建设的开展利于廉政人才的培养、和谐校园的建设,可以有效遏制腐败行为在校园内的滋生,为我国党风廉政建设的顺利进行打牢地基。高校廉政文化建设目前还存在亟待解决的重要问题,根据存在的困境制定相应的优化策略,可进一步推动良好校园文化的构建。持续推进高校廉政文化建设,将通过文化的力量产生反腐倡廉的正能量,推动构建新的历史背景下廉政文化的新的知识体系,创新高校廉政文化建设的方式方法,为其他领域的廉政建设提供一定的理论借鉴。

参考文献

[1] 习近平.思政课是落实立德树人根本任务的关键课程[J].求是,2020(17):1-13.

（郭欣雨　青岛科技大学马克思主义学院）

廉洁文化融入高校思政课的守正创新

社会主义核心价值观是国家文化软实力的灵魂,青年的价值观教育引导工作至关重要。廉洁文化融入大学生思想政治教育符合新时代好青年培养目标的需要,有助于大学生价值观养成和责任感培养,有助于大学生成长成才。中共中央颁布的《建立健全教育、制度、监督并重的惩治和预防腐败体系实施纲要》明确提出:"反腐倡廉教育要面向全社会,把思想教育、纪律教育与社会公德、职业道德、家庭美德教育和法制教育结合起来。"要结合大学生的思想实际,从道德和法治视角提升廉洁文化教育的实效性。

一、新时代加强大学生廉洁文化教育的重要性

青年兴则国家兴,青年强则国家强。廉洁文化融入大学生思想政治教育是时代的要求,具有现实的必然性、紧迫性和可能性。思想政治教育工作是一项长期、复杂和艰巨的重要工作,人才培养的质量、水平和国家未来密切相关,通过理论教育和实践培养能够帮助大学生树立正确的世界观、人生观、道德观和法治观,抵制错误思潮的侵袭和不良思想的渗透。廉洁文化融入大学生思想政治教育将增强高校思想政治工作的科学性、有效性,进而培养出党和人民真正需要的、具备一定思想政治素养的优秀人才。

首先,廉洁文化有着深厚的历史底蕴和文化内涵,廉洁是人类的价值追寻。历史上的政治家、思想家一直在探寻廉洁建设的规律,形成了丰富的理论资源。作为中华优秀传统文化的重要组成部分,廉洁文化是我国文化发展

的重要领域,新时代要继承和发扬中华传统廉洁文化,实现廉洁文化的创造性转化和创新性发展。

其次,廉洁文化是我国社会主义先进文化的重要组成部分,是思想文化研究的重要内容。习近平总书记高度重视大学生思想政治教育工作,在大学生成长的关键时期思政课能够引导帮助青年端正思想认识、健全心智。廉洁文化与青年价值观培养的有机结合是研究的重点,形成系统全面科学的理论体系是廉洁文化建设的当务之急。

再次,大学生思想政治教育是我国国民教育和思想政治工作中的重要一环。廉洁,不光是对党政领导干部的一种政治要求,也是对全体社会成员提出的一种基本规范,更是青年大学生应具备的一种个人素质。[1]廉洁文化教育是培养"有理想、敢担当、能吃苦、肯奋斗的新时代好青年"的必然要求。廉洁文化融入大学生思想政治教育,融入课程建设,让廉洁的价值观念内化于大学生的内心意识,外化为大学生的行为习惯。

新时代大学生是社会主义事业的建设者和接班人。对于大学生来说,在人生成长的关键时期,需要厚植中华民族的优秀传统文化,用社会主义核心价值观启智润心,用马克思主义理论引导航程,不负韶华、砥砺前行,成长为支撑起社会主义伟大事业的栋梁之材。

二、新时代大学生廉洁文化教育的重点

大学生的廉洁教育是事关"培养什么人,怎么培养人"的重要问题,需要进行精细化教育引导,分层次、分阶段落实到个人,恰当而深入地开展工作。高校思政课作为立德树人的关键课程,要一手抓思想道德教育、一手抓法治素养培育,切实提高青年的政德意识和法治思维能力,让大学生在尊法学法守法用法的生活实践中砥砺品质、锤炼品格。

(一)新时代大学生廉洁文化教育要加强理想信念教育

廉洁文化教育的重点是强化理论武装,增强政治定力,以习近平新时代中国特色社会主义思想作为廉洁文化的根本遵循。新时代大学生要补足精神之钙,筑牢思想防线,坚定信仰信念信心。在思政课教材中,理想信念部分和中国革命道德部分都强调正确世界观、人生观和价值观的教育,廉洁文化建设正是以坚定理想信念、厚植反腐文化根基为导向,是廉政建设的第一道防线。大学生要挺立好精神脊梁,自觉抵制腐朽庸俗思想,做好为人民服务的思想准备。

（二）新时代大学生廉洁文化教育要厚植家国情怀

引导学生树立廉洁奉公的良好品德是与高校思政课家国教育密切相关的，爱国主义的基本要求之一是爱自己的骨肉同胞，爱人民也是社会主义道德的基本要求，是考验一个人爱国情感的试金石。对于党员干部来说，心里装着自己还是老百姓将决定着他的政治走向，而对大学生来说心有大我是比较关键的，一个只是为自己的利益而斤斤计较的人很难更好地服务人民、造福百姓。要用中华优秀传统文化涵养克己奉公、清廉自守的精神境界，用社会主义先进文化培育廉洁奉公、秉公用权的土壤。

（三）新时代大学生廉洁文化教育要培育良好道德情操

大学生是未来社会的建设者和领导者，要明大德、守公德、严私德，将廉洁文化贯穿于日常的学习生活中。明大德就是明确社会主义核心价值观中的"三个倡导"是社会的大德，要自觉认同和积极践行社会主义核心价值观；守公德就是要在社会环境、职业环境和家庭环境中践行造福人民的公德，在各种利益诱惑面前，坚持人民至上的理念，坚守正确的政治立场；严私德就是要将党纪国法内化于心、外化于行，做事情有原则、有底线、有规矩，不因小错铸成大祸。

（四）新时代大学生廉洁教育要重视法治教育

法治是文明社会发展的必然趋势，法治兴则国家兴。作为未来社会的合格公民，法治教育培养必不可少，法治教育对于廉洁文化教育来说是重要一环。在课堂讲解中，通过对社会主义法治观的学习，重点是引导大学生严肃认识法律在社会建设中的重要作用，同时明确公民的权利义务观念，做到尊法学法守法用法。法治内容的重点是权力制约，把权力关进制度的笼子里，让学生明白权力不可以滥用，有权必有责，执法受监督，违法受处罚。树立不敢腐、不能腐、不想腐的政德观，守住做人、做事、用权、交友的底线，涵养风清气正的社会生态。

大学生作为未来社会的生力军，其价值观念对个人发展产生重要影响。在学生培养的过程中要让学生树立正确的世界观、人生观和价值观。廉洁文化是价值观的重要一环，传播廉洁知识、弘扬廉洁精神、完善廉洁制度，让学生形成以廉为荣、以贪为耻的价值理念，形成对腐败"零容忍"的社会生态。

三、廉洁文化融入大学生思想政治教育的思路

廉洁文化建设是校园文化建设的重要内容，是响应反腐倡廉建设的重要一环。廉洁文化有机融入高校思政课要从教师、教材、学生和教育环境等

几个方面形成联动机制,探索适合于新时代的廉洁文化教育培养路径。

第一,上好思政课,关键在教师。高校思政课教师是大学生思想政治的引领者。在当今复杂多变的国际国内形势背景下,面对社会信息浪潮的冲击,大学生很可能迷失方向而随波逐流;面对文化思潮的渗透,大学生很可能乱了阵脚而不知所措,思政课教师要以坚定的政治信仰、成熟的价值观念、丰富的理论武装为学生提供价值指引。思政课教师承担着为青年大学生培根铸魂的历史使命,要做好这项工作其实对思政课教师本身提出了严格的要求。尊其师才能信其道,如果思政课教师不注重自身的廉洁修养,出现溜须拍马、抄袭剽窃等不端行为,则会让学生对所接受的教育认可度降低,对教育者本人的品行表达反感和不齿,因而不能达到应有的教育效果。因此,要加强教师队伍建设,让有信仰的老师讲信仰,思政课教师要争做有理想信念、有道德情操、有扎实学识、有仁爱之心的"四有"好老师。

第二,高校思政课教材建设是廉洁教育的重点。众所周知,目前高校的思政课统一采用的是"马工程"统编教材,这对于达到思想上的统一提供了必要的保障。但是统编教材存在的主要问题原则性较强但不够具体、深入和灵活,因而要讲好高校思政课,让学生对马克思主义理论入耳、入脑、入心,必须发挥好思政课教师的职能作用。教师可根据具体的环境和实际的问题展开教学研究工作,编写辅助教材来丰富补充教材中没有提到的知识点,比如从廉洁文化教育的角度就可以选取典型的案例进行分析,让学生从案例中进行学习、反思和领悟。

第三,学生是廉洁文化教育学习的主体,要立足学生开展教学工作。目前00后大学生是校园中的主要学习群体,年轻学生对社会中的腐败问题有一定的关注度,但对廉洁文化教育学习没有引起足够的重视,认为是与自己无关的社会事件。这就需要高校思政课教师在廉洁文化融入思政课教学工作中加强教育引导,比如在人生观部分引导学生树立廉洁奉公、乐于奉献的品质;在价值观部分树立正直清廉、秉公办事的价值观念,通过活学活用各种教学资源,引导学生提高思想道德素质和法治素养。对大学生来说,重点是培养他们学习的主体自觉意识,认清廉洁文化教育学习对自身成长的重要性,同时将廉洁文化以大学生喜闻乐见的形式传递给学生,让学生对廉洁文化真学真信真懂真用。

第四,要守正创新廉洁教育文化的传播形式。将廉洁文化融入思政课要利用好课堂教学主渠道,在课程讲解过程中有机插入学生感兴趣的案例,通过摆事实讲道理的形式让学生明白其中的道理,知其然还要知其所以然。另外,要利用好课前和课后的学习时间,运用好网络辅助教学手段,课前可以向学生推送的视频进行学习,比如关于典型腐败官员的忏悔录或是廉洁警示片,用沉浸式、体验式的教学方法增强学生的廉洁文化体验感[1];课后通过教育实践,带领学生参观廉政文化教育基地、红色文化基地等,让学生对廉洁文化形成深入理解。

第五,打造廉洁文化教育环境,以文化人。和谐的校园文化是学校的灵魂,对高校未来的可持续发展起到重要作用。[2]校园的景观文化是廉洁文化的重要载体,在良好的育人环境中能够让人心生美好。除了有形的物质环境,也要注意在信息平台上的建设。现在的大学生受到网络信息影响巨大,手机是大学生接收信息的主要工具,是覆盖人群最广的传播媒体。利用微信平台和公众号等形式,能够让学生时刻接收到廉洁文化的教育熏陶,在科学理论的指引下学会辨别分析,而不被错误的思想和观念所左右。

大学的校园廉洁文化建设是长期的课题,随着时代发展也会产生新的问题,对此重点是从领导层面坚持廉洁的总基调,以高度的政治自觉和明确的制度规范、良好的环境塑造等共同发挥作用,使廉洁成为高校教师和学生内心中的一份坚守,并能够始终保持。廉洁教育不能做表面功夫,要从理论到实践,深入落实。[3]

参考文献

[1] 贾劲松. 廉洁文化融入大学生思想政治理论课的思考[J]. 湖北开放职业学院学报,2022(17):70-72.

[2] 高薇. 红色基因涵养高校廉洁文化教育路径研究[J]. 教育教学论坛,2022(29):5-8.

[3] 刘朝丽. 高校廉政文化融入大学生思想政治教育研究初探[J]. 知识文库,2021(7):3-4.

(刘宝福　青岛科技大学马克思主义学院)

新时代高校廉政文化创新体系教育

一、开展廉政文化主题思想政治教育课程

习近平总书记强调,思政课要坚持理论性与实践性相统一,重视思政课的实践性,就要用好"活"的现实。首先,与党史学习教育相结合,以党史中

所形成的优良廉政品质为资源,深入发掘党史中所体现的深刻和丰富的廉政文化,充分吸收并加以创造性应用到思政课教学内容之中。其次,与传统文化教育相结合,廉政文化本身就根源于中华优秀传统文化。[1]深入挖掘中国历史上丰富的廉政文化故事,融入思政课教育课程之中,既能增加课程内容的丰富性,引起学生们的注意与兴趣,又能更好地传播廉政文化,构建廉政文化体系。最后,思政课不仅要挖掘贴近生活的廉政资源,使之与教学内容相结合,更要体现出对于腐败问题的警示作用。要加强与廉政以及腐败问题相关的法律知识的普及,对学生起到警示作用,这也是思政课不可或缺的内容。

二、创新廉政文化优质内容

第一,坚持以习近平新时代中国特色社会主义思想为指导,与中华优秀传统文化相结合,创造出优质的社会主义廉政文化内容。新时代廉政文化内容要以中国优秀传统廉政文化的理论优势为依托,合理挖掘丰富多彩的传统廉政文化资源来推动新时代高校廉政文化的深入发展。要充分体现出中国优秀传统廉政文化中以民为本的仁爱思想、清正廉洁的为官之道、戒奢尚俭的道德规范、倡廉惩腐的法制机制,充分提取其中所蕴含的深刻内涵和对于新时代廉政文化建设的重要意义。

第二,融合地方廉政建设,共同构建地方廉政文化内容。与青岛"清廉之岛"建设相协调,青岛高校将政府廉政文化建设与高校廉政文化建设串联起来,推进"清廉之岛"廉政工作。高校廉政文化内容建设应当融入本地廉政文化特色,吸取本校以及本地的文化资源,深入当地实际,深入基层,深入生活,深入挖掘青岛当地廉政文化的特点与底蕴,使之与校园廉政文化体系相结合。

三、打造廉政文化校园宣传平台

第一,创新宣传平台形式,讲好廉政故事。廉政文化的宣传工作必须适应时代的发展,充分利用新兴媒体等创新手段、丰富内容,使廉政文化更具时代性、现实性、创造性、传播性。要利用微信公众号、微博、抖音等流量较多的社交媒体上开通校园廉政文化账号,积极制作廉政文化主题相关的作品,宣传廉政文化榜样,讲述廉政故事,创新创作不同形式的廉政作品。

第二,坚持学校学院搭台、师生合唱的模式。要充分发挥出在校学生群体的积极性和创造性;举办廉政文化宣讲会,鼓励广大师生共同参与进来;依托青岛市"清廉之岛"建设的平台,举办"深入基层,学习廉政榜样"等形式的活动,带领学生群体走进基层、走进企业,深入学习基层廉政榜样,汲取廉政精神营养。

参考文献

[1] 习近平．高举中国特色社会主义伟大旗帜　为全面建设社会主义现代化国家而团结奋斗[N]．人民日报,2022-10-26(1).

（贾民伟　山东科技大学马克思主义学院）

高校廉洁文化建设的内涵与途径

一、高校廉洁文化建设的内涵及意义

高校廉洁文化是高校校园文化的组成部分,也是廉洁文化在高校中的一种表现形态,是高校校园文化与廉洁文化的统一体。它是靠高校中的人共同培养和建立起来的。高校内部形成对廉洁的统一认知,在面对抉择时,能根据已形成的廉洁观念做出正确选择。

高校廉洁文化建设将会促进高校的管理人员、教师、学生廉洁自律。此举不仅可以培养德才兼备的知识分子,兼顾育人与育才,从而更好地落实立德树人的根本任务,而且有利于促进高校的管理人员、师生全面发展。此外,通过开展廉洁文化建设,有助于营造风清气正的校园文化。

二、高校廉洁文化建设的内容

根据中共中央办公厅印发的《关于加强新时代廉洁文化建设的意见》,高校要加强廉洁教育、完善廉洁制度、注重廉洁宣传,多途径推进廉洁文化建设。

（一）加强廉洁教育

强化理论武装,坚定理想信念。廉洁文化建设离不开高校人员的廉洁素养,要坚持以习近平新时代中国特色社会主义思想为指导,以社会主义核心价值观和社会主义荣辱观为指引,引导高校管理人员、教师、学生用马克思主义立场、观点、方法观察社会现象、分析社会问题,增强独立思考的能力,在纷繁的社会现象中坚守廉洁观念,不随波逐流。

强化纪法教育,自觉遵纪守法。向高校人员宣传我国关于廉洁的制度、法律法规,使其不仅意识到坚守廉洁是国家所弘扬的方向,而且认识到放弃廉洁、走向腐败将为国家所打击，从思想上拉紧不敢腐的弦。

厚植廉洁奉公文化基础，提高学习积极性。中华民族历史悠久，五千多年的时光历程塑造了中华优秀传统文化、革命文化、社会主义先进文化，"用革命文化淬炼公而忘私、甘于奉献的高尚品格，用社会主义先进文化培育为政清廉、秉公用权的文化土壤，用中华优秀传统文化涵养克己奉公、清廉自守的精神境界"[1]。这些都是高校廉洁文化建设可利用的文化资源。

（二）完善廉洁制度

增强制度科学性，为高校廉洁文化建设提供科学规范。高校相关部门在调研基础上提出制度草案，广泛听取各方意见并展开集中探讨，再修改草案，形成统一的制度体系；根据高校具体情况制定合理的高校廉洁制度，构建起和谐公正的体制机制。

增强制度透明度，为高校廉洁文化建设提供外部条件。制度的执行离不开监督，监察部门负好责任，落实工作责任制，全程监督、全程负责。高校内部加强监督，时刻规范高校人员言行；在考核中设立多种评价方式，促使各部门积极投身廉洁文化建设。

（三）注重廉洁宣传

借助网络等新媒体技术，扩大廉洁文化宣传面，提高廉洁文化宣传效率。创建高校廉洁文化网站，设置廉洁文化宣传栏，发布廉洁文化专业知识，不断开拓廉洁文化发展新模式，在增强廉洁文化知识性的同时，增添廉洁文化的趣味性。此外，积极利用微信、微博等推送我国反腐倡廉情况进展，配之廉洁案例、廉洁故事，提高学生的学习兴趣。

参考文献

[1] 中共中央办公厅印发《关于加强新时代廉洁文化建设的意见》[J]. 支部建设，2022（9）：5.

（王金苹　山东科技大学马克思主义学院）

新媒体时代下高校廉政文化建设探析

在党风廉政建设的不断推进中，反腐败工作取得显著成效。高校作为反腐倡廉工作的主阵地之一，也在积极响应党中央的号召，不断扩大反腐倡廉的工作力度和反腐倡廉实践的广度。新媒体时代，移动互联网深刻影响着师生的日常生活和工作。把握高校廉政文化建设的挑战，探究高校廉政文化建设的实践路径，明确高校廉政文化建设的重要意义是新媒体时代高校廉政文化建设的题中应有之义。

一、新媒体时代下高校廉政文化建设所面临的挑战

在新媒体时代，由于人们可以自由地表达自己的所思所想，其中就会不可避免地掺杂一些错误的言论。如果高校的老师和学生对于某些错误言论无法清楚地辨别，那么可能就会被这些观点所迷惑，最终酿成难以挽回的后果。由于传播媒介和时间、地点等因素的限制，以往线性的单向传播方式无法使受众者与传播者形成交流、互动，受众者没有表达自己观点和意见的渠道。所以，依托新媒体创新宣传形式，丰富宣传内容，也是高校廉政文化建设面临的巨大挑战。

二、新媒体时代下高校廉政文化建设的实践路径

立足新媒体时代，加强高校廉政文化建设必须坚持正确的舆论导向，守住思想主阵地。首先，必须坚持以马克思主义为指导，坚定不移地宣传科学理论、传播科学文化、弘扬主流价值，确保始终沿着正确的政治方向前进。[1]其次，坚持一个标准，提高新媒体平台发表文章的质量及标准。最后，必须高度重视廉政文化建设者的政治素质、专业素养，保证廉政文化建设队伍始终紧跟党中央的步伐。

高校廉政文化建设取得理想效果的关键就在于培养高水平人才，打造高水平廉政文化建设团队。首先，要选拔政治觉悟高、学习能力强、有相关知识背景的人加入队伍中来。其次，成立专门的廉政文化研究机构，听取著名专家和学者的意见和建议，定期开展相关培训，宣传党中央的有关政策措施。

三、新媒体时代下高校廉政文化建设的重要意义

良好的师德师风是推动学校高质量办学的重要因素。最近几年来，在党中央的大力倡导和全社会的密切关注下，师德师风建设取得明显成效。但是，仍有一些不和谐音符出现。因此，师德师风建设依然任重而道远。在高校加强廉政文化建设有助于教师端正思想、提高觉悟。"治国经邦，人才为急。"在新时代，我国高校所担负的历史任务就是"培育时代新人"。时代新人的成长离不开优良的教学环境。加强廉政建设是营造风清气正的学习环境不可缺少的重要条件。加强高校廉政文化建设能够从源头上改善大学生

的生活环境和对社会的最初认知,对他们成长为时代新人意义重大。

参考文献

[1]鲍怡蒙.新媒体视角下高校党风廉政文化建设研究[J].中国军转民,
2023(22):115-116.

(许烂芳 青岛科技大学马克思主义学院)

中华优秀传统文化融入大学生
廉洁教育的价值与实现路径

大学生廉洁教育是建设廉洁社会的时代要求,是高校思想政治教育的重要内容,更是建设和谐社会的重要举措。传统文化中蕴含着丰富的廉洁思想,将传统廉洁文化融入大学生廉洁教育,是丰富大学生廉洁教育资源的需要,也是弘扬中华优秀传统文化的需要。

习近平总书记以恢宏的世界眼光统观世界发展大势,以深邃的历史眼光分析党的百年奋斗历程,把自我革命贯穿于改革发展稳定和治国治党治军各个方面。在庆祝中国共产党成立100周年大会上,他围绕"以史为鉴、开创未来",明确提出"九个必须"要求,指出"必须不断推进党的建设新的伟大工程"。其中,自我革命是中国共产党与其他政党相区别的显著标志和独特优势。在奋进新征程上,我们必须立足于新阶段新特点,充分发挥伟大工程的决定性作用,发扬党的自我革命精神,总结治党治国的成功经验,为营造风清气正的政治环境、国泰民安的社会环境、和平发展的国际环境做出新的贡献,在新的赶考之路上考出好成绩,同时为大学生廉洁教育发挥榜样作用。

一、中华优秀传统文化融入大学生廉洁教育的价值审视

传统文化中蕴含的民本、爱国情怀、修身正己等思想在现今仍然能产生巨大的教育力量,能够提升大学生的思想品德水平和道德修养。将优秀传统文化融入大学生廉洁教育过程中去,不仅能够全面推动青年学子们的健康成长,还能够提高他们的道德品质和人文素养,推动廉洁教育工作的开展,增强廉洁教育的育人功能。列宁曾强调,斗争精神和斗争状态是无产阶级政党保持与人民的血肉联系的重要内容,革命性和批判性是马克思主义理论的鲜

明品格。清正廉洁历来是我们中华民族所推崇的,新时代更应该深度挖掘其内在价值,从中汲取智慧,使其新的历史条件下重放光彩。传统文化要想在新的时代条件下站稳立场,必须紧随时代前进的步伐,不断完善充实自身的理论基础。新时代的廉洁思想势必会影响传统文化的价值观点。

二、中华优秀传统文化融入大学生廉洁教育的实现路径

高校应积极举办实践活动来提高大学生的廉洁意识,在实践中真真正正地感受到廉洁文化的存在。[1]一方面,要将大学生廉洁教育渗透到日常生活中,例如运用好传统节日,开展多种形式的活动。另一方面,高校可通过开展讲座、学术交流会等在学生之间传播传统廉洁文化,提高他们的廉洁意识。科学技术不断发展给人们带来了极大的便利,网络更成为大学生日常生活中必不可少的一部分。高校应积极利用网络这一平台,占领网络阵地,使中华优秀传统文化得以广泛地传播。学校应立足时代发展特点,在加强传统廉洁文化传播时与新媒体进行融合,在学校的官网首页、公众号、抖音等网络平台实时推送传统廉洁文化,充分利用网络这一平台,进行网络廉洁教育。

参考文献

[1] 杨锐. 中华优秀传统文化融入大学生廉洁教育的思考[J]. 沈阳工程学院学报:社会科学版,2021,17(2):139-144.

（王婷婷　青岛科技大学马克思主义学院）

廉洁教育融入高校"大思政课"的实现路径

廉洁教育是传承廉洁文化基因、培养时代新人的必然要求,是从源头上预防腐败的一项前瞻性工程[1]。推动高校思想政治教育向"大思政课"迈进,需要做到对其善用[2],为广泛传播廉洁文化提供新途径。

一、立足教学理念,实现价值引领

立足思政课大使命,深入挖掘其内在价值,从"培养什么样的人"出发,"人无德不立,育人的根本在于立德"[3]。在课堂上讲好廉洁模范故事,将其深刻呈现给学生,帮助学生塑造正确廉洁观。坚持"以人为本",构建"家校社"协同发力育人格局,形成全员全过程全方位育人。加强师资队伍建设,

教学秉持"以德为先",以自身崇高的师风师德熏陶学生[4],促进学生良好思想道德的养成。

二、创新教学内容,加强教育引导

理解思政课之大意蕴,推进廉洁文化融入大学生思想政治教育,必须采用全新的教学内容和方式。立足中华优秀传统文化,挖掘廉洁文化内在精神力量,鼓舞学生发扬和传承廉洁美德。"活化"好故事叙事教学,找准廉洁教育切入点,适当增加课外拓展,打破思政课堂枯燥乏味现象。结合时政,向学生们讲述反腐倡廉斗争中的落马贪官等反面典型案例,帮助学生树立正确廉耻观。

三、丰富教学实践,陶冶学生情感

坚持"大思政课"实践理念,"把思政小课堂同社会大课堂结合起来"[5],真正落实大思政课的实践意蕴。推进高校深入开展"廉洁文化入校园"活动,举办廉洁知识问答竞赛、讲座,提高大学生学习廉洁文化的主动性和积极性。鼓励学生课余时间积极参与学习志愿服务或公益活动,组织学生参观地域性红色基地等,借助新媒体和网络技术创造全新体验,在实践中接受廉洁文化的熏陶。

四、加强政策保障,营造良好氛围

构建高校"大思政课"工作格局,保障学校教育作用的发挥,需要构建多方面、多形式、全方位的廉洁文化宣传的教育格局。首先,建立健全法律法规制度,加大完善法制网络,严厉打击各种腐败行为,为大学生提供健康优良的教育环境。其次,广泛进行法制宣传和普法教育,增强大学生法律意识和法治观念。最后,加强高校管理,深化高校法治建设,建立健全廉洁教育监督和评价机制,保障高校廉洁教育工作的规范化和科学化,从而营造风清气正的教育环境、崇尚廉洁的社会氛围。

廉洁文化融入大学生思想政治教育是习近平新时代中国特色社会主义建设赋予的重大课题,有效发挥"大思政课"积极作用,要以"大思政课"大格局大视野为出发点,善用各种教学资源,优化教学特色,创新教学实践,提升思政课育人成效,为我国社会主义现代化建设培养优秀接班人。

参考文献

[1]夏拥军等.协同学视阈下的大学生廉洁教育[J].廉政文化研究,2016(2):73-76.

[2]"'大思政课'我们要善用之"(微镜头·习近平总书记两会"下团组·两

会现场观察")[N].人民日报,2021-03-07(2).

[3]习近平.在北京大学师生座谈会上的讲话[M].北京:人民出版社,2018.

[4]朱慧.大学生廉政文化教育的路径[J].中学政治教学参考,2021(40):100.

[5]习近平.思政课是落实立德树人根本任务的关键课程[J].求是,2020(17):1-13.

(张璐璐　青岛科技大学马克思主义学院)

新媒体对高校廉政文化建设的影响及对策

高校是培育新时代青年的主要阵地,承担着为国家现代化建设培育人才的责任。近年来各级高校积极推进高校廉政文化建设,依托新媒体平台创新廉政教育内容形式,有力推动了高校廉政文化建设,但其中也存在一些困难。如何把握好机遇,借助新媒体的特性开展高校廉政文化建设工作是我们值得思考的问题。

一、新媒体对高校廉政文化建设的作用

(一)新媒体对高校廉政文化建设的正效应

新媒体是以数字技术、通信网技术协作、互联网技术和移动传播技术为基础,为用户提供资讯、内容和服务的新兴媒体。

新媒体扩大了高校廉政文化传播的覆盖面。在新媒体环境下,人们既是文化产品的阅读者,也可以是传播者,大大增加了优秀廉政文化产品的影响力度。

新媒体增强了高校廉政文化建设的主动性。大学生正处于心理尚未完全成熟的阶段,很容易受到不良风气的影响。在新媒体平台上广泛宣传廉政文化,有利于加强对非主流意识形态的驾驭和整合,抵制腐朽错误的思想。

(二)新媒体对高校廉政文化建设的负效应

新媒体加速了多元价值观的冲击。以美国为首的西方国家利用商业文化产品宣传自由主义、拜金主义价值观,潜移默化中影响着我国高校学生的思想。

新媒体弱化了传统媒体的权威主导性。部分新媒体从业者未经调查就进行报道，忽视了新闻的真实性、客观性，也有部分媒体为了谋取流量拿着负面新闻大做文章，不利于主流意识形态的传播。

二、依托新媒体加强高校廉政文化建设的路径

一是依托新媒体加强对主流价值的认同。首先，坚持用马克思主义中国化最新成果领导意识形态建设，继续巩固我国意识形态工作的成果。其次，创新宣传方法，以人民大众喜闻乐见的方式传播主流意识形态。二是推动传统媒体和新媒体协同合作。习近平总书记指出："传统媒体和新兴媒体不是取代关系，而是迭代关系；不是谁主谁次，而是此长彼长；不是谁强谁弱，而是优势互补。"建设廉政文化应实现媒体间的协同合作，形成和谐、有序、科学的网络主流意识形态传播格局。[1] 三是依托新媒体创新高校廉政文化建设内容和形式。教学内容上要结合师生生活实际，增强廉政文化活动的吸引力、感染力。教学形式上探索符合新媒体文化特征的多样化教育形式，带给学生更立体、开放、互动的教学体验。

要传播中华文明礼仪风尚，塑造风清气正的网络空间。引导公众理性对待网络热点舆论，在全面了解事实真相的基础上开展冷静讨论，达成基本共识。网络平台要直面矛盾，从人民群众的角度出发理性应对，同时加强对网站管理人员的培训和管理，对于违反行业规范的人员要严格惩戒。

参考文献

[1] 马为公,罗青. 新媒体传播 [M]. 北京:中国传媒大学出版社,2011.

（朱子璇　青岛科技大学马克思主义学院）

第七篇
国企廉洁文化建设

青岛地铁集团通过廉洁建设为高质量发展护航

2022 年是青岛地铁集团成立十周年。青岛地铁始于 1987 年,2010 年首条线路开工建设,2012 年底组建地铁集团。十年来,青岛地铁集团在上级党委的坚强领导下,以习近平新时代中国特色社会主义思想为指导,认真践行"为城市建地铁、为人民建地铁"的初心使命,确立了"建设世界一流地铁,打造一流城市投资建设运营商"的奋斗目标。目前,职工总数超 1.4 万人,总投资已经超过 1 500 亿元,资产总额 2 550 亿元,共获得批复三期建设规划,13 条线路,全长 503 千米,获批里程位列全国第九,运营千米数位列全国第十。一、二期建设规划获批 9 条线、364 千米,已开通运营线路 6 条、284 千米,日均客流近 100 万人次,成为全国建设速度最快的地铁城市之一。第三期建设规划共 7 条线路,总长约 139 千米,总投资约 1 000 亿元,目前已全部开工建设。"十四五"期间,集团将加快轨道交通建设,全力匹配城市战略,力争实现地铁建设、TOD 开发和轨交产业集群三个"一千亿"投资拉动目标。

集团本着生产安全、质量安全、廉洁安全、资金安全、舆情安全"五个安全"同等重要的理念,高度重视党的建设特别是党风廉政建设。集团在青岛市委、市政府和市纪委监委的坚强领导下,以党的二十大精神为指引,认真落实中央"八项规定"精神,一体推进不敢腐、不能腐、不想腐,以更高标准和更实举措深入贯彻落实党中央关于全面从严治党、党风廉政建设和反腐败斗争新部署新要求,努力为集团沿着正确道路高质量发展保驾护航。集团开发建设了信息化综合监督系统。该系统于 2021 年获得国家知识产权局颁发的发明专利证书,是全国大型国有企业中首个获得国家发明专利的数字化综合监督系统。2021 年,青岛首座"清廉之岛"主题地铁车站在 3 号线中山公园站正式亮相,在国内产生广泛影响。2022 年 11 月,青岛地铁集团举行了廉洁文化品牌发布会,"青铁清风"品牌正式亮相,更是使廉洁建设走上制度化规范化轨道。

一、实践探索

(一)发挥党委党风廉政建设统筹谋划主体作用

青岛地铁集团党委以习近平新时代中国特色社会主义思想为指导,充分发挥党委党风廉政建设统筹谋划主体作用,紧紧围绕党中央关于全面从严治党、党风廉政建设和反腐败斗争新论断新部署新要求,通过强化政治引领坚持政治监督,打造三大党风廉政建设体系,推动各级党组织和广大党员、干部不断提高政治判断力、政治领悟力、政治执行力,步调一致向前进。

——强化政治引领，坚持政治监督。集团党委认真梳理中央和省委、市委对轨道交通领域的重要工作部署，制定政治监督清单，把统筹疫情防控和经济社会发展、三年攻坚行动、作风能力提升年活动落实情况等作为政治监督工作重点。对施工项目部、车站等单位进行疫情防控督导检查，发现并督促整改了疫情防控应急处置预案未及时更新等问题。集团各级纪检监察干部坚持每天实地调研督导，为确保疫情防控措施落实到位发挥了保障作用。按照青岛市纪委工作精神，集团专门印发《关于深入开展"强化监督执纪问责推动作风攻坚提升"专项行动的工作方案》，明确整治重点，有序推进具体措施，坚持以调研排查开道，纠正整改推进，执纪问责攻坚，精准处置求效，保障"作风能力提升年"活动取得扎实成效。完成第二轮内部巡察反馈，发现了"落实管党治党责任、贯彻中央八项规定精神"等四方面问题，督促被巡察党组织对照制定整改措施100余项，印发《巡察建议书》，督促业务主管部门履行职能监管职责，扎实做好巡察"后半篇文章"。按照《关于开展第三轮内部巡察工作的方案》要求，扎实开展第三轮内部巡察。目前已完成现场工作、召开问题清单讨论会，正在梳理巡察发现问题清单，修改完善巡察情况报告。

——健全完善党风廉政建设责任体系。青岛地铁集团党委深入学习党的二十大和历次全会精神，深刻领会"十个明确"的丰富内涵和"两个确立"的决定性意义，自觉在思想上、政治上、行动上同以习近平同志为核心的党中央保持高度一致。集团各级党组织立足职责、结合实际，将学习贯彻全会精神与高质量发展任务目标深入结合起来，使思想和行动得到统一。各级党组织书记作为"第一责任人"，以更高的站位、更强的担当、更实的举措严格落实管党治党政治责任，其他班子成员严格履行"一岗双责"，狠抓分管领域党风廉政建设工作，通过民主生活会（组织生活会）、述责述廉、党组织书记述职评议等加强对履行责任情况的监督，努力构建知责明责、履责尽责、查责问责的责任落实机制。深入贯彻落实青岛市委《关于推进清廉建设的意见》要求，将"清廉地铁"建设与改革发展、生产经营深度融合。各级党组织通过提高认识、协同发力，推动构建集团党委统一领导、部门各负其责、各级主动作为、广大职工广泛参与的工作格局。

——凝聚清廉建设合力。健全完善干部管理监督体系。集团通过树立正确、鲜明的选人用人导向，把好干部标准落到实处，严格执行干部选拔任用有关规定，认真落实"凡提四必"等要求，真正做到用业绩选干部、用干部创业绩，将业绩表现优秀、工作作风过硬、群众基础扎实的干部选拔出来、任用起来。纪检监察机关严格把好选人用人的政治关、廉洁关和作风关，在动议酝酿阶段参与选人用人工作并实行全过程监督,审慎出具党风廉政意见。集团深入贯彻《中共中央关于加强对"一把手"和领导班子监督的意见》,强化对贯彻执行民主集中制、依规依法履职用权、担当作为、廉洁自律等情况的监督,促进各级"一把手"和领导班子主动开展监督、自觉接受监督,努力破解对"一把手"监督和同级监督难题。通过深化述责述廉,开展二级党组织书记在集团党委会扩大会议上述责述廉,聚焦工程建设、运营服务、资源开发、业务经营、资本运作等重点领域廉洁风险防控进行问责问廉,增强述责述廉"辣味"。持续抓好集团《干部轮岗交流工作管理办法》落实,实现集团本部及二级分、子公司中层干部和重点岗位应轮尽轮,形成了常态化轮岗交流机制。

——健全完善综合监督工作体系。集团深入贯彻落实青岛市纪委监委、国资委《关于建立市直企业综合监督体系、提升监督治理效能的指导意见》要求,修订完善集团实施综合监督的有关办法,坚持以党内监督为主导,将监督有机嵌入公司治理和日常经营管理,统筹集团内部监督资源,深化协同监督。集团纪委深入贯彻落实青岛市纪委监委、国资委《关于建立市直企业综合监督体系、提升监督治理效能的指导意见》要求,推动健全地铁集团党委统一领导、全面覆盖、权威高效的监督体系,将监督有机嵌入公司治理和日常经营管理,统筹集团内部监督资源,深化协同监督。创建"1+8"联动机制,将纪检监察机关专责监督与审计、财务、资产、法务、督查等业务部门职能监督衔接贯通,建立统筹协调、信息反馈、联合监督、上下联动、成果运用5项协同机制,实现重点业务职能监督中反映出的廉洁风险和违规违纪违法苗头及时反馈集团纪委,让执纪问责更精准有力;纪检监察监督中反映出的制度缺失、管理漏洞及时反馈给业务职能部门,让权力运行更加阳光透明,构建起有形有效的"大监督"格局,不断优化净化政治生态。2022年以来在青岛市纪委监委和青岛地铁集团党委的坚强领导下,集团纪委聚焦集团承担的三年攻坚行动重点任务,坚持以高质量纪检监察工作护航集团高质量发展,发挥监督保障执行、促进完善发展作用,紧盯"关键少数"、关键环节强化权力运行监督制约,一体推进不敢腐、不能腐、不想腐,努力营造风清气正的政治生态和良好发展环境。

为全面客观真实了解企业员工对集团清廉建设的感受与反映,课题组在集团总部及各个分公司的各层级干部和群众中发放1 500份调查问卷。在回收的754份问卷中,认为对《中共青岛市委关于推进清廉建设的意见》和集团党委《关于推进清廉建设的实施方案》非常熟悉的占22.68%,基本了解的占49.87%,听说过的占24.67%,从未听说的占2.79%;对本集团违反中央八项规定精神典型案例、形式主义官僚主义典型案例、违法犯罪典型案例密切关注的占 39.12%，比较关注的占 50.53%，很少关注的占 10.08%，"与我无关"的仅有 0.27%；对集团的作风正面清单非常了解的占 26.79%，比较了解的占 48.41%，不太了解的占 22.41%，不了解的占 2.39%；对集团近年来选树的作风建设标兵非常了解的占 23.74%，比较了解的占 46.95%，不太了解的占 26.39%，不了解的占 2.92%。

（二）以体制机制改革全面塑造"三不腐"清廉底色

青岛地铁集团深化纪检监察体制改革，将"两为主"要求贯通到底，全面塑造"三不腐"清廉底色，坚持严管严治、上下联动、提升本领、夯实作风，不断加强纪检监察干部的思想淬炼、政治历练、专业训练和实践锻炼，努力建设政治素质高、忠诚干净担当、专业化能力强、敢于善于斗争的纪检监察铁军。

——健全组织体系，构建联动机制。在青岛市纪委监委指导下，集团纪委顺利完成换届工作。集团运营分公司党委独立设置纪律检查部门，配齐配强专职纪检干部。进一步深化纪检监察体制改革，针对监督短板，在置业、商业、物业等公司设置专职纪委书记（纪检委员）。建立集团纪委与专职纪委书记、纪检委员"一对一"帮扶督导机制，通过工作周报、工作例会、定期座谈等方式，加强集团纪委对二级纪检监察工作的督促指导，促进专职纪委书记、纪检委员履行职责、发挥作用。充分发挥"派"的权威和"驻"的优势。结合集团组织架构和业务板块调整实际，优化、加强各二级党组织纪检机构设置和人员配备，夯实纪检监察工作组织基础。加强对下级纪检监察工作的监督指导，借鉴青岛市纪委对市直企业纪委考核工作经验，探索建立二级党组织纪检机构、纪检委员工作制度和考核制度。绩效考核部门将纪委考核作为绩效考核的重要指标，加强考核结果的运用，积极构建上下一体、协调联动的纪检监察工作体系。

——加强制度建设，提升履职能力。集团党委通过加强制度建设，全面梳理集团现行的纪检监察工作制度，对不符合现实要求的制度进行修订或及时废止。集团纪委积极对照落实市直企业纪检监察体制改革要求及时查缺补漏、补齐短板。落实好 9 项情况报告制度、建立 5 项内部管理制度、健全 3 项沟通协调和保证服务制度，对涉及纪检监察工作的集团现行制度进行梳理修订并作出统一规定。与此同时，积极参加上级纪委组织的业务培训，加强能力建设，深化"以干代训"成果，认真学习上级纪委优秀经验做法，不断提高集团纪检监察工作法治化规范化水平。针对各级纪检监察工作人员不断充实、业务知识和能力亟须提高的新局面，科学制定纪检监察综合业务培训计划,邀请国家纪检监察学院、青岛市纪委监委等单位有关专家进行专题授课,开展 2 至 3 天的业务培训班,全面提升业务素养。集团每季度召开纪检监察工作例会,学习贯彻上级精神,深入开展交流研讨,让纪检监察干部根据所学、所想、所悟进行专题述讲,全力推动纪检监察工作上水平、出成果。集团注重加强纪律建设,纪检监察干部自觉接受最严格的约束和监督,严格执行监督执纪工作规则和监督执法工作规定,坚决防止"灯下黑",以铁一般的纪律作风锻造纪检监察队伍。

——落实改革要求,完善体制机制。党的十八大以来,中央、省、市纪委对加强党风廉政制度建设和强化监督执纪工作制度提出了一系列更新更高要求。面对新形势和新任务,集团党委深入分析地铁行业和地铁集团普遍具有资金使用密集、投资巨大,参建单位多、管理链条长,廉政风险和监督难度大的特点,提出通过有效途径建成廉洁高效地铁、打造精品工程的工作目标。对集团党委所属各党组织纪检机构设立、纪检人员配备情况进行全面梳理、调整、充实,完善上下联动工作机制。集团加强了硬件建设,增设谈话室部分防护及监控设备和专用电话、电脑等,通过强化自身建设打造作风过硬队伍,把打铁必须自身硬的要求落到实处,教育引导广大纪检干部落实改革要求,加强纪检组织制度建设。

在调查问卷中认为集团党委在营造风清气正的政治生态方面工作效果很好的占 67.24%,较好的占 26.53%,一般的占 3.58%,不清楚的占 2.65%;认为集团各级纪检监察机关对"一把手""关键少数"这一重点群体的监督成效很好的占 66.31%,较好的占 23.47%,一般的占 3.58%,不清楚的占 6.63%;认为所在单位在提拔任用干部方面的监督工作到位很好的占 60.88%,较好的占 27.06%,一般的占 5.84%,不清楚的占 6.23%;认为本单位在构建综合监督体系方面成效很好的占 62.6%,较好的占 29.44%,一般的占 3.98%,不清楚的占 3.98%;认为集团纪检监察部门对违纪违法、失职失责等问题严格落实相关规定执纪问责的占 81.96%,存在打折扣现象的占 2.79%,执纪问责不到位的占 1.72%,没有关注、不清楚的占 13.53%;认为集团各级纪检监察机关对重点领域、关键岗位的监督非常到位的占 65.38%,比较到位的占 25.73%,不到位的占 1.06%,不清楚的占 7.82%。调查结果足见集团对于清廉建设的高度重视,以及工作方式方法恰当,工作力度大,工作效果好。

(三)以数字化手段打造全国首个信息化综合监督系统

青岛地铁集团在以传统方式强化监督的同时,加速推进惩防体系建设,全面排查岗位廉洁风险,深入研究权力运行的规律和特点。经过多年的探索与实践,逐步形成了以廉政教育为基础,以业务监督为核心,责任监督和效能评价联动防控的"1+3"惩防体系。地铁集团纪委坚持守正创新,积极探索实践,在以传统方式加强日常监督基础上,创新"旁站式""隐身式"监督方法、"融入式"教育方式,开发建设了"以业务监督为核心、以廉政教育为基础"的信息化综合监督系统,针对地铁行业投资体量大、廉洁风险高、监督难度大等特点,立足职能定位,围绕"关键人""关键事",抓住根本点、找准切入点,实施信息化综合监督,以科技赋能提升监督治理效能。该监督系统先后获得两期软件著作权证书和一项国家发明专利,先后与多家同行业单位、市直企业交流分享经验,蹚出了国企实施科技监督的新路径。问卷调查中认为集团信息化综合监督系统(原电子监察平台)的监督成效好的占53.32%,较好的占33.16%,一般的占12.73%,不好的占0.8%;对信息化综合监督系统获得了国家发明专利知道的占40.98%,不知道的占59.02%;对从事工作中的廉洁风险点十分清楚的占57.56%,比较清楚的占37.14%,不太清楚的占4.51%,完全不清楚的占0.8%。从中看出,对于这一系统大家给予了高度关注与认可,证明集团利用现代化手段进行电子监督取得一定成效,但也有一半以上受访者不知道该系统获得了国家发明专利,应通过各种方式和渠道让更多人知晓该发明专利,以保护知识产权,扩大平台社会影响力,更进一步发挥该系统的权威监督效能。

　　——业务监督子系统。该系统着眼"重点领域和关键环节"廉洁风险防控,突出"人财物"核心领域和工程建设监督两条主线("人财物"重点监督、"三重一大"事项决策、人力资源管理、资金管理和资产管理四大重点领域,工程建设重点监督招标采购、供应商管理、工程设计、合同管理、计量支付、工程签证六大重点业务),形成全链条、闭合式的监督体系。突出隐身式自动监督和旁站式过程监督两大创新点。通过自动抓取分析业务数据,自动发现异常警报,不干预业务正常运行,不增加业务人员工作量;与权力运行同步,时刻跟踪业务流程。通过在业务运行系统关键节点上设置监督点和相应监督条件,实时抓取业务数据进行分析预判,正常运转时"不干预""不影响",触发风险时发出黄灯预警提醒、红灯异常警报,由责任单位基于实际情况做出异常说明并解除红灯。集团立足于"监督的再监督",定期组织业务主管部门、行业专家对红灯解除情况进行抽查核验,先后发现工程变更规定执行不严、未按图施工及计价错误等问题。对此提出优化管理建议,做出严肃处理,常态化发挥警示震慑作用,充分发挥监督的"探照灯""监控器"作用,有效防控廉政风险,提升管理效能。

　　——廉政教育子系统。该系统立足"抓常长抓",注重将理论教育、典型教育、警示教育与廉政文化教育有效融合,设置文件解读、视频点播、闯关答题等多样化在线学习,通过"每日一题、每季一测、每年一考"等德廉测试,将廉政教育融入日常工作和生活。系统实行学分管理,集团中层副职(含)以上人员年度达标线为85分、集团中层副职以下人员达标线80分,考核结果作为绩效考核、干部使用的重要依据。系统通过学、考、管结合,实现廉政教育日常化,让干部员工愿意学、自觉学,时刻感受到纪律和规矩的约束。

——责任监督子系统。该系统重在实现"责任清单化、管理信息化",将集团各级党组织、纪检监察组织的全面从严治党责任清单逐项录入监督平台,量化工作标准、明确完成时限,进行实时提醒、做到履责留痕。在此基础上建立起岗位廉政风险库,针对不同的岗位职责、履职风险等方面,与"每日一题"一并进行精准推送,通过及时提醒,不断增强风险防控意识。

——效能评价子系统。该系统采取数据分析与现场核验相结合方式,实现对一个部门、一个单位以及一条线路、一个物资库等的管理状况进行实时评价。该系统根据廉政教育、业务监督、责任落实情况进行动态分析,同时自动抽取业务监督中预警异常较多、偏离正常值较大的事项推送至监督部门,从目标、过程、效益、持续性和制度有效性等角度进行评估,生成综合评价结果,以监督报告方式,为优化管理、提升效能以及绩效考核提供数据支撑。

功夫不负有心人,凡事只要去做就会有成效。问卷表明对集团党风廉政建设和反腐败工作成效打优秀的占73.74%,良好的占21.09%,合格的占4.51%,不合格的仅占0.66%。这既是对综合监督系统各模块发挥作用的认可,更是对集团党风廉政建设和反腐败工作的认可。

(四)以忠诚干净担当为标准锻造纪检监察铁军

青岛地铁集团聚焦规范化、法治化、正规化,持续加强纪检监察队伍建设,突出政治机关属性,自觉接受最严格的约束和监督,打造政治素质高、忠诚干净担当、专业化能力强、敢于善于斗争的纪检监察铁军。

——加强队伍建设,锻造监察铁军。集团按照市直企业纪检监察体制改革要求,设置集团纪委,配齐工作力量,通过"以干代训"提升能力素质。坚持例会制度,纪委机关每周开展集体学习,研究布置工作。开展二级党组织纪检工作调研,全面了解基层纪检工作开展情况和难题难点,从体制机制上强化纪检监察人员严格履职。集团通过分批次组织下属单位专职纪检监察工作人员到集团纪委进行"以干代训"实战锻炼,加强参训人员思想政治教育,提高业务实战能力,努力培养一批监督检查、执纪审查等方面的业务骨干。

——夯实组织基础,健全制度体系。集团党组织严格落实《关于在青铁置业、青铁商业、青铁物业设置专职纪委书记、纪检委员的工作方案》,建立健全组织机构,配齐配强纪检力量,运营分公司加快设置专职纪委书记、副书记。梳理总结加强基层纪检组织建设的有关经验做法,强化其他二级党组织纪检机构设置和人员配备,为充分履行职责打好组织基础。开展"规范化法治化正规化建设年"活动,深入贯彻落实《中国共产党纪律检查委员会工作条例》,梳理集团现行纪检监察工作制度,补齐制度短板,深化流程再造,不断健全完善纪检监察制度体系。

——加强督促指导,提升业务能力。集团纪委通过加强对二级纪检监察组织的领导,对青铁置业、青铁商业、青铁物业等公司的专职纪委书记、纪检委员进行"一对一"帮扶督导,建立二级党组织纪委书记、纪检委员履职考核制度,强化考核结果的运用,不断增强专职纪委书记、纪检委员的角色意识和责任意识,推动纪检监察工作协同联动。集团围绕现阶段亟待提高的能力素质,科学制定纪检监察综合业务培训方案,组织全体纪检监察干部开展集中封闭培训,全面提升业务素养。集团每季度召开纪检监察工作例会,学习贯彻上级精神,深入开展交流研讨,让纪检监察干部根据所学、所想、所悟进行专题述讲,全力推动纪检监察工作上水平、出成果。

——强化纪律建设,严格监督管理。集团经常性地与纪检监察干部开展谈心谈话,听取建议意见,促进沟通交流,了解纪检监察干部本人"八小时外"生活社交、家风建设、困难需求等情况,既加强监督管理,又帮助排忧解难,体现组织关怀。纪委始终坚持打铁必须自身硬,对照政治过硬、作风过硬、业务过硬、纪律过硬的要求,持续强化自身建设,坚决防止"灯下黑",以铁一般的纪律作风锻造纪检监察队伍。

(五)以廉洁文化建设为引领打造清廉地铁品牌

青岛地铁集团将廉洁教育和文化阵地建设作为推进清廉地铁建设的基础性工作,与巩固拓展党史学习教育成果融合起来,不断夯实思想根基,营造清廉环境,引导广大党员干部更加坚定自觉地牢记初心使命、开创发展新局。

——加强教育宣传,筑牢思想防线。集团党委把党风廉政教育列入党委理论学习中心组学习重点内容,及时传达学习中央、省市纪委重要文件、会议精神等,将党风廉政建设工作纳入集团总体工作布局统筹谋划。集团结合不同板块业务特点,制作有针对性的廉洁教育宣讲材料,在部分资产资源资金密集单位开展"廉洁讲堂"宣讲活动,开展支部书记讲清廉主题党课活动,将纪律规矩讲清讲透,引导广大党员知纪明纪、遵纪守纪。集团以信息化综合监督系统为载体,实现廉政教育差异化、特色化,开展好"每日一题、每季一测、每年一考",将教育融入工作、融入日常。集团加大廉洁从业宣传力度,以 H5 的形式制发纪检监察工作简报、廉洁过节提醒函,传达上级有关精神和廉洁过节要求,宣传纪检监察工作,普及党纪法规基础知识,提高遵规守纪自觉性。集团充分探索廉洁宣传新形式,制作廉洁宣传教育视频作品,通过集团视频公众号、地铁 PIS 屏等进行发布,让宣传教育"活起来"。问卷显示,廉洁文化宣传活动最受欢迎的形式前三项是观看警示教育片,占84.08%,开展廉洁主题书画摄影展活动,占43.63%,廉洁主题微视频征集宣传活动,占38.46%;对通过哪些渠道了解集团廉洁文化建设内容,纪检监察工作简报、廉洁过节提醒函占70.95%,观看警示教育片、参观教育基地等活动占70.82%,办公场所张贴的"十严禁"海报占44.69%,签订《廉洁合同》范本占24.8%,书画摄影、微视频等廉洁文化活动占17.37%,"清廉之岛"主题车站或主题列车占20.95%,信息化综合监督系统、"每日一题""闯关答题"等占32.76%。

——以地铁资源为载体,弘扬廉洁新风尚。集团突出地铁行业特色,着力打造"清廉园地"。在青岛市纪委监委的指导下,集团积极助力"清廉之岛"建设,推动廉洁文化进车站、进车厢。2020 年 9 月,在客流量最大的地铁3 号线推出了"清廉之岛"主题列车,打造地铁大动脉上的"廉洁流动课堂",受到广大乘客的欢迎。2021 年 6 月,青岛首座"清廉之岛"主题地铁车站在3 号线中山公园站正式亮相,通过深度挖掘青岛市的历史文脉,将"孙文莲"作为中山精神和廉洁文化的契合点,采用重装饰、轻装修的设计原则,清新淡雅的设计风格,以"润物细无声"的方式将"清廉之岛"廉洁文化呈现给地铁乘客,让乘客们在乘车时也能够感受到"清廉之岛"的清风正气。在回答是否去过 3 号线中山公园"清廉之岛"主题地铁车站问题时,经常去的占12.33%,偶尔去的占42.71%,没有去的占40.85%,没听说过的占4.11%;在回答是否乘坐过 3 号线"清廉之岛"主题列车时,经常坐的占12.73%,偶尔坐的占42.71%,没有坐的占40.05%,没听说过的占4.51%;在回答如何评价"清廉之岛"主题车站和列车时,认为具有广泛的廉洁宣传效果,可以适当增加的占69.36%,具有较强的公益价值,体现了地铁集团的社会担当的占71.49%,影响力有限,没有必要设置的占6.63%,宣传力度不够,应加强宣传,发挥文化浸润作用的占16.45%。

——以宣传活动为抓手,打造文化主阵地。集团注重使用听得进、听得懂和人们喜闻乐见的新媒体方式加强廉洁宣传。在集团内部企业微信以 H5的形式制作并发布纪检监察工作简报、廉洁过节提醒函,传达上级有关精神和廉洁过节要求,普及党纪法规基础知识,制作发放工作简报和廉洁过节提醒函。集团对照作风正面清单,积极开展作风建设标兵选树活动,通过公开表彰、印发通报、内刊宣传等方式，加大对"作风标兵"先进事迹的宣传力度，掀起比学赶超的热潮，充分发挥"典型引路"的示范作用。近年来，集团坚持每年开展廉洁文化建设特色活动，如廉洁书画摄影展、廉洁微视频征集宣传活动等。其中，2020年开展了"清廉地铁，你我共建"廉政微视频征集宣传活动，对评选出的优秀获奖作品，通过集团办公场所大屏、地铁站台车厢 PIS 屏等循环播放，积极营造崇德尚廉的良好风气；2021年，以党史学习教育为契机，回顾党的纪律检查工作的辉煌历程，创作《反腐倡廉　初心如磐》微党课，在集团党委庆祝建党100周年汇报演出中展演，获得了高度评价和热烈反响。

——突出地铁特色，打造文化品牌。集团党委深入落实中央《关于加强新时代廉洁文化建设的意见》，将"清廉地铁"廉洁文化融入集团发展愿景和企业文化，深化新时代廉洁文化建设，争做市直企业廉洁文化建设标杆。集团积极开展廉洁文化宣传月活动，通过参观活动、主题党日、知识竞赛、廉洁家书等不同形式的文化建设活动，传递清正廉洁的价值理念，营造廉洁过节的良好氛围。在地铁4号线人民会堂"清廉之岛"主题车站建设上，立体化呈现"清廉之岛"廉洁文化，主题车站社会影响力不断扩大，成为彰显青岛特色公共服务窗口和独具艺术魅力的清廉文化地标。目前，集团正在推进4号线人民会堂"清廉之岛"主题车站建设，预计在4号线开通时建成亮相。

——突出年轻干部，深化警示教育。集团将加强年轻干部教育摆在突出位置，组织年轻干部观看警示教育片、参观警示教育基地，深入剖析违纪违法案件、悔过书，强化警示教育效果。充分把握年轻干部岗位变化、提拔任用等成长发展的"黄金期"，所在党组织结合岗位廉洁风险排查情况，加大对年轻干部的谈话提醒力度，"逢调必谈""逢提必谈"，经常谈、反复谈，引导年轻干部严守纪法规矩，扣好廉洁从业的"第一粒扣子"。集团着力加强对新入职年轻职工的教育引导，开设廉洁教育"第一课"，强化纪律规矩意识，营造知敬畏、存戒惧、守底线的浓厚氛围。近期，地铁集团纪委查处了2起严重违纪违法问题，并印发通报，组织集团各部门、分（子）公司党组织开展专题警示教育，强化典型案例的警示震慑作用，达到用"身边事"教育身边人的效果。

青岛地铁集团的廉洁探索留给我们深深思索和深刻启示。

二、几点启示

（一）必须把队伍安全置于企业高质量发展重要位置

理念创新是先导。要做好清廉国企建设，就要提高对清廉建设重要性的认识,认识到队伍安全不仅关系到党风廉政建设,而且关系到企业能否高质量发展。腐败问题要放在关系到亡党亡国的高度来认识。腐败问题直接伤害到员工的个人和家庭平安,关系到他们的幸福生活。所以,反腐不仅是党的肌体保持健康,企业干部职工也要安全。党委和领导班子对于生产安全和廉洁安全等关系要认识到位,同等重视各方面安全,将反腐工作作为重中之重来抓,落实好主体责任。除日常的政治监督外,纪检工作的重心已渐渐向深入重点业务领域倾斜,充分"换位思考"。通过安全生产月专项行动,保证党风廉政建设与安全生产等重点领域"双融合""双促进",保证监督下沉、监督落地、监督于问题未发之时,进一步压实责任、延伸监督,强化"监督保障执行、促进完善发展"作用,协助党委以监督促担当,将责任落地落实落细。集团在突出政治监督的同时,深入思考、大胆提出"廉政建设与业务深度融合并进"理念,以实际行动推进廉洁建设工作理念、制度、思路、机制创新。围绕"落实安全责任,推动安全发展"主题,积极开展安全廉政警示教育活动,通过组织员工观看安全警示教育片和廉政警示教育片,提升员工安全、廉政"双底线"意识,强化安全、廉政风险管控能力,确保公司"大安全"基础稳固可靠。锚定"建设世界一流地铁,打造一流城市投资建设运营商"总目标和集团"三六五"发展战略,把学习教育、调查研究、问题查摆和整改落实贯穿"作风能力提升年"活动全过程,引导和推动广大干部转作风、强能力、抓落实、促发展。把握好容错纠错与纪律刚性的关系,按照"三个区分开来"要求,建立容错纠错工作办法,对各级组织、干部职工在改革创新、干事创业、履行职责中出现的失误错误,符合容错纠错情形的,应当应容尽容,最大限度调动广大干部职工干事创业的积极性、主动性、创造性。完善集团作风正面清单,开展作风建设标兵评选活动,通过公开表彰、印发通报、内刊宣传等方式,加大对"作风标兵"先进事迹的宣传力度,充分发挥"典型引路"的示范作用。不断巩固拓展落实中央八项规定及其实施细则精神成果,坚持常态化明察暗访与专项查纠相结合,对发现的"四风"问题露头就打、反复敲打,坚决纠治影响集团决策部署贯彻落实、加重基层负担的形式主义、官僚主义,深入整治损害党的形象、群众反映强烈的享乐主义、奢靡之风,以永远在路上的决心和韧劲打赢作风攻坚战。对照不亲民、不守信、不作为、不敬畏、不进取、不务实、不担当、不严细"八个不"问题突出表现,聚焦精神状态、群众观念、营商环境、工作落实等方面开展四项专项治理,强化各部门、单位履职尽责,协调推进重要工作,坚决查处不作为、慢作为、乱作为、假作为等影响发展、制约落实的突出问题,推动"作风能力提升年"活动取得实效。

（二）必须用政治引领统筹党风廉政建设方向

党委集中统一领导是关键。党组织作为企业领导核心，书记作为"第一责任人"，要以更高的站位、更强的担当、更实的举措落实好管党治党政治责任，其他班子成员严格履行"一岗双责"，抓好分管领域党风廉政建设工作，通过民主生活会（组织生活会）、述责述廉、党组织书记述职评议等加强对履行责任情况的监督，努力构建知责明责、履责尽责、查责问责的责任落实机制。地铁集团深入落实党的二十大精神，按照青岛市委《关于推进清廉建设的意见》要求，将"清廉地铁"建设与改革发展、生产经营深度融合，各级党组织要提高认识、协同发力，推动构建集团党委统一领导、部门各负其责、各级主动作为、广大职工广泛参与的工作格局，凝聚清廉建设合力。纪委围绕中心工作，协助党委制定全面从严治党责任清单，列出党委清单9方面53项、纪委清单8方面34项，班子成员清单23至52项，指导基层党组织制定清单，录入电子监察平台加强日常督促提醒。印发《2020年党风廉政建设和反腐败工作实施意见》，明确强化监督等5方面13项重点内容，细化工作任务57项，促进责任压紧压实。健全完善干部管理监督体系。树立正确、鲜明的选人用人导向，把好干部标准落到实处，严格执行干部选拔任用有关规定，认真落实"凡提四必"等要求，真正做到用业绩选干部、用干部创业绩，将业绩表现优秀、工作作风过硬、群众基础扎实的干部选拔出来、任用起来。纪检监察机关要严格把好选人用人的政治关、廉洁关和作风关，从动议酝酿阶段就参与选人用人工作并实行全过程监督，审慎出具党风廉政意见。深入贯彻《中共中央关于加强对"一把手"和领导班子监督的意见》，强化对贯彻执行民主集中制、依规依法履职用权、担当作为、廉洁自律等情况的监督，促进各级"一把手"和领导班子主动开展监督、自觉接受监督，努力破解对"一把手"监督和同级监督难题。深化述责述廉，开展二级党组织书记在集团党委会扩大会议上述责述廉，聚焦工程建设、运营服务、资源开发、业务经营、资本运作等重点领域廉洁风险防控进行问责问廉，增强述责述廉"辣味"。持续抓好集团《干部轮岗交流工作管理办法》落实，尽快实现集团本部及二级分、子公司中层干部和重点岗位应轮尽轮，形成常态化轮岗交流机制。健全完善综合监督工作体系。深入落实市纪委监委、市国资委《关于建立市直企业综合监督体系提升监督治理效能的指导意见》要求，修订完善集团实施综合监督的有关办法，坚持以党内监督为主导，将监督有机嵌入公司治理和日常经营管理，统筹集团内部监督资源，深化协同监督。充分发挥纪检监察专责监督推动作用，压实职能部门业务监督职责，对重点领域重大问题组织开展会商研判和联合监督。强化信息共享和结果运用，对发现问题整改情况加强监督,对违纪违法、失职失责问题严格按规定开展执纪问责,对突出问题开展专项整治,构建各类监督贯通融合、同向发力的综合监督体系,充分发挥监督治理效能。

(三)必须强化政治监督 为国企良性运转护航

纪委监委的本质属性是政治机关,旗帜鲜明讲政治是第一位的要求。这就决定了纪委监委的监督本质上是政治监督,纪委监委的各项工作都具有很强的政治性。反腐败事关党和国家生死存亡,各级纪委监委本质上是党和国家的反腐败工作机构,是党的政治机关,必须把讲政治要求贯穿纪检监察工作全过程和各方面。把坚决做到"两个维护",作为纪检监察机关的重大政治责任。一方面,各级纪检监察机关自身要真正做到讲政治、重大局、护核心、真看齐,在自觉同以习近平同志为核心的党中央保持高度一致上做表率,在坚决贯彻落实党中央各项决策部署上做表率。另一方面,要善于从党中央的政治高度和大局来审视工作,善于把各项具体工作聚焦到"两个维护"的统领上来,坚守协助党委推进全面从严治党的职责定位。围绕党中央重大决策部署、省市委工作安排和集团党委重点任务,建立政治监督"四张清单",重点加强对统筹疫情防控和经济社会发展、黄河流域生态保护和高质量发展、安全生产责任等落实情况监督检查,不断推动政治监督具体化常态化。深入开展高质量发展专项监督,聚焦城市更新和城市建设三年攻坚行动,紧盯地铁建设及沿线开发工作任务,积极对接"护航行动"工作专班并向集团内部延伸,与督查工作协同联动,加强对职能职责和重点任务落实情况的监督,及时了解工作推进存在的问题,协调推动解决,充分发挥监督护航作用。按照"六个围绕、一个加强"的要求,在"三个聚焦"上下功夫,把被巡察党组织"一把手"作为监督重点,开展两轮内部巡察,构建常态化巡察工作机制,加快实现对二级企业党组织巡察全覆盖。

(四)必须抓住"三个关键"推进廉政建设全周期管理

以"全周期管理"一体推进"三不腐",必须将腐败治理视为一个系统性工程,抓住关键岗位、关键事项、关键节点,不断提高反腐败斗争的系统性。不敢腐、不能腐、不想腐三者相辅相成、互为支撑,让党员干部因敬畏而"不敢"、因制度而"不能"、因觉悟而"不想",体现的是系统施治、标本兼治的内在要求。一方面要坚持同时发力、同向发力、综合发力,把不敢腐的强大震慑效能、不能腐的刚性制度约束、不想腐的思想教育优势融于一体,形成腐败治理的强大合力。另一方面要更加注重整体性、协同性,增强各项举措的关联性和耦合性,以系统集成的方式方法,持续放大反腐败斗争的立体叠加效应,提升治理的整体效能。以"全周期管理"一体推进"三不腐",关键在于强化从源头到末梢的过程管控,着力提升反腐败斗争的科学性。正所谓"针尖大的窟窿能漏过斗大的风",腐败是各种不良因素长期积累、持续发酵的体现,任何一个领域、任何一个环节出现漏洞,都容易造成腐败现象禁而不绝。既要聚焦重点领域和关键环节,抓住政策制定、决策程序、审批监管、执法司法等关键权力,严格职责权限,规范工作程序,强化权力制约,减少腐败机会,也要着眼常态化、长效化地防范和治理腐败问题,完善管权治吏的体制机制,把严的主基调贯穿干部选拔任用、日常监督、办事用权、教育管理、考核评价、离任审计等全过程,有效防止腐败滋长。落实市委关于加强对"一把手"监督的文件精神,切实加强对本级党委班子、领导干部以及所属单位党组织、领导班子、领导干部的监督。做深做实述责述廉,聚焦五大赛道,开展现场"问责问廉",突出履职尽责、权力运行等方面"微腐败"表现形式设问提问,提升"红脸出汗"效果。修订完善廉政谈话制度并督促抓好落实,督促领导班子成员加大对分管部门、单位"一把手"的谈话力度,发现问题及时约谈,不断提升谈话效果。紧盯元旦、春节、五一、端午、中秋、国庆等重要节点,聚焦公车私用、公款吃喝等问题开展明察暗访,针对市纪委监督检查发现的公车管理、公务接待不规范等问题,督促责任单位落实整改要求。

（五）必须运用"四种形态"一体推进"三不腐"

始终坚持严的主基调,把纪律建设摆在更加突出位置,严明政治纪律和政治规矩,带动各项纪律全面严起来,深化运用监督执纪"四种形态",继续打好党风廉政建设和反腐败斗争攻坚战、持久战。地铁集团坚持严管厚爱,通过谈心谈话、日常监督等方式及时了解党员干部特别是年轻干部的思想动态和工作、生活情况,发现问题及时应对、快速处置,深化运用监督执纪"第一种形态",将问题解决在萌芽状态,筑牢党内监督"第一道防线"。结合实际修订《党员领导干部廉洁谈话实施办法》,党委书记、纪委书记对下属部门、单位"一把手"常态化开展日常谈话,将"人财物"管理、招投标管理、工程管理等关键岗位人员纳入所在党组织定期谈话范围,持续做深做实日常廉政谈话,及时开展任职廉政谈话,用好用活廉政约谈,不断提高谈话质量,达到让"红脸出汗"成为常态的效果。不断提升发现问题能力,通过监督走访、专项检查、内部巡察及信息化监督等方式,深入履职用权、业务管理全过程、关键环节,做到精准发现问题。对发现的每个问题作出精准处置,存在苗头性、倾向性或管理缺失等问题的,充分运用监督执纪"第一种形态"处理,做到准确定性、恰当处理;存在违规违纪、失职失责的从严执纪问责,发挥警示震慑作用。同时落实好"三个区分开来"要求,修订完善《关于建立容失免责机制激励干事创业的意见》,鼓励创新担当,实行容失免责,积极营造干事创业良好氛围。构建一体推进不敢腐、不能腐、不想腐体制机制。增强"不想腐"的自觉,积极助力"清廉之岛"文化建设,完成3号线中山公园站主题车站建设工作,推动4号线人民会堂站主题车站建设取得突破性进展,打造青岛市"清廉之岛"廉洁文化新地标。

青岛地铁集团廉洁建设的探索既创新持续又行之有效,既连天线又接地气,是深入的也是成功的,已经产生了良好的效果和广泛的社会影响力,为新时代国企党风廉政建设提供了有价值的做法与经验,值得引起人们的深入思考。党的二十大全面谋划了新时代党的建设新的伟大工程的宏伟蓝图,为下一步党风廉政建设指明了方向。青岛地铁集团将在党的二十大精神的指引下,在各级党委纪委的领导下,结合地铁实际,进一步深化廉洁建设探索,不断吹响冲锋号,使队伍安全始终为企业高质量发展保驾护航。

(青岛市政治学会与青岛地铁集团纪委联合调研组　课题组长:王振海　牟润强　王观发　曹　胜)(执笔人:孙　涛　牛月永　贾俊峰　曲新英　郭江龙　杨　晔　郭士民　马丽娟　宗　芳　邵长威)

附:青岛地铁集团党风廉政建设问卷分析

2022年8月起,青岛市政治学会与青岛地铁集团纪委联合组成调研组对地铁集团开展党风廉政建设情况进行调查研究,历时3个多月。调研组通过问卷调查、材料抽查、走访座谈、会议交流等方式进行了深入调研。下面是调查问卷汇总整理与分析报告。

本次共发放电子问卷1 865份,收到有效问卷754份。具体数据统计与简要分析如下。

1. 您的职位是_____。

A. 集团中层及以上领导干部(5.04%)　　B. 普通工作人员(94.96%)

2. 您的政治面貌是_____。

A. 中共党员(51.06%)　　　　　　　　B. 非党员(48.94%)

3. 您的工作岗位是_____。

A. 从事纪检监察工作(包括专职、兼职)(6.9%)

B. 其他工作(93.1%)

　　通过受访者基本情况可以了解到,94.96%的受访者为普通工作人员,且93.1%的人从事的是非纪检监察工作,中共党员与非中共党员基本参半。由此得出,问卷结果基本可以反映地铁集团广泛的民意和普遍的状况。

　　4. 您了解《中共青岛市委关于推进清廉建设的意见》和集团党委《关于推进清廉建设的实施方案》吗?

　　A. 非常熟悉(22.68%)　　　　　　　B. 基本了解(49.87%)

　　C. 听说过(24.67%)　　　　　　　　D. 从未听说(2.79%)

　　5. 您是否关注本集团违反中央八项规定精神典型案例、形式主义官僚主义典型案例、违法犯罪典型案例?

　　A. 密切关注(39.12%)　　　　　　　B. 比较关注(50.53%)

　　C. 很少关注(10.08%)　　　　　　　D. 与我无关(0.27%)

　　6. 您了解集团的作风正面清单吗?

　　A. 非常了解(26.79%)　　　　　　　B. 比较了解(48.41%)

　　C. 不太了解(22.41%)　　　　　　　D. 不了解(2.39%)

　　7. 您了解集团近年来选树的作风建设标兵吗?

　　A. 非常了解(23.74%)　　　　　　　B. 比较了解(46.95%)

　　C. 不太了解(26.39%)　　　　　　　D. 不了解(2.92%)

　　8. 您认为正面激励和警示惩治哪个对于廉洁教育效果更好?

　　A. 正面激励(54.38%)　　　　　　　B. 警示惩治(45.62%)

　　由上述前四题可以看到,绝大多数受访者都对《中共青岛市委关于推进清廉建设的意见》和集团党委《关于推进清廉建设的实施方案》比较了解,都对本集团作风正面清单、选树的作风建设标兵以及反面案例比较关注。这也反映了本集团风清气正、公开透明的总体氛围较好,职工也更愿意参与或关注集团的党风廉政建设,共筑企业优良的政治生态。通过第五题可见正面激励和警示惩治两种手段都能起到很好的廉洁教育的效果。相比较而言,正面激励可能更受欢迎,不妨加大正面激励的力度和广度,让更多的职工自觉自愿自信地加入清廉建设。

　　9. 您是否参加过集团各级组织的廉洁教育培训?

　　A. 经常参加(69.36%)　　　　　　　B. 很少参加(18.17%)

　　C. 听说过,但未参加(10.21%)　　　D. 从未听说(2.25%)

　　10. 您是否参加过定制化廉洁教育?

　　A. 经常参加(39.79%)　　　　　　　B. 很少参加(29.71%)

　　C. 听说过,但未参加(20.03%)　　　D. 从未听说(10.48%)

　　由上述两题可见,绝大多数受访者表示参加过廉洁教育培训,说明集团在此方面下了功夫。参加定制化廉洁教育的受众相对较少,而从未参加过任何培训的也不在少数。建议集团适当组织更大覆盖面的基本教育培训,加大定制化教育的培训方式创新,力争让集团每个人都能防患于未然,形成人人自省自查、相互监督约束的廉洁大环境。

11. 您去过 3 号线中山公园"清廉之岛"主题地铁车站吗?

A. 经常(12.33%) 　　　　　　　B. 偶尔(42.71%)

C. 没有(40.85%) 　　　　　　　D. 没听说过(4.11%)

12. 您乘坐过 3 号线"清廉之岛"主题列车吗?

A. 经常(12.73%) 　　　　　　　B. 偶尔(42.71%)

C. 没有(40.05%) 　　　　　　　D. 没听说过(4.51%)

13. 您如何评价"清廉之岛"主题车站和列车? (可多选)

A. 具有广泛的廉洁宣传效果,可以适当增加(69.36%)

B. 具有较强的公益价值,体现了地铁集团的社会担当(71.49%)

C. 影响力有限,没有必要设置(6.63%)

D. 宣传力度不够,应加强宣传,发挥文化浸润作用(16.45%)

由上述前两题可以看到,绝大多数职工对 3 号线中山公园"清廉之岛"主题地铁车站及主题列车不甚熟悉,从 27 题的评价可以看到,很大的原因是宣传力度不够。职工普遍认为"清廉之岛"主题车站和列车的积极意义值得推广,因此可增加主题车站和列车并加大宣传力度。

14. 下列廉洁文化宣传活动中,您认为最受欢迎的形式是哪个? (多选,最多选三项)

A. 观看警示教育片(84.08%)

B. 廉洁主题书画摄影展活动(43.63%)

C. 廉洁主题微视频征集宣传活动(38.46%)

D. 廉洁主题微党课展示活动(32.89%)

E. 重大纪念节点文艺汇报演出活动(33.69%)

F. "清廉之岛"主题车站或主题列车(35.68%)

G. 廉洁文化知识竞赛(17.11%)

H. 廉洁家书或廉洁文化征文活动(10.48%)

15. 您通过哪些渠道了解集团廉洁文化建设内容? (可多选,最多选三项)

A. 纪检监察工作简报、廉洁过节提醒函(70.95%)

B. 观看警示教育片、参观教育基地等活动(70.82%)

C. 办公场所张贴的"十严禁"海报(44.69%)

D. 签订《廉洁合同》范本(24.8%)

E. 书画摄影、微视频等廉洁文化活动(17.37%)

F. "清廉之岛"主题车站或主题列车(20.95%)

G. 信息化综合监督系统(原电子监察平台)"每日一题""闯关答题"等(32.76%)

16. 您对"每日一题、每季一测、每年一考"有何看法？（可多选）

A. 可以润物无声地学习最新的国法党规、中央文件精神等(76.39%)

B. 具有趣味性和挑战性,开启认真工作的每一天(50.8%)

C. 形式主义,对于廉洁教育意义甚微(15.52%)

D. 从思想上筑牢廉洁从业的防线(36.34%)

从上述三题总体可见,地铁集团进行廉洁教育的形式丰富多样,职工普遍都很欢迎,而且获取信息的渠道也很畅通很多元。这足以证明集团在非常用心地进行廉洁教育,而且受到了职工的广泛好评。具体而言,受访者最欢迎的廉洁文化宣传方式是观看警示教育片,而 70% 以上的人也正是通过这种方式了解本集团的廉洁文化建设内容,说明集团采取的此种方式为职工喜闻乐见;其后的廉洁主题书画摄影展活动、微视频征集宣传活动也很受欢迎,然仅有 17.37% 的人通过这种方式了解教育内容,说明可以适当增加使用这种方式,使之成为受众了解廉洁文化的主要途径;其他几种方式结合工作需要穿插进行。调查发现,"每日一题"活动对于教育内容的宣传和学习积极意义很大,也已经慢慢成为职工获取廉洁知识的主要渠道。建议继续推广使用并不断刷新中央会议精神和前沿政策法规等,使职工的学习永远在路上,永远在与时俱进。

17. 您认为集团开展的廉洁文化宣传活动有吸引力的主要原因有哪些？（可多选,最多选三项）

A. 时代感强,符合国家廉洁文化建设主流价值导向(79.31%)

B. 形式新颖,有很强的感染力(55.70%)

C. 内容丰富,有利于开拓视野增长见识(53.18%)

D. 代入感强,讲身边人、说身边事(27.45%)

E. 情感认同,符合自身的现实诉求(14.99%)

18. 您认为集团开展的廉洁文化宣传活动可能存在的不足有哪些？（可多选,最多选三项）

A. 思想比较陈旧(18.04%)

B. 内容不接地气(22.28%)

C. 形式缺乏新意(47.08%)

D. 缺乏情感性和感染力（38.2%）

E. 对集团廉洁宣传文化活动关注不多（25.46%）

从上述两题可见，绝大多数受访者更关注宣传的主流价值导向，能够正面弘扬时代精神、积极树立道德风尚，能够引发深刻思考、唤起价值认同、引燃情感共鸣的宣传更有吸引力；宣传内容和形式几乎同等重要，以活泼生动的形式传达有价值有内涵的内容，更容易被广泛接受。因此，要多多利用全媒体多渠道创新宣传形式。

19. 您认为集团信息化综合监督系统（原电子监察平台）的监督成效如何？

A. 好（53.32%）   B. 较好（33.16%）

C. 一般（12.73%）   D. 不好（0.80%）

20. 您是否知道集团信息化综合监督系统（原电子监察平台）获得了国家发明专利？

A. 知道（40.98%）   B. 不知道（59.02%）

您是否明确您从事工作中的廉洁风险点？

A. 十分清楚（57.56%）   B. 比较清楚（37.14%）

C. 不太清楚（4.51%）   D. 完全不清楚（0.80%）

从上述三题可以看到，绝大多数受访者都认为集团信息化综合监督系统监督效果不错，也都明确自己所从事工作中的廉洁风险点，这足以证明集团利用现代化手段进行电子监督取得一定成效。有一半以上受访者不知道该系统获得了国家发明专利，这可能不利于保护该系统的知识产权。建议让更多人知晓该发明专利，既有利于保护知识产权，也有利于扩大该平台的社会影响力，还有利于增强职工的企业归属感和自豪感，更有利于发挥该系统的权威监督效能。

21. 您认为集团党委在营造风清气正的政治生态方面工作效果如何？

A. 很好（67.24%）   B. 较好（26.53%）

C. 一般（3.58%）   D. 不清楚（2.65%）

22. 您认为集团各级纪检监察机关对"一把手""关键少数"这一重点群体的监督成效如何？

A. 很好（66.31%）   B. 较好（23.47%）

C. 一般（3.58%）   D. 不清楚（6.63%）

23. 您认为所在单位在提拔任用干部方面的监督工作是否到位？

A. 很好（60.88%）   B. 较好（27.06%）

C. 一般（5.84%）   D. 不清楚（6.23%）

24. 您认为本单位在构建综合监督体系方面成效如何？

A. 很好（62.6%）　　　　　　　　　B. 较好（29.44%）

C. 一般（3.98%）　　　　　　　　　D. 不清楚（3.98%）

25. 您认为集团纪检监察部门对违纪违法、失职失责等问题是否做到了严肃执纪问责？

A. 严格落实相关规定执纪问责（81.96%）

B. 存在打折扣现象（2.79%）

C. 执纪问责不到位（1.72%）

D. 没有关注、不清楚（13.53%）

26. 您认为集团各级纪检监察机关对重点领域、关键岗位的监督是否到位？

A. 非常到位（65.38%）　　　　　　B. 比较到位（25.73%）

C. 不到位（1.06%）　　　　　　　　D. 不清楚（7.82%）

从上述几题可见，在营造风清气正的政治生态方面、对"一把手""关键少数"这一重点群体的监督方面、对重点领域关键岗位的监督方面、在提拔任用干部方面的监督方面、在构建综合监督体系方面、对违纪违法失职失责等问题的执纪问责等方面，绝大多数受访者认为集团在这些方面的工作成效较好，足见集团对于清廉建设的高度重视，以及工作方式方法恰当，工作力度大，工作效果好。

27. 您认为集团信息化综合监督系统（原电子监察平台）最重要的模块是哪个？

A. 廉洁教育模块（75.07%）　　　　B. 业务监督模块（12.86%）

C. 责任监督模块（8.89%）　　　　　D. 效能监察模块（3.18%）

28. 如果请您对集团党风廉政建设和反腐败工作的成效打分，您认为是（　　　）。

A. 优秀（73.74%）　　　　　　　　B. 良好（21.09%）

C. 合格（4.51%）　　　　　　　　　D. 不合格（0.66%）

29. 在推进综合监督方面，您认为本单位在哪个方面需要加强？

A. 集团党委高度重视（26.39%）

B. 集团纪委统筹协调（12.2%）

C. 其他部门协同配合（20.29%）

D. 职工群众广泛参与（41.11%）

从上述三题可见，75%以上的受访者认为信息化综合监督系统最重要的模块是廉洁教育模块，足见职工对集团廉洁教育的期待。且73.74%的人认为集团党风廉政建设和反腐败工作的总体评价为优秀,足见职工对集团清廉建设的高度认可和肯定。关于推进综合监督需要加强的地方,41.11%的人认为职工群众广泛参与,足见集团职工主动参与清廉建设的积极性和热情,这也充分反映了地铁集团营造的良好的廉洁生态和政治氛围,密切联系职工,群众基础好,集团凝聚力向心力强。

(青岛市政治学会与青岛地铁集团联合调研组,数据整理:宗　芳,
杨　晔)

齐抓共管织就全方位无死角国企监督执纪天网

习近平总书记在党的二十大报告中指出:"全面从严治党永远在路上,党的自我革命永远在路上。"进入新时代以来,为贯彻落实中央、省、市关于加强党风廉政建设和强化监督执纪工作提出的一系列新要求和新指示,青岛地铁集团党委紧抓全面从严治党不松手,从统筹企业高质量发展全局的高度重视企业清廉建设,不断夯实党委主体责任,压实纪委监督责任,纵深推进企业党的建设水平不断跃上新台阶,地铁集团党委因此荣获2021年度山东省先进党组织称号。

近年来,公司党委始终坚持制度治党、依规治党,保持国有企业惩治腐败高压态势,不断完善防治腐败滋生蔓延的体制机制,涵养风清气正的政治生态,探索出一条数字赋能助推高质量党建与企业高质量发展深度融合的清廉建设新路子。公司自主研发的数字化监督系统平台在全国大型国企中获首个国家专利,该系统的运用有效地发挥了在企业监督中的全方位全过程无死角的"电子眼"作用。

一、抓住"牛鼻子"夯实党委主体责任

自党的十八大以来,以习近平同志为核心的党中央坚定不移推进全面从严治党,党内政治生活呈现新气象,为开创党和国家事业新局面提供了重要保证。青岛地铁集团党委作为全面从严治党的领导主体、工作主体和推进主体,积极履行清廉建设主体责任。党委抓住了主体责任这个"牛鼻子",就是真正把责任放在心上、扛在肩上,自觉当好引领者、践行者、推动者和示范者。

（一）统领全局，落实党委主体责任

党委是清廉建设主体责任的实施者、执行者和推动者。青岛地铁集团党委深刻认识到，落实党委主体责任，是担当好政治使命的内在要求。在新时代全面建设社会主义现代化国家的伟大征程中，我们党所面临的"新赶考"远未结束，只有夯实党委管党治党的主体责任，才能承担起协调各方、总揽全局的重要职能，形成推动企业改革发展的强大合力。落实党委主体责任，是党的组织原则赋予的重要职责。习近平总书记强调，要"把基层党组织建设成为有效实现党的领导的坚强战斗堡垒"，"各级各部门党委（党组）必须树立正确政绩观，坚持从巩固党的执政地位的大局看问题，把抓好党建作为最大的政绩。"这是党中央对贯彻落实全面从严治党主体责任提出的明确要求，更是党委工作的本职回归、法定职责。

青岛地铁集团党委始终牢固树立"抓廉洁建设是本职、不抓是失职、抓不好是渎职"的理念，在谋篇布局上聚焦落实党委主体责任，围绕责任设计制度，围绕制度构建体系，持之以恒正风肃纪，标本兼治把控源头，推进清廉地铁建设，营造风清气正的政治生态和良好的发展环境。在党委统一领导下，青岛地铁集团成立监督委员会，创建"1+8"监督联动机制，形成党委统一领导、全面覆盖、权威高效的监督体系，细化清廉建设81项重点任务，逐项确定责任单位、责任人和完成时限，建立季度梳理汇总、半年总结、年度述职评议等全过程监督机制，压实工作责任，切实提高监督对企业改革发展的促进作用，推进全面从严治党不断向纵深发展。

（二）统筹谋划，准确把握落实清廉建设新要求

习近平总书记在主持中共中央政治局第四十次集体学习时强调，要加深对新形势下党风廉政建设和反腐败斗争的认识，提高一体推进不敢腐、不能腐、不想腐的能力和水平，全面打赢反腐败斗争攻坚战、持久战。在这一重大政治原则问题上，青岛地铁集团党委认真贯彻中央全面从严治党的部署要求，落实中央《关于加强新时代廉洁文化建设的意见》和青岛市委《关于推进清廉建设的意见》，做到在思想上政治上行动上始终同党中央保持高度一致，切实把思想和行动统一到中央的决策部署和省市各级领导的工作要求上来，不断完善反腐倡廉制度体系，推动构建党委统一领导、部门各负其责、党员主动作为、广大职工广泛参与的廉洁建设格局。

1. 建章立制，完善反腐倡廉工作制度体系

青岛地铁集团在党委统一领导下，建立了统筹协调、信息反馈、联合监督、上下联动、成果运用5项协同机制，深入落实市委《关于推进清廉建设的

意见》要求,通过制定完善领导人员述职述廉制度、"三重一大"事项决策制度、重点领域和关键环节监督制度、内部巡察制度等,将"清廉地铁"建设与改革发展、生产经营深度融合,带领各级党组织提高认识、协同发力,推动构建集团党委统一领导、部门各负其责、各级主动作为、广大职工广泛参与的工作格局。

2. 奖惩分明,抓好清廉建设考核检查

一方面,通过完善考核激励机制,加大正面典型宣传力度,倡导广大干部职工主动担当作为、干事创业,最大程度激发党员干部的积极性、主动性、创造性,营造人心思上、人心思进、人心思干的浓厚氛围。另一方面,重点督查制度履行,严肃规范有效问责,围绕"一岗双责"执行情况、"三重一大"事项情况、涉及员工切身利益的热点难点问题处理情况、重点工作和重要制度落实情况等,针对不同情况分别采取谈话提醒、书面检查、批评教育、经济处罚等方式,责成做出说明,限期整改纠正。

（三）齐抓共管,提升党委主体责任的针对性实效性

习近平总书记指出:"各级党委要把从严治党责任承担好、落实好,坚持党建工作和中心工作一起谋划、一起部署、一起考核。""完善党的自我革命制度规范体系,坚持制度治党、依规治党。"青岛地铁集团党委对清廉建设高度重视,统筹各方资源,坚持协同推进,形成党委统一领导、纪委组织协调、部门各负其责、群众支持参与的工作机制。

党委的主体责任是全面责任、首要责任,纪委要履行协助职责、监督责任。青岛地铁集团党委在落实党风廉政建设和反腐败工作的《实施意见》中,围绕党中央重大决策部署、省市委工作安排和集团党委重点任务,列出了清廉建设的"四张清单",从党委领导、主要负责人、其他班子成员等各个层面细化分解责任,紧紧抓住责任分工、责任落实、责任考核、责任追究关键环节,真正把责任落实到部门、到岗位、到个人。明确党委、纪委、各职能部门的工作目标任务,形成横向到边、纵向到底的工作责任体系。

落实廉洁建设主体责任,关键在"一把手"。习近平总书记指出:"党委书记要在其位、谋其政,履行好第一责任人职责。"青岛地铁集团党委主要负责人既"挂帅",又"出征",在日常工作中认真履行加强领导、加强教育监管、保持清正廉洁等主体责任,鲜明亮出"对我监督、向我看齐"的坚决态度,坚持率先垂范、身体力行,带头守法遵纪,自觉接受监督,既严于自律,又较真碰硬。

地铁集团党委班子其他成员,坚持"谁主管、谁负责"和分工合作、协同

联动的原则,严格按照清廉建设责任分工,在加强业务指导的同时,及时督促检查分管单位、分管部门认真落实反腐倡廉工作要求,定期通过自查、召开座谈会、问卷调查等多种方式收集意见和问题,以上率下,上下联动,把党委主体责任延伸到基层,形成上下贯通、层层负责的完整链条,切实做到"一岗双责"。

在清廉建设中,党委的主体责任是全面责任、首要责任,纪委则履行协助职责、监督责任。纪委的协助责任在于积极为党委履职提供有效载体、做好参谋帮手,切实做到"力度统一"、有机结合。习近平总书记在十八届中央纪委六次全会上强调,纪委是党内监督的专责机关,是管党治党的重要力量。近年来,青岛地铁集团纪委坚持围绕建设、运营、经营、开发、资本运作"五大赛道"中心工作,以高质量纪检监察工作护航集团高质量发展,打造上下协同的纪检监察工作体系,全力营造风清气正的良好氛围。

二、立足高起点构建权力运行监督体系

青岛地铁集团立足高起点,以创新思维推动构建监督体系,运用现代科技手段,开发形成以现代化信息手段监察平台引领、多种监督手段并进的全方位、精准监督系统。

(一)电子赋能,全程监督,形成全覆盖

高起点实施电子监察监督是青岛地铁集团应用现代化科技手段推动党建与业务融合进而助力企业发展的成功案例。2017年底建成并上线运行的信息化综合监督系统以业务监督为核心,以廉政教育、业务监督、责任监督和效能评价四个子系统共27个模块构成"电子监察平台",以高起点信息化监督趟出国企实施科技监督的新路径。该监督系统及其"旁站式""隐身式"监督方法于2021年获得国家知识产权局颁发的发明专利,是全国大型国企中获得国家专利的首例。

一是以政治监督为起点。把权力监督贯穿于企业发展全过程,围绕坚持党中央集中统一领导强化政治监督,推进政治监督具体化、精准化、常态化。坚持以习近平新时代中国特色社会主义思想为指导,深入学习贯彻党的十九大和十九届历次中央全会和党的二十大精神,认真学习贯彻落实习近平总书记关于全面从严治党重要论述和国有企业坚持党的领导、加强党的建设重要指示精神,自觉站在党和国家工作大局的高度谋划政治监督,研究强化政治监督的方法路径,主动用政治眼光审视不足、研判问题,有针对性地提出意见建议,促进深化改革、完善制度、优化治理,不断提高政治判断力、政治领悟力、政治执行力,定期了解落实情况,及时纠偏压责,督促解决存在的问题,切实做到"两个维护",贯彻落实好党中央决策部署。每半年召开一次党风廉政建设专题会,总结阶段性工作,对下一步工作提出部署要求,促进管党治党政治责任压紧压实。落实全市"项目落地年"和青岛地铁"攻坚落实年"要求,统筹抓好疫情防控和企业转型发展,积极构建建设、运营、开发、经营"四位一体"发展生态圈。加强对集团重大工作部署和重要改革决策落实情况的监督检查,促进各项改革任务落实到位。充分发挥巡察利剑作用,制订详尽科学的内部巡察计划,实现对下属单位巡察全覆盖。

二是思想监督贯穿全程。"党性修养是第一修养,党性教育是第一教育。"以思想理论教育强化思想监督,贯穿党风廉政建设全过程。全面加强党的思想建设,坚持用习近平新时代中国特色社会主义思想统一思想、统一意志、统一行动。在巩固党的群众路线教育实践活动、"三严三实"专题教育、"两学一做"学习教育常态化、"不忘初心、牢记使命"主题教育、党史学习教育的同时,以庆祝中国共产党成立100周年为契机,开展经常性全面从严治党宣传教育,引导党员、干部加强政治学习,强化理论武装,引导广大党员、干部经受全面深刻的政治教育、思想淬炼、精神洗礼。打造廉政教育课堂,把廉政教育内容作为党委理论学习中心组学习的重点内容,每季度至少安排一次集中学习。加强对新入职员工教育管理监督,上好廉洁教育"第一课",引导年轻职工知敬畏、存戒惧、守底线。充分发挥信息化综合监督系统廉政教育板块灵活、高效的特点,对集团全体干部职工岗位特点进行分析,针对不同层级、不同岗位精准推送党章党纪党规等各类学习内容,开展好"每日一题、每季一测、每年一考",实现廉政教育差异化、特色化。

三是加强作风监督。党风事关党的生死存亡,作风建设是党的建设的永恒主题。全面从严治党决不能有松劲歇脚、疲劳厌战的情绪,必须持之以恒推进全面从严治党,全面加强党的作风建设。以正风肃纪为突破口,通过作风建设常态化、作风监督全覆盖驰而不息加强作风监督,打造作风建设"金色名片"。认真学习《关于贯彻习近平总书记重要指示精神深入落实中央八项规定精神的工作意见》和省纪委《关于强化监督执纪问责深化落实中央八项规定精神的工作方法》等文件要求,严格执行《力戒形式主义、官僚主义"五项要求"》《作风正面清单》等相关规定,不断巩固拓展落实中央八项规定及其实施细则精神成果,对落实中央八项规定精神情况开展专项监督检查,着力发现问题、促进提升,推动党风政风持续向好,全力打好作风建设攻坚战、持久战。针对执行中的突出问题开展专项整治。结合日常监督开展作风调研察访,通过座谈、问卷调查等方式,了解掌握群众反映强烈、集中的作风问题新动向、新表现,动真碰硬,坚决整治,形成作风监督整治常态化机制。紧盯元旦春节、五一端午、中秋国庆等重要节点,强调节日期间纪律要求,采取走访座谈、明察暗访等方式加强监督检查。

四是正面示范与反面警示相结合。贯通运用监督执纪"四种形态",深化运用"第一种形态",加大执纪问责力度。围绕严明党的纪律,组织党组织书记讲廉政专题党课,引导广大党员知纪明纪、遵纪守纪,切实增强守纪律、讲规矩的自觉性。集团纪委坚持用"身边事"教育"身边人",通过观看警示教育片、专题讲座、参观警示教育基地等方式,每季度针对中层以上领导干部开展一次专题教育,提高教育的针对性、感染力和震慑力。各基层党组织每季度组织开展一次全员警示教育,牢固树立底线思维和红线意识。深入剖析违纪违法典型案例,加大通报曝光力度,以案为鉴、以案明纪。在严厉惩治腐败、形成震慑的同时,将问题查摆剖析贯穿监督执纪监察全过程,深入梳理分析全年信访举报及问题线索处置情况,为深化全面从严治党提供决策依据,推动堵塞监管漏洞、形成长效机制。贯彻惩前毖后、治病救人的一贯方针,加强和改进纪律处分决定执行,定期开展被处分人回访教育工作,体现组织"温度"。在清廉地铁建设过程中,明确清廉建设重点任务,建立季度梳理汇总、半年总结、年度述职评议等全过程监督,进一步压实工作责任。坚持以案为鉴强警示,2022年集团纪委集中组织开展"一把手"、年轻干部定制化警示教育,共计400余人次接受教育宣讲,同时还通过廉洁教育馆参观、国企领域定制化警示教育和廉洁家教家风主题宣讲等活动,努力营造知敬畏、存戒惧、守底线的浓厚氛围。

(二)综合各种手段,强化监督效能

一是构建综合监督体系,完善监督体系。治国必先治党,治党务必从严,从严必依法度。在集团党委统一领导下,全面贯彻落实关于"构建党统一指挥、全面覆盖、权威高效的监督体系"要求。2022年6月,集团党委下发《关于建立综合监督体系的实施意见》,聚焦全面从严治党,坚持以党内监督为主导,统筹监督资源和监督力量,积极发挥纪检监察专责监督、业务主管部门职能监督作用,构建各类监督贯通融合、同向发力的综合监督体系,将监督有机嵌入企业治理和日常管理,充分发挥监督的治理效能,切实提高监督对企业改革发展的促进作用,推进全面从严治党不断向纵深发展。

二是创新数字化监督手段。地铁集团信息化综合监督系统以业务监督为核心、以廉政教育为基础,由四个子系统27项主要功能构成。廉政教育子系统根据不同岗位特点,通过办公平台精准推送党纪法规"每日一题",并对岗位风险进行每日提示,设置闯关答题、警示教育等多样化在线学习内容,实行学分管理,通过学、考、管结合,将廉政教育融入日常工作和生活,结果作为干部使用、评先评优的重要参考；业务监督子系统覆盖到"三重一大"事项决策、人力资源管理、资金资产管理、招标采购、工程计量等十个重点业务领域，实时抓取业务数据进行分析预判，正常运转时"不干预""不影响"，触发风险时发出黄灯预警提醒、红灯异常警报，由责任单位基于实际情况做出异常说明并解除红灯。集团纪委立足于"监督的再监督"，定期组织业务主管部门、行业专家对红灯解除情况进行抽查核验，先后发现工程变更规定执行不严、未按图施工及计价错误等问题，提出优化管理建议，做出严肃处理，常态化发挥警示震慑作用，不断提升防范化解廉政风险、促进队伍安全建设的威力和实效。

三是强化自我监督。将严惩腐败与严密制度、严格要求、严肃教育紧密结合，大力推进"普规普纪"、警示教育和廉洁文化建设，实现"惩、治、防"相统一，坚决铲除腐败滋生土壤。抓早抓小，增强依法按章办事意识。突出严管厚爱结合、激励约束并重，突出做好运用"第一种形态"强化预防警示，印发《纪律检查建议书》《监督建议书》等，做出谈话提醒、批评教育、诫勉等处理百余人次，抓早抓小，治病于未发，防微杜渐，小错小节零容忍，切实增强广大党员干部的纪律规矩意识。注重惩而有戒，警示守住底线不越红线。注重政治效果、纪法效果和社会效果有机统一，既实现执纪问责的严要求，也实现警示震慑、惩前毖后目的。近年来，综合监督移交相关问题线索已有7件，进行立案处理或具备立案条件的4件，占比57.1%，对相关责任人运用"第二、三种形态"进行从严处置，典型案例通报曝光，发挥警示震慑作用，引导领导干部、关键岗位人员算好政治、经济、亲情"三笔账"，坚守廉洁从业底线，不碰党纪国法红线。通过深入分析监督工作中发现的突出问题和违法违纪典型案例，组织共性问题自查自纠，推动党员干部举一反三、自查自省。

（三）多维联动，形成协同监督合力

一是强化监督制度保障。从整体性、系统性、协同性出发加强制度建设顶层设计，结合集团组织架构，调整优化板块，全面梳理制度标准体系，切实解决制度标准衔接性、可行性较差等问题。加强制度执行情况的监督检查，对集团设计管理、设备管理、安全质量管理等关键制度建设执行情况开展专项监督检查，推动实现用制度管住权力。强化日常监督走访，深入基层单位、施工现场等开展调研检查，及时了解掌握有关部门、单位职责履行和制度执行情况。聚焦资产、资金、资源密集的经营开发业务，认真制定、落实针对性防控措施，切实提升风险防控的精准性和有效性。不断加强对综合监督工作成果的分析研判，积极跟进，督促问题整改落实，严格按照"一台账、两清单、双责任、双问责"要求，针对综合监督移交问题建立工作台账，明确责任部门和单位,严把整改落地标准,实行销号管理,切实做到"件件有落实、事事有回音",真正将发现问题和解决问题贯彻于监督工作始终。同时深入剖析综合监督工作中发现的突出问题集中点和查办的违纪违法典型案例,组织共性问题对照自查自纠、个别案例解析等,通过以案为鉴、以案明纪,让更多的党员干部能够举一反三、知错知止,推动堵塞管理漏洞、形成长效机制。

二是构筑一体化监督网络。推动巡视监督、审计监督、财会监督与纪律监督、监察监督、派驻监督贯通协同,实现信息沟通、线索移交、协作配合、成果共享,增强监督的政治性、严肃性、协同性、有效性,形成常态长效的监督合力,健全权力运行制约和监督体系。纪检监督工作以"大监督"格局注重大处着眼、小处着手。"融入式监督"聚焦城市更新和城市建设三年攻坚行动,围绕地铁"三六五"发展战略和"建设世界一流地铁,争做一流城市投资建设运营商"目标,将综合监督有机嵌入企业治理和日常经营管理,根据年度重点工作计划安排,突出项目建设、造价管理、资源性资产租赁、经营开发及重大事项决策等重点领域,2021年部署聚焦重点领域强化监督检查、健全舆情法律风险防范机制、多举措保证资金安全、积极营造勤廉务实氛围4大类29项综合监督任务,全力保障地铁生产、质量、资金、廉政和法律"五个安全"。同时,重点针对审计监督、舆情监督等薄弱环节加大力度,确保一体化监督不留死角,切实做到"纵向到底,横向到边"。

三是上下监督联动发力。坚持以党内监督为主导,引导激发各项监督资源和监督力量各展所长、优势互补,在协调贯通中提升监督效能。地铁集团纪委聚焦监督首责,突出政治监督,充分借助市纪委"护航专班"化解地铁工程项目推进中的难点,相关职能部门切实发挥职能监督作用,审计部门强化线路建设跟踪及结算审计,先后移交施工管理、工程计量等方面的失职失责问题;督查部门强化重要决策执行督办,先后提报相关规划编制推进迟缓、资产划转"消极怠慢"以及舆情处置、合规审查和风险应对等方面的突出问题,深化信息共享、协同监督,以强有力问责倒逼责任落实。

(四)精准监督,管住"三个关键"

精准监督,管住"三个关键",聚焦关键少数、关键环节、关键岗位全面发力。首先,抓关键少数,紧盯"头雁效应"。坚持党管干部、党管人才原则,严格落实党的干部路线,以关键少数带动全体党员干部自律过硬,让党的先锋队作用充分发挥、政治本色充分彰显。坚持以业绩选干部、用干部创业绩,树立正确、鲜明的选人用人导向。重点监督推动"一把手"和年轻干部严格执行各项党内制度法规,切实增强党内法规的权威性和执行力,依靠制度建设提升一体推进"三不腐"的能力和水平,坚持不懈推动全面从严治党向纵深发展。加强对一把手的监督,修订完善集团《党员领导干部述责述廉实施细则(试行)》,将抓实述责述廉工作作为加强"关键少数"监督的重要手段。按照市委《关于加强对"一把手"和领导班子监督的实施意见》精神,印发集团《关于加强对"一把手"和领导班子监督的责任分工》,明确54项工作任务,要求各牵头部门、单位将有关工作纳入2022年全面从严治党责任清单。深入落实《关于成立监督委员会创建"综合监督"工作机制的实施意见》,监督委员会各部门要切实增强专业监督责任意识,促进业务监督与专责监督握指成拳、形成合力。加大廉洁从业宣传力度,结合员工年轻化的特点,以H5的形式制发《纪检监察工作简报》,传达上级有关精神,宣传纪检监察工作,普及党纪法规基础知识,提高遵规守纪自觉性。

其次,聚焦关键环节,抓点牵线带面。修订完善《"三重一大"事项决策制度实施办法》,严格执行《关于加强重点领域和关键环节监督的意见》,在干部选拔、招标采购、资金运作、工程管理等关键环节加强监管。组织人事部门严格执行干部选拔任用有关规定,认真落实"凡提四必""三个不上会"等要求,真正把靠得住、能干事、干成事、敢担当、善担当、勇担当的优秀干部选拔上来、使用起来;集团纪委不定期抽查事项决策、工程建设、投资管理等业务,进一步做实重点岗位廉洁风险排查防控,纳入监察平台进行实时监督预警。在"地下工程、阳光操作"这一廉洁高效精品工程目标指引下,青岛地铁集团在整合各类监督力量的同时,强化精准监督、提升监督效能。通过查纠一个"点"上具体问题,促进"面"上制度机制优化。自2020年开始,针对履行全面从严治党责任成立内部巡察领导小组,组建巡察人员库,抽调财务、审计及工程管理人员完成两轮内部巡察,发现落实管党治党责任、项目建设管理等方面问题50余个,优化一线党组织建设、外聘专家管理等制度机制10余项。针对执行中央八项规定精神由集团纪委牵头,办公室、财务审计部门参与,组成专项检查组,每年检查至少一家二级单位,重点查纠"酒杯中的奢靡之风"、变相发放津贴补贴及"车轮上的腐败"等典型问题具体表现,从业务招待、公务出差及津补贴等方面规范管理制度、细化工作标准近20项。针对关联性营利组织专项治理、停车管理领域专项整治和未纳入政府平台采购项目专项检查等系统专班行动,紧盯关键少数、关键环节、关键岗位用权履职情况重点查纠,扎紧制度笼子、夯实管理基础,营造勤廉务实良好氛围。

最后,加强对关键岗位监督,防控廉洁风险。严格执行干部轮岗交流工作办法,督促各级党组织落实责任,形成常态化轮岗交流机制,提高干部综合能力。纪检监察机关从动议酝酿阶段就参与选人用人工作并实行全过程监督,审慎出具党风廉政意见,严格把好政治关、廉洁关和作风关。推动对

"关键少数"监督常态化、精准化;按照"三个区分开来"要求,健全容错纠错机制,支持担当作为,完善考核激励机制,倡导干事创业,鼓励广大干部职工在推动"一化五要"建设新模式落地、突破"订单换股份、场景促技术、投资聚产业、流量变效益、资产资本化"工作中先行先试,最大限度调动干部职工的积极性、主动性、创造性。集团纪委科学把握容错纠错与纪律刚性的关系,加大对查处诬告陷害行为、为干部澄清正名工作的宣传力度,及时对典型事例进行通报,营造为干事者鼓劲、为担当者担当的良好氛围。

三、按照忠诚干净担当标准锻造纪检监察队伍

纪检监察机关是党内监督和国家监察专责机关,是党进行自我革命的重要力量。全面从严治党永远在路上,党的自我革命永远在路上。青岛地铁集团纪检监察机关坚定贯彻党的自我革命战略部署,坚持全面从严治党战略方针,永远保持永远在路上的战略定力。建设一支高素质专业化的纪检监察干部队伍,是推动纪检监察工作高质量发展的关键所在。青岛地铁集团纪检监察机关牢记打铁必须自身硬要求,以党的政治建设为统领,以能力建设作支撑,以更高的标准、更严的纪律要求自己,做对党忠诚、为国奉献、为民造福的卫士。带头加强党的政治建设,坚持底线思维,增强忧患意识,发扬斗争精神,练就斗争本领,践行"三严三实",在全面从严治党革命性锻造中接受考验。

在十九届中央纪委五次全会上,习近平总书记强调,要努力建设一支政治素质高、忠诚干净担当、专业化能力强、敢于善于斗争的纪检监察铁军。青岛地铁集团多年来持续加大严管严治、自我净化力度,努力打造一支政治过硬、专业精通、作风优良的纪检监察干部队伍。目前,青岛地铁集团共有专兼职纪检监察干部60余名。在地铁集团总部,作为市直企业本级纪检监察机构(监督检查部、综合部)配备纪检干部8人(含纪委书记和纪委副书记);学历结构均为大学本科及硕士研究生学历,年龄结构合理,老中青结合,平均年龄38.25周岁,学缘结构丰富。青岛地铁集团有限公司所属国有全资、国有控股的二级企业纪检队伍共有专兼职纪检干部50余人,并在青铁置业、青铁物业、青铁商业三家公司设置专职纪委书记(纪检委员),配备专职纪检工作人员,为充分履行纪检监察工作职责打下组织基础。

（一）把好入口关,选拔优秀纪检人才

习近平总书记在党的二十大报告中指出,"选拔忠诚干净担当的高素质专业化干部"。青岛地铁集团在选拔纪检监察干部时,一般从集团内部具有一定基层工作经验的优秀人才中进行酝酿、考核与选拔,选拔时突出政治素

养、品德作风和能力水平。政治可靠是选拔纪检监察干部的首要因素,对党忠诚是党员干部最根本的政治品质,纪检监察干部作为党的忠诚卫士,对党忠诚是基本要求。青岛地铁集团在选拔纪检监察干部时考察优秀人才是否始终忠诚于党的信仰,忠诚于党的事业、党的理论方针政策路线和集团党委的中心任务与工作,做无怨无悔的纪检监察干部。同时,青岛地铁集团注重纪检监察干部的专业业务能力,适当选配具有电气工程、交通运输工程、项目管理、艺术设计等专业背景的和工作经验的人员进入纪检队伍,增强了队伍能力、工作背景、经验的多元化和异质性。

（二）提高纪检监察干部政治站位

习近平总书记在党的二十大报告中强调,"全党必须牢记,全面从严治党永远在路上,党的自我革命永远在路上,决不能有松劲歇脚、疲劳厌战的情绪,必须持之以恒推进全面从严治党,深入推进新时代党的建设新的伟大工程,以党的自我革命引领社会革命。我们要落实新时代党的建设总要求,健全全面从严治党体系,全面推进党的自我净化、自我完善、自我革新、自我提高,使我们党坚守初心使命,始终成为中国特色社会主义事业的坚强领导核心"。青岛地铁集团提高政治站位,一是坚决当好党的忠诚卫士和钢铁战士。充分认识到纪检监察机关作为管党治党的政治机关,因党而生、为党而战、兴党而强,在推进党的自我革命、坚守党的初心使命上发挥着重要而独特的作用,在新时代推进具有许多新的历史特点的伟大斗争中,更要当好敢于斗争、善于斗争的战士,牢牢把握斗争方向,坚决扛起"两个维护"的重大历史使命和根本政治责任,同一切危害中国共产党领导和我国社会主义制度的各种风险挑战作坚决的斗争。二是坚持不懈用习近平新时代中国特色社会主义思想凝心铸魂。用党的创新理论武装全党是党的思想建设的根本任务。青岛地铁集团纪检监察干部坚持学深悟透力行习近平新时代中国特色社会主义思想,坚决维护习近平总书记党中央的核心、全党的核心地位,坚决维护党中央权威和集中统一领导。认真履行监督执纪问责、监督调查处置职责,准确把握党的二十大提出的重大判断、重大战略、重大任务、重大举措,聚焦新时代新征程党的使命任务,推进政治监督具体化、精准化、常态化,加强对党章贯彻执行情况的监督检查,保障党的路线方针政策和党中央重大决策部署贯彻落实。深刻体悟"两个确立"的决定性意义,不断增强"四个意识"、坚定"四个自信"、做到"两个维护"。三是常态化长效化开展党史学习教育,巩固拓展学习教育成果,大力弘扬伟大建党精神,传承纪检监察优良传统,加强理想信念教育,自觉忠诚于党、忠诚于人民、忠诚于纪检监察事业,以更加坚定、更加自觉的实际行动深入贯彻全面从严治党战略方针,以加强纪检监察铁军建设更好服务集团中心任务和青岛地铁建设。

（三）提升纪检监察干部专业素养

习近平总书记在党的二十大报告中强调，要"加强干部斗争精神和斗争本领养成"。纪检监察干部作为党的忠诚卫士，要准确把握在党的自我革命中的职责任务，坚决同各类侵蚀党的先进性纯洁性的消极腐败和歪风邪气作斗争，确保党不变质、不变色、不变味，始终保持党的纯洁性和先进性。习近平总书记在党的二十大报告中强调，"锲而不舍落实中央八项规定精神，抓住'关键少数'以上率下，持续深化纠治'四风'，重点纠治形式主义、官僚主义，坚决破除特权思想和特权行为""深化整治权力集中、资金密集、资源富集领域的腐败"。多年来，青岛地铁集团加强对纪检监察干部的培养与提升，增强纪检监察干部的斗争精神，提升纪检监察干部斗争本领，锻造了一支敢于斗争、勇于斗争、善于斗争的纪检监察干部队伍。对部分二级企业纪检机构建立"一对一"督导帮扶机制，督促指导专职纪委书记（纪检委员）切实履行职责、发挥作用。强化业务培训、"以干代训"，提升专兼职纪检干部业务水平和履职能力，不断夯实纪检监察工作基础，如通过持续推进廉洁文化阵地建设工作，提升纪检监察干部的业务能力。为进一步推进廉洁文化建设，让廉洁文化的覆盖面更广，廉洁理念更加深入人心，纪检审计部参与文化墙内容编写，完成纪检文化墙文字内容及作风能力提升墙文字内容。在业务工作中提升纪检监察干部的能力与素养。

在回收的754份调查问卷中，认为集团党委在营造风清气正的政治生态方面的工作效果很好的占67.24%，较好的占26.53%，一般的占3.58%，不清楚的占2.65%；认为集团各级纪检监察机关对"一把手""关键少数"这一重点群体的监督成效很好的占66.31%，较好的占23.47%，一般的占3.58%，不清楚的占6.63%；认为所在单位在提拔任用干部方面监督工作到位很好的占60.88%，较好的占27.06%，一般的占5.84%，不清楚的占6.23%；认为本单位构建综合监督体系成效很好的占62.6%，较好的占29.44%，一般的占3.98%，不清楚的占3.98%；认为集团纪检监察部门对违纪违法、失职失责等问题做到严肃执纪问责的占81.96%，存在打折扣现象的占2.79%，执纪问责不到位的占1.72%，没有关注、不清楚的占13.53%；认为集团各级纪检监察机关对重点领域、关键岗位监督非常到位的占65.38%，比较到位的占25.73%，不到位的占1.06%，不清楚的占7.82%。以上结果足见集团对于清廉建设高度重视，工作方式方法恰当，工作力度大，工作效果好。

（四）锤炼纪检监察干部过硬作风

坚持完善规范用权的制度体系，严格权力边界。青岛地铁集团严格执行《中国共产党纪律监察机关监督执纪工作规则》，结合集团纪检监察工作实际细化配套制度，规范审查调查工作流程，完善集体决策、请示报告等制度，健全内控机制，让权力在制度范围中运行。依法依纪依规文明办案、安全办案。依法依纪依规文明办案是依法治国思想在纪检监察工作的具体体现，考验着纪检监察干部的政治素养、心理素质和能力水平。地铁集团纪检监察干部办案过程中，要严格依纪依法，以党纪条规、法律法规为指导，重证据、讲程序，既要体现纪律规矩的刚性，又要体现组织的关心厚爱，促使办案对象认识错误、承认错误、改正错误，达到惩前毖后、治病救人的目的。对执纪违法、执法违法者零容忍。执纪者必先守纪，律人者必先律己。地铁集团纪委要求纪检干部在任何时候都必须立得端、行得正，做守纪律、讲规矩的表率，坚决防止"灯下黑"。

（五）擦亮纪检监察干部清廉底色

习近平总书记在党的二十大报告中强调，"深化标本兼治，推进反腐败国家立法，加强新时代廉洁文化建设，教育引导广大党员、干部增强不想腐的自觉，清清白白做人、干干净净做事，使严厉惩治、规范权力、教育引导紧密结合、协调联动，不断取得更多制度性成果和更大治理效能"。青岛地铁集团将深化廉洁教育作为培养、考核纪检监察干部的重要举措。一是通过廉洁家访活动，与纪检监察干部全员谈、与纪检监察干部家属面对面谈，将廉洁教育做在经常，勉励纪检监察干部时刻紧绷纪律之弦，清廉做事、担当作为。二是将廉洁教育融入纪检监察干部的日常。青岛地铁集团将廉洁教育与日常办公有机结合。每日廉政答题是办公"之钥"，每位地铁员工在打开电脑进行办公之前，首先要进行廉政答题与廉政学习，答题结束后才能进行日常办公，日复一日，廉洁教育潜移默化之中走入心田。截至2022年6月13日，青铁商业纪检审计部参与廉洁教育人员3人，每日一题正确率70.9%，季度考试得分率98.7%，参加廉洁活动人次6人次，廉洁学习人次105人次，闯关成功人次106人次，部门总体完成度为46.9%。三是定期组织纪检监察干部廉洁教育培训提升。培训内容紧紧围绕三级纪委全会精神和集团每年重点任务部署设置课程，总体课程分为宏观指导，寻标对标，市委、市政府中心工作，业务教研4个板块，围绕学习贯彻三级纪委全会精神解读、党风政风监督、信访举报、案件线索管理、监督检查、审查调查、案件审理、宣传教育、政治巡察、派驻监督、市直企业和功能区纪检监察工作等业务领域开展培训。

四、几点启示

习近平总书记强调："从严治党，必须增强管党治党意识、落实管党治党责任。"青岛地铁集团在公司党委统一领导下，成立监督委员会，创建"1+8"监督联动机制，形成党委统一领导、全面覆盖、权威高效的监督体系；不断夯实党委主体责任、纪委监督责任，深入推进从严治党及清廉建设取得显著成效，为国企清廉建设提供了宝贵的经验启示。

（一）要坚持党委领导与纪检专责有机结合

一是要坚持党委的集中统一领导。党委负领导责任，纪检监察机关专责监督。党的领导是全面的、系统的、整体的，必须全面、系统、整体加以落实。企业清廉建设，要按照中央、省、市纪委监委综合监督指导意见精神，不断健全党委统一领导、全面覆盖、权威高效的监督体系，在党委班子组成的监督委员会领导下，负责部署年度综合监督工作、研究解决重难点问题，将纪检监察机关专责监督与审计、财务、资产、法务、督查等业务部门职能监督衔接贯通，在党委集中统一领导下，建立统筹协调、信息反馈、联合监督、上下联动、成果运用5项协同机制，实现重点业务职能监督中反映出的廉洁风险和违规违纪违法苗头及时反馈集团纪委，让执纪问责更精准有力；纪检监察监督中反映出的制度缺失、管理漏洞及时反馈业务职能部门，让权力运行更加阳光透明。

二是纪委要全面落实监督责任。在党委统一领导下，纪检监察机关协助党委制定年度工作任务并强化督促责任落实和巡察整改情况，统筹谋划清廉建设，协助开展述责述职等工作。纪委以协助推进全面从严治党为突破口，充分发挥纪检监察机关监督职责；制定年度工作任务分解表，就完善党风廉政建设责任进行全面落实。

（二）要压实纪委监督责任

习近平总书记在党的二十大报告中指出，"反腐败是最彻底的自我革命"，"必须永远吹冲锋号，坚持不敢腐、不能腐、不想腐一体推进，以零容忍态度反腐惩恶"，这为深入推进廉洁建设和反腐败斗争指明了方向、提供了遵循。青岛地铁集团正是以永远在路上的恒心和韧劲，保持坚强政治定力，强化监督执纪问责，保持反腐高压态势，扎紧制度笼子，推动企业清廉建设不断取得新进展新成效。

首先，保持高压态势，强化不敢腐的震慑。坚决查处腐败案件是同各种腐败行为作斗争的有效武器，是对腐败现象保持"高压"的"压力阀"。地铁集团纪委始终贯彻"信任不能代替监督"的理念，聚焦"六个围绕、一个加强",坚持动真碰硬坚决整治,锲而不舍正风肃纪。

对苗头性问题反应要快,对于发生在部分党员干部身上的倾向性问题,纪检监察机关应采取提醒谈话、函询和廉政教育等方式进行提前介入,从思想上清本正源。对一般违纪问题,纪检监察机关要迅速综合分析原因,第一时间找准病根,坚决查处。对于重大违纪问题,查处要狠。对于领导干部腐化堕落、滥用职权、以权谋私、贪污受贿等方面的重大案件,以及严重损害群众利益的案件,要坚决严肃查办。

其次,健全监督机制,扎牢不能腐的笼子。习近平总书记强调:"反腐倡廉的核心是制约和监督权力。"党的十八大以来,以习近平同志为核心的党中央,发扬彻底的自我革命精神,坚定不移全面从严治党,持之以恒正风肃纪反腐,以党内监督带动完善其他监督,不断增强党的自我净化、自我完善、自我革新、自我提高能力。地铁集团党委以一体推进"三不腐"机制为抓手,紧紧抓住"三个关键"——管住关键人、关键事、关键点,扎牢织密"不能腐"的制度笼子,是强化监督、有效反腐防腐的根本之策。

青岛地铁集团纪委坚持把对权力的准确认知、科学配置和有效监管作为反腐倡廉工作的核心,实现对关键岗位权力的有效制约。一方面,瞄准关键岗位决策权,聚焦人事财务、资产物资、工程项目、投融资等重点领域关键环节,实行重点业务、重点岗位重点管控,落实"三重一大"集体讨论决策制度,加强对人权、财权、事权的监督管理,加大对重点工作领域、关键岗位干部的监督检查力度。另一方面,聚焦重点部位执行权。地铁集团纪委以"严、真、细、实、快"工作要求,聚焦各板块重点业务和关键岗位,通过驻点检查、随机抽查、核查问询等方式,紧盯重点环节、关键领域,密切关注履职尽责、权力运行等方面"微腐败"问题,坚持把权力关进制度的笼子,有效堵住"暗门"、关上"天窗"。

最后,强化教育引导,增强不想腐的自觉。保持零容忍高压态势,一体推进不敢腐、不能腐、不想腐,必须坚持标本兼治,不断加强廉洁教育,引导党员干部加强自身修养、筑牢思想防线。青岛地铁集团党委着力将廉洁教育和企业文化建设作为推进清廉地铁建设的基础性工程,与巩固拓展党史学习教育成果相融合,分期分批进行领导干部专题教育、年轻干部定制化警示教育以及全员警示教育,夯实防腐思想根基,营造企业清廉环境。

筑牢不想腐的堤坝,必须加强党员干部党性教育,要站在思想建党、理论强党的高度,坚持用习近平新时代中国特色社会主义思想武装头脑、坚定信念,用优秀廉洁文化滋养精神、锤炼品格。强化党员干部党纪教育,既要充分发挥典型激励作用,又要充分发挥警示教育的震慑作用,引导党员干部切实做到以正面典型为标杆、以反面典型为镜鉴。廉洁教育要从领导干部抓起,一方面抓好党员干部的理论学习,夯实理想信念的基石,另一方面要做到"全员化、无死角",切实管好"关键少数",还要注重有效引领"绝大多数",消除盲区、固强补弱,全面构建起干事创业、风清气正的良好氛围。

(三)要创新手段,实现精准监督

地铁集团强化党委领导与纪检专责的有机结合。一方面,党委主动承担主体责任,把清廉建设摆在极为重要位置加以高度重视。党委书记和班子成员带头认真贯彻落实中央《关于加强新时代廉洁文化建设的意见》和青岛市委《关于推进清廉建设的意见》,以自我革命精神自省自查、自警自励,充分发挥党内监督作用,及时发现问题、纠正偏差,将违纪行为消除在萌芽状态,形成全面从严治党的鲜明导向和浓厚氛围。另一方面,纪检监察机关不断创新理念思路和方式方法,提高把握政策能力和执纪监督水平,高效运用执纪"四种形态",抓早抓小、严格执纪,实现惩治个别少数、教育大多数的目的。

首先,在建章立制中规范监督,推动"两个责任"落地生根。"建章立制"是纪检监督工作能否取得明显成效的重要环节。青岛地铁集团在党委统一领导下,注重问题导向,在深化改革中抓好制度建设,建立了统筹协调、信息反馈、联合监督、上下联动、成果运用5项协同机制,完善领导干部述职述廉制度、"三重一大"事项决策制度、重点领域和关键环节监督制度、内部巡察制度等,完善干部选拔任用"事前征求意见、事中集体决策、事后公开结果"的全流程决策运行监督机制等。

建章立制是落实党委主体责任和纪委监督责任的根本途径。第一,坚持预防控制原则,健全干部管理制度。要严格执行干部轮岗交流、领导干部述职述廉,强化领导干部"八小时外"监督等制度,织密廉洁风险防控网。第二,坚持警醒震慑原则,健全责任追究制度。党委班子成员要对承担的廉洁建设责任进行签字背书,出了问题严格追究责任,对发生重大腐败案件和不正之风长期滋生蔓延的要坚决实行"一票否决"。第三,坚持公开透明原则,健全权力制约机制。完善权力公开机制,提高权力运行的透明度和公信力。要建立健全决策问责和纠错机制,凡是损害人民群众利益的做法要坚决制止和纠正。

其次,在聚焦主业中强化监督,打通廉洁建设"最后一公里"。青岛地铁集团强化监督执纪问责,持之以恒纠治"四风",持续在"常和长、严和实、深和细"上下功夫,久久为功,化风成俗。纪委创新推行"日常 + 专项 + 节点"的监督模式,紧盯重要节点、重点领域和关键环节,将纠治"四风"抓在日常、严在经常,不断充盈清正廉洁的新风正气,打好作风建设持久战。一是抓实日常监督。坚持把监督作为基本职责和重点任务,把落实中央八项规定精神及实施细则执行情况作为经常性工作,把纪律和规矩挺在前面,牢固树立"全周期"监督意识,做实做细对党员干部的日常监督,坚持抓常、抓细、抓长,完善联动协查、定期通报等长效化机制。二是突出专项监督。聚焦群众高度关注的形式主义和官僚主义等突出问题,紧盯"一把手"和领导班子等"关键少数",紧盯权力运行的关键环节和重要领域,不定期、多频次地对专项工作进行实地督查、指导和规范,发现问题及时整改,不断增强监督实效。三是坚守节点监督。在每个重要节日节点,要通过重申纪律要求、发送廉洁提醒、开展督促提醒等形式,提醒每一名党员干部认真落实中央八项规定精神,做到早提醒、早敲警钟。地铁集团纪委紧盯元旦春节、五一端午、中秋国庆等重要节点,聚焦公车私用、公款吃喝等问题进行重点监督。

最后,在主动作为中创新监督,电子"探头"靶向精准施治。创新是党永葆生机活力的力量源泉,自我革命是我们党最鲜明的品格。纪检监察机关肩负着"发现问题、防微杜渐,惩前毖后、治病救人"的监督使命,必须做到主动出击、直面问题、开拓创新。地铁集团纪委聚焦主责主业,围绕监督执纪问责,层层拧紧责任链条,做到常规工作无差错、重点工作有突破、创新工作出成果。一是全力调查处理信访举报线索。纪检监察信访举报工作是监督执纪的重要关口,要把全面从严治党的要求体现到信访举报受理、分析、处理的全过程,畅通信访举报渠道,认真开展信访信息分析评估,发挥好"侦察兵"的作用。二是协调同步推进内部巡察暗访。要认真落实党委的统一领导,把巡察工作纳入总体工作布局,坚持"聚集重点、强化整改、注重实效"的原则,着力增强内部巡察监督的力度、广度和深度,聚焦成果运用,提高监督实效。一方面,将定期检查和不定期暗访相结合。另一方面,构建常态化巡察工作机制,实现对二级企业党组织巡察全覆盖,发挥好"巡逻队"的作用。三是实现信息化监督效能提升。创新监督手段,是纪检工作提升监督效能的法宝。地铁集团开发建设了以全方位、精准监督为目的的信息化综合监督系统,即"发现—整改—检视—完善"的监督治理封闭系统,获批大型国有企业首个国家专利,探索出了国企实施科技监督的新路径。信息化赋能创新监督手段,以电子"探头"靶向精准监督,有利于提升纪检监察工作质效,发挥好"排头兵"的作用。

(四)要淬炼纪检监察队伍"硬功夫"

打铁必须自身硬。建设一支高素质专业化的纪检监察干部队伍,是推动纪检监察工作高质量发展的关键所在。青岛地铁集团坚持以政治建设为统领,把加强纪检监察干部队伍建设摆在突出位置,以铁一般的纪律作风锻造忠诚卫士,下大力气提高纪检监察队伍政治能力和专业化水平。

首先,抓牢"忠诚"这个核心,在提高政治站位上下功夫。习近平总书记提出,"必须增强政治意识,善于从政治上看问题,善于把握政治大局,不断提高政治判断力、政治领悟力、政治执行力"。作为党和人民的忠诚卫士,纪检监察干部必须在旗帜鲜明讲政治上做好表率。

其次,抓住"担当"这个根本,在提高履职能力上下功夫。习近平总书记在十九届中央纪委四次全会上提出:"纪检监察机关要带头加强党的政治建设,继承对党绝对忠诚的光荣传统,做忠诚干净担当、敢于善于斗争的战士。"这一要求为锻造新时期纪检监察干部队伍提供了方向指南。地铁集团从党委到纪委,始终把政治建设置于首位,以责任清单制,层层压紧压实从严治党政治责任和履职担当,高度重视纪检监察干部队伍建设。纪检监察干部要做到忠诚坚定、担当尽责、遵纪守法、清正廉洁,做敢于斗争、善于斗争的战士,不断吹响廉洁建设冲锋号,在实战锻炼中提高履职能力。

再次,抓细"执纪"这个本职,在敢于动真碰硬上下功夫。在十九届中央纪委五次全会上,习近平总书记强调纪检监察队伍要"政治素质高、忠诚干净担当、专业化能力强、敢于善于斗争"。纪检监察干部必须具备勇于担当的魄力,聚焦真问题,找准发力点,敢于挺身而出,出重拳、严惩戒。地铁集团纪委抓住监督清单制度关键环节严肃执纪问责,高效运用"四种形态",以零容忍态度严肃查处违规违纪行为,护航集团高质量发展,做实监督执纪"后半篇文章"。

最后,抓紧"考核"这个关键,在做实铁打的人上下功夫。作为地铁人,纪检监察工作人员必须首先做敢打敢拼、无私无畏的"铁打的人"。纪检监察机关要有效发挥考核指挥棒作用,把政治标准摆在首位,全面把握纪检、监察双重职责,严格专业化标准,督促纪检监察干部认真履责。青岛地铁集团纪委坚持从严把好选人用人的政治关、廉洁关和作风关,通过建立可量化、可操作、可考核的科学考核评价体系,解决纪检监察干部"干什么、怎么干、干到什么程度"的困惑,杜绝"干与不干、干多干少、干好干坏一个样"的问题,督促纪检监察干部队伍勇于担当作为、敢于创先争优,锻造一流忠诚可靠的纪检铁军。

(青岛市政治学学会课题组　执笔:曹　胜,曲新英,孙　涛,马丽娟,邵长威)

厚植新时代国企廉洁文化根基

党的二十大报告强调指出，"加强新时代廉洁文化建设"。廉洁文化建设作为思想建党的重要内容，是全面从严治党的治本之策。青岛地铁集团坚持把廉洁文化建设作为全面从严治党重要内容，努力探索全面从严治企的有效路径，为新时代加强廉洁文化建设提供了经验启示，厚植了国企廉洁文化根基。

一、把政治统领作为厚植廉洁文化的主心骨

党的政治建设是党的根本性建设，决定廉洁文化建设的方向和成效。青岛地铁集团高度重视企业廉洁文化建设，制定了《关于推进清廉建设的实施方案》，强调要把政治建设摆在首位，压紧压实管党治党主体责任，将党的领导融入廉洁文化建设各环节。

（一）从讲政治的高度培育廉洁文化基因

地铁集团不断提高党员干部政治判断力、政治领悟力、政治执行力，把党的建设与生产经营深度融合，为集团高质量发展夯实政治基础。巩固扩展党史学习教育成果，建立常态化长效化体制机制，从党的百年奋斗史中汲取智慧力量。充分认识加强新时代廉洁文化建设的重大意义，切实抓好中共中央办公厅《关于加强新时代廉洁文化建设的意见》的贯彻落实。将习近平总书记关于党风廉政建设、廉洁文化建设的重要论述列入理论学习中心组学习计划，做到全面系统学、及时跟进学、联系实际学，不断厚植廉洁文化基础。把廉洁文化贯穿在加快实施"三六五"发展战略，即线路建设、TOD开发和轨交产业集群"三个一千亿投资目标"等之中，渗透在加快线网建设、打造地铁新城、做强地铁集团、做大地铁产业、实现节能降耗、匹配城市战略"六大发展愿景"之中，为建设、运营、开发、经营和资本运作"五大赛道"贡献廉洁之力。

（二）压实培育地铁人廉洁自律意识的政治责任

集团各级党组织切实担负起主体责任，把推动清廉建设作为重大政治任务，党组织书记扛牢"第一责任人"职责，其他领导班子成员落实"一岗双责"，推动构建集团党委统一领导、有关部门各负其责、各级单位主动作为、广大职工广泛参与的工作格局。各项工作任务牵头部门切实提高思想认识，发挥好统筹协调作用，采取领导领办、动态跟踪等方式，实行项目化推进、台账式管理，进一步强化了工作落实；其他责任部门树立"一盘棋"思想，积极

配合牵头部门完成各项工作任务,推动形成了清廉建设合力。各牵头部门针对负责的工作任务,每年2月上旬制订年度工作计划(2022年度计划在2月底前提报),明确了年度目标、具体措施、工作机制、责任主体等。集团纪委负责汇总年度工作计划,形成了"三张清单",建立了季度调度、半年总结、年度述职等全过程监督,形成了工作闭环。对清廉建设重视不够、力度不大、成效不明显的,严格追责问责,约谈了有关负责人,并在一定范围内通报。完成第二轮内部巡察反馈,发现了落实管党治党责任、贯彻中央八项规定精神等方面突出问题,督促被巡察党组织对照制定整改措施100余项,印发《巡察建议书》,督促业务主管部门履行职能监管职责。在调研组进行的一项问卷调查中,有效问卷754份,认为集团党委在营造风清气正的政治生态工作效果方面,"很好"占67.24%,"较好"占26.53%;认为集团各级纪检监察机关对"一把手"和"关键少数"这一重点群体的监督成效,"很好"占66.31%,"较好"占23.47%,"一般"占3.58%,"不清楚"占6.63%;认为所在单位在提拔任用干部方面的监督工作是否到位方面,"很好"占60.88%,"较好"占27.06%,"一般"和"不清楚"分别只占6%左右;认为本单位在构建综合监督体系成效方面,"很好"占62.6%,"较好"占29.44%,"一般"和"不清楚"不到8%。由此可见,绝大多数受访者认为集团在这些方面的工作成效较好,彰显了集团对于清廉建设的高度重视。

(三)用文化力量为国企廉洁护航

地铁集团抓党建促发展,善于运用廉洁文化力量为企业高质量发展保驾护航。在廉洁文化大力支撑下,地铁集团围绕党中央重大决策部署、省市委工作安排和集团党委重点任务,建立政治监督"四张清单",重点加强对统筹疫情防控和经济社会发展、黄河流域生态保护和高质量发展、安全生产责任等落实情况监督检查,不断推动政治监督具体化常态化。深入开展黄河流域生态保护和高质量发展专项监督,聚焦城市更新和城市建设三年攻坚行动,紧盯地铁建设及沿线开发工作任务,积极对接"护航行动"工作专班并向集团内部延伸,与督查工作协同联动,加强对职能职责和重点任务落实情况的监督,及时了解工作推进中存在的问题,协调推动解决,充分发挥监督护航作用。认真梳理中央和省委、市委对轨道交通领域的重要工作部署,制定政治监督清单,把统筹疫情防控和经济社会发展、三年攻坚行动、作风能力提升年活动落实情况等作为政治监督工作重点。2022年以来,对施工项目部、车站等410余个单位进行疫情防控督导检查,发现并督促整改了疫情防控应急处置预案未及时更新等问题,特别是3月莱西发生疫情时,集团各级纪检监察干部坚持每天实地调研督导,为确保疫情防控措施落实到位发挥了保障作用。按照市纪委有关精神，专门印发《关于深入开展"强化监督执纪问责推动作风攻坚提升"专项行动的工作方案》，明确5项整治重点，有序推进14项具体措施，坚持以调研排查开道，纠正整改推进，执纪问责攻坚，精准处置求效，保障"作风能力提升年"活动取得扎实成效。按照"六个围绕、一个加强"的要求，在"三个聚焦"上下功夫，把被巡察党组织"一把手"作为监督重点，开展两轮内部巡察，构建常态化巡察工作机制，加快实现对二级企业党组织巡察全覆盖，做好了政治监督"后半篇文章"。

二、系好让廉洁思想入脑入心的"扣子"

党的思想建设是党的基础性建设。习近平总书记在十九届中央纪委六次全会的重要讲话中指出："领导干部特别是高级干部要带头落实关于加强新时代廉洁文化建设的意见，从思想上固本培元，提高党性觉悟，增强拒腐防变能力。"青岛地铁集团深入贯彻习近平总书记重要讲话精神和青岛市纪委监委深入推进廉洁文化建设的根本要求，推动各级党组织和广大党员干部不断提高廉洁文化意识，系好"廉洁扣子"。

（一）让人人讲廉洁在企业蔚然成风

廉洁思想入脑入心是青岛地铁集团廉洁建设的重要目标和重要要求。人人讲廉洁已成为青岛地铁集团人的座右铭。青岛地铁集团认为要做好廉洁国企建设，就要提高对廉洁建设重要性的认识，让人人讲廉洁成为青岛地铁集团廉政建设的新风尚。首先，地铁集团把腐败问题放在关系到亡党亡国的高度来认识。腐败问题直接伤害到员工的个人和家庭平安，关系到他们的幸福生活。所以，反腐不仅使党的肌体保持健康，也关系到员工安全。青岛地铁集团党委和领导班子对于这两点认识到位，将反腐工作作为重中之重来抓。其次，创新监督理念。人人讲廉洁要在企业蔚然成风就需要监督的力量。公司纪委深入思考、大胆提出"廉政建设与业务深度融合并进"理念，同步推进生产安全和廉政安全"两手抓""两手硬"，以实际行动推进纪检工作理念、制度、思路、机制创新。除日常的政治监督外，纪检工作的重心已渐渐向深入重点业务领域倾斜。通过安全生产月专项行动，保证党风廉政建设与安全生产等重点领域"双融合""双促进"，保证监督下沉、监督落地、监督于问题未发之时，强化"监督保障执行、促进完善发展"作用，协助党委以监督促使地铁人人讲廉洁成为思想自觉。

（二）开创各种行之有效的教育载体

青岛地铁集团努力探索运用信息化手段加强清廉地铁建设的新路径，

开发建设了以廉政教育为主题的信息化综合监督系统。该系统突出廉政教育功能,发挥精准、高效的特点,将理论教育、典型教育、警示教育与文化建设有效融合,设置了主题教育、廉政建设、党纪法规解读、警示案例等多样化学习资料,采取"每日一题、每季一测、每年一考"等督学手段,运用活泼多样的形式,将学习教育融入日常工作和生活。其中"每日一题"板块通过与集团办公平台相连接,每天每位职工登录办公平台时,自动弹出"每日一题",题目作答完成后才可以办公。系统实行学分管理,中层副职及以上人员年度达标线 85 分、其他人员达标线 80 分,其结果作为评优评先、干部使用的重要依据。目前廉政教育已经覆盖近 2 000 人,2022 年共推送廉政学习文章、视频等学习资料 109 次,"每日一题"作答量超过 19 万人次,在线学习超过 9 万人次,参加廉政活动 0.21 万人次,参加季度考试 0.2 万人次,通过率98.3%。针对领导干部加强秉公用权、清廉从政的价值观念,党委理论学习中心组把廉洁文化作为重要内容纳入学习计划,深入学习贯彻习近平新时代中国特色社会主义思想;基层党组织利用"三会一课"、支部主题党日、论坛讲座、支部书记讲清廉主题党课活动等形式,引导广大党员执纪明纪、遵纪守纪。开设"廉洁讲堂",帮助新入职员工上好廉洁教育"第一课"。通过学、考、管结合,实现廉政教育日常化,让干部员工愿意学、自觉学,时刻感受到纪律和规矩的约束。在回答关于对"每日一题、每季一测、每年一考"有何看法的多选问卷时,受访者认为可以润物无声地学习最新的国法党规、中央文件精神等的占 76.39%,认为具有趣味性和挑战性,开启认真工作每一天的占 50.8%,认为是形式主义,对于廉洁教育意义甚微的占 15.52%,认为可以从思想上筑牢廉洁从业的防线的占 36.34%。可见,地铁集团非常用心地进行廉洁教育,而且受到了职工的广泛好评。"每日一题"活动对于教育内容的宣传和学习意义很大,也已成为职工获取廉洁知识的主要渠道。

（三）以身边事教育身边人

2019 年至今,地铁集团通报查办的违反中央八项规定精神典型案例、形式主义官僚主义典型案例、违法犯罪典型案例等 7 次,近期,集团又查办 2 起严重违犯党纪国法问题。对于典型案例集团都印发通报,要求基层党组织组织开展专题警示教育,敲响廉洁自律警钟。坚持以案为鉴强警示,主动从上级主管部门借阅典型案例剖析、忏悔录、警示教育片等教材。2019 年以来组织集团领导干部观看警示教育片 23 部,努力营造知敬畏、存戒惧、守底线的浓厚氛围。坚持教育向基层延伸,每年第三季度开展党组织书记讲廉政专题党课活动,围绕各部门、单位业务工作实际,分析存在的廉洁风险,结合具体违纪违法案例,将纪律规矩讲清讲透,引导广大党员知纪明纪、遵纪守纪,增强守纪律、讲规矩的自觉性。坚持警示教育常态化，以上级通报、警示案例等为素材，每季度印发通知，以支部为单位组织开展专题警示教育；每年重要节假日前组织集团领导干部及关键岗位工作人员参观警示教育基地或廉政教育展馆，推动警示教育往深里走、往实里做。

三、在国企土壤上播撒廉洁种子

宣传是加强党的廉洁教育的重要方式。青岛地铁集团围绕清廉主题，加强宣传报道，营造良好氛围，从不同梯次、层面协同宣传，着力放大"清廉之岛"的廉政文化宣传效果，推动"清廉之声"传得开、传得远、传得响，不断在国企土壤上播撒"廉洁种子"。

（一）用好廉洁宣传平台

近三年来，青岛地铁集团围绕清廉主题，深化与中央、省、市各级主流媒体的合作关系，积极发挥官方微信、微博、抖音号、视频号、PIS屏等地铁自有平台的渠道优势，结合2020年"清廉之岛"主题地铁列车上线、2021年"清廉之岛"主题地铁车站（地铁3号线中山公园站）亮相、2022年地铁廉洁文化品牌发布等重要节点，积极开展主流媒体和自有平台宣传，累计通过图文、视频等形式报道70余篇。其中，《青岛地铁集团廉洁文化品牌正式发布》被中国改革报、齐鲁晚报、青岛日报、青岛电视台等主流媒体广泛报道，营造了良好的廉洁氛围。搭建综合监督宣传阵地，创建"1+8"联动机制，将纪检监察机关专责监督与审计、财务、资产、法务、督查等业务部门职能监督衔接贯通，在统筹协调、信息反馈、联合监督、上下联动、成果运用等5项协同机制中融入廉洁文化宣传，将综合监督有机嵌入地铁特点的行业治理和日常经营管理之中，在部分资产资源密集单位开展"廉洁讲堂"宣讲活动。培育廉洁文化宣传的生活阵地，坚持"三贴近"原则：坚持贴近本地原则，即充分利用本市的案例进行警示教育；坚持贴近工作原则，即把廉洁文化与企业或部门事务公开、党务公开、规章制度、民主管理、安全生产、经营发展相结合；坚持贴近生活原则，即紧盯重大时间节点，有针对性地开展群众性文化活动。

（二）丰富廉洁文化宣传方式

提高廉洁文化宣传科技含量，依托信息化综合监督系统，打造智慧宣传平台，在廉政教育、业务监督、责任监督和效能评价四个子系统27个模块的有效运行过程中，有效发挥廉洁文化宣传的作用。挖掘中华优秀传统廉洁文化资源，让乘客知道中华优秀传统廉洁文化的内容和知识，并且用年轻人听得进、听得懂和喜闻乐见的新媒体方式加强廉洁宣传，在集团内部运用企业微信以 H5 的形式制作并发布纪检监察工作简报、廉洁过节提醒函,传达上级有关精神和廉洁过节要求,营造地铁集团廉洁的良好氛围。在回答通过哪些渠道了解集团廉洁文化建设内容的多项选择调查问卷中,表示通过纪检监察工作简报、廉洁过节提醒函的占 70.95%,通过观看警示教育片、参观教育基地等活动的占 70.82%,通过看办公场所张贴的"十严禁"海报的占 44.69%,通过签订《廉洁合同》范本的占 24.8%,通过书画摄影、微视频等廉洁文化活动的占 17.37%,通过"清廉之岛"主题车站或主题列车的占 20.95%,通过信息化综合监督系统(原电子监察平台)及"每日一题""闯关答题"等的占 32.76%。

可见,地铁集团进行廉洁文化建设的形式丰富多样,职工普遍都很欢迎,而且获取信息的渠道也很畅通很多元。具体而言,受访者了解集团廉洁文化建设内容的主渠道是纪检监察工作简报与廉洁过节提醒函,其次是观看警示教育片、参观教育基地等活动。

(三)推送个性化廉洁宣讲定制

综合利用多种形式开展廉洁文化宣讲活动,适当组织专题讲座、辅导报告、干部讲堂,运用大课堂、大专家、大报告的方式开展好集中宣讲活动,邀请专家学者围绕"四史教育"、国际国内热点问题、重大政策战略以及事关地铁改革发展稳定的重点难点问题,有针对性地专题授课。适当扩大参加范围,拓展学习覆盖面,以讲促学、学以致用,切实把理论学习成果转化为干事创业的动力、举措和成效。有效针对不同群体开展廉洁文化宣讲定制,集中组织"一把手"、年轻干部、国企领域和廉洁家教家风等开展定制化专题宣讲活动,针对不同受众群体以案说纪、以案说法、以案说责,使其接受教育宣讲。总之,通过有针对性地开展廉洁文化宣讲定制,实现廉洁宣传全覆盖。针对不同岗位开设廉洁文化宣讲定制,一方面提前设定廉政风险库,针对不同岗位职责、履职风险等,与"每日一题"一并进行精准推送,时时提醒,不断增强风险防控意识;另一方面结合不同板块业务特点,制作针对性的廉洁教育宣讲材料,在部分资产资源资金密集单位开展"廉洁讲堂"宣讲活动,将纪律规矩讲清讲透,引导广大党员知纪明纪、遵纪守纪。

四、推树先进标兵,形成比学赶超的浓厚廉洁氛围

典型能够发挥重要示范作用。青岛地铁集团高度重视典型标兵的榜样力量,切实发挥标兵的典型示范作用,着力以榜样的力量影响和带动党员干部提升廉洁自律意识。

（一）确定选树标兵的基本标准

榜样的力量是无穷的,通过开展标兵选树活动,有效发挥了典型引路示范作用,客观上宣传了劳动光荣和劳动美好思想,净化了社会风气,起到了文化浸润作用。在"推动地铁事业高质量发展需要什么样的作风保障"作风建设大讨论基础上,地铁集团公司党委印发《中共青岛地铁集团有限公司委员会关于印发〈作风正面清单〉的通知》,确定"快""实""责""拼""严""精"等六方面作风正面清单标准,并进行细分化,作为各级党组织、干部职工的行为指南。在六方面标准基础上,制定《集团作风建设标兵评选实施细则》,确定了参评范围及名额设置、申报条件、评选程序、结果运用、责任追究等内容。作风建设正面清单的发布为集团作风建设提供了科学依据。

（二）认真开展标兵选树活动

清单发布以后,已经分别开展了 2019 年度、2020 年度、2021 年度的集团作风建设标兵选树活动。在选树过程中,各级党组织高度重视,认真组织引领干部职工学习践行作风正面清单。集团办公室通过官网等平台广泛宣传,形成一个选树标兵的浓厚氛围;各职能部门严格按照各项标准来对标集团干部职工工作作风,确保集团干部职工选树优良作风标兵活动不走样,不变形,有力地推动了地铁集团开展作风建设向更高水平迈进。2022 年 8 月 12 日,青岛地铁集团纪委开展的一项电子问卷调查显示,针对作风正面清单的了解情况,在 754 份有效调查问卷之中,选择"非常了解"的占到了 26%,选择"比较了解"的占到了 48.41%,总占比超过了 74%。在具体典型选树过程中,地铁集团不光把现实工作中的典型人物选树出来,还积极挖掘历史上的传统文化廉洁典范人物,如深入挖掘孙文莲的故事,进行大力宣传,助力新时代廉洁文化的形成。

（三）掀起比学赶超标兵的热潮

评选结果发布后,通过文件通报、媒体宣传等展开表彰、宣传工作。具体是在组织引领干部职工在学习践行作风正面清单的过程中开展先进事迹宣传活动。通过公开表彰、印发通报、宣传展板、《地铁晨报》内刊宣传等方式,加大对"作风标兵"先进事迹的宣传力度,掀起比学赶超的热潮,充分发挥"典型引路"的示范作用。地铁集团办公室通过官网等平台加大宣传力度、形成氛围,要求各级领导干部以身作则、当好践行作风正面清单的"领头雁",一级做给一级看、一级带着一级干,持续推动集团作风建设向更高水平迈进。

五、用足用好行业优势，打造廉洁地铁特色

上级精神必须结合集团部门具体实际贯彻落实，这是我们党的工作优势。青岛地铁集团按照"精兵强将攻山头、典型引路稳阵地"的部署要求，突出行业特色，打造"廉洁工程"，让廉洁的故事耳熟能详、廉洁的地点随处可见、廉洁的风尚人人向往。

（一）打造"清廉之岛"主题地铁车站

在市纪委监委指导下，地铁集团积极助力"清廉之岛"廉洁文化建设，推动"清廉之岛"廉洁文化进车站。2021年6月11日，青岛首座"清廉之岛"主题地铁车站在3号线中山公园站正式亮相；通过深度挖掘青岛市的历史文脉，将"孙文莲"作为中山精神和廉洁文化的契合点；采用重装饰、轻装修的设计原则，清新淡雅的设计风格，以"润物细无声"的方式将"清廉之岛"廉洁文化呈现给地铁乘客，让乘客们在乘车时也能够感受到"清廉之岛"的清风正气。目前，地铁集团正在全力推进4号线人民会堂"清廉之岛"主题车站建设，通过装修装饰相结合，立体化呈现"清廉之岛"廉洁文化，力争打造成为彰显青岛特色的公共服务窗口和独具艺术魅力的清廉文化地标。

（二）加开"清廉之岛"主题列车

地铁集团一直把面向公众宣传廉洁文化视为企业重要的社会责任之一，运用地铁媒体资源传播"清廉之声"。2020年9月30日，在客流量最大的地铁3号线推出了"清廉之岛"主题列车，打造地铁大动脉上的"廉洁流动课堂"，受到广大乘客的欢迎。在地铁移动电视中，长期高频次展播"清廉之岛"宣传视频以及相关公益广告，助力"清廉之声"传得开、传得远、传得响的有效覆盖面不断延展扩大。

（三）开展特色地铁廉洁文化活动

坚持每年开展一项廉洁文化建设特色活动，如廉洁书画摄影展、廉洁微视频征集宣传活动等。其中，2020年开展了"清廉地铁　你我共建"廉政微视频征集宣传活动，对评选出的3部优秀获奖作品，通过集团办公场所大屏、地铁站台车厢PIS屏等循环播放，积极营造崇德尚廉的良好风气；2021年，以党史学习教育为契机，回顾党的纪律检查工作的辉煌历程，创作《反腐倡廉　初心如磐》微党课，在集团"舞台上的微党课——'颂百年辉煌，谱地铁华章'青岛地铁集团党委庆祝建党100周年汇报演出"中展演，获得了集团各级员工的高度评价和热烈反响。

总之，青岛地铁集团通过深入开展廉洁教育，加强廉洁文化宣传，充分

发挥廉洁文化浸润作用,让清廉成为青岛地铁的鲜明标志。地铁集团广大党员和干部职工"不想腐"的思想自觉和行动自觉不断增强,一体推进了不敢腐、不能腐、不想腐。青岛地铁集团廉洁文化建设给我们以下启示。

一是政治统领是企业廉洁文化建设之"魂"。旗帜鲜明讲政治、注重从政治上建设党,是我们党作为马克思主义政党的根本要求和基本特质,是我们加强党的建设的优良传统和宝贵经验。以党的政治建设为统领是企业廉洁文化建设的题中之义,是企业廉洁文化建设的灵魂所在。企业廉洁文化建设灵魂所在是让企业党员干部深刻领会"两个确立"的决定性意义,坚决做到"两个维护",为企业高质量发展提供政治保证。

二是培育"廉洁土壤"是企业廉洁文化建设之"根"。为政清廉才能取信于民,秉公用权才能赢得人心。求木之长者,必固其根本。清正廉洁的政治生态离不开健康文化土壤的滋养。厚植廉洁文化土壤,才能培育清正廉洁之花。廉洁文化是中华优秀传统文化中的重要组成部分,加强廉洁文化建设对于从思想上固本培元,提高党性觉悟,增强拒腐防变能力具有十分重要的意义。新时代建设企业廉洁文化根本之策在于打造企业廉洁文化的政治生态,培育企业文化的"廉洁土壤"。

三是制度化是企业廉洁文化建设之"基"。制度事关根本,关乎长远。重视加强党的制度建设,是我们党的优良传统和政治优势,是管党治党的重要法宝。制度建设是廉洁文化建设的基础。廉洁文化建设要制度化、规范化、常态化,要建立健全廉洁文化建设工作长效机制,确保廉洁文化建设效果和长效性,不断提高各级领导干部执行廉洁从业制度的自觉性,增强企业廉洁管理制度的执行力。

四是形式多样是企业廉洁文化建设之"器"。现代技术既是生产力,也能解放生产力,提高工作效率。不解决桥或船的问题,过河就是一句空话。不解决方法和工具问题,任务也只是瞎说一顿,企业廉洁文化建设也是如此。新时代企业廉洁文化建设要取得实效,需要创新形式、讲究手段,不断"推陈出新",把反腐败作为最彻底的自我革命,以企业廉洁文化软实力预防腐败。

五是培树典型是企业廉洁文化建设之"标"。榜样的力量是无穷的,榜样的力量是伟大的。树榜样、树典型是国有企业的优良传统,是企业廉洁文化建设的重要举措。先进榜样典型是宝贵的财富。要加强典型选树、深化典型培养、发挥典型作用,通过典型引路,形成比、学、赶、帮、超的优良氛围,为党员干部树立标杆和模范,引领他们奋勇向前、不畏困难,推动企业廉洁文化高质量发展。

六是反面教员是企业廉洁文化建设之"鉴"。抓典型就是树标杆,立镜子。典型既有正面激励的行为标杆,也有引以为戒的反面教训。地铁集团正是利用不断宣传本集团内部查出的反面典型,用身边人、周围事警示每个人,发挥廉洁建设和反腐败工作的震慑力,从而逐渐形成不敢腐的良好氛围。

七是日常监督是企业廉洁文化建设之"笼"。新时代全面从严治党要把权力关进制度笼子。监督是制度笼子的根本要义,是企业廉洁文化建设之"笼",是企业廉洁文化建设落地生根的金钥匙。企业廉洁文化建设既要党组织的高度思想自觉,也需要把日常监督前置,经常给党员干部作"政治体检"、打"政治疫苗"、送"精神沐浴",在严格的监督和真诚的关爱中体现组织关怀、人文情怀,增强对党组织的安全感、信任感,真正使党员干部思想受到洗礼。

（青岛市政治学会调研组　执笔:王振海,牛月永,郭江龙,郭士民,
宗　芳）

新时代国企腐败现象的主要表现与治理策略

党的二十大报告中强调,要深化治理政治权力集中、资金密集、资源富集领域的腐败。显然,其中就包括国企领域的腐败治理问题。党的十八大以来,在习近平新时代中国特色社会主义思想指导下,党全面领导的反腐败工作新格局不断完善,不敢腐、不能腐、不想腐一体推进的战略目标逐步取得重大成果,国有企业党组织的领导核心和政治核心地位持续巩固,党风廉政建设取得了突出成效。但是,国有企业党的建设的弱化、淡化、虚化、边缘化等积存问题仍未得到彻底解决,国企领域腐败现象仍时有发生并将长期存在。因此,研究把握国企腐败现象的阶段性特征和发展变化趋势,探索创新国企反腐的长效机制和治理路径,是全面打赢反腐败斗争的一项重要时代课题。

一、国企腐败的内涵把握与类型划分

（一）内涵探讨

从辞源角度看,"腐败"一词反映了事物从原有质态发生了变异,动态演

变向坏的特征明显。基于党风廉政建设的语境,本文主要倾向政治学对腐败内涵的解释,但行为认定需要结合各学科的认识成果。具体来说,腐败主体具有国家公职人员身份或关联身份,腐败方式包括以滥用公权力为主的违反党纪国法和职业操守的多种行为,腐败目的在于牟取财、物、权、色等各种广义的私利,腐败结果则是侵犯公共利益和公职人员的廉洁性。[1]国有企业腐败正是上文探讨的腐败在国有企业领域的反映和表现。需要注意的是,国有企业腐败并非一般意义的企业腐败或商业腐败,它的存在不但不利于国企壮大综合国力、促进经济社会发展、保障和改善民生的责任承担,反而侵害了我国社会主义公有制经济,损害了党和政府的形象,削弱了党长期执政的重要物质基础和政治基础。因此,国企腐败实质是政治性、权力性腐败,是国有企业中基于代理关系从事国家公务的人员和其他身份关联人员,违反党的廉洁要求和经营管理国有资产纪法的禁止性规定,以公权力异化的作为或不作为牟取不正当利益的行为。

（二）基本类型

以客观行为表现为主,兼顾考量国企涉腐案件的主体构成、心理动机、过程特点、行为目的等因素,国企腐败类型（部分类型存在交叉现象）包括适格主体实施贪污、挪用公款、违规发放福利补贴等行为的侵吞资产型腐败,接受有关方请托收受贿赂的请托受贿型腐败,违规开展定向关联交易、输送经济利益的利益输送型腐败,利用公款物铺张浪费、追求享受的生活奢靡型腐败,搞人身依附关系、形成利益扭结共同体的圈子文化型腐败,以及在国企经营管理过程中擅自决策、独断专行、徇私舞弊、玩忽职守、管理混乱等滥用职权的其他类型腐败等。

二、当前国企腐败的主要特征和成因分析

（一）主要特征

重点领域涉案集中。国企高管违纪违法腐败案件涉及能源、通信、金融等多个具体行业,其中涉案比例最高的就是石油、煤炭、天然气、电力等能源领域。有人针对 2013 年 1 月—2015 年 8 月落马的 204 名国企高管进行分析,发现有 45 起占比 22.06% 的腐败案件发生在能源领域,其中矿业 19 起,石油石化行业 15 起,电力行业 11 起[2]。

主要领导涉案频发。国有资本的市场优势地位和主要经营管理者掌握的集中权力,使得国企主要领导容易滋生贪欲或成为其他市场主体围猎的对象。鉴于国企主要领导腐败案件的高发和严重危害,国企领导班子成员特别是主要负责人成为十八大以来中央专项巡视的监督重点。

集体贪腐问题存在。2012 年公开报道的 107 例国企高管腐败案,其中有 24 例是共同犯罪,平均每起案件涉及 6.25 人。为实现系统内更多不正当利益的攫取,彼此勾结、互相拉拢,成为一些国企塌方式腐败的共性特征。

关键环节腐败易生。从国企腐败现象总体看,"三重一大"决策环节和生产经营关键环节往往更容易滋生腐败。财务管理、业务承揽、物资采购等环节,资金密集度高、与企业外部关联度大、诱导因素多,加上民主决策、监督管理机制不完善,是国企廉洁经营的主要风险点[3]。

亲缘经商违规突出。国企领导干部通过为近亲属以及特定关系人经办企业提供便利条件,采取承接国企相关业务将国有资源低买高卖、照顾各自关系人进行利益互换等方式,进行关联交易和利益输送的现象,在近些年的国企腐败案例中,具有一定的普遍性。

作案手法日趋隐蔽。在手段多样化的国企腐败现象中,以不易为监管部门和社会民众察觉的方式进行隐蔽性贪腐的发展趋势值得更多关注。如一些国企领导人员利用企业管理存在的各种漏洞,以兼职取酬、奖励激励、商务活动和为职工谋福利等作为借口谋取个人违法利益。[4]另外,站台帮助、感情投资、干股分红、期权行贿等作案手法多有表现。

（二）成因分析

政治信仰不坚定。正是由于腐败分子政治信仰和政治立场不坚定,漠视中央坚持无禁区、全覆盖、零容忍和重遏制、强高压、长震慑反腐败的决心和举措,对党的理论和路线方针政策表面上认同、背地里违反,以至于在贪腐的同时严重损害党的执政根基。

纪法意识不强烈。触及"高压"、突破"红线",归根结底是当事人政治纪律和规矩观念不强、法治意识淡薄,没有将纪法要求内置于心、外化于行,不能用纪法思维和方式进行自我约束和分析解决问题,致使贪欲逃脱制度的笼子而陷入腐败。

权力观念不正确。"国企高管经营管理国企的权力来自全民的让渡与授予,但腐败者把公共权力以非法形式化为私用。"[5]部分国企领导者权力观念扭曲,把受人民委托、受组织委派行使的权力蜕变成谋取私人利益的工具。

治理结构不完善。从制度建构的角度看,国企法人治理结构仍然存在不够完善的地方,如贯穿整个国企经营和管理所有环节的严密反腐败合规制度体系亟待建立,以国企决策权、执行权、监督权等权力运行透明化、合理化、科学化为核心内容的现代企业治理制度也需要进一步细化。

监督制约不到位。由于国企纪委在法人治理结构中处于边缘化地位,加之存在机构不健全、机制不科学、队伍不专业、监督效力不高等问题,使得其反腐防腐治理效能发挥不理想。[6]另外,巡视监督不足、重点领域和环节监督不力、部分涉腐案件处理不及时、媒体和公众关注不够等也是国企腐败问题久治难愈的重要原因。

三、治理新时代国企腐败的长效应对策略

(一)加强国企腐败问责处置,强化"不敢腐"的震慑效应

国企反腐成效的真正检验在于对腐败问题的处理惩戒实践。在国企领域实现不敢腐的治理目标,就要严格依照纪法规定,运用好监督执纪"四种形态",加强腐败问题的重点环节处理。纪检监察机关及相关监督主体在查阅相关档案材料、开展"三重一大"决策执行情况和专项资金使用情况等各类专项检查,进行任期巡视巡查和审计以及接访查访等工作中,对各类线索要认真搜集整理、甄别研判,以确定是否存在违规违纪并予以立案的情况。在立案后办理环节要注重效率、快速反应、限时办结,加强国企和地方信息管理系统的对接联通和区域化案件的协作配合,对严重程度不同的涉腐案件依据各形态予以党纪政纪处分或移送司法机关,及时发布处理结果以回应社会关切。在对涉腐对象进行处理的基础上,对党纪政纪处分或刑事处罚的执行过程和状况予以全程监督,同时以犯案过程和悔过状况为内容制作警示教育资料,有效放大国企反腐问责的震慑效应。

(二)加强国企法人监督治理,健全"不能腐"的制度体系

在国企法人结构治理方面,要进一步完善国有企业权力分配体系,明确各权力主体的职责边界,强化党委的政治核心作用,确保党委参与重大问题决策,规范议事规则和运行程序,针对重点流程和关键岗位,制定廉洁风险防控专项目标和措施。在监督体系立体化建设方面,要构建集巡视监督、派驻监督、司法监督、内部党纪机构监督、审计监督、财务监督、监事会监督、媒体监督、群众监督等于一体的全方位监督体系,加强对重点领域和重点环节的监督,探索实现监督资源统筹和整合的渠道,不断增强国企经营管理的开放性和透明性。在信息化治理手段运用方面,要推动企业"三重一大"、投资和项目管理、财务和资产、物资采购、人力资源等系统的信息互联互通集成应用,对国企决策和经营管理重要环节进行记载,促进各项经营管理决策和执行活动可控、可追溯、可检查,逐步探索利用云计算、人工智能等技术来加强和改进监督、审计的方式方法,实现实时监控、分析研究、自动预警、监督评价等在线监管功能,进一步提升反腐败的智能化和科学化水平。

参考文献

[1] 李天昊．腐败含义的界定——概念梳理与要件分析 [J]．华北水利水电大学学报：社会科学版，2015（6）：83-84.

[2] 温洁瑜．国有企业高管腐败现象研究 [J]．审计月刊，2017（6）：50.

[3] 张磊．国企反腐，众多案例表明——有油水的地方最滑 [N]．中国纪检监察报，2015-5-16（3）.

[4] 姚桂艳．国有企业高管腐败的生成逻辑与治理路径 [J]．领导科学，2020（6）：59-60.

[5] 郭玥．国有企业反腐败长效机制的构建路径 [J]．岭南学刊，2019（6）：76-77.

[6] 陈健．完善国有企业腐败治理长效机制 [J]．中国党政干部论坛，2020（5）：69.

（单忠献　中共崂山区委党校）

利用廉洁教育推动国有企业高质量发展

作为中国特色社会主义事业发展的重要经济中坚力量，国有企业具有全民所有的生产关系性质。中国特色社会主义事业发展转入建设现代化国家阶段，党的二十大报告中对于国有企业改革提出明确的要求。国有企业的发展质量直接决定着国有资产的安全性。因此，必须提升国有企业核心竞争力，推动国有企业做强做优做大。国有企业要实现高质量发展，必须注重廉洁教育，建设中国式廉洁教育新模式。

一、国有企业廉洁教育的基本内涵及其必要性

（一）国有企业廉洁教育的基本内涵

廉洁教育是以"廉洁"作为实质内容的培训活动。从字面意义上看，廉代表清廉，不占有不应得的财物；洁是洁白，表明了光明磊落的人生态度。《辞源》中将"廉洁"解释为"公正，不贪污"，这说明为人处世要清洁无瑕、襟怀坦荡。廉洁教育是通过廉洁方面的教育归化，构建廉洁守法、诚信奉公的制度环境，从而对行为起到积极的规范和约束作用。国有企业廉洁教育的实质是对国有企业的干部职工，以社会主义核心价值观为指引，通过全面从

严治党,结合党和国家在党风廉政建设以及反腐败斗争中的伟大实践,以社会公德、职业道德和家庭美德等方面为抓手,开展以道德与法治为主要内容的教育培训活动。

（二）国有企业廉洁教育的必要性

1. 是实现国有经济高质量发展的迫切要求

作为一种兼具商业性和公益性的市场经济生产经营组织形式,国有企业的首要目标是提升自身在行业内的竞争力,为国有资产的保值以及增值发挥作用,进而实现国有经济的高质量发展。国有企业通过自身高质量发展来发挥调节国家产业发展以及推动社会经济各方面进步的作用,这就要求通过刚性的制度设计与柔性的文化理念有机结合,将外在的机制运行与内在的认知取向有机结合。廉洁教育可以通过促进廉洁文化建设,为国有企业的发展提供必需的核心竞争软实力。

2. 是推动加强国有企业干部职工思想政治教育的迫切要求

作为主体要素,国有企业的干部职工的思想政治素质直接关系到企业的高质量发展,关系到党执政地位的稳固,关系到国家的前途命运。随着国有企业改革向纵深推进,国有企业在降低行业同质化低效竞争的基础上,有效降低产能冗余,提升资源配置实效,核心竞争力有了较大提高。同时,也要发挥政治引领作用,将党的优良作风、光荣传统体现在日常的生产业务与经营管理活动中,进一步凝聚国有企业干部职工干事创业的工作积极性,提升国有企业干部职工的思想政治素养。

3. 是夯实全面从严治党社会基础的迫切要求

作为"四个全面"战略布局的重要组成部分,全面从严治党是党中央作出的重大战略部署,而廉洁教育可以夯实全面从严治党的社会基础,对于落实好全面从严治党这一重大战略部署具有重要的作用。作为国有企业主体的干部职工,在落实全面从严治党工作中具有责无旁贷的使命。要紧紧抓住国有企业干部的主人翁意识,对国有企业干部职工进行系统完备的廉洁教育,将教育、机制、管理、监督等工作进行有机的协调,形成合力,共同夯实全面从严治党的社会基础。

4. 是传承和弘扬优秀传统文化的迫切要求

中华文明源远流长,从古至今,传承下来非常多的廉洁文化。无论是古代社会,还是近代历史,都有非常多的廉洁故事与警示警训。在革命、建设、改革开放等各个时期,特别是中国特色社会主义进入新时代以来,无数的革命先烈、优秀共产党员等先进模范人物的光辉事迹,形成强大的精神文化力量。对国有企业干部职工进行廉洁教育,可以增强国有企业干部职工的廉洁意识以及职业操守,这对于培养中华民族的民族品格、增强文化自信,都具有十分重要的现实和长远意义。

二、国有企业廉洁教育的现状

近年来,国有企业廉洁教育受到广泛的关注和高度的重视,从中央到地方,不同级别、不同行业的国有企业纷纷开展了各种各样的廉洁教育活动。这些教育工作对于增强国有企业干部职工的廉洁意识以及自身修养发挥了积极的作用。与此同时,我们也应当清醒地认识到,就总体而言,国有企业廉洁教育工作与党和政府、社会公众的要求和期望之间还存在着不小的差距,国有企业干部职工廉洁教育负面影响因素还在不同范围内、不同程度上存在,在某些方面还有较大的提升空间。这些不足和消极因素应该引起重视并加以有效改进。

(一)对国有企业廉洁教育的重要性认识不够

作为党组织的廉政建设以及反腐败工作的重要组成部分,廉洁教育管理在软性约束方面具有极端重要的作用。然而,有的国有企业领导认为廉洁教育的主要受众是管理人员,未能把普通企业职工作为廉洁教育的培训对象,认为对普通员工进行廉洁教育的实际意义不大;甚至还有的国有企业领导对廉洁教育能否真正对党组织的廉政建设以及反腐败工作起到推动促进作用存有疑问,在思想上存在消极对待因素,认为廉洁教育无法真正促进崇廉尚洁的党建工作氛围的形成以及树立正确的个体价值取向。

(二)国有企业干部职工廉洁意识比较薄弱

基于人性的弱点以及社会现象的复杂性,在现实生活中,各类不正当现象时有发生,这给国有企业的干部职工在心理认知上造成了不同程度的消极影响。总体而言,绝大多数的干部职工对于不正之风有着基本的认知和判断能力,对于不良现象也能坚决反对。与此同时,也应注意到在某些干部职工的思想观念中,还存在错误的认识。部分干部职工信奉“唯权论”“唯钱论”等消极庸俗观念,有的干部职工在入党时的动机就具有功利主义倾向,思想不够纯粹;有的干部职工在日常生活和业务工作中,不从正常途径进行努力,热衷于围绕场外因素下功夫;有的干部职工放松自己的世界观改造,违反规章制度,公器私用,利用手中权力捞取私人利益;有的干部职工只注重业务能力培养,认为廉洁与自身无关,忽视了对自身廉洁思想的改造和学习,对身边的不良现象认识不深不透,缺乏全面、客观以及透彻的了解。所有这些情况都表明还有部分国有企业的干部职工廉洁意识比较淡薄,对廉洁教育缺乏全面、客观的认知。

（三）国有企业廉洁教育机制体系不够完备

国有企业的廉洁教育通常包含在党建活动中,在系统性、制度化方面具有较大的提升空间。以往的廉洁教育工作也往往停留在课堂宣讲上,缺乏对廉洁教育知识的系统化、模块化管理,从而导致廉洁教育工作的开展呈现出零星、片面等不尽如人意的问题。即便是课堂宣讲,也通常只注重某一具体方面,无论是从党校、高校等学术机构聘请的学者还是相关党政机关指派的工作人员,基本上只是根据业务重点结合实际进行宣讲,无法形成系统有效的廉洁教育机制。目前来看,国有企业的廉洁教育未能在实效性方面建立完备的机制体系,削弱了廉洁教育工作的管理力度,对廉洁教育的实际效果造成不利的影响。

三、构建中国式国有企业廉洁教育体系

国有企业廉洁教育的开展,是构建中国式廉洁教育体系的重要组成部分,也是国有企业干部职工的培养、发展以及监督相结合的系统性基层工作。国有企业廉洁教育工作的开展必须坚持以习近平新时代中国特色社会主义思想为指导,全面落实习近平总书记关于廉洁教育内容重要讲话的要求,突出社会主义核心价值观,遵循廉洁教育工作规律,将廉洁教育作为党建工作的重要内容,与其他党建工作以及企业生产经营活动相结合。

（一）提升廉洁教育思想建设实效

针对国有企业性质特点以及廉洁教育自身的规律,要用习近平新时代中国特色社会主义思想这一马克思主义中国化最新理论成果对国有企业干部职工头脑进行理论武装。不同地区、不同行业的国有企业要结合自身具体实际情况,不断实现马克思主义世界观、方法论入脑入心。要用中国特色社会主义核心价值观凝聚共识,妥善应对当前面临的百年未有之大变局所出现的新情况、新问题,必须坚持正确的价值观导向,体现最广大人民的根本利益。

（二）构建廉洁教育文化氛围

通过构建廉洁文化环境氛围,遵照贴近工作、贴近职工的原则,针对国有企业的企业特点以及国有企业干部职工的文化层次,除了继续发挥传统的

党课、培训班、理论课堂的教育形式的优点外,还可以借助新型的信息化传媒手段,积极有效地开展廉洁教育工作。[1] 要创新廉洁教育领域,培育国有企业干部职工正确的廉洁文化理念,特别是要弘扬传统文化中的优秀理念,树牢文化自信,自觉抵制错误的文化思潮。

(三)推进廉洁教育制度建设

作为一项系统工程,国有企业的廉洁教育必须统筹规划,协调推进。要建立健全工作机制,切实发挥好各级党组织的引领作用,职能部门各司其职、步调一致,广大干部职工全力支持并积极参与。要构建科学完备的责任机制,充分发挥各类主体的主观能动性,将廉洁教育工作的责任科学分解、合理考核、严格落实。要全员参与,积极探索廉洁教育的新方法,推动廉洁教育进工作、进部门,使廉洁教育工作开展得更规范、更科学、更有效果。

(四)完善廉洁教育人才队伍

要保证国有企业廉洁教育取得实效,还必须打造高素质的教育者队伍。廉洁教育的培训者素质的高低,对廉洁教育效果有着直接的影响。高素质的培训者能够根据受教育者的特点以及廉洁教育的不同要求,有针对性地开展廉洁教育活动。作为廉洁教育的骨干力量,党校教师、高校学者和政府工作人员特别是相关纪检干部,他们整体素质的高低关系到国有企业干部员工廉洁教育活动能否取得预期效果。因此,要不断完善廉洁教育工作人才队伍建设机制,打造一支立场坚定、知识渊博、素质过硬的国有企业廉洁教育人才队伍。

四、结语

我们要全面贯彻落实党的二十大关于党的建设等方面新思想、新要求、新举措,聚焦中国式廉洁教育管理,切实提升廉洁教育思想建设实效,构建廉洁教育文化氛围,推进廉洁教育制度建设,完善廉洁教育人才队伍,以此推动国有企业高质量发展。

参考文献

[1] 倪春. 企业党建与企业文化融合 [J]. 中外企业文化,2022(1):23-25.

(全昌平,王仁兴　中共莱西市委党校)

落实党委主体责任　推进国企党风廉政建设

习近平总书记在十九届中央纪委六次全会上强调,坚持党要管党、全面从严治党,坚持不懈把全面从严治党向纵深推进。国有企业作为中国特色社会主义的重要物质基础,是我们党执政兴国的重要支柱,必须贯彻落实党中央关于全面从严治党的决策部署,紧紧抓住主体责任这个关键,将全面从严治党推向纵深推进。

一、国有企业党委落实主体责任存在的问题

(一)政治建设与改革发展深入融合力度不够

我们党高度重视自身建设,把自我革命和自我净化作为发展过程中的必经之路。但仍有部分国有企业存在党内政治生活不正常、不严肃,批评与自我批评氛围不浓厚,形式主义严重未能实现党建与经营同频共振等问题。个别国有企业在顶层设计上,难以保障党的各项方针政策有效落实。[1]

(二)思想建设引领作用发挥不强

部分国有企业在推进思想建设时缺乏引领力,在深化理论研究、讲好党的故事上成效不足,对企业员工思想的号召力、吸引力、感染力等有所欠缺。个别党员同志未能沉下心去原原本本读原著、学原文、悟原理,在开展理想信念教育时,仅仅聚焦在企业发展上,"总开关"问题未能得到充分重视并切实解决。

(三)纪律建设不够坚强有力

有的国有企业领导干部仍然缺乏自律精神,服务意识淡薄,官僚主义作风没有彻底转变,如公车私用问题、超标准接待问题。有少数干部存在以权谋私,利用领导职权为配偶、子女、亲属或特定关系人提供便利的情况,大搞利益输送、关联交易,导致国有资产损失,国有企业形象受损。

(四)制度建设质量和水平不高

在坚定不移深化国有企业内部巡察工作及制定巡察制度方面,有的国有企业对党委执政能力建设没有深刻认识,没有围绕执政能力推进制度建设,在制度建设过程中缺乏对执政使命的战略考量,在落实社会责任的过程中缺少制度保障等。

二、国有企业党委主体责任难以落实的原因

(一)政治建设站位不高

一些国有企业党委自我革命认识不足、力量不够,"一手硬一手软"等现象时有出现,削弱了党组织战斗堡垒作用和党员先锋模范作用。一些所属党支部在地域上较为分散的国有企业深入基层党支部进行实地调研指导的工作开展力度不够,导致党建工作标准化在支部层面体现还不够充分。

(二)思想建设基础不牢

在落实国有企业党委主体责任的过程中,有的国有企业领导干部只顾抓好生产经营等业务工作,认为思想政治工作是软任务、虚工作,对思想建设的认识不到位,导致国有企业思想建设滞后。部分技术型党员还存在思想理论教育走过场的现象,没能从根本上认识到思想政治教育的重要性。

(三)纪律建设不够扎实

部分纪委部门在对企业不同岗位的监督机制方面做得不够完善,相关制度不够健全,流程衔接不够紧密,对关键岗位的问责和考核机制未能形成体系性、系统性的震慑和引导作用。

(四)制度建设推进力度不够

部分国有企业内部巡察制度脱离企业实际,缺乏实用性。在执政能力建设上,少数国有企业缺少制度保障,党委在推进制度建设的过程中总揽全局、协调各方的领导制度体系推进较慢。

三、进一步落实国有企业党委主体责任的对策

(一)以政治建设为统领

国有企业不但要担负起经济责任,还要担负起政治责任、社会责任等。坚持党的领导、加强党的建设是我国国有企业的光荣传统,也是国有企业的独特优势。必须夯实主体责任,提高政治站位,使国有企业党委始终成为中国特色社会主义事业的坚强领导核心。

1. 促进党建与业务工作融合发展

国有企业党建与业务相融合,是实现高质量发展的必要条件。国有企业党委要充分发挥党组织的领导和政治核心作用,构建党建管理平台,推进党建工作标准化、规范化,努力推动国有企业党组织建设全面进步、全面过硬,党建与业务工作发展全面融合[2],如将品牌建设理念引入基层党建,通过党

建品牌树立党组织的一面旗帜,凝聚广大职工群众在党建方面的成果经验,助推企业实现高质量发展。

2. 推动国有企业内部管理改革

加快国有企业内部管理改革是当前一段时间改革发展的工作重心,要通过明确自身战略发展目标和规划,完善法人治理结构等,促进不同性质和规模的国有企业职业经理人改革。一是要规范职业经理人的激励考核机制,构建科学合理的职业经理人绩效考核机制,有效解决考核中存在的突出问题,如考核一刀切、缺乏长远考虑。二是要建立职业经理人监管机制,对职业经理人进行内部与外部的双重监督,做到外部约束和内部监督的有机无缝连接。三是要完善职业经理人责任追究机制。职业经理人承担着国有企业高质量发展的重任。当职业经理人出现违规违法行为,给国有企业造成严重损害时,就应当追究职业经理人的责任。

(二)以思想建设为指导

国有企业党委要时刻注重对党员的理想信念教育,将理想信念教育与企业文化建设结合起来,增强责任感、使命感、紧迫感,培养广大党员团结统一、爱岗敬业、勤劳勇敢、自强不息的精神。要充分发挥基层党组织作用,通过专题讲座、图书阅读、研讨会、摄影展等活动,形成多层次、全方位的理想信念教育格局;通过制定方案、集中整治、健全长效机制等流程,针对国有企业发展实际,引导广大党员自查自纠,以问题为导向,筑牢思想之基,为推动企业高质量发展汇聚力量。[3]

(三)把纪律建设挺在前面

要积极探索推进全面从严治党,把纪律和规矩挺在前面,分岗位建立健全廉洁风险防控机制,扎实推进纪律建设。

1. 强化对国有企业党委纪律建设的认识

一是要彻底转变党的纪律建设就是纪检监察机构的事,与党委关系不大的错误观念。大力宣传党的纪律建设的实践、成效与经验,营造党的纪律建设是党委的一项重要工作的浓厚氛围。二是加大培训力度,聘请国有企业党委书记、专职副书记或相关领域的专家学者,增加党校培训中党委落实党的纪律建设主体责任方面相关专题。三是对党委落实纪律建设主体责任提出明确要求。

2. 建立内部岗位廉洁风险防控机制

国有企业党委落实全面从严治党主体责任,必须加强对自身权力运行的监督。围绕构建全面监督体系、明确各监督主体职责、改进工作作风等方面开展检查。同时对权力运行风险防控、分管领导依法依规履行职责的情况进行监督,形成共同发现问题、防控风险的全面监督格局。

3. 充分运用巡察监督手段

纪委是国有企业党委推进反腐败工作体系、完善国家监督体系、提升治理能力的重要力量,把纪律与规矩挺在前面就是把纪委的力量放到前面。因此,国有企业要完善纪检监察机关工作机制,坚持"标本兼治、综合治理、惩防并举、注重预防"的战略方针,将巡察监督作为打造清廉国企的重要手段,与审计部门联动并形成合力,从上至下齐抓共管。

参考文献

[1] 谭波,杨天骏. 加强国有企业党的纪律建设的思考[J]. 经济师,2022(2):276-278.
[2] 解金岩. 国有企业党组织落实党风廉政建设主体责任的思考[J]. 中国煤炭工业,2020(8):74-75.
[3] 侯景峰. 加强国有企业党风廉政建设的措施[J]. 活力,2021(23):84-85.

(周文丽 中共胶州市委党校)

新时代推进国有企业党风廉政建设探索

一、推进国有企业党风廉政建设的原因

新时代以来,习近平总书记高度重视党风廉政建设,他指出:"我们要保持清醒头脑,永远吹冲锋号,牢记反腐败永远在路上。"[1] 一方面,国有企业的发展离不开党,党为其指明发展方向,注入新理念和力量,只有党保持先进性,国有企业才能保持竞争力。另一方面,国有企业是党执政兴国的重要依靠力量,为社会主义建设做出了巨大贡献。不断推进国有企业党风廉政建设,是保障国有企业高质量发展、巩固党的执政地位、促进共同富裕的要求。

二、国有企业推进党风廉政建设的问题

当前国有企业反腐败仍然存在一些问题。第一,有的党员理想信念稍显

淡漠。这与廉政教育不到位有较大关系。很多领导重经营、轻党建,对党建没有正确的认识。而且有些党员兴致不高,教育方式不灵活,所以很多党员敷衍了事,这其实是没有处理好廉政教育与党员诉求的关系。第二,党建制度不完善,不能对重点人、钱、物实行有效的管控。制度细化不够,职责分工不明确,规定可操作性、针对性不强,不能落实到个人。党建机制没有与生产经营融合,纪检组很难深入经营层,而一些干部不能自觉接受监督,就会出现监督的断裂地带。第三,纪检部门职能弱化。有些纪检干部对上级存在不敢监督的心理。贪污腐败的手段越来越高明,自身的工作思路与方法却相对滞后,隐蔽的问题不能被发现。

三、推进国有企业党风廉政建设的措施

习近平总书记指出:"讲规矩、守底线,首先要有敬畏心。"这要求企业做到以下几点。第一,探索多种方式推进廉政教育,提高教育的感染力与吸引力。可以采取 VR 智慧党建的模式,利用虚拟技术让党员身临其境地去感受革命精神。还可以进行体验式教育,比如开展听革命前辈讲故事等活动;推进廉政教育的大众化、生活化,渗透到每个人。例如在党召开重大会议时,借机开展党建活动。第二,健全完善廉政建设制度。完备的制度是政令执行的保障。首先,要完善"三重一大"制度和"一岗双责"的制度。其次,要理清职责,把责任细化到个人,做到上下贯通与无缝衔接。最后,要探索党建和生产经营融合的高效联动机制,培养"企业家 + 政治家"的人才,打造"党建 + 经营"的运营模式。第三,发挥纪检部门作用,对不敢查的监察部门予以问责。要培养专业的监督队伍,把本事过硬、办事公道的人选拔到队伍中来。要以数字化手段拓宽平台,建立监督信息共享机制,实现人工监督向智能监督的转变,提高监督效率。

新时代推进国有企业党风廉政建设是促进国有企业高质量发展、保障党的执政地位、实现共同富裕的要求。但近年来,部分国有企业存在党员理想信念淡漠、党建制度不健全、纪检部门职能弱化的问题。因此,要以多种方式开展廉政教育,发挥纪检监察机关应有的作用,不断创新监督方式,推进国有企业党风廉政建设工作的有效开展。

参考文献

[1]习近平．习近平谈治国理政(第四卷)[M]．北京:外文出版社,2022:551.

(祁园园　山东科技大学马克思主义学院)

第八篇
廉政建设实践探索

党风廉政建设的基层实践

一、引言

党风即党的作风，是党的无产阶级性质和世界观在党的工作与活动中的表现，是全党包括党的各级组织和党员个人在政治、思想、组织、工作、生活等方面体现党性原则的一贯的态度和行为。廉政，即廉洁政治，主要指公职人员在履行其职能时办事公正廉洁。坚决反对腐败、加强党风廉政建设，既是马克思主义政党的政治本色，又是中国共产党性质宗旨的必然要求。习近平总书记始终高度重视党风廉政建设。回顾习近平总书记的从政经历，可以看到，推进党风廉政建设和反腐败斗争贯穿于其在河北、福建、浙江、上海等地的工作。2012年11月15日，习近平总书记明确指出，新形势下，我们党面临着许多严峻挑战，党内存在着许多亟待解决的问题。尤其是一些党员干部中发生的贪污腐败、脱离群众、形式主义、官僚主义等问题，必须下大气力解决。此后，以习近平同志为核心的党中央坚持党要管党、全面从严治党，不断深入推进党风廉政建设和反腐败斗争，取得重大进展和成果。在新的历史方位，我国进入战略机遇和风险挑战并存、不确定因素增多的时期，党的建设特别是党风廉政建设和反腐败斗争面临不少顽固性、多发性问题。面对新形势，开启新征程，以中国式现代化全面推进中华民族伟大复兴，必须继续推进新时代党的建设新的伟大工程。习近平总书记在建党百年之际，掷地有声地宣布，中国共产党作为百年大党，要永葆先进性和纯洁性，永葆生机活力，必须一刻不停推进党风廉政建设和反腐败斗争。[1] 党风廉政建设和反腐败斗争关系到党和国家生死存亡。政治风气不好将会导致人心涣散、弊病丛生。诸如入职凭关系、做人无原则、做事搞投机、晋升逆淘汰等不正之风不仅会污染政治环境，而且会动摇党的执政根基。

基层政权与人民群众联系最为密切，其党风廉政建设关系到党在基层的权威和根基，尤为重要。基层政权建设是我们党的永恒命题，是国之根本，更是推进国家治理体系和治理能力现代化的重要环节。营造良好基层政治风气是全面从严治党、有效化解社会矛盾、密切与群众关系的重要举措。加强基层党风廉政建设，完善基层民主制度，保障人民知情权、参与权、表达权、监督权，既是新时代乡村振兴战略的必然要求，又是提升乡村治理能力和水平的重要保障。

二、党风廉政建设的基层实践——以即墨"清廉村社"建设为例

(一)即墨"清廉村社"建设的总措施

即墨区为深化全区党风廉政建设,打通全面从严治党向基层延伸的"最后一公里",服务保障乡村振兴战略,积极开展"清廉村社"建设,推动构建基层党风廉政建设新格局。

建立一套顶格协调推进机制。将"清廉村社"建设工作作为提升基层治理能力和水平的重要举措,纳入区委工作部署,高标准高规格建设工作领导小组,建立健全"区委牵头主抓、纪委协调监督、部门各尽其责、上下齐抓共建"的工作格局。区委印发《实施方案》,作出总体部署安排;召开部署推进会议,压紧压实有关区直部门和镇街党(工)委主要负责人第一责任人职责,形成"顶格协调、顶格推进、强力推动"的工作机制。

细化任务配档表和创建标准两个明细。研究制定"清廉村社"建设任务配档表和创建标准,围绕政治强廉、制度固廉、监督护廉、正风育廉"四廉"任务和班子清廉、干部清正、用权清晰、事务清爽、民风清淳"五清"目标,细化工作任务 23 项,确保工作有目标、有任务、有标准。在此基础上,各镇街结合实际,进一步细化"清廉村社"创建标准,保证"清廉村社"创建率。

做好"三个结合"文章。坚持将"清廉村社"建设与美丽乡村建设、齐鲁样板打造、政务公开标准化规范化工作相结合,统筹推进,资源互补,形成合力,让村社政治生态和自然生态一体推进,将"清廉村社"融入乡村振兴、美丽乡村建设的全过程。如龙泉街道充分挖掘乡村资源,将"清廉村社"建设融入莲花田园乡村振兴示范区和城乡融合示范区项目建设中,通过倡廉、说廉、督廉为全域融合发展提供保障。督促镇街指导村社建立完善公开事项清单,通过信息公开栏、村社微信群、公众号等贴近村社生活的方式,重点公开脱贫攻坚、村级财务、惠农政策等方面内容,健全公开制度,规范公开行为,方便群众知晓和监督。

鼓励个性化多样发展。在推进"清廉村社"建设中,注重指导镇街发挥镇域优势资源,不搞资金大投入,因村制宜,突出个性特色发展,避免"千篇一律"。如通济新经济区以微信平台为依托,打造清廉村社"码上知"工程,村民扫码可随时查看村庄工程、困难补助申领、养老保险办理等村庄事务的决策、办理全过程,并对小额资金拨付、小型工程等进行监督,大事小事尽在掌中;龙山街道深入挖掘优良家风家训,依托官庄竹编、葛村榼子、西程剪纸等本地清廉特色资源,丰富廉洁元素,弘扬"清廉村社"新风尚。

（二）"清廉村社"建设的试点经验

基层村社是清廉村社建设的主阵地。即墨区坚持试点先行、以点带面、逐步推进，进行差异化探索创新。自开展"清廉村社"建设以来，金口镇成立以党政主要领导为组长的"清廉村社"建设工作领导小组，紧紧围绕"四廉""五清"任务目标，从微处着手、实处着力，硬件建设、制度规范两手抓、两手硬，营造了党风正、政风清、民风淳的浓厚氛围。

挖掘特色，打造示范。深入挖掘村社优势资源，高标准打造店集南里村和池戈庄村两处"清廉村社"示范点，镇村联动、以点带面，全力做好"清廉村社"示范文章、特色文章。店集南里村结合村庄多古建筑的特点，充分发挥即东县史馆、李振旧居在培育和涵养清廉文化方面的引领作用，着力打造红色廉政教育基地，讲好红色故事，传承德廉基因，将廉洁文化融入美丽乡村建设中，传承历史文化脉络，筑牢村社党员干部拒腐防变的思想防线。池戈庄村深入挖掘"廉"文化资源，将孝廉、竹子等清廉元素与美丽乡村建设有机融合，通过建设廉政宣传栏、清廉文化背景墙等清廉元素景观，寓情于景、寓教于游，让党员干部和老百姓在潜移默化中感受到廉政文化的熏染，打造村庄清廉文化板块，深耕"清廉土壤"。

制度建设，监督引领。"清廉村社"蓝图化为现实，重要的是规范"小微权力"、发挥监督引领作用。为此，金口镇细化区级清廉示范村社创建标准，研究制定了《金口镇深入推进廉洁文化建设工作方案》，每村设立两名清廉村务联络员，为村庄干部分层分类制定《廉政风险提醒卡》，一人一卡、点题式提醒，筑牢廉洁从政防线。深化上下联动"一体化监督"模式，形成多维制约，明确村级决策、财务管理、集体资产资源处置等事项清单、工作流程及廉政风险点，培育清廉文化、营造清廉氛围，切实将"小微权力"关进制度的笼子。

通过清廉村社建设，发挥典型示范引领作用，逐步推进"清廉村社"建设全覆盖、有实效、出亮点、创品牌。一方面，广大干部群众清楚地掌握了"家情"和"家底"，织密了基层监督网络，规范了村级小微权力运行，强化了乡村治理能力，筑牢了乡村振兴廉政基石。另一方面，切实打通全面从严治党的"最后一公里"，密切干群关系，更好地树立政府形象。

三、加强基层党风廉政建设的建议

（一）全方位做好党风廉政宣传

加强和改进党风廉政宣传教育，能够为反腐倡廉提供思想保证和营造良好的舆论氛围。推进党风廉政建设和反腐败工作，必须抓好宣传教育这个基础,通过理想信念教育,增强宗旨意识,使领导干部不想腐。基层党委及政府应开展多样化的宣传,加强廉政文化宣传,夯实党员干部廉洁从政的思想道德基础。建议在采用传统的板报、标语、条幅、电视、广播等宣传形式的基础上充分利用微信、抖音等新媒体力量,开展廉政知识竞赛、廉政主题讲座、观看廉政警示教育片、重温入党誓词等宣传教育活动,营造党风廉政建设的浓厚氛围。

（二）抓好基层党组织建设

良好的基层政治生态,需要坚强有力的基层党组织。一是加强制度建设。建立健全公开责任制度、责任追究制度,考核制度等,严格落实"三会一课"制度、民主生活会制度等。二是实施培训制度。结合多样化的培训方式,将廉政教育、党性教育等作为重要的培训内容,提高党员政治素养和政治站位。三是严格管理,加强惩处力度。把村务财务监督纳入制度化轨道,实行村级小微权力清单制度。加大基层小微权力腐败惩处力度,推进村级反腐的制度化建设。

（三）加强内外监督,提高效能

精准有效的监督是廉政建设的必然要求。如果监督流于形式,就会使得有"问题"干部"潜伏"在干部队伍中,给党和国家的事业带来不好的后果。因此,廉政建设要做到强化监督。广大党员干部要充分理解和认识到监督的重要意义,正确对待监督,进而提高监督的效能。在基层要善用党外监督、党内监督等多种方式,在加强纪检监察干部队伍建设的基础上,实行群众对干部的监督、干部对干部的互相监督等,通过线上线下多种方式,定期不定期听取意见,畅通群众表达渠道。

（四）因地制宜开展党风廉政建设活动

乡村间差异性较大,党风廉政建设应该鼓励各地根据本地的区位发展、文化等资源特色,开展党风廉政宣传及打造活动。如"廉政村社"建设工作,可以有效结合村庄特色,发掘利用本地景观、本土人物、本土故事,打造本土特色,将传统历史文化和人文资源中的清廉元素融入农村廉洁文化建设中,创建一批农村廉洁文化示范点和教育基地,培育先进典型,传播清廉正能量。项目建设镇街地区,可结合规范制度建设,制定村社工作规范,保证基层管理廉洁、有效。

参考文献

[1] 周咏南,朱海兵.把权力关进制度的笼子 —— 党风廉政建设在浙

江[N]. 浙江日报,2015-07-20.

（孙　伟　中共青岛市即墨区委党校）

通过完善监督制约体系优化农村基层政治生态

农村基层是农村社会治理的基本单元和组织建设的前沿阵地[1]，完善监督制约体系，把全面从严治党压力延伸到基层社会末梢，不断优化农村基层社会治理政治生态，可以持续提升农村基层社会治理体系和治理能力现代化水平。

一、当前农村基层监督制约体系存在的主要问题

（一）政治站位不高，监督缺乏主动性

主要有以下表现。一是监督普遍存在着本位主义倾向，往往会从自身利益角度去思考问题，不能从党的历史使命和中华民族伟大复兴的全局去考量轻重、谋划思路。有些党员干部把权力、利益看得太重，缺乏崇高的境界和情怀。二是监督工作难以取得突破。表现为认为监督过多过细会影响经济发展，只算地方、部门的经济账，不能从两个大局来算政治账，不能认识到强化基层监督制约体系不仅关系到一个地区一个部门的今天，更关系到中华民族长远的未来。三是对于监督过程该怎么做，甚至是在大是大非的政治问题面前，有些党员干部缺乏清醒的政治觉察，对于不"坚决维护两个核心"、没有"四个意识"、缺乏政治站位的语言和行为，不能做到坚决斗争，有时甚至随波逐流。

（二）制约机制不全，监督缺乏协调性

党的十八大以来，尽管一步步压紧压实了全面从严治党的责任，但基层党组织仍旧存在对监督制约机制建设重视程度不够高的问题，各监督主体之间协作和配合程度也不高，导致监督工作闲时有忙时无，抓时有不抓时无。村级其他各类基层组织则认为自己权微事小，贪污腐败机会少，监督工作于己没有多大关系。当前尽管制定了制度建设路径和工作制度，但从实际情况看，现有制度规定内容过于原则，操作性不够强，缺乏一套可复制、可推广、适用性强的标准体系。同时，由于各地经济水平、地理位置、人文环境等客观因素千差万别，难以制定一套能够因地制宜、精准施策、普遍有效的制度

体系,制度建设的成效仍旧需要靠处于"最后一公里"基层党组织去完善和细化。因此,基层党组织本身是否坚强就是监督制约机制的一个最大制约因素。从当前来看,监督制约普遍存在由纪检监察机关孤军奋战,其他部门缺乏配合的现象,相关部门和镇(街)党(工)委并未充分发挥职能作用,起监督制约作用的各类主体还未形成合力。

（三）民主建设步伐不快,监督缺乏通畅性

党的十一届三中全会提出了我国农村改革的出发点和最终归宿,就是"必须在经济上充分关心农民的物质利益,必须在政治上切实保障农民的民主权利"。随着农村经济体制改革的巨大成功,20世纪80年代,我国实行了村级基层组织民主"海选"。自此,农民群众以空前的热情关注自己的切身利益,他们日益迫切地要求用政治上的民主权利来保障自己利益。但是,当前农村基层民主建设还存在一系列难以破解的问题,其中之一是基层民主建设步伐不快,村民参与监督仍未根本破题。

1. 仍旧没有找到破解村"两委"关系矛盾的金钥匙

从当前来看,为加强党对农村基层工作的领导,防止基层党的领导与村民自治形成"两条平行线",多数行政村"两委"成员交叉任职,村支书和村委会主任"一肩挑",以期确保基层党组织的领导核心作用和战斗堡垒作用。但是,实行"一肩挑"和村"两委"班子成员交叉任职后,如果没有良好的制度安排来托底,势必减弱村委会在村级权力结构中发挥权力制衡和监督的作用。

2. 建立农村基层社会民主权威的课题越来越凸显

党的十八届三中全会提出全面深化改革的总目标,特别是亿万农户成为独立的市场主体之后,建立农村基层社会的民主权威的课题自然也越来越凸显。在农村整个社会经济条件和政治生态环境没有得到根本改变的情况下,如何在党的领导下使农民群众真正当家成为主人,无论是理论还是实践都有许多尚未破解的难题。近年来,围绕解决群众诉求渠道不畅、落实党建责任不力、为民服务不到位、基层党建考评不准等问题,依托"互联网＋"补齐短板,各地创造了很多先进经验。但是,不能回避的是,农村基层社会治理的"最后一公里"的最终畅通尚待进一步改革和推动。

3. 农村基层民主建设的焦点集中于村民知情权和平等参与决策权的制度化保证

基层民主建设是中国共产党一以贯之的追求。但从当前基层民主建设的实践来看,一是宗族派性势力干扰依然难以避免,家族化特性突出,各种势力交互干扰正常换届工作,各种矛盾交互发展,农村基层政治生态出现复杂化的态势。二是村级组织管理职能依然模糊。根据"莱西经验",确立了基层党组织的领导核心地位和权威性,但是村委班子和其他村级基层组织作用如何得到切实发挥尚需破解。三是村民的知情权和平等参与决策权仍旧得不到制度化的保证。当前,最迫切的任务是确立把基层民主由注重民主选举环节拓展到村民参与基层社会治理全过程的制度化途径,从制度上确保让村民事先能够知情,事中事后能够平等参与决策和进行监督。

(四)政治生态不健康,监督缺乏群众性

1. 部分党员群众对手中选举权的重要性认识不足

在农村基层组织换届选举中,部分党员群众存在"选谁无所谓、一个人不能决定选举结果"等想法,不能正确行使自己的选举权。农村基层政治生态的复杂化,仅靠民主选举是不能彻底解决的。我们要针对村民"选举时有民主,选举完没民主"的突出问题,通过创新村庄民主治理模式,对农村基层民主由程序走向实体进行卓有成效的实践和探索。

2. 廉政文化建设短板突出

长期以来,农村基层监督制约机制建设工作的重点一直都放在处理信访举报和执纪审查上,对于廉政文化建设重视程度不足,工作思路不宽,表达形式比较单一,缺少丰富多样、深入人心的廉政文化产品。从现状来看,农村基层的廉政宣传教育工作仍旧靠传统的传达文件、开会学习等方式进行。多数镇(街)未能结合实际制作具有时代气息的优秀作品,廉政文化建设缺乏实效,群众对当前基层监督制约机制建设的参与度、认知度不高,监督制约没有成长为村民的普遍文化心理。

二、几点建议

(一)巩固镇(街)党组织牵头抓总的建设机制

镇(街)党组织与农村党组织同属党的农村基层党组织,镇(街)党组织要坚持和巩固全面统筹、牵头主抓,纪委监委组织协调、督促指导,组织、宣传、民政、农业农村等职能部门各尽其责、相互配合,镇(街)和村级监督制约体系建设机制,把完善村级监督制约体系情况纳入述责述廉内容,压紧压实主体责任、监督责任和部门责任,形成"一把手"重视、"条和块"联动、齐抓共建的工作格局。

1. 强化政治统领,多维度织密"工作网"

着眼于加强党对农村工作的全面领导,坚持把党的政治建设摆在首位,构建农村区域化党建共同体(以农村社区党委为统领,以区域党群组织、乡村综治组织、文明实践组织、便民服务组织、产业促进组织和人才选培组织为依托),督促各镇(街)选取信访量大、矛盾集中的村社开展政治生态分析研判,精准推动优化政治生态。深入实施"政治强廉"工程,通过把握"社区党委＋村社单元"这个主体,统筹协调组织、宣传、民政、农业农村等部门共同参与,将"清廉村社"建设融入农村社会发展的各个方面,使村级党组织成为落实党的路线方针政策和各项工作任务的坚强战斗堡垒。

2. 发挥监督保障,促进基层组织发挥作用

压实基层党组织主体责任,探索建立村社党组织向上级党委和纪委报告廉洁履职制度,定期对村社政治生态进行分析研判。将监督制约体系建设与农村信访积案化解、重点村党组织书记"提级监督"、漠视侵害群众利益问题专项整治、扫黑除恶专项斗争等紧密结合,保持惩治高压态势,严肃查处基层微腐败。

3. 健全协调联动,形成监督合力

构建纪律监督、群众监督、村务监督委员会监督、审计监督、镇(街)属地监督和行业主管部门监督贯通协调、同向发力的协同监督体系,形成监督合力。

(二)健全务实管用的制度体系

1. 完善监督制约体系建设考核机制

培树典型示范镇(街)、村,有效发挥典型引路、示范带动作用。完善监督制约体系建设考核机制,监督制约体系建设工作纳入经济社会发展综合考核,充分发挥考核激励作用。

2. 深化小微权力清单制度

从民主决策、资金使用等方面,列出权力运行"负面清单",划定村社干部履职红线。督促完善"三务"公开制度,深入推进农村基层监督对象及其亲属政策性受益事项监督工作,运用信息化系统和大数据分析,为村级监督制约体系建设提供科技支撑。

3. 形成一套务实管用的村级工作制度汇编

健全和完善村级"三资"管理办法,开发建设农经信息综合管理平台,

加强对村级工程建设、资源交易、惠民补助等村级重大事项的监管,实施资产资源出让、转让、租赁等交易合同规范化、标准化管理。督促职能部门围绕议事规则、"三资"管理、项目建设等重点领域,通过"立改废"健全涉村监管规章制度,形成一套务实管用的村级工作制度汇编,明确权力"边界",既让村民清清楚楚"照单办事",明白"找谁办、怎么办",又让村级干部规规矩矩"依单履责",明白"哪些该做、哪些不该做",力促从人治向法治转变。

(三)形成全社会参与的广泛共识

要深入宣传、充分展示村级监督制约体系建设的工作成果,强化村民对村级监督制约体系建设的心理认同、行为趋同。要强化警示教育,编发农村基层干部违纪违法典型案例,促进农村基层党员干部心存敬畏,守住底线。要加强对村社受处分党员干部的回访关爱,及时为受诬告错告的村社干部澄清正名,鼓励担当作为、干事创业。要加强廉洁文化建设,深入开展"一镇街一特色"清廉文化创建活动,升级打造清廉文化教育阵地。讲好清廉故事,传播清廉正能量,推动清廉理念扎根基层、深入人心。

(四)巩固风清气正的农村基层社会政治生态

要突出因地制宜,共同下好村级监督制约体系建设这盘棋。要聚焦农村基层组织贯彻落实党中央决策部署、基层组织软弱涣散情况和群众身边的腐败和作风问题开展巡察,实现村级党组织巡察全覆盖。研究制定"提级监督"工作方案,对资金密集、资源富集、资产聚集的重点村社党组织书记实施"提级监督"。贯通镇(街)职能部门监督力量,开展村社干部述职述廉、绩效考评、经济责任审计,形成全方位、常态化的监管机制。要把推进基层治理能力现代化作为着力点,抓好农村基层涉纪信访化解工作,整治群众身边的腐败和作风问题。要打造农村清廉文化品牌和阵地,挖掘优良家风家训,完善村规民约,推动村级监督制约体系建设与农村经济社会各项发展有机结合,着力增强基层群众的获得感和满意度,进一步巩固风清气正的农村基层社会政治生态。

参考文献

[1]李艳.基层组织介入农地流转工作满意度及影响因素研究[D].贵阳:贵州大学,2023.

(刘骏骁　中共胶州市委党校)

推进乡村振兴背景下村干部廉政建设

"全面建设社会主义现代化国家,最艰巨最繁重的任务仍然在农村"[1],全面推进乡村振兴对于实现新时代新征程的中心任务意义重大。习近平总书记指出,"村党支部要成为帮助农民致富、维护农村稳定、推进乡村振兴的坚强战斗堡垒"。可见,村干部是推进乡村全面振兴的关键队伍,研究全面推进乡村振兴背景下村干部廉政建设显得必要而迫切。

一、村干部身份的变迁

本文探讨的村干部主要是指村党支部委员会和村民委员会在内的两委干部。

(一)农村资源进城时的"农民代理人"

2006年以前,村干部的主要工作内容是组织动员农村资源进城、支援城市建设。这要求村干部必须积极及时回应农民的需求。此时村干部的身份更多的是农民代理人,上一级政府并不干涉村干部采取何种方法完成工作任务。"取消农业税前,村干部与农民是'打成一片'的,甚至融为一体的。村干部是不脱产的拿误工补贴的干部,实际身份是农民而非拿工资的干部。"[2]

(二)政府资源下乡时的"政府代理人"

2006年以后,国家不仅免除了农业税,并且在农村实施农业税补贴政策,投放到农村的政策性资源越来越多。为了平衡城乡发展差距,国家通过财政转移支付来实现农村公共产品的供给,由此形成了"政府资源—村干部—农民"这样的供给模式。大量的政策性资源进入农村后,村干部身份也发生了微妙的变化,由资源进城时的"农民代理人"变成了派发政策性资源的"政府代理人",如评定低保户、发放各类农业补贴、发放赈灾物品等。"村干部身处基层治理一线位置,是农村建设的骨干力量,是党的路线方针政策的宣传者、贯彻者和执行者,"[3]村干部的农民属性降低而干部属性有所增加。

(三)新时代以来村干部角色的新变化

为了实现乡村振兴战略,更多的资源、项目和机会将继续向广大农村地区输送、倾斜。作为连接政府方和村民方的重要纽带,村干部工作的重要性提升了、难度也大了。加强村干部廉政建设对于有效整合不断涌入农村的政策性资源、助力全面推进乡村振兴意义重大。

二、乡村振兴背景下村干部廉政建设面临的挑战

（一）半熟人社会中情与法的约束力变弱

费孝通对乡土社会"差序格局"的经典概括指出，"我们的格局不是一捆一捆清楚的柴，而是好像把一块石头丢在水面上所发生的一圈圈推出去的波纹。每个人都是他社会影响所推出去的圈子的中心"，"我们社会中最重要的亲属关系就是这种丢石头形成同心圆波纹的性质"[4]。因此，长期以来农村的治理特征体现为情大于法。

随着改革开放的深入，这种熟人社会发生了转向。[5]贺雪峰认为20世纪末村委会是由生产大队演变而来，生产大队是"熟人社会"的典型代表。队内人们互帮互助、自由恋爱，成了熟人共同体。但随着农村法治化建设的推进，人情礼俗主导的办事原则逐渐式微，村干部的工作中逐渐出现法治化、流程化的思想观念。因此，他在考察当下的农村生活时提出了"半熟人社会"的概念。[6]"半熟人社会"是农村现代化进程中必经的阶段，但是却是一种不成熟状态。人情礼俗下的道德约束力变弱，但是法治化工作原则又没有完全建立起来，让农村工作处于情与法都难以约束的状态。这是当前村干部廉政建设面临的最大挑战。

（二）村干部任职动机多样

在半熟人社会中，由于法律知识的普及，村干部选举过程比之前更加理性了。但进城务工的浪潮让广大农村青年纷纷涌入城市谋生，农村常住人口逐渐减少。这种情况下村民参与选举村干部的积极性有所下降。因此，各地出现了"老板治村""能人治村"现象。这类村干部往往在当地有自己的事业，参选村干部不乏有希望借助村干部身份继续发展已有事业的愿望。笔者在农村调查时，有村干部提到"我的同学都在城市打工，我愿意留在村里搞发展，我们村离城市不算远，借助政策搞个农家乐，带着大家致富，在村里当老板多好，家里老人孩子也能照顾到"。

为了推动乡村全面振兴，不断下乡的政策性资源和项目要充分发挥惠民作用，村干部是关键队伍，但村干部任职动机多样且法律意识、文化素养不高，工作方法比较简单直接。这是乡村振兴背景下村干部廉政建设面临的又一挑战。

（三）农村政务监管难度大

政策性资源下乡过程中，上一级政府对村干部的监管方式也更加多样，

如电话回访、问卷调查、村民投诉信箱等方式，但这些监管方式难以在农村产生期待的效果。从被监管方来看，农村事务繁杂，所以农村政务公开并非易事。村干部一般通过公告栏（或者公示栏）公开农村政务，但公开的内容是有选择的，上级检查不到的地方往往不会公开。农村政务公开呈现出被动公开和不完全公开的状态。

从监管方来看，自下而上的监督在半熟人社会的农村容易因存在宗亲关系无法落地。加之大量青壮年进城务工，留守在农村的老人和小孩由于缺乏监督意识、监督能力有限，极大地削弱了农村的监督力量。这是个别村干部任性而为的重要原因，也是村干部廉政建设要解决的难题之一。

三、乡村振兴背景下村干部廉政建设的对策

农村党风廉政建设关系党的执政基础，关系人民群众的切身利益，是实现乡村全面振兴的重要保障。要在系统思维的指导下，综合村干部用权的制度、过程、文化等各个方面，切实做好村干部廉政建设。

（一）不敢腐：完善法律，提高腐败成本

法律是约束村干部不突破权力红线的重要工具。"理性选择制度主义以理性人假设为分析起点，以个人主义研究公民行为，强调制度对个人行为的影响作用，考察行为主体如何在制度的影响下，经过成本－收益等高度策略的计算，实现自身利益和效用的最大化。"[6]

首先，要建立健全法律体系，对于村干部在选举环节出现的贿选、非法拉票等行为要有具体的处罚措施，从而在选举环节甄选出具有规则意识的村干部；其次，对于村干部在政府资源调配上的不合法行为要及时调查取证，依据事实进行处理，从而对在岗的村干部进行权力约束。通过提高腐败成本来减少腐败现象的出现，为实现乡村振兴保障资源顺利下乡，切实惠民。

（二）不能腐：健全制度，规范村干部权力行使

规范村干部权力的行使，就要把权力关进制度的笼子里。要积极落实中央办公厅、国务院办公厅印发的《农村基层干部廉洁履行职责若干规定》。这一规定是首个专门规范农村基层干部行为的廉政准则，不仅填补了村干部廉政建设的制度空白，还完善了农村基层组织建设的程序。第二章列举了村党组织领导班子成员和村民委员会成员廉洁履行职责的"22个不准"。

在制度建设方面要抓好村干部履职的关键，具体来说，要在选举制度、监督制度和农村公务公开制度三个方面做好村干部廉政建设。首先，要规范村干部选举流程。严格根据《中华人民共和国村民委员会组织法》提名候选

人,提名候选人环节要充分考虑到候选人能力素质,投票环节要保证程序公正,并且杜绝拉票贿选等情况的产生。随着农村进城务工现象越来越普遍,应该创新选举方式,以便于进城务工的村民有机会参与选举,如采取微信小程序匿名投票或者其他简单易操作的投票软件进行。其次,要构建多元的监督体系。镇党委作为上级单位对村干部的指导和监管要结合起来,如通过工作汇报、定期走访等形式对村干部工作进行过程性监管,降低腐败发生的概率;对村民加强政策理论和法律法规宣讲,提升村民对政策的理解力及法律意识。再次,要加强农村政务公开的制度建设。"公告栏式"的政务公开方式不再能满足乡村振兴背景下的农村政务公开。对于各级政府及各部门派发到村的物资、项目要在互联网平台搭建专门的查询途径供村民了解,组织好村民进行议事协商。村干部对互联网平台操作不熟练,可以在大学生村官的协助下做好这项工作。

(三)不想腐:加强廉政教育,树立正确的权力观

健全和完善法律法规及各项制度,让村干部不敢腐、不能腐是通过外部因素干预来进行村干部廉政建设。我们还需要从村干部自身进行理想信念教育和廉政教育,通过让村干部树立正确的权力观达到不想腐的治理目标。

加强廉政教育要从廉政教育的内容、方式入手。首先,要丰富廉政教育的内容,既要组织学习《中国共产党章程》《中国共产党廉洁自律准则》《中国共产党纪律处分条例》和《农村基层干部廉洁履行职责若干规定》等文件精神,在理性认知方面形成底线思维,又要对村干部进行"爱村"教育,如通过颁发"村干部初心卡"等方式在感性认知方面培养村干部的大胸怀和大格局。其次,要创新廉政教育的方式,不光要有集体学习和现场学习,还要进行分散学习和线上学习,如在各平台制作发布廉政故事小视频、廉政模范事迹小视频等,为村干部营造一种良好的廉政教育环境,从内心深处打动村干部。

四、结语

村干部廉政建设是党密切联系群众的重要一环,是实现乡村全面振兴的重要保障,是全面建设社会主义现代化国家的应有之义。这需要我们在党建引领下从制度、过程、文化等各方面综合治理,让村干部树立正确的权力观,积极贯彻落实党的二十大精神,激励村干部奋发有为,为全面推进乡村振兴、实现中国式现代化最艰巨最繁重的任务而奋斗。

参考文献

[1] 习近平. 高举中国特色社会主义伟大旗帜　为全面建设社会主义现代化国家而团结奋斗——习近平同志代表第十九届中央委员会向大会作的报告摘登[N]. 人民日报，2022-10-17(2).

[2] 贺雪峰. 资源下乡与基层治理悬浮[J]. 中南民族大学学报：人文社会科学版，2022(6)：91-99.

[3] 梁奎. 乡村振兴战略：新时代"三农"工作的总抓手[J]. 吉林农业，2019(15)：23-24.

[4] 费孝通. 乡土中国[M]. 北京：商务印书馆，2017：27

[5] 贺雪峰. 新乡土中国[M]. 桂林：广西师范大学出版社，2003：2-4.

[6] 高春芽. 理性选择制度主义：方法创新与理论演进[J]. 理论与改革，2012(1)：5-10.

（刘锁霞　青岛恒星科技学院马克思主义学院）

农村基层干部廉洁教育历程与经验

党的二十大报告中指出："建设堪当民族复兴重任的高素质干部队伍，要坚持把政治标准放在首位，突出把好政治关、廉洁关。"[1]"廉洁"从古至今都是中华民族崇尚的美德，廉洁教育旨在从个人思想的源头抑制其腐败动机，引导广大党员干部切实增强不想腐的政治自觉，提高廉政修养和拒腐防变的免疫力。当前，农村发展取得了十分可喜的成就，脱贫攻坚战如期打赢，但全面乡村振兴战略仍需推进，脱贫攻坚成果仍需巩固，而农村基层干部廉洁教育的有效进行，对于推动乡村全面振兴相关政策落实与基层治理深度互融具有十分重要的意义。系统总结中国共产党百年农村基层干部廉洁教育的历程和经验，从历史经验中汲取继续前进的智慧和力量，可为新的历史条件下增强农村基层干部廉洁教育的针对性和实效性、夯实党在农村的根基以及推动新时代乡村全面振兴提供有效的指引。

一、中国共产党成立以来农村基层干部廉洁教育的历程探索

（一）新民主主义革命时期农村基层干部廉洁教育的理论与实践

1921年，中国共产党在风雨飘摇中诞生。新民主主义革命时期，中国

共产党从一个弱小的政党逐步成长、壮大。这一时期,中国共产党进行了各种形式的反对腐败、提倡廉洁的建设。党的三大上指出:"至于农民当中国人口百分之七十以上,占非常重要地位,国民革命不得农民参与,也很难成功。"[2] 大革命时期,农讲所、农民协会以及农村基层党支部成为对参与农民运动的干部进行廉洁教育的重要场所,教育的内容以重视农民群众的力量、掌握正确领导农民运动的工作方法为主。土地革命时期,中央苏区颁布中国共产党历史上第一个反腐败法令《关于惩治贪污浪费行为》,抗日战争期间陈云的《怎样做一个共产党员》、刘少奇的《论共产党员的修养》等都是深化农村基层干部廉洁教育理论认知的重要文献。以毛泽东为代表的中国共产党人坚持用马克思主义理论指导中国的革命和实践,提出了"权力来源于人民群众""为人民服务"等思想。农村基层干部的廉洁教育主要是为了使其树立起共产主义信仰而进行的马列主义、阶级意识、党的知识等教育;为保持共产党员的先进性而进行的反腐败教育与共产党员标准教育;为重视农民群众力量而进行的为人民服务教育;为密切与农民群众的联系而进行的发动、组织群众的方法教育。

(二)社会主义革命和建设时期农村基层干部廉洁教育的理论与实践

社会主义革命和建设时期,党的工作重心从农村转向了城市。此时在农村进行土地改革,废除旧的封建土地所有制,解放发展生产力成为党在农村的中心任务。这一时期,党针对土地改革开展过程中乡村干部暴露的官僚主义、命令主义、尾巴主义等不良的工作作风进行廉洁教育,并有计划、有目的地开展共产党员标准教育和"三反"运动,从而使农村基层干部能够充分认识土地改革的急迫性和重要性,坚持正确的工作方法,避免急躁冒进,使党员树立和加强集体主义思想,了解党的总路线知识,党的互助合作政策的知识,共产党和共产主义基本知识,发扬党内民主和开展批评与自我批评,从而纯洁农村基层干部的队伍、保持农民群众进行土地改革的积极性。[3]

(三)改革开放和社会主义现代化建设新时期农村基层干部廉洁教育的理论与实践

改革开放和社会主义现代化建设新时期,中国共产党人提出了"领导就是服务""干部的权力是人民赋予的""权为民所用、情为民所系、利为民所谋"的廉洁教育理念。为解决由于农村党的思想、组织建设把关不严,农村基层干部在权力使用中出现的假公济私、以权谋私等问题,中国共产党人开展以宗旨教育为首要任务的农村整党工作。中共中央发布《关于农村整党工作部署的通知》,并指明党的农村基层组织的领导班子,应当由"认真贯彻执行党的路线方针政策,清正廉洁,公道正派,群众拥护,能够带领群众完成各项任务的党员组成"[4],以切实抓好农村基层组织的领导班子建设。《关于加强农村基层党风廉政建设的意见》《农村基层干部廉洁履行职责若干规定（试行）》等文件的相继发布,促使农村基层干部做到自重、自律、自省,以严格的标准和理念来约束自己,做到品行端正、立身清白、廉洁用权。这一阶段通过一系列党内思想教育、警示教育等加强对农村基层干部的教育,农村基层干部廉洁教育逐步科学化、体系化。

（四）新时代农村基层干部廉洁教育工作迈上新台阶

新时代,农村基层干部廉洁教育工作迈上新台阶。党的十八大以来,以习近平同志为核心的党中央坚持全面从严治党永远在路上,坚持自我革命永远在路上,围绕党和国家的中心任务和在农村的中心任务开展了一系列针对农村基层干部的廉洁教育活动,包括践行"八项规定"改进作风建设、"三严三实"专题教育、"不忘初心、牢记使命"主题教育和党史学习教育等党内教育,以及深化扶贫领域腐败和作风问题专项治理、脱贫攻坚作风建设年,切实改进农村基层干部作风,严肃处理扶贫攻坚领域的微腐败问题,以保证廉洁扶贫、阳光扶贫。2021年,全国纪检监察机关共查处关于巩固拓展脱贫攻坚成果同乡村振兴有效衔接方面的腐败和作风问题1.9万个,批评教育帮助和处理2.7万人。[5]习近平总书记多次强调,脱贫领域腐败问题,发现一起严肃查处问责一起,绝不姑息迁就。引导农村基层干部在全面脱贫攻坚过程中坚持以人民为中心的发展理念,促使农村基层干部廉洁工作进入一个崭新的阶段,逐渐实现常态化、制度化、长效化。[3]随着党的二十大的胜利召开,将继续推动全面从严治党、党风廉政建设和反腐败斗争向纵深发展,坚定不移走中国特色反腐败之路。

二、中国共产党百年农村基层干部廉洁教育取得的宝贵经验

（一）党中央的高度重视和全面领导是农村基层干部廉洁教育取得实效的根本前提

中国共产党想要在农村扎实开展工作、取得良好成效,农村基层干部是不可缺少的中坚力量。不管是在过去的峥嵘岁月,还是在新时代,农村基层干部都是调动广大农民群众建设社会主义新农村主动性和创造性的重要带头示范力量,而廉洁教育能使农村基层党员干部保持清醒头脑、信仰坚定、勤政务实、树立正确的义利观,以实现党对农村的有效领导。中国共产党从建党之初就意识到廉洁教育的重要意义。在推进中国革命、建设、改革的过程中,农村基层干部廉洁教育工作具有艰巨性、复杂性和长期性。党中央的

高度重视和党的全面领导以高压态势端正了农村基层干部廉洁教育的政治方向,各项条例、政策的发布促进农村基层干部廉洁教育组织管理体系逐步健全,有效地促使农村基层干部更加自觉地依纪依法依规办事,使得农村基层干部廉洁教育工作逐渐走上制度化、科学化和规范化的轨道。

（二）始终围绕党的建设伟大工程与党在农村的中心任务开展工作

党在农村的中心任务不是一成不变的,而是随着各时期国情、党情的变化而各有侧重。因此,农村基层干部的廉洁教育工作也要根据党在农村的重点任务不同而及时变化。新民主主义革命时期,农村基层干部紧紧围绕实现人民解放和民族独立的党的任务,宣传党的政策并动员农民群众投身到革命洪流中去。这一阶段,廉洁教育主要是进行马克思列宁主义等科学理论的教育;进行共产党员标准教育;大兴调研之风,要求党员干部保持与农民群众的密切联系。社会主义革命和建设时期,针对命令主义等不良作风的纠正、共产党员标准的教育以及"三反"运动的开展,都是党结合这一时期的实情开展的相关的廉洁教育,都能够使农村基层干部掌握正确的工作方法,坚持群众路线,维护农民群众的切实利益。改革开放和社会主义现代化建设新时期,为最终实现社会主义新农村的建设,党和国家先后开展了针对农村党员干部的村党支部书记队伍建设、"三级联创"活动等。同时,党中央提出在农村基层开展贯彻落实"科学发展观""党风廉政建设"等活动。进入新时代以来,农村围绕全面建成小康、实现中华民族伟大复兴的中国梦,开展了一系列农村基层干部的教育活动,主要包括践行"八项规定"改进作风建设、反腐倡廉教育、"为民务实清廉"为主要内容的群众路线教育、两学一做教育实践活动、三严三实、"不忘初心、牢记使命"主题教育等等,都促使农村基层干部廉洁教育工作进入一个崭新的阶段。

（三）坚持用马克思主义科学理论指导工作

没有科学理论指导的实践会陷入盲目状态。马克思主义科学理论不仅是中国共产党人认识世界、改造世界的思想武器,也是党员干部保证修身洁行、廉洁奉公的重要法宝。中国共产党根据本国实际,在坚持马克思主义基本原理基础上,探索出了一条具有中国特色的反腐倡廉道路。马克思主义是被历史和实践所证明了的无论形势如何变化都要坚持的科学理论,农村基层干部廉洁教育也必须坚持马克思主义的指导。没有坚实理论基础的农村基层干部廉洁教育是苍白无力的。因此,还要重视系统的马克思主义理论的学习和掌握。如今,用习近平新时代中国特色社会主义思想武装全党是坚持和加强党的全面领导、推进全面从严治党向纵深发展的必然要求。农村基层干部是党的干部的组成部分,要加强科学理论的学习、提升理论运用和解决问题能力,增强服务人民的意识。

（四）始终保持与农民群众的血肉联系,以维护群众根本利益为价值遵循

习近平总书记指出:"我们党来自人民、植根人民、服务人民,一旦脱离群众,就会失去生命力。"中国共产党的百年历史不断地证明,党的发展和民族的兴衰同党能否保持与群众的血肉联系紧密相关。党在农村开展一切工作的关键纽带是农村基层干部,动员农民工作、凝聚农民力量,每一份工作都需要农村基层干部身体力行、毫不懈怠。回顾农村基层干部廉洁教育的百年历程,坚持走群众路线、保持与农民群众的血肉联系是带领农民获得胜利、迈向更好生活的宝贵经验。同时,党对实现好、维护好人民利益基本立场的坚守,无论是在历史时期的整党整风活动中,还是在如今全面从严治党的形势下,都从未改变。新时代,广大农村基层干部更要关心和清楚农民群众的现实情况和利益需求,脚踏实地、真抓实干,为提高农民生活水平和逐步实现广大农民群众对美好生活的向往而不懈奋斗,推进农村群众工作扎实细致、卓有成效,增强农民群众对党的情感认同和价值认同。

参考文献

[1] 习近平. 高举中国特色社会主义伟大旗帜　为全面建设社会主义现代化国家而团结奋斗——在中国共产党第二十次全国代表大会上的报告 [N]. 人民日报,2022-10-26.

[2] 刘宋斌. 中国共产党廉政反腐纪事 [M]. 北京:中国方正出版社,2009:181.

[3] 赵乐际. 运用党的百年奋斗历史经验　推动纪检监察工作高质量发展　迎接党的二十大胜利召开——在中国共产党第十九届中央纪律检查委员会第六次全体会议上的工作报告 [J]. 中国纪检监察,2022(5):4-11.

[4] 吴海红,齐卫平,庞程程. 建设廉洁政治:中国共产党的探索及其启示 [J]. 治理研究,2022,38(2):65-74,126.

[5] 中国华. 廉政教育,别忽略了村干部 [N]. 东方城乡报,2018-06-07(3).

（马丽娟,辛泽华　青岛科技大学马克思主义学院）

小官大腐与村级有效治理

近年来,"小官大腐"现象在村庄干部中时有发生,特别是在经济较为发达的地区,这种现象更是频繁发生。"小官大腐"现象的发生,严重损害了国家、集体和村民的合法经济利益,严重破坏了党在基层群众中的良好形象,严重影响了党群干群关系这一党在基层进行有效治理的根本。研究"小官大腐"现象发生的各方面原因,总结现实中已有的防治"小官大腐"现象的成功经验和做法,找出其背后的发生逻辑和规律,对其进行有效打击和治理,对全面提升党和国家对村级治理的实效和水平,具有重要的现实价值和长远意义。

一、"小官大腐"现象的具体表现形式

总结理清"小官大腐"现象在现实中的种种具体表现,对于尽早发现、及时防治"小官大腐"现象发生,最大可能减少由此引起的各方经济利益损失和引发的村级治理不稳定因素,具有重要的实操意义和参考价值。在现实社会中,"小官大腐"现象往往隐藏在以下几种具体的表现中。

(一)利用重大项目推进搞权钱交易

在已经被查处的"小官大腐"案件中,利用重大项目推进搞权钱交易是经常发生的案件。这种具体表现一般发生在有重大项目入驻的村庄。村级干部利用自己执行者、落实者的特殊身份和掌握在手中的村级组织"三资"最终"拍板权",把本该属于村集体和村民的重大利益当作了满足自己私欲的侵占对象,在组织落实重大项目的过程中,通过私下提要求、开条件等方式达到自己的目的。如果项目方不答应其所提出的要求或开出的条件,村级干部便会通过组织部分利益相关的群众(这部分群众往往是被村级干部以小恩小惠收买利用的,并不一定真正明白其行为究竟为何)找碴闹事阻碍项目正常落地施工,最终迫使项目方屈服。比如,项目征地过程中,村级干部可以与项目方在私下开出压低地价交换工程项目的条件,即在征地时村级干部以手中的权力帮助项目方压低征地价格,给项目方以利益,而项目方用来交换的条件就是把项目中的子项目分包给村级干部。如果不同意,村级干部就会通过煽动、收买等手段组织相关村民以土地补偿不合理达不到要求为由上访闹事,直到达到自己的目的为止。

(二)抓住重大发展机遇搞暗箱操作

近年来,许多地方因为经济社会发展的现实需要,推动实行了合村并

居、美丽乡村建设等涉及大量资金项目注入的发展举措。这些举措,对于村民以及当地的发展来讲是有积极意义的。贪腐的村级干部就会抓住这样的重大发展机遇搞暗箱操作,进行贪污受贿的勾当。以美丽乡村建设为例,近年来,中央为推动城乡融合发展、逐步缩小城乡差距工农差距,在新农村建设取得了阶段性成效的基础上推进美丽乡村建设。美丽乡村建设推进过程中,有一项是美丽乡村示范村建设。只要达到建设基础要求的村庄申报成功,政策性奖补资金一般是以千万元计数的。贪腐的村级干部就会抓住这个机会,在美丽乡村建设各项工程的招投标等环节搞起暗箱操作,利用手中的权力为身边的公司、个人等招揽工程以赚取好处费、收受贿赂等。

（三）潜入重大民生领域搞欺上瞒下

近年来,中央惠农富农奖补政策力度不断加大,各村庄累计享受到的资金数额都比较大,这就成了贪腐的村级干部的"重点关注对象"。比如,在耕地比较多的村庄,村级干部就会把自己贪腐的对象瞄准各类惠农补贴政策,通过虚报假报瞒报等非法手段骗取中央补贴资金据为己有。

（四）盯住重大资金政策搞移花接木

这种具体表现,一般发生在村集体经济比较发达的村庄里。村级干部通过虚设乱设村庄建设项目等手段为自己的贪腐搭起台子,又通过招揽工程、偷工减料、以次充好甚至是大量削减项目内容等非法手段,将本属于村集体的资金移花接木到自己的腰包里。

二、"小官大腐"现象发生的成因分析

对"小官大腐"现象的具体发生领域和表现形式进行全面系统深入的分析研判,可以总结出"小官大腐"现象发生的基本成因。

（一）城镇化在农村的全面推进在客观上造成了"小官大腐"现象发生的"温床"

随着城镇化进程不断加快,一些地方尤其是城中村、城郊村、园中村拆迁改造日益增多,涉及资金量巨大,逐渐成为"小官巨腐"的重灾区。如武汉市青山区厂前街道办事处劳动服务站站长董彤,在负责"棚户区"拆迁改造等工作中,伙同他人违规侵占拆迁补偿款220万元,收受贿赂60万元。武汉市武昌区水果湖街道余家湖村党委委员魏祖斌,在东沙湖连通工程征地拆迁过程中,利用职务上的便利,为他人谋取利益,非法收受他人财物189万元。

（二）对村级干部的监管疏漏导致了"小官大腐"现象发生的可能性

按照现行的基层社会治理体系架构，村级干部并不在体制内。因此，长期以来，在现实工作中，村级干部往往是游离于体制之外的，并没有受到党纪国法的真正关注和监管。[1] 此外，村级组织的性质是自治组织。这一组织性质，让村级干部觉得自己就能够对村里大大小小的事情说了算，严重的甚至以此为理由对抗上级党委政府的管理监督。特别需要注意的是，"小官大腐"案件往往是窝案、串案。本来应当担负起对村级干部监督监管的乡镇一级，由于利益关联等原因，并没有发挥其真正的作用，反而与村庄一级相互串通、相互勾结，变成了村级干部贪腐的"保护伞"和"共犯"。这种现象的存在，更加使有些村级干部无所畏惧、肆无忌惮起来。

（三）村级干部选拔任用机制并没有发挥到应有的作用

在村庄一级实行了二十余年的村两委换届选举实行的是"海选"的办法，执行一人一票的简单多数原则。在现实中，特别是在有重大项目重大发展机遇的村庄里，会发生花钱买选票的贿选现象。而通过贿选当选为村级干部的人，动辄几万、十几万、几十万甚至几百万的所谓"投资"之后，总是要想尽办法把他所谓的"投资"再捞回来。抱持着这样动机的人掌握了村级组织的权力之后，一旦有机可乘，必定要大捞特捞一把。

（四）广大村民对村庄事务的麻木态度导致群众监督的缺失

群众监督是对村级干部进行有效监督的重要手段。然而，在现实生活中，广大的村民对村庄日常事务往往是抱着"事不关己高高挂起"的漠视和麻木态度，各过各的生活，根本就不关心村里发生的与自己没有直接关系的事情。尤其是具有村民代表身份并在村庄监事会、理事会等监督组织里面担任一定职位的那一部分村民，村庄要处置集体资源资产的时候，要有重大对外资金支出的时候，按照法定程序，需要召开村民代表会议、监事会理事会会议研究表决通过。如果这个时候这部分村民能够坚持依法行使自己的监督权表决权，完全可以避免"小官大腐"现象的发生。但是，这部分村民并没有真正认识到自己的特殊身份和由此而产生的监督权力，一般都会"自觉"地表决通过。当然，还有村级干部根本就不履行相关法定程序，而是私自决定，通过找人代签等办法为自己的暗箱操作制造出一套"合法档案"来。对于这样的事情，漠视麻木的村民就更加不会过问。

（五）传统中的官民意识仍然在发挥作用

不得不承认的是，即便是在 21 世纪的今天，在有些村民头脑中仍然存在着传统的封建官民关系意识,而且,这种传统的封建官民意识还实实在在发挥着作用,影响着村庄治理行为。特别是在一些村级干部横行村里、对村民长期进行欺压愚弄的村庄,村民们还是会以旧社会的思想意识来看待当前的人和事,觉得村级干部就是"土皇帝",不敢有丝毫的得罪,否则就不会有好日子过。再加上现实中这些横行村里的村级干部的非法行为得不到及时的打击和整治,更加强化了村民的这种官民意识。

三、整治"小官大腐"现象、加强村级有效治理的经验参考

全国各地各部门通过整治"小官大腐"现象正本清源,匡正风气,不断改善党和国家在基层群众的形象,不断融洽基层党群干群关系,从而进一步加强村级有效治理,创新创造出了不少成功的、可以复制的经验做法。

（一）强化村级组织"三资"管理,从源头上杜绝"小官大腐"现象发生

究其根本,"小官大腐"瞄准的就是村级组织的资源、资产和资金。严格执行组织部门、审计部门、纪检监察机关联合行动的村级组织"三资"管理体制,通过定期不定期以实地审查为主、账面查看为辅的村级组织"三资"审查审计,重点对涉农资金特别是惠农补贴类资金、征地拆迁补偿款、危旧房改造款等专项资金落实和发放情况等进行有针对性和实效性的审查审计。建立并严格实行村级干部在任离任审计制度,特别是要对村级组织的"一把手"进行严格的在任离任审计。完善村级组织会计委托代理制度,推行村级财务预决算制度,加强村集体经济设计监督的农村集体财务管理体制,用制度的刚性手段从源头上阻止"小官大腐"现象的发生。

（二）创新方式方法,拓展大数据监督领域,让科技手段为反腐败提供有效助力

针对基层腐败智能化、隐蔽化日益增强的特点,运用大数据对城乡低保、农村危房改造、农业支持保护补贴等8个方面惠民政策落实情况进行监督检查。尽快制定运用大数据开展监督检查的具体实施办法,推动大数据运用制度化、规范化、常态化,进一步提升基层发现问题线索的能力和水平。

（三）全面启动巡察工作,加快推进"线索处置和执纪审查以上级纪委领导为主"的巡察

进一步完善市区级纪检派驻机构工作运行和管理机制。充分发挥反腐败协调领导小组、乡镇执纪审查协作作用,实行提级审查、异地审查、交叉审查等模式,整合基层纪律审查力量。督促各级党组织健全规范基层纪委和党

支部纪检委员设置,进一步明确工作职责、监督内容、工作程序等相关制度,推动其切实履行职责、发挥作用。

(四)想方设法发动群众,用群众的力量消除"小官大腐"现象

"小官大腐"往往发生在群众身边,因为其直接危害群众切身利益,群众对此是深恶痛绝,反对情绪高涨。消除"小官大腐"现象,一定要充分重视和科学用好群众的力量,想方设法发动群众、组织群众,用群众雪亮的眼睛来监督监控村级干部的日常行为,及早发现苗头,把"小官大腐"现象扼杀在"摇篮"之中。

参考文献

[1] 刘千乔. 关于 30 起"小官巨腐"案件的分析[J]. 中国纪检监察, 2016(19):56-57.

(华国宏　青岛市即墨区委党校)

青岛市市北区强化家风建设的实践探索

家风建设是作风建设重要内容。领导干部的家风关系到党的作风和形象,关系到党和社会主义事业的大局。近年来,市北区重视党员干部家风建设,强化家风建设促进党风建设,筑牢领导干部廉洁根基,推动全区形成清廉家庭建设的浓厚氛围。

一、市北区强化家风建设的实践

市北区家风建设过程中,坚持正面引导和反面警示相结合,不断筑牢党员干部清正廉洁家庭防线。

(一)加强家风教育阵地建设

市北区投入 395 万元建设经费,2019 年 10 月打造建成青岛市清廉家风馆,以"清廉之岛·家风咏传"为主题,集中展示青岛传统家风、红色家风和新时代家风,是省内首个倡导清廉家风建设的教育基地。获评"山东省党员教育现场教学基地",作为青岛市唯一获评的教育基地,在"灯塔—党建在线"网络平台向全省推荐。还打造镇江路街道红色家风馆、水清沟街道廉洁家风体验馆、河西街道小水家风文化园地、四方街道家风家训主题走廊等一系列家风教育场所,为全区开展家风家教活动提供丰富载体和资源。

(二)充分发挥家风教育阵地作用

持续发挥市清廉家风馆主阵地作用,共接待 816 个参观单位、14 381 余人次。结合党史学习教育,开展"党史中的家风"现场教学 327 场,受教育 5 600 余人次。运用 3D 网上展厅,区纪委监委在政府机关、国有企业广泛开展廉政宣传教育活动。会同区教体局开展中小学网上廉洁实践教育,3D 网上展厅累计观展已达 8.33 万人次。

(三)开展多样家风教育活动

依托青岛市清廉家风馆,市北区纪委监委积极对接市纪委、市妇联、市民营经济发展局等部门开展了各类家风活动。举办了"最美家庭话家风""家风文化进校园"等活动。市北区纪委监委积极对接市纪委、市妇联、市民营经济发展局等部门开展了各类家风活动。

(四)发挥优秀传统文化浸润作用

制作《将对党的忠诚留作家风》等 3 部家风类微视频,向社会公开展播。组织系列家风教育活动,面向党员干部、亲属子女、社区居民、少年儿童等不同群体,分类开展"家庭助廉""童心向党迎百年""清风拂童心,家风伴我行"等主题活动,以家风现场教学、书写家属廉洁寄语、节目展演等形式,深入推进清廉家风建设,全方位营造崇廉尚洁的家庭和社会氛围。

(五)开展家风警示教育

运用家风败坏典型案例、书籍、专题警示片等素材,在各级党组织开展廉政谈话、廉政教育、党日活动时,组织党员干部观看警示片、学习典型案例,开展远离家庭腐败警示教育,警醒广大党员干部筑牢家庭防线,守住廉洁底线。

市北区家风建设取得了一定成绩,但也存在一些不足和问题,比如,部分党组织和党员干部家风建设的意识不强,思想认识不到位,缺乏加强家风建设的意识,在家风教育上只是就事论事,满足当前的教育,对自身要求不严。此外,家风教育监督不严谨、制度管理不健全,家风建设考核机制有待完善。

二、市北区强化家风建设促进党风建设的启示思考

(一)提高认识,在思想上要把家风建设摆到位

习近平总书记多次谈到,领导干部的家风不是个人小事、家庭私事,而

是领导干部作风的重要表现。优良家风是形成优良党风、政风和民风、世风的前提和基础。优良家风彰显了优秀传统文化的基本精神,也是建设社会主义精神文明的重要来源和思想基础,是涵养社会主义核心价值观的重要思想源泉。[1]市北区将优良家风植根于人们的日常生活,才大大激发了人们文明向上的热情,促使人们日益形成崇德向善的道德意愿和积极的价值追求,推动了整个社会风气的持续向善、向好。领导干部的良好家风能够带动社会风气,汇聚清正廉洁的正能量。不良家风则不仅使自己家破人败,更严重带坏官场风气,败坏社会风气。这就告诉我们,各级党委(党组)务必高度重视家风建设,把家风建设作为加强领导班子和领导干部作风建设的一项重要内容,定期检查有关情况,助推领导干部自觉廉洁修身、廉洁齐家。

(二)加强家风建设要传承和创新优秀家风文化

加强家教家风建设,需要尊重历史、延续文脉,对中华优秀传统文化进行创造性转化、创新性发展,从中萃取精华、汲取能量,进一步为社会治理提供丰厚的文化滋养。在家风建设中应根据社会主义核心价值观的时代特点和培育要求,传承和创新传统家风文化中蕴含的昂扬向上的精神追求和积极的价值取向。要对中华优秀传统文化进行深入挖掘和阐发,使其与当代文化相适应、与现代社会相协调,把跨越时空、超越国界、富有永恒魅力、具有当代价值的文化精神弘扬起来,讲好新时代的家风故事,进而为基层社会治理提供有力文化支撑。一方面,要注意挖掘整理名人志士以及老一辈革命家留下的优秀家训家风文化,并加以传承弘扬;另一方面,应该更多关注普通家庭的家教家风。家风家训教育实践活动的经验证明,千千万万普通群众各有自己的家风传承,各有形式不同的家教经验。应该注意征集、挖掘和提炼这些家风家训,将其可供学习借鉴的内容与社会主义核心价值观相对接,在树立好家规、讲好家庭美德故事、营造优良家风活动中,不断传承和创新优秀家训家风文化,促进广大民众接受、认同和身体力行优秀家训家风文化。

(三)加强家风建设要继承和弘扬中国共产党人的红色家风

老一辈革命家在培育家风方面,为我们树立了良好的榜样。党员干部要继承和弘扬革命前辈的红色家风,学习他们修身、齐家、报国的方法和经验,树立良好家风。老一辈革命家始终坚持艰苦奋斗、克己奉公,始终坚定理想信念、清廉节俭。新时代党员干部加强家风建设要向革命前辈学习,以身作则。同时还要注意教育家庭成员对党忠诚,保持共产党人家风的红色底色。"我们共产党人的根本,就是对马克思主义的信仰,对共产主义和社会主义的信念,对党和人民的忠诚。"党员干部加强家风建设,要弘扬中国共产党人的红色家风,坚守中国共产党人的精神追求和执着信念,坚定对共产主义的信仰。

(四)加强家风建设要抓好"关键少数"和典型示范

领导干部尤其是党政主要干部,身居要职,手握重权,是社会的"关键少数",其家风问题不仅关系个人的家庭兴衰,而且会对民风、社会风气和党与国家的事业产生重要影响。因此,领导干部的家风问题,不仅是领导干部的家庭私事,而是执政党党风和政府政风的重要体现,是党风政风的一个"风向标",发挥领导干部的典范作用对于促进党员和群众进行家风建设至关重要。在家风建设中要注重抓好领导干部这个"关键少数"。一是要坚持"以上带下"的方针。坚持上级做给下级看,上级带着下级干,用高层领导干部的以身作则、率先垂范,去影响和带动基层广大领导干部。这是最有效、最管用的办法。否则,即使问题找准了,规矩制定了,工作部署了,也不会抓出大的成效来。二是引导主要干部做家风建设的表率、廉洁修身齐家的模范,成为遵纪守规、廉洁担当、实干争先的努力践行者和典型示范者。带头廉洁治家,重视家教家风,以身作则管好配偶、子女,从严管好身边工作人员,本分做人、干净做事。

(五)加强家风建设要坚持"问题导向"的方针

习近平总书记反复强调,要坚持问题导向,坚持底线思维,把问题作为研究制定政策的起点,把工作的着力点放在解决最突出的矛盾和问题上。加强家风建设要从实际出发,重点关注和解决好当下党员干部家风方面存在的突出问题。着力解决思想认识不到位、教育监督不严谨、制度管理不健全等问题。尤其是要解决好一些领导干部及其家人信仰动摇、精神缺钙、不爱国不爱民的问题,一些领导干部以权谋私、封妻荫子、合伙贪腐、亲属干政的问题,一些领导干部背弃婚姻、包养情人、生活作风糜烂的问题。这几个问题,都是目前广大群众对领导干部家风反映强烈的突出问题。不着力解决好这几个问题,避重就轻,隔靴搔痒,就不会收到大的成效。

参考文献

[1] 刘伟杰,周长胜. 习近平关于家庭家教家风建设重要论述的理论逻辑、核心要义及时代价值[J]. 大连大学学报,2023,44(6):106-111.

(潘德华,宋晓倩　中共青岛市北区委党校)

青岛市市北区廉洁文化建设实践

中共中央办公厅于 2022 年 2 月印发《关于加强新时代廉洁文化建设的意见》，这充分表明我们党把加强廉洁文化建设摆到了更加突出的位置。近年来，青岛市市北区紧跟中央决策部署，结合区域实际，打造本地化廉洁文化"地标"，同步推进各领域廉洁文化建设，致力于廉洁文化在潜移默化中浸润人心，形成了机关勤廉、行业树廉、群众倡廉的全方位廉洁文化建设新格局。本文拟对市北区相关工作经验进行初步整理，以期对各地深化新时代廉洁文化建设有所裨益。

一、顶格推进，总体谋划，建立统筹协调机制

《关于加强新时代廉洁文化建设的意见》指出，高度重视廉洁文化建设，强调反对腐败、建设廉洁政治，是我们党一贯坚持的鲜明政治立场，是党自我革命必须长期抓好的重大政治任务。虽然目前我国的反腐败斗争形势已取得压倒性胜利，但在成就取得的同时，也意味着反对腐败、建设廉洁政治进入了攻坚战、持久战阶段。在这场不是"东风压倒西风"就是"西风压倒东风"的战斗中，要不断巩固和扩大胜利成果，从胜利走向下一个胜利，各地党委必须站在勇于自我革命、保持党的先进性和纯洁性的高度，强化顶格推进总体谋划，不断建立健全统筹协调机制，把加强廉洁文化建设作为一体推进不敢腐、不能腐、不想腐的基础性工程抓紧抓实抓好，为新时代推进全面从严治党持续向纵深发展提供有力支撑。

近年来，市北区委、区纪委监委认真贯彻中央决策部署，切实担负起加强廉洁文化建设的政治责任，把廉洁文化建设纳入党风廉政建设和反腐败工作布局进行谋划，建立廉洁文化建设统筹协调机制，久久为功抓好落实，推动新时代廉洁文化建设深入开展。以 2022 年工作为例：市北区第三次党代会明确提出要"不断完善'三不'一体推进机制，做实以案促改，强化警示教育"，要"持续深化新时代廉洁文化建设，筑牢拒腐防变思想防线"。在市北区委的大力支持下，该区纪委监委会同区委办、区委组织部、区委宣传部等单位，制发《关于印发〈加强新时代廉洁文化建设 2022 年度市北区工作台账〉的通知》，制定了全区年度工作台账，明确了各责任部门的年度重点工作项目，细化了年度目标、具体措施、工作机制等内容。"十四五"期间，市北区还将立足区域现有资源，在廉洁文化建设方面进一步着力培育一批示范点、组织开展一批宣传活动、打造一批传播阵地、推出一批精品力作，绘就"清廉市北"的多彩图景，在全社会营造以文化人、以文润德、以文养廉的浓厚氛围。

二、突出特色,构建"1+X"廉洁文化阵地格局

润物细无声,清风抚人心。推动廉洁文化润人心,离不开各类教育阵地的打造。特色明显的廉洁文化阵地,一方面能够成为开展廉洁教育的"打卡地",另一方面也可以让人们在日常休闲中潜移默化地受到廉洁文化的熏陶。近年来,市北区因地制宜、以点带面,在廉洁文化阵地建设方面狠下功夫,构建形成了"1+X"廉洁文化阵地格局,使廉洁文化融入日常生活,成为党员群众身边唾手可得的文化风景线。

"1"就是精心打造山东省首个倡导清廉家风建设的教育基地——"青岛市清廉家风馆"。家风既是家庭的精神内核,也是社会风气的缩影。优良家风中蕴含的廉以养德、廉洁修身、廉洁齐家等理念,对强化个人廉洁意识、塑造廉洁品行,对加强新时代廉洁文化建设具有十分重要的意义。习近平总书记曾指出广大家庭都要弘扬优良家风,以千千万万家庭的好家风支撑起全社会的好风气。2019年,围绕习近平总书记关于弘扬优良家风的重要论述,市北区从清廉家风主题入手,将廉洁文化与家风文化、青岛传统文化、红色文化深度融合,紧扣"清廉之岛·家风咏传"主题,精心打造了"青岛市清廉家风馆"。该馆面积约600平方米,由序厅、清气满乾坤、丹心照汗青、清廉在岛城和尾厅五个展厅以及一个家风讲堂组成,展现了以邓恩铭、王尽美、周浩然等革命先驱为代表的红色家风,以杨乃琛、王炳交等先进人物为代表的新时代家风,以王吉、郭琇等廉吏为代表的青岛传统家风。自开馆至2022年5月底,该馆多次迎接中央纪委、省纪委实地调研,已面向全国各地单位开展家风讲解754次,受教育1.35万余人次。为多方位立体式推动廉政文化建设全覆盖,2020年,该馆进一步建成了面向全社会开放的3D网上展厅。截至2022年5月底,网上参观人数已达7.87万人次,充分发挥了廉洁文化教育主阵地作用。2022年,该馆先后被评为"山东省党员教育现场教学基地""青岛市首批廉洁文化示范基地""青岛市首批家庭家教家风建设教育基地"。

"X"就是通过深化"清廉社区"建设打造一批各具特色的街道社区廉洁文化场馆。近年来,市北区鼓励指导社区结合实际情况,自主谋划、自寻点位,制定特色化实施方案,打造"一街一品""一社区一特色"廉洁文化阵地,使廉洁文化走到群众家门口,"飞入寻常百姓家"。比如,镇江路街道以"廉洁家风＋红色传承"为主题,打造了"红色家风馆"。该馆除了展示历史上的名人和领袖事迹,还致力于挖掘青岛人身边的榜样典型,展示了"感动青岛十佳人物"慕春华、"岛城最美母亲"崔百凤、"优秀兵妈妈"盛爱玲等青岛市道德榜样和典型事迹,让党员群众感受到家风之美就在自己身边。比如,

合肥路街道以"廉洁治家"为主题,打造了"洪福廉政文化广场"。该广场是周边群众休闲娱乐的主要场所,改造后设置的"传承好家风""平语近人""清正廉明"等宣传板块,处处体现出廉洁文化新面貌,在潜移默化中引导人们弘扬家庭美德,在家孝敬父母、在外乐于助人、做人积极向上、工作严谨认真,争做廉洁文化的好榜样。目前,市北区已建成20余个街道社区廉洁文化场馆,形成了众星拱月、繁星点点式廉洁文化阵地格局,充分满足了全区廉洁文化教育需求。

三、深挖本地资源,大力弘扬红色廉洁文化

市北区是青岛红色运动的发源地,青岛最早的党组织、第一个农村党支部、第一个地下联络站在此诞生,王尽美、邓恩铭、刘少奇、王荷波等老一辈革命家在这里留下过革命的足迹。市北区拥有中共青岛党史纪念馆、黄台路中共地下联络站旧址、青岛山一战遗址公园等红色历史文化资源,是青岛革命运动的摇篮。2021年,市北区进一步依托原青岛国棉二厂遗存,建成并运营全国面积最大的马克思主义主题场景教育阵地——青岛红景新区核心区。近年来,在推进新时代廉洁文化建设中,市北区注重深挖本地资源,传承红色基因,发扬革命传统,引导督促广大党员群众筑牢信仰之基、弘扬清风正气。

中共青岛党史纪念馆创新党史宣教内容,打造党史清廉阵地,将红色文化与廉洁文化深度融合,用心用情讲好青岛党史人物清廉故事的生动实践。近年来,该馆已经把青岛早期共产党员邓恩铭将微薄薪酬作为党费开展工作、李慰农清廉简朴深受拥护、徐子兴倾囊相助为革命、王星五廉洁奉公甘于奉献的感人故事,列为经常性讲解内容,并曾开设清廉人物展,创作诗歌《清廉之歌》。在党史学习教育中,该馆进一步聚焦清廉主题,突出清廉元素,精心设计了"党史人物清廉事迹专题展",录制播放了"青岛党史人物清廉故事"视频,与青岛市纪委联合拍摄了《走进党史纪念馆·倾听红色人物清廉故事》专题片。特别是依托"学习强国平台"开辟专题专栏,上传的邓恩铭等4位清廉人物的音频故事,10天的阅读点击量超过100万、点赞人数近5万次,达到了以点带面的"网红"效果。此外,该馆还开设了"党史清廉课堂",向青岛市党员干部群众和青少年播撒"廉洁种子",让廉洁理念在党员干部群众中"生根发芽",形成一种共同的价值认同和行为规范,充分发挥出了红色资源在廉洁文化建设中的引领作用。

市北区纪委监委从百年党史中挖掘廉洁元素,将纪检监察史和本地革命历史有机融合,以中央监察委员会首任主席王荷波领导铁路工人运动的历史事迹,精心打造了"星火燎原 英烈千秋——王荷波在青岛主题馆"。主

题馆共分为春雷待发、星火燎原、柱石永固、忠诚传家四个章节,循序渐进地展示了王荷波同志勇于斗争、清正廉洁、品重柱石、家风传家的革命生涯。目前,该馆已发展成为青岛市纪检监察干部学习教育基地,先后迎接中央纪委国家监委、中国纪检监察杂志社等80余家单位参观调研。同时,市北区纪委监委以该馆为题材,制作《"星火燎原　英烈千秋——王荷波在青岛"主题馆》《将对党的忠诚留作家风》等多部微视频,撰写《青岛工人运动播火者——王荷波》文章,获中央纪委国家监委网站、《中国纪检监察报》宣传报道,将带有青岛和市北区特色的廉洁文化传播至全省乃至全国。

信仰是廉洁的灵魂。只有理想信念坚定,用坚定理想信仰信念练就"金刚不坏之身",党员干部才能在大是大非面前旗帜鲜明,在风浪考验面前无所畏惧,在各种诱惑面前立场坚定,在关键时刻靠得住、信得过、能放心。2021年,建成并运营的青岛红景新区核心区,正是通过真理的力量,让每一位参观学习者坚定理想信念,增强规矩意识,始终守住清正廉洁的底线。青岛红景新区核心区精心打造的真理馆、学习馆两大主题场馆,系统介绍了马克思主义的诞生、发展历程,展现了马克思主义中国化的创新实践,为开展马克思主义研学培训、党性教育、社会教育等提供了良好场所。截至2022年6月中旬,青岛红景新区核心区已挂牌成立中国红色文化研究会红色金融专业委员会学习实践基地、山东省演讲学会红色教育基地、上海海事大学党史学习教育实践基地、青岛市委党校教学科研基地、青岛大学思政大课堂实践基地、市北区青少年爱国主义教育基地等13个基地;投入使用以来,也已接待1万余人次的参观学习,教育培训1 000余人次。一个个基地的成立,一次次看似普通的学习,一点点地让信仰这个党不断传承的纽带永葆青春活力,也通过信仰的不断升华,进一步防止意志退化,筑起了广大党员干部和群众拒腐防变、清正廉洁的坚实长城。

四、调动各领域积极性,推进全方位廉洁文化建设

只有全社会共同参与,调动各行业各领域推进清廉建设工作的积极性,汇聚社会合力,着力固本培元,源头防控,才能筑牢全社会的"不想腐"思想堤坝,才能使个人思想与新时期从严治党的大气候保持一致、与社会主义核心价值观保持一致、与组织上的严格要求和群众的热切期盼保持一致,才能把廉洁文化"软实力"转化为推动中国经济社会发展的内生动力。近年来,市北区从共倡廉洁转向共建廉洁,同步推动各领域廉洁文化建设,致力于使廉洁文化遍地开花,着力构建机关勤廉、行业树廉、群众倡廉的全方位廉洁文化建设局面,形成了廉洁文化建设全方位、立体化纵深推进的科学路径,推动了清廉元素向各领域渗透、向全社会拓展,不断增强了廉洁文化引领

力、渗透力、影响力。

机关勤廉方面,切实强化党政干部廉洁教育。以2022年上半年为例,市北区先后组织800余名党政干部,到青岛市清廉家风馆、王荷波在青岛主题馆等处开展现场学习;在全区机关部门组织开展清廉家风宣传教育活动,通过观看《周恩来的十条家规》等视频,教育党政干部注重家庭家教家风;把5月定为年度"清廉守正、实干担当"警示教育月,聚焦酒驾醉驾等问题开展一批通报、一封倡议、一份承诺、一次谈话专题警示教育;编印《市北区党员干部违纪违法案例选编》,要求各机关部门认真加强学习;向市管、区管干部发放"党员干部廉洁自律提示卡",推动领导干部敬纪畏法;聚焦年轻干部群体,开展了一部片、一堂课、一本书、一封信定制化廉洁教育活动。众多的廉洁教育活动,进一步坚定了市北区党政干部的理想信念,提升了党性修养,增强了廉洁自律拒腐防变能力,切实推进了该区"作风能力提升年"和"清廉建设"工作,营造出了风清气正的政治生态和良好的干事创业氛围。

行业树廉方面,积极培树行业清风正气。近年来,市北区连续多年依托文化部门组织开展各具特色的"廉味贺新春"文化活动,举办过"学党史、强作风、画清廉"廉政教育漫画展、"百年话初心、剪纸颂清廉"主题艺术剪纸作品征集、"漫画绘廉洁、妙笔颂清风"创作大赛、文联书法家"反腐倡廉、崇俭戒奢"写春联等活动。在经济领域,市北区持续推进集体经济组织廉洁建设,通过剖析近年来查办的有关案件,梳理出以农工商公司为代表的集体经济组织5类共性问题,绘制了集体经济组织负责人检举控告、监督检查、审查调查等关键指标变化态势图,并根据态势变化情况,对全区农工商公司实行"提级监督"。在城市建设方面,市北区积极将清廉元素与城市更新工作有机融合。比如,在山东路西吴路交叉处拆除了部分老旧平房,打造了一个占地600余平方米的街道家风家训主题口袋公园,把廉洁文化融入景观建设,形成了景、廉、人的良好互动效果。在教育领域,市北区大力开展"清廉校园"创建活动,通过清廉教育主题班会、手抄报、清廉画卷进课堂、"清廉家风馆"红领巾研学等活动,进一步夯实了师生们"心向阳光、干净担当"的思想根基。

群众倡廉方面,以群众喜闻乐见的方式创新廉洁教育。近年来,市北区各街道社区不断把廉洁文化建设融入基层文化建设和各类活动之中,使廉洁思想渗透到社区千家万户,融入居民生活的方方面面,营造崇廉、尊廉、促廉的良好氛围。比如,海伦路街道曾开展"弘德尚廉·时尚海伦"绽放夕阳文化展演,用丰富多彩的节目,在基层群众中大力倡导"仁义礼智信、家和万事兴"的家风社情;敦化路街道各社区积极开展"弘扬好家风、传承好家训"活动,通过讲述邻里故事,弘扬好家风好家训,既增进了邻里感情,又带动了风清气正的良好社会风气;镇江路街道则聘任了一批社区廉情监督员,重点针对社区小微权力运行,社区"三务"公开以及党员干部廉洁履职等方面开展监督,进一步增强了群众在廉政建设方面的参与度,提升了群众反腐倡廉的信心和决心;合肥路街道夹岭沟社区把廉洁文化与中国传统民俗有机结合,别出心裁地推出廉洁迎元宵主题活动,通过包廉洁元宵、猜廉洁灯谜、讲优秀家风、学廉洁知识等内容,让廉洁文化更加深入人心,起到了良好的廉政教育作用。

五、探寻微时代廉洁文化教育新路径,提升工作效率

2022 年 2 月,中国互联网络信息中心(CNNIC)发布第 49 次《中国互联网络发展状况统计报告》。报告显示,截至 2021 年 12 月,我国网民规模达10.32 亿,在网民中,即时通信、网络视频、短视频用户使用率分别为 97.5%、94.5%和 90.5%,用户规模分别达 10.07 亿、9.75 亿和 9.34 亿。[1] 这些数据表明,目前,我国已经进入一个全新的"微时代"。习近平总书记曾指出要运用新媒体新技术使工作活起来,推动思想政治工作传统优势同信息技术高度融合,增强时代感和吸引力。廉洁文化是主流意识形态的组成部分,是思想政治工作的重要组成部分。这就需要我们结合"微时代"的特点,发挥微媒介的优势,不断拓宽各种微平台,提升廉洁文化教育工作效率。

近年来,市北区把微平台传播廉洁文化作为廉政文化建设不可或缺的一环,充分运用微信、抖音、微博、手机 APP 等渠道向党员干部群众传播廉洁文化。比如,该区纪委监委牵头创作了《纪检战线上的"铁面柔情"》《奋斗正青春　激扬新时代——这个"五四",青年纪检监察干部有话说》等一批新媒体作品,其中《金石鉴初心　铁笔刻清廉》获中央纪委国家监委网站专题推广;镇江路街道组织开展以"抖动青春·清廉有我"为主题的抖音原创作品挑战赛,打造"清而有为"廉政线上教育共享微课堂,通过"诗词篇""警示篇""纪法篇""宣讲篇"等多个特色作品,以亲民化、日常化的方式传播廉政声音;即墨路街道把廉洁文化列为该街道打造的"AI 智慧党建 VR 党史学习教育"基地的重要教育内容,居民们只要戴上 VR 设备,就可以身临其境地参观学习党史馆、廉政馆等 20 余个板块,沉浸式、全方位地感受到逼真的廉洁文化体验。

总之,近年来,市北区通过不断加强廉洁文化建设,进一步提高了全区居民对反腐倡廉重要性的认识,把清正廉洁的思想延伸到社会各个层面,在人民群众心中牢固树立起了正确的价值观念,形成了崇尚廉洁、以廉为荣的社会文化环境和舆论氛围。今后,市北区将把廉洁文化建设和"清廉之岛"

工作作为长期工程,与经济社会其他各方面工作有机结合起来,借助最大化的传播载体,让廉洁文化深度浸润人心,为经济社会高质量发展提供坚强思想保证、强大精神力量和丰润道德滋养。

参考文献

[1] CNNIC发布第49次《中国互联网络发展状况统计报告》[J]. 新闻潮, 2022(2):3.

（修丰东　中共青岛市市北区委党校教研室；刘弋畅　中共青岛市市北区纪委监委宣传研究科）

青岛市西海岸新区全面从严治党探索

政治生态优化的根本保障是全面从严治党。近年来,青岛西海岸新区立足自身实际,努力践行全面从严治党要求,构建起领导有方、运行有序、保障有力、工作有效的基层党建新格局,政治生态越来越好。党建引领青岛西海岸新区快速发展成效突出,新区各项工作走在青岛前列。

一、青岛西海岸新区全面从严治党优化政治生态实践创新

调查显示,青岛西海岸新区党员干部对近年来新区的全面从严治党政治生态环境"认可度高、满意度高",彰显了新区全面从严治党的扎实成效。对"对当前新区全面从严治党政治生态环境总体评价"的回答中,200名基层党组织书记的问卷结果"满意"的占66.9%,"比较满意"的占30.8%,"不满意"的仅占2.3%;在涵盖区管干部、中层干部、企业党员干部和农村党员干部的200份"综合问卷"样本中,78.3%的人表示"满意",18.2%的人表示"比较满意",3.5%的人表示"不满意";在"对所在单位全面从严治党总体成效"的回答中,"满意"的占83.1%,"比较满意"的占15.5%,"不满意"的只占1.4%。青岛西海岸新区全面从严治党优化政治生态的成功实践,主要体现在以下三个方面。

（一）以激发干事创业活力为重点,创新干部选拔任用机制

近年来,青岛西海岸新区努力践行习近平总书记"全面从严治党的目的是更好地推动事业发展,激励干部增强干事创业的精气神"的重要讲话精神,一手抓从严治党、从严管干部,一手抓激发干部干事创业的活力。一是正

向激励,让"想干事"的干部"有舞台",干成事。出台了《关于进一步激励干部干事创业的办法》,以"实字当头、干字为先"的鲜明用人导向,鼓励干部激情创业、勇争一流。建立了重大活动、重点工作直接选派干部参加、近距离考察识别干部、提拔重用干部等"干部观察员制度",使干部干事创业激情得到充分调动。二是问责调整,让"不干事"的干部"靠边站"。为解决有些干部"等待观望、为官不为"等问题,出台了《干部作风建设问责办法》《不适宜担任现职干部调整处理暂行办法》,让有职无责、推诿扯皮、作风漂浮的干部"靠边站"。三是容错免责,让"不敢闯"的干部"大胆干"。针对一些干部不作为、慢作为,不敢面对前进道路上的风险挑战,不敢啃改革发展中的"硬骨头"等问题,制定出台了《干事创业容错免责　庸政懒政严肃追责暂行办法》,明确"凡在工作中认真履职、大胆创新、敢于担当、敢于作为的干部,虽有失误但符合《暂行办法》规定情形的,一律实行容错免责"。

（二）以增强干部纪律意识和规矩意识为重点,创新干部监督管理机制

青岛西海岸新区坚持把从严管理贯穿干部队伍建设全过程,创新举措、再造流程,通过开列监督管理清单、完善个人事项填报工作机制、创新经济责任审计模式、加强多部门信息联动等链条式、系统性改革,切实增强干部管理监督实效。一是压实责任链,开列干部日常管理监督"两张清单"。分类制定了《领导干部在日常管理监督工作中应履行的职责清单》和《党委（党组）在日常管理监督工作中应履行的职责清单》,为领导干部划定"不可为"的红线,卸下"不敢为"的包袱。二是优化查核链,完善个人有关事项填报机制。三是拉长了审计链条,创新审计方式,如"前后同审""党政同审""整合机构同审"等,使审计质量有了新的提高,促进了干部依法履职、依规履职。四是拓展信息链,建立多部门监督信息联动机制。强化组织、纪检监察、巡察、公安、信访等多部门信息联动,同步建立领导干部负面清单信息库,提高了干部日常管理监督的实效性。

（三）以提高党员干部"四个意识"为重点,创新党员教育管理方式

近年来,青岛西海岸新区采用集中脱产轮训、专题讲座、网络专题学习、自主培训活动等多种形式,加强理论教育和党性教育,党员教育成效良好。青岛西海岸新区恢复党员冬训、春训,开展"党员教育活动月"活动,指导基层党（工）委对所属党员进行集中轮训,组织基层党（工）委书记为党员上党课,年均培训党员 5 万余人次。同时,区纪委监委组建了廉政教育宣讲团,重点抓好党纪处分条例、问责条例、党内监督条例的解读宣传。这些教育培训,有力提升了党员干部的"四个意识",有力提升了全面从严治党成效。在党

员管理方面,青岛西海岸新区研究制定《黄岛区发展党员工作规程》,全面推行发展党员"两推两评三公示两票决"模式,严把保新党员入口关;创新实施"分、审、滤、引"四字工作法,严格党员组织关系转接,有效解决"落不下""违规转"等问题;严格党员日常管理,创新实施党员参加党组织生活积分管理制度,强化党员参加党组织生活全程纪实留痕,通过科学积分、准确记分、严格用分等措施,把党内组织生活制度落到实处。

二、青岛西海岸新区推进全面从严治党优化政治生态面临的困难和问题

(一)"两个责任"落实有待加强

调查了解到,在回答"落实全面从严治党、优化政治生态面临的突出困难和问题"中,"工作成效不强、改革创新意识不强"占67.8%,"对党建工作认识不足、重视程度不够"占53.8%。一是责任意识还不够强,认识上还需要进一步提高。二是组织推动力度还不够大,在落实工作上还需要加大力度。三是基层纪检监察干部队伍能力不足,监督执纪的精准性还有待于增强,纪检监察干部队伍建设仍需进一步加强。

(二)中央八项规定精神的贯彻落实有待加强

一是少数干部存在"侥幸心理",贯彻落实中央八项规定还没有普遍形成"不想腐"的意识。二是少数干部存有"搞变通"现象。部分违反中央八项规定精神的行为形态隐蔽性更强、认定难度更大,反弹压力仍然较大。

(三)作风改进有待加强

调查显示,在对"您认为所在单位推进全面从严治党方面的薄弱环节"的回答中,有52.4%的党员干部选择了"改进干部作风",在8个选项中占比位居第一。同时,调查显示,新区在"双招双引"、改进营商环境、新旧动能转换等重大任务完成方面,还存在少数领导干部不担当、不负责,遇到问题绕着走,对工作任务敷衍了事,对企业只"清"不"亲",给企业解决问题畏首畏尾、不敢担责等问题。这些都说明新区在推动干部转变作风、促进干部真抓实干、激励干部担当作为方面力度不够、实效不够。

(四)纪检监察体制有待完善

一是执纪监督"四种形态"把握运用不够精准。约谈函询多,"党纪处分、组织调整"力度不够。二是巡察队伍力量相对薄弱。三是督导巡察发现问题线索的质量还需要进一步改进。四是督促整改力度需要进一步加强。

（五）反腐败斗争有待加强

一是反腐败形势仍然比较严峻。在收集到的推进全面从严治党、优化政治生态的44条建议中，"加大反腐败力度""更大范围公布贪腐案件情况""打老虎重要,拍苍蝇更重要""从群众身边的腐败入手,解决吃拿卡要现象"等建议,体现出新区党员干部对基层腐败问题的重大关切。二是在宣传报道反腐倡廉方面力度还不够大。三是警示教育发挥作用不够突出。

三、关于推进全面从严治党优化政治生态的几点建议

（一）在提高"政治三力"上下功夫,进一步加强政治建设

一是严明政治纪律和政治规矩,持续提高党员干部政治判断力、真正领悟力、政治执行力。二是严格党内政治生活,用好批评和自我批评武器,持续净化党内政治生态。

（二）在提高思想认识上下功夫,进一步加强思想建设

一是抓好党员教育培训。认真贯彻落实《2019—2023年全国党员教育培训工作规划》要求,培训要突出政治功能,重点围绕习近平新时代中国特色社会主义思想和政治理论教育、党章党纪教育、革命传统教育、形势政策教育、知识技能教育等方面开展。二是创新党员教育方式方法。把集中培训、集体学习、个人自学和组织生活、实践锻炼结合起来;把党员先进性教育与加强党员队伍建设结合起来;探索"党校课堂＋基地实训"的培训模式,充分发挥新区"杨家山红色教育基地"在党员教育培训中的作用。三是强化"党员仪式感"教育。完善重温入党誓词、入党志愿书等政治仪式,引导党员时刻不忘自己的党员身份,进一步增强先锋模范意识。四是加大农村党员进党校培训力度。调研了解到,有60%多的农村党员希望能有机会进县区级党校培训。

（三）在压实"两个责任"上下功夫,进一步明确责任清单

一是抓好党建工作责任细化。牢固树立"抓党建是最大政绩"的思想,把党建工作贯穿于日常工作的各个环节,以党建带全局。[1] 要力戒形式主义,切实把从严治党贯穿始终。要选优配强党务干部,真正把党性强、作风正、责任心强、事业心强的党员干部充实到党务干部队伍中。二要加强督促检查。要完善责任分解、检查督导、倒查追究的完整链条;进一步改进巡察督导方式,强化"双随机"巡察督导。三要善用问责利器。要坚持失责必问、问责必严,把压力层层传导到基层、确保管党治党的责任落到实处。

参考文献

[1]《中国共产党党员教育管理工作条例》[EB/OL].（2019-05-21）[2023-10-01] https://www.12371.cn/2019/05/21/ARTI1558449177626771.shtml

（孙桂华　中共青岛西海岸新区工委党校）

胶州市农村涉纪初信初访频发现象及治理

党的十八大以来，以习近平同志为核心的党中央高度重视信访工作，对信访工作作出一系列重要决策部署，强调要切实依法及时就地解决群众合理诉求，注重源头预防，夯实基层基础，不断增强工作的前瞻性、系统性、针对性，真正把解决信访问题的过程作为践行党的群众路线、做好群众工作的过程。初信初访是指公民、法人或者其他组织采用书信、网上投诉、电话、走访等形式，首次向各级人民政府、县级以上人民政府工作部门反映情况，提出意见、建议或者投诉请求，依法应当由有关行政机关作出处理的活动。近年来，我国一些农村基层地方涉纪初信初访问题增速较快，对此我们必须尽快做一些积极的探索、研究和改进，从而更好为经济社会发展服务。

一、农村涉纪初信初访问题特征及原因

总体来看，农村涉纪初信初访问题呈现以下三个主要特征。

（一）总量持续上升并呈高位运行态势

这既是经济社会快速发展导致各方利益诉求相互交织、激烈碰撞的结果，也是群众诉求解决映射到纪检监察信访举报上的外在表现；同时，村"两委"换届选举、监察体制改革实现全覆盖的背景下，各种因素相交织，各级各部门在为民服务、化解矛盾纠纷、维护社会稳定的意识、效率、成效上存在一定程度的不足，在对农村党员干部的教育、监督、管理上存在缺位，从而引发群众较多猜疑和不满。

（二）初信初访占信访举报总量的比重较大

一方面，初信初访占比较高，即重复信访数量占比较少，从一个侧面说明各级各部门处置初信初访反映的具体问题较为有效，点对点的矛盾化解比

较有效,获得了信访人的认可或理解,信访举报得以一次性解决;另一方面,"消除一茬又生一茬"的"割韭菜"式处理初信初访,暴露出部分部门、单位在处置和预防信访问题时被动应付,头疼医头、脚疼医脚,顾此失彼、以案治本意识不强,由表及里、由点及面深层次化解、治理工作不力,源头预防成效不够明显。

(三)涉农初信初访总量较多,占比较大

涉农信访举报是基层政治生态的"晴雨表",也是遏制信访增量、减少信访总量的主要领域。从近几年数据看,涉农初信初访占全市初信初访总量的比重始终维持在较高比例。

导致涉纪初信初访问题高发的原因复杂,主要可以归结为以下几个方面。

镇(街)党(工)委主体责任落实存在问题。主要是抓基层党风廉政建设、抓基层党建工作力度不够,没有与抓经济建设同等发力,导致"一手软一手硬"。首先是思想上重视不够,全面从严治党的重要性认识不到位。认为抓党风廉政建设是虚的,上级部署什么就推进什么,规定动作多、自选动作少,导致党风廉政建设工作不够从严从实,有的甚至表现为程式化、简单化、走过场,针对性不强,成效不明显。二是村干部队伍建设力度不够,入口把关不严。政治是否合格、品行是否端正、能力是否突出等方面的先期摸底了解、主动发掘方面工作不到位,选举前的宣传说明引导工作不够,对优秀干部旗帜鲜明支持的力度不够;村班子年龄结构明显老化,陈旧的思想观念根深蒂固,思维方式和工作方式方法已无法满足新形势新任务需要;日常监管不到位,工作的规范化不够,规章制度形同虚设。

镇(街)纪(工)委监督责任落实存在短板。镇(街)纪(工)委的工作往往注重查办党员干部违纪违法问题,监督保障执行、促进完善发展作用发挥不够。一是不同程度地存在"交差思想"。在基层信访举报工作中,上级机关对重复访、越级访、集体访重视程度较高,督导检查部署多,忽视对初信初访问题根源的深入挖掘,导致相同问题在本地区反复出现。二是不愿监督、不会监督、不敢监督问题明显。存在政治站位不高,恪守"各人自扫门前雪,莫管他人瓦上霜"的"职场规则"。三是创新监督的能力水平有待提升。对监督什么、怎么监督落实不到位,创新监督形式、更好促进监督实效方面探索的不多,相关经验做法较少,成效不足。

农村党员干部素质能力与廉洁履职要求存在差距。农村党员干部受限于文化程度、视野视角、年龄以及宗族观念等因素,廉洁履职、公正办事不够,有的在开展工作时存在乱作为、不作为的问题。一是重结果、轻过程。依规依纪依法办事的意识淡薄,作风冷硬粗暴,把群众当成管理对象而不是服务对象。二是公心轻、私心重。在村庄征迁、项目落地等"大好时机",往往心存侥幸以权谋私现象。三是主动接受监督的意识不强。往往习惯于个人或者村"两委"干部少数人决定重大问题,不注重征求全体党员和村民的意见,村务工作不公开、不透明,进而引发对村干部各种猜疑,导致信访举报。

信访隐患排查化解和稳控成效不够。一是风险意识不强,在开展土地征迁、项目落户等涉及群众切身利益的重点工作时,工作推进与风险防控脱节,不能超前谋划、未雨绸缪,往往等问题发生了才被动应付,甚至是矛盾激化了才处置,头痛医头脚痛医脚。二是常态化隐患排查落实不到位,在重大会议、重要节庆期间能够高度重视信访稳控,重点人、重点事关注度较高,但常态化工作坚持不够,尤其是深层次矛盾化解、常态化隐患消除重视不够、用力不足,问题长期存在。三是面上预防问题成效不足,往往采取"应急式"工作,上级抓才抓、上级推才动,注重解决"个案",从面上解决的办法不多,成效不够。

二、胶州市针对农村初信初访问题的几点探索

(一)夯实基层责任,提前打好"预防针"

实施市委书记和市纪委书记"一封信"制度。每年由市委书记、市纪委书记分别向各镇(街)党(工)委书记、纪(工)委书记签发"一封信",通报落实管党治党责任情况,分析党风廉政建设和反腐败工作形势,传导压力、抓实责任;实行"履职提醒函"工作机制。每季度对各镇(街)信访举报工作进行一次全面梳理,分析研判各镇(街)当前的信访形势和重点信访隐患,查找工作短板和疏漏,有针对性地提出意见建议,向各镇(街)纪(工)委书记"一对一"发函通报。

(二)把准问题根源,综合施策"去顽疾"

聚焦农村干部廉政风险不断增大,农村党风廉政建设形势严峻、任务艰巨的实际,率先在全省开展"清廉村社"建设。以实现村社"班子清廉、干部清正、用权清晰、事务清爽、民风清淳"为目标,从强化村社党组织领导作用、强化村社班子建设、强化村社干部管理着手,实施"政治强廉"工程,进一步增强村社党组织和干部廉洁履职能力;从规范权力运行、强化"三资"监管、落实民主监督着手,实施"制度固廉"工程,进一步完善乡村治理体系;从抓好农村基层涉纪信访化解、整治群众身边不正之风、破解扶贫领域形式主义和官僚主义问题着手,实施"监督护廉"工程,进一步增强基层群众获得感;从打造农村清廉文化品牌和阵地、挖掘优良家风家训、完善村规民约着手,

实施"正风育廉"工程,进一步形成崇廉尚俭的村风民风。以打造"四大工程"为载体,深入推进农村基层党风廉政建设,健全党组织领导下的自治、法治、德治相结合的乡村治理体系,从根本上铲除信访隐患的滋生土壤。

（三）完善制度保障,以案促改"保药效"

聚焦监督执纪监察"后半篇文章",充分运用工作成果,针对监督执纪执法过程中和巡察发现的涉农问题,追本溯源查找问题根源以及背后的制度缺失或监管失位,有针对性地指出问题所在、提出整改意见并跟进督促落实。持续深化"知规明纪、崇法尚廉"正风肃纪反腐大宣讲活动,突出以案释纪、以案说法,通过向农村干部讲述"身边人、身边事",把抽象的说教变成鲜活的教训,切实让农村干部感同身受,树牢底线思维、红线意识。不断完善谈话机制,对谈话内容因岗制宜、因人而异,突出针对性和实效性,要求各镇（街）建立廉政风险防控制度机制,抓好对农村干部的定期约谈,做到提醒在先;对新进农村干部和岗位调整农村干部进行岗前廉政谈话,做到教育在先;对发现的农村干部在工作中存在的"小毛病""小问题",果断采取约谈等方式直刺"痛点",做到预防在先。

三、解决农村基层初信初访问题的几点建议

（一）夯实党委主体责任,着力强化农村监管体系建设

一是强化廉洁履职,定期检查各镇（街）农村干部述职述廉、绩效考评、经济责任审计等制度的落实情况,确保已建立的监管机制全方位、常态化运行。二是用好权力清单,充分运用农村组织和农村干部权力清单,督促各镇（街）进一步强化教育培训,引导农村干部依规依纪依法开展工作,对"越界"行为严肃惩处。三是强化民主监督,抓好村务公开,进一步落实并强化民主监督,监督村庄严格按照《胶州市村务公开指导目录》,将村级事务向全体村民公布公开,切实保障群众的知情权和监督权。

（二）夯实纪委监督责任,着力提升监督工作实效

一是强化思想建设,切实扭转镇（街）纪（工）委"以案为鉴"的惯性思维,充分认识到监督是纪检监察机关的首要职责和基本职责,是充分发挥监督保障执行、促进完善发展作用的基础。二是提高监督能力水平,将镇（街）纪（工）委监督工作列为工作督导重要内容,定期检查监督工作开展情况,并有针对性地提出意见建议。同时,以选调镇（街）纪检监察干部帮助工作为契机,通过工作实践进行言传身教,全方位提升镇（街）纪检监察干部的能力水平。三是保持惩治腐败高压态势,立足主责主业,严肃查处农村干部违规违

纪违法问题,切实保障群众的切身利益不受侵害,营造风清气正的农村政治生态。

(三)强化农村干部队伍建设,着力打造清廉高效农村干部队伍

首先是要把好入口关,切实做到"从好人中选能人、从能人中选好人",真正把政治素质强、道德品行强、发展本领强、治理能力强、群众亲和力强的人选出来、选进来、用起来,为农村干部队伍建设提供强有力的政治保证、组织保证和人才保证。其次是要严把廉洁关,依托农村干部廉洁档案,严格负面问题审查,持续优化干部队伍整体素质。最后是要强化教育引导,进一步深化廉政宣讲活动,以现实案例震慑农村干部中存在的私心杂念,引导农村干部秉公用权、依规依纪依法办事。同时,督促各镇(街)强化对农村干部的教育培训,让农村干部牢固树立底线意识和红线思维,引导农村干部从"办成事"向"办好事""不出事"转变。

(四)强化同心同向同行,着力推动主管部门协同发力

一是要强化制度建设,对农村工作中发现的制度管理、体制机制层面的问题,在向属地党(工)委制发纪律检查建议书、监察建议书的同时,向有关行业主管部门制发工作建议函,建议对短板弱项及时修改完善,督促其强化监管力度,避免同一问题重复出现。二是要深入推进清廉村社建设,规范开展村务公开,不断深化村务公开民主管理工作。三是要全面整顿农村管理,由业务主管部门牵头,对全市农村管理工作开展一次全面理顺和提升,特别是群众关心的村干部选拔任用、处置村级集体资源资产、村级工程建设等重大事项,发挥好主管部门作用,在协同发力上下功夫。通过有效强化监管、规范运行,切实从源头上遏制村干部以权谋私行为。

习近平总书记强调指出,"当前群众通过信访渠道反映出来的信访突出问题,既有新动向,也有老难题,但都事关群众切身利益,事关社会和谐稳定。"[1] 民心是最大的政治,稳定是发展的基石。信访工作尤其是农村基层要贯彻落实以人民为中心的发展思想,维护群众利益,筑牢民意基础,不断推动信访工作再上新台阶,为实现中华民族伟大复兴的中国梦凝聚力量。

参考文献

[1] 下大气力把信访突出问题处理好 把群众合理合法的利益诉求解决好 [N]. 人民日报,2016-04-22(01).

(姜建云 中共胶州市委党校)

平度市基层党风廉政建设探索

党风廉政建设关系党的生死存亡。习近平总书记在中国共产党第二十次全国代表大会上指出:"必须持之以恒推进全面从严治党,深入推进新时代党的建设新的伟大工程,以党的自我革命引领社会革命。"中国共产党有9 600多万党员,其中大多数党员都是在基层生活工作。这一部分党员干部最接近人民群众,他们是党的路线、原则和政策的直接传播者、倡导者和实施者。因此,新时代如何促进基层党风廉政工作顺利开展,是我们党必须予以重视的关键问题。[1]

一、平度市加强基层党风廉政建设的主要做法

(一)坚持"三不"一体推进,反腐败治理效能不断提升

保持高压态势,不断强化"不敢腐"的震慑。立足全市党风廉政建设和反腐败斗争形势,紧盯政治问题和经济问题交织的腐败案件,力度不减、节奏不变。2021年查处职务违法和职务犯罪71起81人,其中留置21人、移送检察机关18人。紧盯系统性、区域性风险,下大气力查办政法领域腐败案件,清除政法系统内部利用职权和影响力参与涉黑腐败、充当"保护伞"的公安毒瘤;坚决惩处社保资金背后的腐败问题,斩断人社系统内部腐败分子伸向群众保命钱的"黑手",留置8人,为国家挽回经济损失2 000余万元,"不敢腐"震慑效应日渐强化。

坚持以案促治,不断扎牢"不能腐"的笼子。针对重点领域违法违纪案件,深入剖析背后暴露出的党的领导虚化弱化、管党治党宽松软、权力监督制约缺失、制度建设滞后等深层次问题。针对案件暴露出私设"小金库"等问题,明确"小金库"易发多发的17种情形,组织开展专项整治,着力从源头切断不正之风"资金链"。针对案件暴露出的享乐主义奢靡之风问题,梳理违规公款吃喝、收受礼品礼金等九方面80项负面清单,对易发多发、打制度擦边球行为划清纪律规矩红线,进行明确界定、不留死角。针对案件暴露出的群众身边的腐败和不正之风问题,全面梳理了扶贫、民生、惠农、集体"三资"等六大领域36项负面清单,深入开展专项整治,督促机关部门(单位)建章立制,堵塞漏洞,"不能腐"的笼子越扎越紧。

注重固本培元,不断增强"不想腐"的自觉。深入推进"德廉平度"廉洁文化建设,打造旧店(中共平度一大会址、平度第一个党支部旧址)——大泽山(抗日战争纪念馆)——田庄(刘谦初红色文化园)——明村(杨明斋事

迹陈列馆）——蓼兰（五虎将抗日纪念馆）红色育廉路线，编纂出版廉洁书籍《清风正气满乾坤——平度德廉故事》，拍摄《党的忠实儿子刘谦初》《非遗里的清廉——平度草编》《打卡红色育廉线》等微视频，建设市廉政教育展馆，创建市镇村三级廉洁文化园地 50 余处，打造廉洁公交专线 2 条，编排廉政吕剧《规矩》在全市巡回演出 200 余场，推动平度历史文化、红色文化、廉洁文化在深度融合中赓续传承，崇廉尚洁的氛围日益浓厚。同时，坚持用身边事教育身边人，做实同级同类警示教育。2018 年起连续四年分层分级组织全市党员干部召开警示教育大会，集中观看《蜕变》《社保之蠹》《失色的警徽》等本地干部严重违纪违法警示教育片。先后组织 30 000 余人参观警示教育基地，旁听法庭庭审，教育引导广大党员干部增强纪律规矩意识，切实筑牢拒腐防变的思想堤坝。2021 年，在强大震慑、唤醒初心、政策感召综合作用下，共有 16 人主动向组织说明情况，交代问题。

（二）纠"四风"树新风并举，推动党风政风持续向上向好

深入整治形式主义、官僚主义。扎实开展"反对形式主义官僚主义推动作风攻坚提升"专项行动，深入纠治贯彻落实党中央决策部署和上级工作安排有令不行、有禁不止，做选择、搞变通、打折扣，以及空泛表态、敷衍塞责、出工不出力，做表面文章、缺乏实际行动和具体措施等突出问题，督促各级各部门（单位）担当作为、狠抓落实。2021 年，查处形式主义官僚主义突出问题 26 起，批评教育帮助和处理 67 人，其中给予党纪政纪处分 47 人，持续释放越往后越严的强烈信号。

驰而不息纠治享乐主义、奢靡之风。坚守重要节点、紧盯薄弱环节、聚焦隐形变异，创新督促方式，对公车私用、私车公养、违规收受节礼、违规发放津贴补贴等问题露头就打、寸步不让；对"不吃公款吃老板""虚构凭证违规吃喝"等问题，加大查处问责和通报曝光力度；聚焦"舌尖上的浪费""会所中的歪风""节日腐败"等突出问题，深入开展专项整治。2021 年，查处享乐主义奢靡之风问题 32 起，批评教育帮助和处理 71 人，其中给予党纪政务处分 38 人，点名通报曝光 11 人，狠刹歪风邪气，坚决防止反弹回潮。

深入开展营商环境专项整治。扎实开展"为企业护航——纪检监委在行动"，围绕"项目落地、政策落实、涉企服务、企业感受"四条主线，发现企业"有苦说不出、有怨无处诉、敢怒不敢言"等难点、痛点、堵点、问题 130 个，查处服务企业不贴心等"中梗阻"行为 11 起 48 人，帮助企业解决实际困难 107 个，收到企业感谢信 14 封、锦旗 4 面。推动形成"清清爽爽、规规矩矩、干干净净""人人都是营商环境，个个都是开放形象"良好氛围，让"选择平

度就是选择青岛未来"更有底气。

（三）坚决维护民生民利,群众获得感、幸福感、安全感持续提升

深化民生领域腐败和作风问题专项整治。结合"我为群众办实事"实践活动,协助市委开展"转作风、强本领、践初心"主题活动,对全市城市建设、城乡品质、三农等10大领域问题整治情况开展监督。加强对巩固"四个不摘"政策成果的监督,推动巩固拓展脱贫攻坚成果同乡村振兴有效衔接。围绕养老社保、教育医疗、食品药品安全等重点领域,针对粮食购销、"窗口"服务、停车管理、市容环境、供热、一些劳动者讨薪等群众关心的重点问题开展专项整治。2021年,查处群众身边腐败和作风问题90起,批评教育帮助和处理128人,其中给予党纪政务处分80人,让群众获得感成色更足。

继续惩治涉黑涉恶腐败和"保护伞"。常态化开展扫黑除恶斗争,建立问题线索双向移交等机制,对重大复杂案件同步立案、同步调查、直查直办,打掉了一批黑恶势力背后的保护伞。2021年,查处涉黑涉恶腐败和失职失责问题12起,给予党纪政务处分17人,移送司法机关1人,推动"打伞破网"转入常态化治理新阶段,让群众安全感更有保障。

二、新时代平度市加强基层党风廉政建设的对策

（一）聚焦国之大者,推进政治监督具体化常态化

深入学习贯彻习近平新时代中国特色社会主义思想,紧紧围绕党中央决策部署,聚焦把握新发展阶段、贯彻新发展理念、构建新发展格局、推动高质量发展等重大战略,持续深化不敢腐、不能腐、不想腐一体推进,惩治震慑、制度约束、提高觉悟一体发力,努力取得更多制度性成果和更大治理效果。聚焦全市"十四五"和市委部署安排,积极探索服务保障经济社会高质量发展的有效举措,跟进监督、全程监督、精准监督,推动落实落地,确保执行不偏向、不变通、不走样。严格落实党中央关于加强对"一把手"和领导班子监督的意见,紧盯"关键少数",加强对一把手和领导班子落实全面从严治党责任、执行民主集中制、依规依法履职用权等情况的监督,推动公正用权、依法用权、廉洁用权。

（二）深化"三不"一体推进,不断取得更多制度性成果和更大治理成效

始终保持"赶考"的清醒,保持严的主基调不变,不断巩固拓展反腐败斗争压倒性胜利成果。保持反腐败政治定力,重点查处政治问题和经济问题交织的腐败案件,坚决治理"七个有之"问题。对年轻干部从严教育管理监

督。紧盯政策支持力度大、投资密集、资源集中的领域和环节，严查基础设施建设、公共资源交易、投招标等方面腐败问题，重点抓好执法司法、教育医疗、城乡建设、粮食购销等领域腐败和作风问题系统治理，坚定不移将反腐败斗争进行到底。贯彻落实《关于进一步推进受贿行贿一起查的意见》，探索实施行贿人"黑名单"制度，并将其纳入信用制度建设，形成联合惩戒工作格局。健全"三不"一体推进制度机制，惩治震慑、制度制约、提高觉悟一体化发力，做实以案促改、以案促治、以案促教。落实推进清廉建设的意见，将推进情况作为政治监督和日常监督的重要内容；强化监督检查，督促各级党组织严格责任落实，推动工作落地见效。

（三）坚持全面从严治党、一严到底，持续加固中央八项规定精神的堤坝

深刻认识不正之风的危害，深化风腐一体纠治，以钉钉子精神抓好中央八项规定及其实施细则精神贯彻落实。紧盯"四风"新表现新变种，密切关注苗头性、倾向性、隐蔽性问题，精准施治、源头治理。坚决纠治影响党中央决策部署贯彻落实、漠视侵害群众利益、加重基层负担的形式主义官僚主义，深入整治损害党的形象、群众反映强烈的享乐主义奢靡之风，查处不尊重规律、不尊重客观实际和群众需求的乱作为问题以及推诿扯皮、玩忽职守、不思进取的不作为问题，纠正查处背离"严真细实快"作风的突出问题。创新思路打法，完善工作机制，解决突出问题，持续优化营商环境。加强对敢担当善作为干部的激励保护，做到尽职免责、失职追责、精准问责，进一步营造担当作为、风清气正的良好生态。深入开展理想信念教育、党的优良传统和作风教育，引导党员、干部真抓实干、争先创优，以优良党风带动政风，引领社风民风。[2]

（四）坚持不懈整治群众身边腐败和不正之风，促进社会公平正义，保障群众合法权益

坚持以人民为中心的发展思想，站稳人民立场，走好群众路线，把正风肃纪反腐的着力点放在促进干部廉洁用权、为民用权上。扎实开展巩固拓展脱贫攻坚成果同乡村振兴有效衔接过渡期专项监督，加强对乡村振兴重点项目推进情况监督检查，确保乡村振兴责任落实落细、脱贫攻坚"四个不摘"政策落地见效，严肃查处暗箱操作、权钱交易等问题。

参考文献

[1] 李成远. 基层党风廉政建设有效途径探究 [J]. 中共桂林市委党校学报，2015（3）：17-20.

[2] 姚志刚.浅谈农村基层机关廉政建设以机关效能建设[J].新一代(下半月),2015(7):202.

(曲春妮 山东省平度市委党校)

第九篇
党的自我革命基本理论及重要论述

中国共产党自我革命的理论溯源、历史嬗变与经验理路

　　2022年10月，习近平总书记在党的二十大报告中强调："党的自我革命永远在路上，决不能有松劲歇脚、疲劳厌战的情绪，必须持之以恒推进全面从严治党，深入推进新时代党的建设新的伟大工程，以党的自我革命引领社会革命。"[1] 作为中国共产党百年光辉历程的宝贵经验之一，自我革命将党的政治优势与历史主动精神提升到新的理论高度。本文致力于从理论与实践、历史与现实等维度厘清中国共产党自我革命的生成理路，有利于科学把握习近平总书记关于中国共产党自我革命重要论述的深刻意蕴。

一、中国共产党自我革命的理论溯源

（一）马克思主义经典作家关于"自我革命"初步设想

　　"自我革命"话题早在19世纪40年代的德国便已出现，马克思主义经典作家就曾对"自我革命"的话语表达进行了初步设想。恩格斯指出："共产主义革命就是同传统的所有制关系实行最彻底的决裂；毫不奇怪，它在自己的发展进程中要同传统的观念实行最彻底的决裂。"[2] 这一观点是自我革命理论的萌芽表现。列宁更是一针见血地强调，要"以健康的强有力的先进阶级作为依靠的执政党，要善于清洗自己的队伍"[3]。总之，马克思、恩格斯、列宁一致认为马克思主义政党要敢于自我革命，经常开展自我批评，注重自我扬弃，勇于抛弃落后腐朽的东西，才能实现"凤凰涅槃"。正是因为具备高度的政治自觉与风骨魄力，中国共产党历经百年而生生不息，紧跟历史与时代发展的潮流，受到广大老百姓的真诚拥戴。

（二）中华优秀传统文化的守正创新

　　古代先贤注重以民为贵，"政之所兴在顺民心，政之所废在逆民心"，对照百姓需求与期待，找寻并纠正自身存在的问题，实现政通人和。"水能载舟，亦能覆舟。"国家的前途最终取决于人心向背。唐太宗李世民坚持"天下之大，黎元为本"的治国理念，多次走近百姓，对照百姓期待寻找差距，满足百姓需求，赢得百姓拥护，开创大唐盛世。习近平总书记充分继承古人民贵思想，"打江山，守江山，守的是人民的心"，把人民对美好生活的向往作为奋斗目标，在与群众的鱼水联系中发现问题并加以改正，实现融会贯通。

　　古代先贤注重反腐倡廉，健全机制，实现自我完善。明朝皇帝朱元璋吸取历史教训，总结元朝败亡原因，认为纲纪废弛，纵得官吏目无法度，从而激

化了社会矛盾，导致政权灭亡。朱元璋认为吏治腐败是导致政权衰败的根本原因，"此弊不革，欲成善政，终不可得"。因而，明初治吏的重点放在惩治贪官污吏上。明律法还规定了对负有监察之责的都察院、监察道、在外按察的御史之官贪赃枉法的，要加重处罚。新时代，习近平总书记主张"反腐永远在路上"，腐败问题要标本兼治、综合治理，一体推进不敢腐、不能腐、不想腐。

古代先贤注重慎独自省，迁善改过。《朱子语类》中说："君子慎其独，非特显明之处是如此，虽至微至隐，人所不知之地，亦常慎之。"林则徐在自己的住所悬挂了一幅醒目的中堂，上书"慎独"二字，用来警醒、勉励自己。习近平总书记汲取古人智慧，要求干部无论高低，都要做到"慎独慎初慎微，做到防微杜渐"，并将修身律己纳入"三严三实"主题教育之中，要求党员干部自我革新，实现中国共产党自我革命。

二、中国共产党自我革命的历史嬗变

中国共产党的强大领导力与长期执政能力从何而来？为何能够实现"开天辟地""改天换地""翻天覆地""惊天动地"？归根结底要从中国共产党百年征程自我革命的实践中找寻答案。

（一）"开天辟地"：新民主主义革命时期

马克思主义政党因革命而生。党的第一个纲领就明确规定"必须与那些与我们的纲领背道而驰的党派和集团断绝一切关系"[4]，在纲领中还明确规定了党的纪律和监督，党的一大为党的自我革命内蓄了政治基因。1922年召开的党的二大通过了第一部党章，里面单独设置"纪律"一章，要求"本党党员皆须服从之"。党的四大以后，革命形势发展急速猛进，党组织与党员如雨后春笋般迅速壮大，到党的五大会议召开前党员数量增加57倍之多，这使得对党员同志的教育、管理、监督成为着重点。

第一次大革命失败后，中国共产党更加致力于自我革命。1927年8月，八七会议提出"枪杆子里面出政权"，基于大革命带来的惨痛教训，一改过去忽略革命的领导权，提出武装反抗国民党反动派统治进而开展土地革命。1935年1月，遵义会议将以城市为中心改为"农村包围城市，武装夺取政权"的革命道路，找到了真正适合中国国情的正确思路，扭转了革命被动的形势，是中国共产党开展自我纠错与自我改进的伟大进步。1941年至1945年的延安整风运动，以"惩前毖后、治病救人"为原则，运用马克思主义基本原理深刻反思党成立以来犯错误的原因，是一场空前的解放思想的自我革命。

（二）"改天换地"：社会主义革命与建设时期

马克思主义政党因革命而成。中国共产党历经 28 年的艰苦斗争，实现了工作重心从农村到城市、工作格局从局部执政向长期执政的伟大转变与跨越，成立了中华人民共和国，中国人民站起来了。新中国成立后党组织发展迅猛，党员数量急剧上升。党内有数十万历经战争考验、经过革命洗礼、为国为民的优秀党员干部，也有部分新进党员出现信念动摇、作风萎靡等现象。为此，中国共产党在党内全面展开整风运动，持续推进党的自我革命。新中国成立初期发布了《关于在全党全军开展整风运动的指示》，严肃整治，以充分克服党内滋生的不良现象，改善党群关系，充分完善干部群众的鱼水之情。新中国成立之后，在这一阶段，共产党分别开展了 7 次整风整党行动。这些实践活动主要是针对党内存在的不良风气而展开，是"恰如其分的批评与自我批评运动"，通过对党员的教育、管理、监督，规范党内秩序，坚定信仰觉悟，有效整顿党内作风、净化党内政治生态环境，有效纯洁了党内组织肌体。中国共产党始终以自我革命的昂扬姿态引领社会主义事业前进。

（三）"翻天覆地"：改革开放和社会主义现代化建设时期

马克思主义政党因革命而兴。党的十一届三中全会拉开了改革开放新时期的伟大序幕，党的自我革命由此也开启了新阶段。没有党的自我革命就没有改革开放。改革开放取得的巨大成就，从更深层次来讲，原因在于中国共产党勇于刀刃向内、自我完善，摆脱条条框框的束缚，带领中国人民开展新的伟大社会革命，开辟现代化建设新事业。1978 年 12 月，党的十一届三中全会彻底否定了"两个凡是"的错误方针，断然抛弃"以阶级斗争为纲"，马克思主义政治路线、思想路线、组织路线得以重新确立。这是中国共产党在新时期以极大的政治勇气破除思想僵化、勇于自我革命的具体表现。改革开放以来的每一步实践，无论是经济体制改革、政治体制改革还是对外开放布局，都是党自我革命的成就展示。除此之外，党的十四大首次把"从严治党"写入党章，彰显了以自我革命姿态同腐蚀党的肌体行为坚决斗争的决心。党的十七大再次强调了党同各种腐败现象"水火不相容"的态度，树立自我革命、革除积弊的坚定决心。

（四）"惊天动地"：中国特色社会主义进入了新时代

马克思主义政党因革命而强。党的十八大以来，中国共产党顺利完成了第一个百年奋斗目标，向着社会主义现代化强国奋勇前进。以习近平同志为核心的党中央积极把握历史主动，以巨大的政治勇气与强烈的使命担当打出一套自我革命的"组合拳"，创新党内集中教育，促进党员干部牢记初心使命。党中央立足党内事业发展全局,创新集中教育,强化思想建设,有效补足精神上的"钙",坚持问题导向,突出政治方向,将党内集中教育落实落地。建立健全党内法规制度,强化对权力的制约与监督。

三、中国共产党自我革命的经验理路

百年恰是风华正茂,百年初心历久弥坚。总结百年历程的经验,我们党推进自我革命向纵深发展,坚持全面从严治党永远在路上,为实现第二个百年奋斗目标提供坚强领导核心。

(一)自我革命的价值源泉:从"为人民服务"到"人民至上"

古语云:"政之所兴在顺民心,政之所废在逆民心。""水能载舟,亦能覆舟。"这些经典名句皆能体现中国共产党的初心与宗旨。百年大党始终将"人民至上"作为目标指向与政治基因。人民群众也是党自我革命的依靠力量。全面从严治党是自我革命的生动实践,我们党敢于刀刃向内、勇于消除消极腐败的危险,结合群众力量"打虎""猎狐"。群众的监督是最有力的"照明灯",织牢群众监督密网,取得反腐败斗争的压倒性胜利。中国共产党始终践行"人民至上"的价值旨归,以自我革命的"利剑"完成新时代的使命任务。

(二)自我革命的精神动力:坚定理想信念,补足精神上的"钙"

坚定理想信念是共产党人安身立命的根本。共产党人善于学习,对马克思主义经典著作读深、读透、读懂,认真汲取中华优秀传统文化的精华,深刻感悟革命先辈的壮烈事迹,努力学习革命文化与社会主义先进文化,强化自身的政治灵魂与信念力量。坚持自我革命,锻造先进的马克思主义执政党,不断丰富马克思主义理论主题学习内容,将马克思主义作为看家本领、作为正本清源之基,打牢思想基础,提升信念力量。深入学习贯彻习近平新时代中国特色社会主义思想,结合新时代的新形势不断与时俱进,科学掌握时代发展大势,提升运用时政分析问题、解决问题的能力,以党员高度的理论清醒筑牢信仰之基,勇于强化自我革命的精神动力。

(三)自我革命的有效抓手:从"关键少数"到"绝大多数"

以"关键少数"的示范作用"撬动""绝大多数"的普遍作用是自我革命的有效思路。习近平总书记反复强调,把我们的党建设好,必须紧紧抓住"关键少数"。我们党用政治、思想、组织等多种方式全力推进全面从严治党,取得显著成效,其中,领导干部的示范作用不可忽视。党的十八大以来,习近

平总书记多次强调要把党建设得坚强有力，就要抓住"关键少数"，发挥"领头羊"的关键作用。同时，将集中性教育由党员干部扩展到全体党员，用习近平新时代中国特色社会主义思想铸魂育人、凝心聚力，引导广大党员铸牢"金刚不坏之身"，造就一支铁一般信仰、铁一般纪律的党员队伍。古人云："教者，效也。上为之，下效之。"党员领导干部作为"关键少数"，是落实党中央决策部署、建设好领导班子的"领头雁"，是破解大党独有难题的"关键密码"，是夯实党执政组织基础的关键所在，是推进自我革命的有效主体力量，也是跳出"历史周期率"第二个答案的具体展现。

参考文献

[1] 习近平. 高举中国特色社会主义伟大旗帜　为全面建设社会主义现代化国家而团结奋斗——在中国共产党第二十次全国代表大会上的报告[N]. 人民日报，2022-10-16(1).

[2] 马克思，恩格斯. 马克思恩格斯选集(第1卷)[M]. 北京：人民出版社，2012：421.

[3] 列宁. 列宁全集：第37卷[M]. 北京：人民出版社，1986：26.

[4] 中国社会科学院现代史研究室. "一大"前后——中国共产党第一次代表大会前后资料选编(一)[M]. 北京：人民出版社，1985：6-7.

（宋晓炜　青岛农业大学马克思主义学院）

中国共产党自我革命的中华优秀传统文化底蕴

一、中国共产党自我革命历程

新民主主义革命时期，着重注重从思想上建党；社会主义革命和建设时期，党注重加强思想和制度方面的建设；改革开放和社会主义现代化建设新时期，力求建立清正廉洁的政治生态；中国特色社会主义新时代，党的自我革命的涉及的方面更加完善全面。

二、中国共产党自我革命历程中的中华优秀传统文化意蕴

以党的自我革命跳出历史周期率中的"居安思危"思想。《周易》《汉书》等中国古代著作中都曾提及"居安思危"的理念。毛泽东指出，中国共产党领导下的社会主义国家可以通过民主建设跳出历史周期率，他不仅强调人民

监督,而且高度重视党的自身建设问题,重视反腐倡廉建设,并提出"两个务必"[1]加强党的作风建设。中国共产党从中华优秀传统文化中汲取理论滋养,坚持居安思危,跳出历史周期率。

党的自我革命思想建设中的"反躬自省"思想。我们党要想始终保持先进性,就必须坚持"躬身自省"。《左传》曾讲到,每个人都会犯错,只要及时改正,就最好了。子贡也指出:"君子之过也,如日月之食焉,过也,人皆见之;更也,人皆仰之。"只有坚持自我反省、自我批评,才能做到自我超越。

党的自我革命廉政建设中的"清明廉政"思想。中国共产党通过廉政建设,推进党的自我革命,是汲取中华优秀传统文化中"清明廉政""崇俭戒奢"思想的结果。《晏子春秋·内篇》中说,"廉者,政之本也",认为政治理当廉洁;《汉书·贾谊传》中也说,"国而忘家,公而忘私",认为公私不分会导致腐败,因此必须做到公私分明。

党的自我革命制度建设中的"革故鼎新"思想。《周易》中说:"穷则变,变则通,通则久。"韩非子指出:"世异则事异,事异则备变。"这都告诉我们不能因循守旧。在新时代要求全面从严治党,要推动党的自我革命不断进行下去,就要因时因势推动制度建设不断完善。

三、以中华优秀传统文化推动中国共产党自我革命的经验启示

坚持"第二个结合",推动中国共产党自我革命。从中国共产党自我革命的历程中汲取经验,要正确认识到马克思主义与中华优秀传统文化中相契合的"忧患意识""革故鼎新""清明廉政"等思想,用马克思主义激活中华优秀传统文化在推动党的自我革命建设中的运用。

把坚定人民立场作为中国共产党的自我革命的根本价值取向。"人本思想"就是要坚持以人为本,是中华优秀传统文化中的重要部分。中国共产党推进自我革命,归根到底是为了人民群众。中华优秀传统文化是中国共产党的血脉根基,其中的居安思危、反躬自省、清明廉政、革故鼎新的优良传统蕴含着深刻的马克思主义哲学思想,所蕴含的"人本思想"更是我们党团结奋斗的实践取向,为中国共产党推动党的自我革命、统一党内思想、全面从严治党提供有益镜鉴。

参考文献

[1] 毛泽东选集(第4卷)[M].北京:人民出版社,1991:1438-1439.

（王云敏　青岛科技大学马克思主义学院）

新时代中国共产党自我革命中的辩证法精神

　　党的二十大报告指出："全面建设社会主义现代化国家、全面推进中华民族伟大复兴,关键在党。"[1] 中国共产党发展成世界上最大的政党,并成为全国各族人民的主心骨,这是由无数教训和经验换来的。回顾筚路蓝缕的百年党史,建党初期的右倾机会主义错误、王明的"左倾"教条主义错误和新中国成立后的"两个凡是"的错误思想等教训,这些都给我们党上了生动的一课。但是,中国共产党是先进的马克思主义政党,始终坚持马克思主义中的辩证法精神,不断通过自我革命实现有力的蜕变。新时代以来,习近平总书记更加强调自我革命对党的重要性,在十九届六中全会上指出,"勇于自我革命是中国共产党区别于其他政党的显著标志"[2]。党的自我革命是社会主义现代化建设事业的动力源,而党的自我革命之所以有如此大的"功效",一个重要原因就在于我们党始终坚持辩证法的方法论原则。因此,探讨新时代中国共产党自我革命中的辩证法精神,研究马克思主义的辩证法在学理上的阐释和实践中对党的自我革命的指引,这都是十分必要的。

　　党的自我革命是走好新时代新征程的必然要求,是满足人民利益的实践需要,是实现伟大中国梦的内在要求。面临时代和实践提出的问题,党在自我革命进程中创新运用辩证法,交出了一份满意的答卷。中国共产党的自我革命坚持发展观、矛盾观和辩证思维能力,用科学的方法解决问题,取得了一系列成就。在时代新征程中,中国共产党开展自我革命将继续继承发扬辩证法精神,立足党建实际,灵活创新辩证法,坚持守正创新原则,坚持问题意识导向,坚持知行统一实践,以中国话术和中国风格阐释辩证法精神,不断丰富马克思主义方法论体系,为党建事业提供重要的方法论指导。耳闻不如足践。党的自我革命从来不是口号,从来不是仅仅停留在口头号召和书面报告中。中国共产党始终坚持理论与实践的统一,坚持改造主观世界的同时也不忘记改造客观世界。在党的二十大报告中,习近平总书记一再强调,要坚持"知信行统一",用习近平新时代中国特色社会主义思想统一头脑,统一行动,统一决定。为此,需要始终坚持习近平新时代中国特色社会主义思想,不断落实贯彻全面从严治党总要求。

　　点滴透石,积流入海。"全党必须牢记,全面从严治党永远在路上,党的自我革命永远在路上,决不能有松劲歇脚、疲劳厌战的情绪,必须持之以恒推进全面从严治党。"[1] 中国共产党一步一脚印,一日一进步,通过自我革命完成党情国情世情的一个个问卷。踏上时代新征程,党通过自我革命继承创新辩证法精神,坚持守正创新、问题意识和知行统一的方法论,以实际作为践行初心使命,必将成就坚强有力的政党,引领全国人民在中国式现代化的道路上行稳致远。

参考文献

[1] 习近平. 高举中国特色社会主义伟大旗帜,为全面建设社会主义现代化国家而团结奋斗[N]. 人民日报,2022-10-26(1).
[2] 中共中央关于党的百年奋斗重大成就和历史经验的决议[M]. 北京:人民出版社,2021.

（马　辉　青岛科技大学马克思主义学院）

新时代党的自我革命的重要意义与实践理路

自我革命是中国共产党永远保持生机活力和旺盛生命力的根本原因。习近平总书记在党的二十大报告中掷地有声地强调:"全面建设社会主义现代化国家、全面推进中华民族伟大复兴,关键在党。我们党作为世界上最大的马克思主义执政党,要始终赢得人民拥护、巩固长期执政地位,必须时刻保持解决大党独有难题的清醒和坚定。"[1] 新时代,中国共产党要以坚定不移的精神、执着进取的态度深入推进党的自我革命,领导全国人民向着实现"中国梦"的目标奋勇前进。

一、新时代党的自我革命的重要意义

改革开放是党在新的历史条件下领导人民进行的新的伟大革命,是决定当代中国命运的关键抉择。当前改革进入攻坚期和深水区,深层次矛盾和问题日益凸显,错综复杂的利益关系不时阻碍全面深化改革的开展。新时代推进全面深化改革,完善中国特色社会主义制度、推进国家治理体系和治理能力现代化,必须以自我革命的勇气破解当前全面深化改革难题。习近平总书记指出:"改革开放是我们党在新的时代条件下带领广大人民进行的新的伟大革命,是当代中国最鲜明的特色,也是我们党最鲜明的旗帜。"[2] 全面深化改革是党领导人民进行的一场伟大的社会革命。要破解当前改革发展中面临的各种难题,化解改革发展中的风险和挑战,全党必须有强烈的历史使命感和责任感,一定要有自我革命的勇气和胸怀,以积极主动精神全面深化各领域改革,推动中国特色社会主义制度自我完善和发展。同时,中国改革开放不能脱离世界经济政治发展的大环境。在当今世界范围内,从西方发达国家到很多发展中国家,政党政治出现了"政党危机"。中国共产党作为中国特色社会主义事业的领导核心,面对党内存在的突出问题,要勇于进行"自我革命",通过全面从严治党"去除"党内存在的"腐败性""消极性"问题,通过重新确定党的使命和革命性定位,并在此基础上以制度规范党组织和党员干部言行,避免重蹈长期执政的大党老党管党治党失败的覆辙。

二、新时代党的自我革命的实践理路

继承党的自我革命的丰富思想成果和重要经验,以彻底的自我革命精神为顺利完成党的崇高使命提供保证。中国共产党在历史实践中创造了自我革命的丰富思想成果,如坚定理想信念,加强党性修养,从严管党治党,严肃党内政治生活,坚持经常性教育和集中性教育相结合,勇于开展批评和自我批评,加强党内监督,接受人民监督,不断纯洁党的思想、纯洁党的组织、纯洁党的作风。这些都是推进党的自我革命的重要经验,是新时代统筹推进"五位一体"总体布局、协调推进"四个全面"战略布局、整体推进"四个伟大"历史使命的宝贵财富。中国特色社会主义事业是中国共产党领导伟大社会革命的重要组成部分,领导伟大的社会革命必须进行伟大的自我革命,勇于自我革命才能担当使命,保证社会革命的目标顺利实现。

充分发挥批评和自我批评的重要法宝作用,以彻底的自我革命精神永葆党的先进性和纯洁性。批评和自我批评是中国共产党加强革命性锻造的有效方法,从延安时期毛泽东领导的党中央把它提炼并确立为我们党的优良作风以来,历届党中央都把它作为法宝在每一次集中教育活动中加以运用。经验证明,党的自我革命精神强烈不强烈、彻底不彻底,很大程度上看党内批评和自我批评开展得充分不充分、有力不有力。习近平总书记指出:"批评和自我批评是解决党内矛盾的有力武器,也是保持党的肌体健康的有力武器","对于批评和自我批评这个武器,我们要大胆使用、经常使用、用够用好,使之成为一种习惯、一种自觉、一种责任,使这个武器越用越灵、越用越有效果。"批评和自我批评凝结的就是自我革命精神。通过积极健康的思想斗争,不断洗涤每个党员、干部的思想和灵魂,对永葆党的先进性和纯洁性具有重要意义。

三、结语

"历史和现实一再证明,一个执政党进行社会革命不容易,进行自我革命更不容易,而不进行自我革命就必然被历史所淘汰。"中国共产党一刻也不能停止革命性锻造,勇于自我革命是加强自身建设的永恒课题。在中国特

色社会主义新时代党所面临的"四大考验"和"四大危险"是长期、复杂而严峻的,但最根本的风险和挑战来自党内,不正之风和腐败问题严重侵蚀党的肌体。以刀刃向内的巨大政治勇气净化党的肌体,积极推进全面从严治党和自我革命是加强党的建设的根本举措,执政党的自我革命性是成就其治国理政奇迹的根本保证。

参考文献

[1] 习近平.高举中国特色社会主义伟大旗帜　为全面建设社会主义现代化国家而团结奋斗——在中国共产党第二十次全国代表大会上的报告[M].北京:人民出版社,2022:63.
[2] 习近平.习近平新时代中国特色社会主义思想学习纲要[M].北京:学习出版社,人民出版社,2019.

（吴紫薇　青岛科技大学马克思主义学院）

新时代中国共产党自我革命的价值意蕴

自我革命是中国共产党区别于其他一切政党的显著标志和解决大党独有难题的关键要义。自我革命蕴含着深厚的生成逻辑。进入新时代,从严治党伟大实践丰富了中国共产党对自我革命的规律性认识,找到了跳出历史周期率的崭新路径,在新时代的实践中开辟了党自我革命的新境界。

一、自我革命是破解治乱兴衰历史周期率的第二个答案

自我革命的科学内涵总结为守正、革故、鼎新。守正为本,表现为党的自我净化和自我完善,保持马克思主义信仰,坚守中华优秀传统文化立场;革故为先,表现为党的自我革新,破字当头,敢于直面问题,及时改正错误;鼎新为要,要推进创新创造,跟随时代潮流与时俱进地发展自己。中国两千年的封建王朝的兴亡反复,形成了极易深陷其中的治乱兴衰历史周期率。中国共产党要如何跳出历史周期率以及建立一个什么样的长期执政的党、如何建设长期执政的党,是一个必须充分思考和重视的课题。经过党百年的奋斗和实践探索,党给出了第二个答案,即自我革命。这是新时代以习近平同志为核心的党中央对于党的百年奋斗进行的总结,是对毛泽东提出的第一个答案的视野延伸和内容扩展。自我革命是范围更广、程度更深的答案,只有确

保了中国共产党执政方式民主、方略科学,才能保障党的执政地位稳固,实现党的长期执政。[1]

二、自我革命是马克思主义政党的鲜明品格

自我提高是目标,就是要不断学习新本领,开创新境界。无论"守正",还是"革故",最终都要落实到"鼎新"上来,体现在党自身的与时俱进,善于创新,实现全面从严治党的新发展。《共产党宣言》中指出,"共产主义革命的决裂性要求承担革命历史任务的主体,也就是无产阶级政党必须具有彻底的革命性"[2]。恩格斯在晚年时提出,当内部出现一些将反映党的性质宗旨舍弃的思想或行为时,无产阶级政党需要通过内部斗争清除自身肌瘤。[3]由此可以证明,革命性是马克思主义政党的显著标志。要想完成无产阶级为大多数人谋利益、建立共产主义社会的这一艰巨的历史重任,就必须通过革命和自我革命将自身锻造成强大的政党。新时代以来,中国共产党始终牢记并肩负起无产阶级政党的使命担当,在自我革命中不断领导人民进行国家建设。

三、自我革命为推动中国式现代化提供了强大引擎

面对百年未有之大变局和"两个一百年"的历史交汇期,党要想在自我革新上求突破,就要深刻把握时代发展的潮流,将马克思主义同当前具体实际相结合,同优秀传统文化相结合,勇于推进理论、文化、制度创新,"敢于在破旧立新中实现自我超越"。习近平总书记指出,"我们党必须以党的自我革命来推动党领导人民进行的伟大社会革命"[4]。党的自我革命服务于社会革命,自我革命为社会革命提供思想引领、组织保障和作风支撑,全面贯穿于社会革命的全过程。中国式现代化是中国共产党在新时代进行的最伟大的社会革命。党的二十大深刻揭示了以党的自我革命引领中国式现代化进而实现中华民族伟大复兴的重大意义,彰显出了强大的无产阶级现代化政党在自我革命中锻造出的政党逻辑,为实现中国式现代化在良性互动中取得实效提供了重要保障。

参考文献

[1] 王建国,唐辉. 论中国共产党自我革命的多重面向[J]. 社会主义研究,2023(2):111-118..

[2] 马克思,恩格斯. 马克思恩格斯选集(第1卷)[M]. 北京:人民出版社,2012:421.

[3] 马克思,恩格斯. 马克思恩格斯选集(第4卷)[M]. 北京:人民出版社,2012:554.

[4] 习近平 . 习近平谈治国理政（第 3 卷）[M]. 北京：外文出版社，2020：
　　71.

（张琪钰　山东师范大学）

中国共产党自我革命的深层逻辑、
价值意蕴与经验启示

习近平总书记在党的二十大报告中指出："经过不懈努力，党找到了自
我革命这一跳出治乱兴衰历史周期率的第二个答案，自我净化、自我完善、
自我革新、自我提高能力显著增强，管党治党宽松软状况得到根本扭转，风
清气正的党内政治生态不断形成和发展，确保党永远不变质、不变色、不变
味。"中国共产党经过不懈努力终于在继人民监督政府之后找到了自我革命
这一跳出历史周期率的第二个答案，这一过程是对马克思主义革命理论的继
承和发展以及对中国共产党自身优良传统不断发展的结果。加深对党的自
我革命的内涵和经验启示的研究，对于在新时代新征程上继续不忘初心、牢
记使命，更好地以伟大自我革命引领伟大社会革命具有重要意义。

一、党的自我革命生成的深层逻辑

马克思主义一以贯之的革命性。在社会革命中，共产党居于领导地位，
这就要求其必须不断进行自我革故和鼎新，永葆自身的先进性以引领社会革
命的前进方向。党的百年奋斗历程始终不忘"革命本色"。在新的历史方位
下，党以伟大自我革命引领伟大社会革命，使中华民族伟大复兴进入不可逆
转的历史进程。新时代伟大社会革命要求党"自我革命"。[1]新时代，我国
面对的形势更为复杂，国内国际问题交织，只有继续贯彻自我革命，才能逐
步实现长期的社会发展中的一个又一个胜利。

二、党的自我革命的价值意蕴

自我革命是保证党的政治本色的思想武器。中国共产党的政治本色就
是始终坚持以人民为中心，坚持一切为了人民。只有始终树立革命意识，坚
持进行自我革命，才能确保党不变质、不变色、不变味。自我革命是推进全面
从严治党的实践要求。推进全面从严治党必须将党的自我革命贯穿其中，发
挥自我革命在全面从严治党中的重要作用，确保全面从严治党不断向纵深发

展。自我革命是提高干部能力素质的重要途径。随着国际国内形势不断发展变化，各级领导干部必须把提升自身能力素质、进行自我革命作为一个永恒课题，不断开辟自我革命新境界。[2]

三、党的自我革命的经验启示

坚持守正创新马克思主义基本理论，坚定自我革命的方向。在新的历史方位下，必须继续坚定不移以马克思主义基本理论指导党的自我革命历程，在守马克思主义的方向的"正"的同时赋予其"新"。坚持人民至上，坚守自我革命的人民性价值取向。党的根基和血脉在人民，在新征程上，必须始终坚守人民立场，不断将党的自我革命切实深入地开展下去。坚持问题导向，把握自我革命引领社会革命新的历史方位。党的自我革命的具体要求也是随着时代条件而不断发展变化的。坚持问题导向，才能满足时代提出的新要求。坚持弘扬伟大建党精神，把党的自我革命不断推向前进。[3] 在新的赶考路上，必须有进行自我革命的勇气，以弘扬伟大建党精神为引领，不断发挥自我革命的实际效能。

参考文献

[1] 陈雪莲,闫建. 中国共产党自我革命的内涵演变与推进机制分析[J]. 学习论坛,2023(4):37-43.

[2] 郑士鹏,刘欢. 中国共产党自我革命的内在特质[J]. 东岳论丛,2023, 44(3):22-28.

[3] 张士海,李自强. 以党的自我革命引领社会革命的理论依据、历史演进与实践路向[J]. 理论探讨,2023(3):37-43.

（杨子毅　青岛科技大学马克思主义学院）

中国共产党自我革命的经验启示

一、中国共产党自我革命的深刻内涵

自自我革命这一概念与革命的观念相关联，要准确理解"自我革命"必须先了解"革命"的内涵。据商务印书馆出版的《现代汉语词典》（第7版），"革命"一词用作动词有两种解释：一是指被压迫阶级用暴力夺取政权，摧毁旧的腐朽的社会制度，建立新的进步的社会制度；二是指根本改革。革命的

观念认为,历史会出现转折,在某一个时刻一个全新的故事会突然展开。自我革命是精神与实践的统一,革命的主体和客体都是自己,即"自己革自己的命"。自我革命是主体对自己自觉的革命行动,是马克思主义政党的鲜明品格。对中国共产党来说,自我革命就是通过不断的自我净化、自我完善、自我革新、自我提高,解决自身存在的问题,"四个自我"是中国共产党自我革命的深刻内涵。

自我净化就是"通过过滤杂质、清除毒素、割除毒瘤,不断纯洁党的队伍,保证党的肌体健康"。[1]中国共产党在自我革命实践中始终坚持自我监督。随着党员队伍不断壮大,一部分党员出现政治立场不坚定、贪污腐败等问题,中国共产党通过自我监督,对党内出现的问题不断进行调整,定期开展党性教育活动和思想政治教育工作,及时纠正不良风气。同时,也加强群众监督,以人民的标准行事,接受人民监督,在党的发展历程中不断强化群众监督的作用,这对党内自我净化和推进党的自我革命至关重要。坚持自我监督与群众监督相结合,增强监督效力,推进党的自我革命进程。自我完善是"坚持补短板、强弱项、固根本、防源头、治苗头、打探头、堵塞制度漏洞、健全监督机制"。中国共产党在自我革命历程中以马克思主义基本原理为指导,将其与中国具体实际相结合,坚持以中华优秀传统文化为基础,赓续中国共产党人的精神谱系。

二、中国共产党自我革命的百年经验

(一)坚持社会革命和自我革命的统一,以自我革命引领社会革命

百年征程的奋斗实践证明,我们党在社会革命中不断深化自我革命,党的自我革命贯穿伟大事业的全过程。党的自我革命也为社会革命提供了现实支撑,中国共产党通过自我革命清除党内存在的不健康因素,不断解决自身问题,提高了党领导社会革命的能力。党勇于自我革命的智慧促进全社会投入社会革命中,这种彻底的革命精神不断培育党进行自我革命的决心,激发着党领导社会革命的信念。

(二)坚持人民至上,筑牢自我革命的根基

人民就是江山,江山就是人民。人民立场作为党的根本政治立场,是马克思主义政党区别于其他政党的最显著标志。注重人民群众的主体力量,发展全过程人民民主,让人民群众参与到党的自我革命的潮流中,实现人民监督与自我革命的统一。总之,坚持人民至上,加强党的自我革命的群众基础,为自我革命的持续推进筑牢根基。

（三）坚持全面从严治党，把握自我革命的斗争重点

全面从严治党实际上就是一场彻底的自我革命，自我革命意味着对自身出现的问题进行纠正，敢于清除自身顽疾，在自我否定中实现自我超越，坚持全面从严治党，高标准、严要求对党员进行治理。作为新时代自我革命最鲜明的体现，反腐败没有捷径，必须从根本上解决问题，要有全局性眼光并持续整体性推进，综合施策，把我们党自我革命的制度优势转化为腐败治理的能力和水平。

（四）坚持党的领导，维护自我革命的政治保证

中国共产党带领中华民族实现独立自主，带领人民在建设中国特色社会主义的道路上不断创造奇迹，都表明了坚持党的领导，是推进自我革命最坚实的政治保障，是我们党通过百年实践总结出来的宝贵经验。党的先进性和执政地位不是一成不变的，党想要保持长期执政必须勇于进行自我革命。建党百年来，正是由于中国共产党人始终坚定维护党中央权威和集中统一领导，党的自我革命才得以有效推进。

参考文献

[1] 习近平．习近平谈治国理政：第三卷[M]．北京：外文出版社，2020：600.

（王文旭　青岛科技大学马克思主义学院）

坚持党的自我革命：掌握跳出"历史周期率"的第二个密钥

党能否保持长期执政、始终保持同人民群众的血肉联系，能否始终推进中国式现代化事业的持续发展，必须回应好、解答好、实践好跳出"历史周期率"这一时代难题。毛泽东在抗日战争胜利前夕，创造性地提出跳出"历史周期率"的第一个答案："只有让人民来监督政府，政府才不敢松懈。"[1]伴随中国革命、建设、改革实践的持续推进，党团结带领人民深刻洞察已经复杂变化了的客观环境，自立自强探索跳出"历史周期率"的崭新实践形式，得出跳出"历史周期率"的第二个答案，党的政治风貌及新时代党的建设安排从此焕然一新。自我革命是中国共产党始终保持先进性、纯洁性的最大秘

诀，是同"第一个答案"相结合跳出"历史周期率"的组合技。

一、新时代党的自我革命成为跳出"历史周期率"第二个答案的三维向度

（一）历史维度：自我革命贯穿党的百年发展奋斗史，成为中国共产党发扬历史主动精神从胜利不断走向胜利的动力源泉

自我革命在党的百年奋斗史中留下了浓墨重彩的一笔，是我们党成功探索出跳出"历史周期率"第二个答案的关键因素。新民主主义革命时期，"三座大山"的残酷压迫与党内思想领域的错误倾向相互交织，给全党的发展造成了不可逆的创伤，中华民族坠入了"至暗时刻"的万丈深渊。一场由内而外、由浅及深、由表及里的思想整风运动在全党范围内拉开帷幕，旨在"从思想上、政治上、工作上彻底清算党内孟什维主义的残余"。[2]为了巩固新生人民政权、防止新中国倾覆于"历史周期率"之中，新中国成立后党中央在全国范围内掀起了规模空前、力度空前、决心空前的"三反""五反"运动，将全党自我革命意识的培育与自我革命能力的提高摆在党的建设的重要议程上。改革开放后，自我革命演化出许多与社会主义市场经济快速发展及政治体制深刻变革相匹配的具体实践形式，集中体现为针对"文化大革命"期间的冤假错案全面拨乱反正，直面党内长期存在的盲目个人崇拜之风及马克思主义教条化、经验化错误倾向；终结封闭僵化的计划经济体制，以自由灵活的社会主义市场经济体制取而代之。自我革命随着新时代的到来在党领导的治国理政中逐渐成为不可或缺的一环，自我革命的适用领域从最初主要整治党内思想作风，进一步扩展到经济发展、政治变革、国家治理等多重领域。"以党的自我革命引领社会革命"绝不是一句简单的口号，而是怀揣历史主动精神的全体共产党人，成功得到破解"历史周期率"第二个答案、解决治国理政难题的生动实践。

（二）理论维度：全党对马克思主义的坚定信仰、习近平总书记关于党的自我革命的重要论述，成为跳出"历史周期率"的理论指导

习近平总书记关于自我革命的重要论述来源于治国理政中的现实问题，最终也要回应与服务于治国理政中的现实关切。其中蕴含着明确的实践导向，一方面将全面一体推进反腐败纳入全面从严治党战略布局，建设清正、廉洁的政党与政府；另一方面自我革命的最终目的就是确保中国共产党始终保持长期执政的领导核心地位，共产党人的身体里永远流淌着坚定理想信念、坚守初心使命的红色血液。党的十八大作为重要的时间节点，是党中央提出"不断提高党的建设质量，把党建设成为始终走在时代前列、人民

衷心拥护、勇于自我革命、经得起各种风浪考验、朝气蓬勃的马克思主义执政党"党的建设总目标,推进全面从严治党在自我革命进程中迈向深入的开端。党中央以从未有过的决心和力度,拿起自我革命的武器根除队伍中的害群之马,为完成新时代党的建设总目标保驾护航。从党的十八大至十九大的5年间,立案审查省军级以上党员干部及其他中管干部440余人,处分厅局级干部8 900余人,县处级干部6.3万人。反腐败的一系列组合拳沉重打击了党内存在的腐败奢靡之风,风清气正的党内政治生态初见雏形,权力关进制度的笼子里的配套制度措施逐渐完善,党的自我革命取得了阶段性的重大胜利。

（三）实践维度:中国式现代化事业的蓬勃发展及自我革命取得的历史性发展成就,是依靠自我革命第二个答案跳出"历史周期率"的最大底气

中国人民在中国共产党的坚强领导下,以"强起来"的必胜姿态踏入建设社会主义现代化强国的新征途,以人类文明新形态的发展样貌屹立于世界舞台的中央。新时代意味着新征途,新征途需要把握好新方位。自我革命被列为十个宝贵经验之一,是对党走过的百年征程的高度总结,是指引党迈向下一个百年的经验向导。在党的建设百年淬炼中,我们党拥有了自我革命这一独特优势,打造出其他一切政党所不具备的显著标识。"先进的马克思主义政党不是天生的,而是在不断自我革命中淬炼而成的",中国共产党自我革命的精神贯穿于党和国家事业发展的各领域实践中。我们党之所以能够在复杂多变的国内外局势下创造出一个接一个的历史性成就,愈发充满生机与活力,这与用自我革命的思想武器武装全党是分不开的。自我革命作为党取得历史性成就的内在驱动力,将在与社会革命共同作用的过程中缔造时代伟业,打破"其兴也勃焉,其亡也忽焉"的历史发展怪圈。自我革命是我们向世界宣告我们有能力及信心跳出"历史周期率"的最大底气,不断彰显作为马克思主义执政党初心使命本色与人民性政党本质属性。党和国家事业的发展成就还在不断增加,更加要求全党紧握自我革命这根红线,用一个又一个崭新的发展成就证明今日之中国已经完全摆脱过去封建腐朽的王朝陷入的王朝更替与治乱兴衰的死循环。科学先进的马克思主义与果敢的自我革命品质,使得我们党可以始终保持理智沉着的定力与敢于试错的勇气,搭建民族复兴的摩天大楼,彻底告别"历史周期率"。

二、新时代继续推进党的自我革命以跳出"历史周期率"的实践路径

（一）厚植党自我革命的执政基础,密切党与群众的血肉联系

党长期执政的最大底气在人民。回顾党的百年奋斗征程,党始终坚持

"根基在人民、血脉在人民、力量在人民"，同人民休戚与共、命运与共，克服前进道路上的一切艰难险阻。保持党与群众的血肉联系，不断厚植自我革命的群众基础不是一蹴而就的改革事业，更不可毕其功于一役。革命战争年代为了实现广大人民群众的解放，我们党将自我革命的利刃首先伸向思想领域，坚决纠正过去一切自己因缺乏对马克思主义中国化的深刻认识与实践经验而犯下的"左"倾和右倾错误，全党思想精神面貌焕然一新，党的思想建设迎来了广阔的发展前景。改革开放后为了尽快完成全体人民富起来的目标任务，提高人民生活水平与质量，党在"有错必纠"原则的指导下将自我革命进一步推向经济领域，全党根本任务的转移与社会主义市场经济体制就是这一阶段自我革命作用于经济领域的重大成果。新时代的中国共产党对人心是最大的政治有了更加深刻的理解，自我革命这一刮骨疗毒的有力武器更多地作用于党的各领域建设，对党内一切腐败现象零容忍体现了全党对反腐败这一最彻底自我革命的坚守，这些都是我们逐渐最终成功破解"历史周期率"难题的重要原因。党的历史上曾因脱离群众付出过巨大的代价，这些都在时刻警醒我们要将保持党与人民的血肉联系作为新时代党自我革命的目标任务，判断党工作的标准成效要更加关注人民群众的真情实感，解群众之所意、关群众之所切、操群众之所急，充分汲取蕴藏在人民群众中的自我革命力量，使自我革命的巨轮朝着人民意愿的正确方向扬帆起航。

（二）防范化解自我革命面临的风险考验，坚持反腐败永远在路上

中国共产党从来不缺乏自我革命的坚定魄力，一个很重要的原因是我们党总是对现存的发展环境及其背后隐藏的各种风险考验保持清醒冷静的头脑与高度敏锐的警觉。新时代自我革命面临的环境变化之大、风险考验之多、全面从严治党要求之严都是前所未有的，这就要求要将自我革命置于国内国际、党内党外的双重背景下设计建构，不因眼前的阶段性成就而改变对以自我革命推进党和国家事业发展是一个长期过程的判断，要保持在具体实践措施上稳扎稳打、系统谋划的量的稳定性与在关键领域深化改革的质的飞跃性的统一。党内在反腐后留下了党员干部不敢为、不愿为、不作为的后遗症，要从理论与实践两个维度协调推进新时代反腐败斗争事业。实践层面要进一步完善反腐败的制度安排，用好制度反腐这一最有效的实践方式。党员干部不论身处职位的高低、不论掌握国家权力的大小，在反腐败的制度体系框架下必须一视同仁，决不允许任何党员干部钻反腐败的制度漏洞，决不能让蛀虫从内部侵蚀党和国家的健康肌体。理论层面要推进党员干部有关反腐败意识形态体系的建构，借用思想政治教育工具科学引导广大党员干部了解自我革命的有关举措并发自内心地遵守，使反腐败事关自我革命的成败乃

至全党前途的重要性铭记于每位党员的心中。要将党自我革命的话语权牢牢掌握在自己手中，使自我革命与反腐败的决心不因外部环境的复杂严峻而发生动摇。

（三）筑牢党自我革命的精神根基，在自我革命实践中培育与激发斗争精神

自我革命意识的坚定来源于思想理论上的清醒。马克思主义政党之所以能永葆自我革命的优良品质，得益于科学理论不断筑牢自我革命的精神根基。中国共产党始终将科学理论武装视为推进自身建设、永葆政党生命力、提升政党凝聚力的重要方法论。在马克思主义科学真理的指引下，我们党在艰苦卓绝、艰难险恶的革命战争年代仍然能够一往无前，锤炼出至今仍引导我们坚定不移推进自我革命、迈向民族复兴光明前景的"革命理想高于天"的理想信念。习近平总书记在阐述有关以党的自我革命跳出"历史周期率"的重要论述中，始终强调广大党员干部要在马克思主义科学真理的熏陶下树立坚定的理想信念，这事关党新时代自我革命事业以及中国式现代化事业的发展成败。新时代党的自我革命对于全党来说就是一条新的长征路，走好新长征路的信心与底气从何处来？"依然要靠全党全国人民坚定的理想信念和坚强的革命意志。"在接下来有关党自我革命的实践中，要把党的思想建设摆在更加突出重要的位置，做好对党员干部世界观、人生观、价值观发展状况的动态监测与跟踪，向全党的智囊库植入最新的中国化时代化马克思主义成果，加快推进党史学习教育、初心使命主题教育、党的群众路线教育实践活动等提上日程，讲求创新教育培训方式与提升教育培训实效的一体推进。通过在全党范围内持续开展有关理想信念教育与自我革命精神培育实践活动，使得我们在面对自我革命新长征路上迎面而来的艰难险阻时能够临危不乱、处变不惊，充分发挥夺取新时代中国特色社会主义事业新胜利的主心骨作用。

参考文献

[1] 毛泽东年谱（1893—1949）（中卷）[M]. 北京：中央文献出版社，2013：611.

[2] 刘少奇选集（上卷）[M]. 北京：人民出版社，1981：299.

（孙倩倩，李新桐　青岛科技大学马克思主义学院）

大党独有难题的内涵外延

"大党独有难题"是习近平总书记在党的二十大报告中首次提到的重大理论命题。党的二十大报告指出:"全面从严治党永远在路上,党的自我革命永远在路上,决不能有松劲歇脚、疲劳厌战的情绪,必须持之以恒推进全面从严治党,深入推进新时代党的建设新的伟大工程,以党的自我革命引领社会革命。"[1]本文对中国共产党独有难题的内涵与外延进行了深入研究,不仅对新时代怎样破解难题提供了一定方法而且对百年历程中的独有难题进行了梳理,揭示了我们党在组织管理、反腐败斗争等方面所面临的独特挑战。这些难题不仅直接影响着中国共产党的发展和稳定,同时也对整个国家的政治生态产生重要影响。解决这些问题对于我们党长期发展和治理的重要性不言而喻。

习近平总书记强调:"我们党作为世界上最大的马克思主义执政党,要始终赢得人民拥护、巩固长期执政地位,必须时刻保持解决大党独有难题的清醒和坚定。"因此,深刻把握"大党独有难题"这一新命题,对保持党的纯洁性、先进性,深入推进全面从严治党,实现新时代党的建设伟大成就,继续领导中国人民创造新时代的伟大成就,实现中华民族伟大复兴具有重要意义。新时代新征程,必须持续着眼于破解独有难题,确保中国共产党在时代的潮流中始终保持先进性和纯洁性,始终走在时代前列,引领当代中国不断前行。

深入理解大党独有难题,首先要搞清楚什么是大党。大党之所以称之为大党是因为其有着自身的独特性。我们要搞清楚大党的内涵可以从其对立面小党进行比较分析。大党相较于小党,不仅在人数规模和结构上有着明显的区别,而且在治理难度治理方式上也具有明显区别。

同时,我们要搞清楚大党的内涵还应该对社会主义政党与资本主义政党进行区别。社会主义政党大都以马列主义为指导,都侧重于维护占大多数的中下层民众的利益,都以共产主义为最高理想目标;反观资本主义政党,则坚持利益至上的价值取向,仅仅维护代表其阶级利益的小部分精英人士的利益,当最广大劳动人民的利益与其本阶级利益发生冲突时,人民将不可避免地被抛弃。中国共产党作为世界第一大党,作为马克思主义执政党的代表,其所遇到的难题是其他政党无可比拟的,其所遭遇的困难是其他政党没有遇到过的,面临的情况、面临的形势更加复杂,可谓是独一无二。

而要想成功解决这些难题,无疑需要极大的政治智慧,无疑需要党中央的坚强领导,无疑需要勇往直前的开拓精神。中国共产党作为执政党,作为世界当之无愧的第一大党,要想实现政党的持续稳定健康发展,跳出历史周期率,不可避免地要遇到一系列难题,而这些难题的成功解决,不仅对中国共产党本身具有重要意义,更对世界其他政党具有重要的借鉴意义。

参考文献

[1] 习近平. 高举中国特色社会主义伟大旗帜　为全面建设社会主义现代化国家而团结奋斗 [N]. 人民日报,2022-10-26(1).

(李奕进　青岛科技大学马克思主义学院)

习近平总书记关于党的自我革命的重要论述的重要意义研究

　　自古至今,每个国家的发展都会经历低潮—发展—高潮—衰落—低潮这样一种像抛物线一样的发展轨迹。每当国家发展到最高点时,就会出现与消费主义、享乐主义类似的不正之风,这就形成所谓的历史周期率。勇于自我革命是中国共产党最鲜明的政治品质,是破解全党前进路上独有难题、跳出历史周期率的关键所在。党的二十大报告中提出:"经过不懈努力,党找到了自我革命这一跳出治乱兴衰历史周期率的第二个答案,自我净化、自我完善、自我革新、自我提高能力显著增强,管党治党宽松软状况得到根本扭转,风清气正的党内政治生态不断形成和发展,确保党永远不变质、不变色、不变味。"[1] 回看党的百年发展历程,党的自我革命是中国共产党贯穿历史发展始终的品格。党的十八大以来,习近平总书记多次强调党要勇于自我革命。准确把握习近平总书记关于党的自我革命的重要论述,对在新的历史条件下完善党的建设、推进全面从严治党具有深远意义。

一、丰富和发展了马克思主义建党理论

　　回顾中国共产党百年历史,从中国共产党成立之日起,我们党一直坚持把马克思主义作为自己的指导思想,将其与中国具体实践相结合,形成一整套全面从严治党的方针政策,不断推动我们党从严管党治党。进入新时代,以习近平同志为核心的党中央继续坚持学习马克思主义关于建党的相关理论,结合新的时代特征提出关于党的自我革命的重要论述。这是党在新时代提出的应对新挑战的方针策略,是对马克思主义的继承与发展,是党的建设

理论在新时代的伟大实践的基础上实现的重大突破。

二、为新时代党的自我革命提供理论指导

历史与实践表明,坚持党的领导是历史和人民的选择。中国共产党深刻明白执政地位的来之不易,通过西方国家的失败教训也更加清楚这一地位并不是一劳永逸的。中国共产党人始终坚持学习历史经验,充分吸取经验教训,不断开展党的批评与自我批评,通过自我批评肃清党内存在的不正之风,提高党的执政能力和领导水平。步入新时代,以习近平同志为核心的党中央充分结合新的时代背景,提出一系列关于党的自我革命的重要论述,引起人们对党的自我革命的重视,着力解决人民群众反映最强烈、对党的执政能力影响最大的腐败问题,提高党的凝聚力,确保党能始终保持旺盛的生命力和战斗力。

三、保持党的先进性和纯洁性

先进性和纯洁性是马克思主义政党的本质属性。从中国共产党成立之日起,中国共产党人便坚决同弱化党的先进性和纯洁性的问题作斗争,坚定纠正党内错误思想和行为,带领中国人民不断取得新胜利。党的先进性和纯洁性影响到党的执政能力。世界上无处不存在着能影响党的先进性和纯洁性的因素,无时不有能动摇党员干部理想信念的因素。因此,应在党内深入开展自我革命。我们要居安思危,未雨绸缪,时刻警惕未来发展过程中可能会出现的问题,加强反腐败斗争,健全监督机制,完善管理体系,肃清党内不正之风,为党的进一步发展、为社会安宁营造一种良好的氛围。

四、跳出历史周期率的第二个答案

毛泽东同志在延安窑洞里给出跳出历史周期率的第一个答案,就是"只有让人民来监督政府,政府才不敢松懈"。经过百年奋斗,中国共产党找到跳出历史周期率的第二个答案,即"自我革命"。习近平总书记关于党的自我革命的重要论述指明了像中国共产党这样一个历史悠久、规模宏大的大党应该如何保持长期执政、如何永葆党旺盛的生命力和强大的战斗力。新时代,只有坚持自我革命,才能避免陷入历史周期率。所以我们党经历百年的风雨之后,更要谦虚谨慎,未雨绸缪,居安思危,不能在一声声喝彩声中迷失方向,丢掉本质,更要发扬自我革命精神,不断革新。

参考文献

[1] 赵卯生,范明洋.自我革命:跳出治乱兴衰历史周期率的第二个答

案[J]. 新疆师范大学学报：哲学社会科学版，2023：1-10.

（张笑笑　青岛科技大学马克思主义学院）

习近平总书记关于"三农"工作重要论述的三重逻辑

习近平总书记厚植"三农"情怀，以马克思主义经典作家的"三农"思想与中华优秀传统文化中"重农"思想为理论渊源，以我国历任领导人在马克思主义中国化的历史进程中所提出的有关"三农"工作的重要理论为基础，以他在梁家河的七年知青经历和我国宏观层面上的现实需要为实践基础，提出并丰富和发展了一系列关于"三农"工作的重要论述，为新时代"三农"工作提供了行动纲领和根本遵循。

首先，马克思主义经典作家的"三农"思想及中华优秀传统文化中的重农意蕴为其提供了理论逻辑。马克思提出要将农业与工业相结合，通过更好地运用科学技术将资本主义农业发展为社会主义大农业。列宁指出要加强城乡之间的交流，促进城乡的协调发展。恩格斯强调了农民的重要地位，认为农民是工人阶级的天然盟友。这些思想都为我国解决"三农"问题提供了启示。另外，在我国漫长的封建社会中，农业一直占据着重要地位，形成了重农的思想，也创造了我国灿烂的农业文明并影响至今。古语有言，"夫民之大事在农，上帝之粢盛于是乎出，民之蕃庶于是乎生"，强调农业祭祀与百姓繁衍生息的重要性。"民惟邦本，本固邦宁"是我国最早被记载下来的民本思想，也对习近平总书记治国理政提供了重要的思想启迪。

其次，我国历任领导人对"三农"工作的关切为其提供了重要的历史遵循。毛泽东在吸收马克思主义关于农业的思想的基础上，强调了农业的基础性地位。邓小平在前人的基础上利用新政策保障农业的基础性地位，并认识到了城乡统筹发展在解决农村问题中的重要性。江泽民站在全局性的战略高度来认识农业，并强调了农业在社会主义建设的过程中具有重要作用。胡锦涛对"三农"问题的重视达到了全新高度，他结合我国城乡发展的具体实际，创造性地提出了新论述，着眼长远来规划城乡统筹发展问题，强调工业"反哺"农业。

最后，习近平总书记关于"三农"工作重要论述有着深厚的实践逻辑。第一，习近平总书记的七年知青岁月孕育了"三农"情怀，为他治国理政后提出关于"三农"问题的重要论述打下了坚实的基础。第二，是新时代实现

"农业强""农村美""农民富"的现实需要。[1]第三,农村地区具有较大的市场规模和内需潜力,因此"三农"工作是畅通国内大循环的重要环节。第四,推动农业朝着现代化、机械化、绿色化的方向发展不仅对于农村地区巩固拓展脱贫攻坚成果、共享发展成果具有重要作用,对于现代化强国建设和实现中华民族伟大复兴也具有重要意义。

参考文献

[1] 习近平 . 坚持把解决好"三农"问题作为全党工作重中之重 举全党全社会之力推动乡村振兴 [J] . 求是,2022(7):1-8.

（宋晓旭 青岛科技大学马克思主义学院）

第十篇
中国共产党的自我革命历史进程

新民主主义革命时期自我革命探索及启示

"自我革命"是习近平总书记于2015年提出的新时代党的建设关键命题。它逐渐成为党的百年奋斗历史经验和跳出"历史周期率"的第二个答案。自我革命的内涵不仅限于新时代的十年变革,还应在百年的历史进程中把握。

一、自我革命源于党的本质

新民主主义革命时期虽未明确提出自我革命概念,但这一品质已贯穿于党的自身建设中。中国共产党成功开辟马克思主义中国化革命道路,成为强有力的政党,形成百年奋斗特别是新时代全面从严治党本色,都离不开自我革命的品质。建党原则蕴含自我革命品质。仅有15条的《中国共产党第一个纲领》中就有6条涉及党内纪律和监督,强调理想信念坚定、组织体系严密、纪律规矩严明,凝聚了自我革命最核心的要求。党的建设法宝是自我革命的结晶。毛泽东在1939年将党的建设列为取得斗争胜利的"三大法宝"之一,这并非简单的组织管理,而是凝聚了千锤百炼的品格和经验。1945年,毛泽东的"窑洞对"回答了民主的答案,虽然没有涉及党的建设,然而,政党只有做到自我革命、自身如铁,始终为了人民、依靠人民,才能真正落实民主,才能不怕监督。[1] 及至新中国成立前夕"进京赶考",毛泽东对全党又提出"两个务必"告诫,表明党对自身建设的清醒以及对自我革命的坚持。

二、自我革命贯穿革命始终

新民主主义革命时期党的建设从理论到实践都体现着自我革命的显著特征和鲜明品格。

(一)体现为坚持实事求是,同错误倾向作斗争,推进思想革命

马克思主义的精髓在于进行最坚决最彻底的批判和革命。共产党人需要在思想上进行自我革新,以无产阶级思想战胜各种非无产阶级思想,并纠正革命道路上的错误倾向,为革命胜利奠定基础。在思想上,通过纠正"左"和右的倾向,统一全党对革命对象、革命路线和革命道路的认识,我们党在艰难的革命探索中逐步排除了错误思想在党内的影响,确立了马克思主义中国化的科学思想理念和农村包围城市的正确革命道路。正因如此,六届六中全会全党思想信念得以统一,这也是毛泽东称其为"决定中国之命运"的重要原因。

（二）体现为勇于直面问题，同不良作风作斗争，推进作风革命

批评与自我批评是自我革命的基本武器和主要表现，具有"自律"和"他律"的双重作用。这一时期，每逢重大历史关头，我们党都是通过这一作风来解决党内大是大非问题，确保正确的前进方向。土地革命时期，朱德毛泽东井冈山会师后，无产阶级思想和非无产阶级思想的矛盾出现并不断激发，在事关党的领导等重大问题上分歧严重。毛泽东创造性提出了纠正这一分歧的最好方法，于是在古田会议上，同其他领导人一道相继开展批评与自我批评，解决了如何建党、建军的重大问题，开创了正确解决党内矛盾的光辉典范。[2] 红军到达延安后，毛泽东对"批评与自我批评"方法有了完整论述，明确了批评与自我批评在解决党内矛盾中的重要作用。抗日战争时期的延安整风，针对党内存在着各种非无产阶级思想，要求坚持"惩前毖后治病救人"，深刻反省自己的思想与工作，揭发和纠正存在的错误和缺点，实现对个人思想作风的彻底改造。正是通过这一方法，党内达到空前的团结。

（三）体现为加强理论武装，统一全党意志和行动，推进组织革命

加强理论武装是提升党员干部思想觉悟和政治素养的重要手段，革命时期中国共产党主要围绕革命斗争开展思想政治教育工作，使我们的队伍在意志和行动上形成了一致局面。同时，通过加强理论学习应对各种非无产阶级思想带来的不利影响，如古田会议和抗日战争时期中国共产党颁布的针对干部学习和在职干部教育等相关文件，为党员干部清除思想灰尘、实现自我净化提供有力思想武器，为统一全党认识、实现党的团结提供重要保障。新民主主义革命时期我们党对自我革命的探索，不仅保障了党在艰难环境下不断转危为安、发展壮大，而且为日后党的建设及革命胜利奠定了深厚基础和实践根基。

三、自我革命探索的时代启示

新民主主义革命时期自我革命的历史进程积累了丰富的经验，并启示我们，新时代要以更加高度的思想自觉和行动自觉推进自我革命向纵深发展。

（一）必须不断加强科学理论武装

思想是行动的先导，理论则是实践的指南。这是马克思主义哲学的基本观点，也是中国共产党不断前进的重要原因。在新民主主义革命时期，中国共产党通过自我革命在不断加强马克思主义理论武装的同时丰富发展马克思主义理论，使之更好地适应中国革命的需要。

我们党在古田会议时，强调的是通过思想教育提高党内的政治水平，从

而确立思想建党的原则。而到了六届六中全会时,则是鲜明提出一个全新的命题和任务,也就是"马克思主义中国化"。这标志着中国共产党人思想理论不断走向自觉与成熟,统一了全党的思想和步调。1941—1945 年,全党范围普遍开展了以整顿三风为主要内容的马克思主义教育,以"惩前毖后、治病救人"为方针的整风运动,为毛泽东思想在党的七大上确立为党的指导思想创造了条件。这标志着我们党逐步找到实现自我净化的有力思想武器,为自我革命提供了强大的理论支撑。也正因为如此,我们才能在六届六中全会形成《关于若干历史问题的决议》,才有了七届二中全会的"两个务必"。这些都使党在思想和行动层面完成了整体性塑造,成为通过思想理论教育整顿党风的典范。

进入新时代,习近平总书记从新的考验新的任务角度出发,对"思想建党、理论强党"的探索更进一步,把理论联系实际和我们事业的成败之间的历史性关系上升到新的高度,进一步强调了理论对于实践的重要指导作用。也正因为如此,全党层面才不断通过主题教育等方式,用创新理论武装每一个基层组织、每一名党员。[3]

(二)必须坚持人民至上价值取向

作为马克思主义政党,中国共产党在心系人民、造福人民、依靠人民中不断推动革命从胜利走向胜利。因为我们始终牢记马克思对工人政党立场和无产阶级利益的论断式态度,把人民利益作为全党首要且唯一追求的目标。

新民主主义革命时期,解决农民的土地问题、保障群众利益、减轻农民的征粮负担等一系列举措都是为了解决群众的实际问题,为中国人民谋幸福始终是我们党自我革命的价值取向和根本动力。因此,我们自我革命,也是以人民群众的态度和认可作为第一标准。

新时代,中国共产党的执政环境已经发生历史性的变化,但对于为什么出发、向何处前进这样的方向问题必须始终如一,真正把初心和使命体现在经济社会发展的每一个细节上。新时代的自我革命,就是要秉持"以人民为中心"的理念,着力解决损害群众利益的思想与行为,始终站在人民和进步的一方,确保党群军民鱼水情深。

(三)必须注重以自我革命引领社会革命

革命时期,我们将反帝反封建的社会革命与同思想不纯、组织不纯、政治不纯、作风不纯进行斗争的自我革命相结合,在推翻三座大山建立新中国的同时,也创建了一个坚强有力的马克思主义政党。自我革命服务于社会革命之需,为社会革命提供思想指引和根本保证,其深度直接决定社会革命的成败,决定着社会革命的走向。社会革命则反过来为自我革命提供了现实依据,倒逼自我革命不断深入。对共产党人而言,人类社会发展史上的最大命题,就是创建一个全新的符合人类利益的社会,这个过程就是对旧有的社会不断扬弃,就是革社会的命。这也是马克思主义政党自创立以来就深刻自省的规律性认知。要实现这一社会革命,就需要其领导力量在自我革命中永葆生机活力。党的自我革命,也不可能脱离社会革命运行在真空中,是以社会革命为准绳来有的放矢地进行自我革命。只有"两个革命"一体运行、互促共进,自我革命才会释放行稳致远的最大效能。

新时代我们的指导思想已经明确,就是习近平新时代中国特色社会主义思想。从第二个百年历史决议到党的二十大报告,都非常清楚地把"以伟大自我革命引领伟大社会革命"定义为这个思想的重要内容之一,列为最后一条。

(四)必须坚持问题导向始终清醒坚定

有什么问题就解决什么问题,有多少问题就解决多少问题,是我们党自我革命的生动实践。怎么样才能把党建设成为一个始终如初并不断进步的党,是历史和时代的重要课题。这个课题不只需要理论上的清醒,也不只是文件当中的强调,更重要的是长期的奋斗和表现。中国共产党一百多年的历史,就是一部以问题为导向,坚决破除各种不符合初心使命、不符合党的性质现象的历史。历史启示我们,在解决党内突出问题上我们不能仅仅"坐而论之",必须"起而行之"。只有坚持问题导向,保持斗争姿态,才能确保我们党不断发展壮大,确保党和国家事业顺利推进。我们必须怀揣"永远在路上"的坚韧和"斗罢艰险又出发"的意志,敢于动真碰硬,旗帜鲜明地展示立场和态度。

参考文献

[1] 李效武. 新民主主义革命时期党自我革命的历史方位与经验启示[J]. 学校党建与思想教育,2023(13):39-43.

[2] 金娅琳,杨满仁. 中国共产党自我革命的内在逻辑、历史进程与经验启示[J]. 广西社会科学,2023(4):36-43.

[3] 段妍. 中国共产党坚持自我革命的历史进程及经验启示[J]. 马克思主义理论学科研究,2022,8(6):75-84.

（蒋玲玲　中共青岛西海岸新区工委党校）

中国共产党的自我革命与中国式现代化研究

现代化不是自发实现的,更不是千篇一律的。党的领导是中国式现代化的本质要求。在党的自我革命引领下,中国共产党领导人民不断进取,中国式现代化沿着中国特色社会主义道路不断地螺旋式上升,开创了中国式现代化道路。

一、党的领导是中国式现代化的本质要求

(一)党的领导决定中国式现代化的根本性质

党的领导决定中国式现代化的根本性质。只有毫不动摇坚持党的领导,中国式现代化才能前景光明。第一,中国式现代化是中国共产党领导的社会主义现代化。中国共产党作为中国式现代化道路的开创者,党的领导关系着中国式现代化的根本方向和前途命运。党的二十大报告概括了中国式现代化的"五大特征",为继续推进中国式现代化提供了科学指引。党领导全国各族人民在长期探索和实践中证明,只有坚持和加强党对中国式现代化的全面领导,才能不断拓展和深化中国式现代化。第二,党的领导确保了社会主义现代化建设的正确方向。从人类社会发展的现实进程来看,在党的领导下,社会主义现代化建设深入推进,党通过自我革命不断强化党的领导能力,有效应对了这些风险挑战考验,为世界发展提供了中国经验。第三,党的领导是全面推进中国式现代化的根本保证。一方面,党的领导是完善制度体系的基础,在党的领导下,中国特色社会主义制度不断完善和发展,人民代表大会制度、多党合作和政治协商制度、基层群众自治制度等制度体系为中国现代化提供了强有力的保障;另一方面,在中国式现代化发展进程中,中国共产党始终是全国人民的主心骨,带领全体人民在世界现代化的滔滔浪潮中,坚持真理、实践探索、自我革命,走上了符合国情普惠全体人民的中国式现代化之路。

(二)党的领导确保中国式现代化锚定奋斗目标行稳致远

中国共产党自成立以来就把为中国人民谋幸福、为中华民族谋复兴作为自己的初心使命,一代一代地接力推进,书写了独立自主探索现代化道路的恢宏史诗。新中国成立后,毛泽东同志提出"将我们现在这样一个经济上文化上落后的国家,建设成为一个工业化的具有高度现代文化程度的伟大的国家"的奋斗目标。邓小平同志强调,"我们搞的现代化,是中国式的现代化",实行改革开放。[1] 以习近平同志为核心的党中央继续前进,明确全面建成社会主义现代化强国分两步走的总的战略安排。现代化建设进程中,中

国共产党始终一张蓝图绘到底，为中国式现代化奋斗目标的实现把握历史主动、锚定奋斗目标。

（三）党的领导激发建设中国式现代化的强劲动力

与西方以资本为中心的现代化不同，中国式现代化是坚定不移推进全体人民共同富裕的社会主义现代化，人民既是逻辑起点，也是价值旨归。从党的二大提出的"党的一切运动都必须深入到广大的群众里面去"，党的六大提出的"党的总路线是争取群众"，再到新时代重申"全党同志要把人民放在心中最高位置"，只有在党的领导下，才能汇集人民群众力量，以最普惠的民生福祉，使人民群众感受到中国式现代化的蓬勃生机和独特优势，才能够为中国式现代化的建设持续积蓄源源不断的最有生命力的创造主体。

二、党的自我革命开创和拓展了中国式现代化

（一）新民主主义革命时期

这个时期还未明确提出自我革命的理念，但是通过不断加强政治、思想、组织、作风建设，彰显自我革命品格，拉开了中国式现代化序幕。在思想政治上，遵义会议纠正"左"倾错误，确立了毛泽东同志的全党全军领导地位。延安整风运动纠正主观主义和教条主义，破除对共产国际和苏联经验的盲目崇拜，解放思想，创立了毛泽东思想，赢得了新民主主义革命的胜利，建设起新的主权国家，为开启现代化建设之路创造了政治基础。在组织和制度上，《中国共产党第三次修正章程决案》确立了民主集中制的指导原则，为党组织的巩固和发展提供了良好的政治基础。[2] 党的六届六中全会上，刘少奇同志提出"四个服从"，阐明了民主集中制的基本内容，从政治上促进了党组织的团结。因此，在新民主主义革命时期，中国共产党虽然没有形成系统的自我革命理论，但在丰富的自我革命实践基础上，取得了新民主主义革命的伟大胜利，建立了新中国，奠定了国家主权基础，由此开启了有中国特色的中国式现代化道路的序幕。

（二）社会主义革命和建设时期

完善的社会主义制度体系与工业体系是中国式现代化建设的基本条件。这个时期，我们在党的领导下，建立起较为完善的社会主义制度和工业体系，为中国式现代化的发展提供了良好的物质基础。首先，毛泽东思想与时俱进。在生产关系上，通过三大改造，实现了向社会主义的过渡。工业上苏联经验的弊端逐渐显现，毛泽东同志提出经济发展应当从实际出发，走适合自己的道路。其次，组织和作风建设上一以贯之。七届三中全会上，毛泽

东同志提出:"全党应进行一次大规模的整风运动。"1951年,《中共中央政治局扩大会议决议要点》提出以三年为周期进行一次整党运动,一边整顿现有党组织,一边发展新党员。通过整风运动,党在组织成分和党员作风上都有了明显的改善。最后,法律制度和党内法规进一步完善。新中国成立后,先后出台了《中国人民政治协商会议共同纲领》《中华人民共和国宪法》,健全国家法律制度体系。主动推进《中国共产党章程》的修改,完善党的组织制度和工作制度。随后,更多法律及党内法规得到制定与落实,为中国式现代化提供了有效的制度保障。综上所述,通过党的自我革命,我国的社会主义制度体系进一步完善,经济基础进一步巩固,为中国式现代化的继续推进奠定了制度基础与经济基础。[3]

(三)改革开放和社会主义现代化建设新时期

党通过政治、思想、组织、作风和制度等方面的自我革命,推动对内改革与对外开放,深化了对社会主义经济发展规律的认识,加速了中国式现代化的发展。首先,形成并发展了中国特色社会主义理论体系。在这个时期,党内开展了关于真理问题的大讨论,确立实事求是的思想路线,为改革开放解放了思想。1992年邓小平同志南方谈话,回答了市场经济和计划经济认识问题,开创了人类历史进程中社会主义现代化建设的新途径。其次,继续推进党的政治、组织、纪律和作风自我革命,强化政治生态。改革开放初期,大规模平反冤假错案。1983年,党的十二届二中全会出台《中共中央关于整党的决定》,全面整顿党内纪律,强化党内思想。[4]此外,全党不断加强反腐败斗争,一刻不停正风肃纪反腐败成为推进中国式现代化的坚强保障。最后,以自我革命推进党和国家各项制度改革,在党的领导下,不断健全中国特色社会主义制度体系,进一步健全党章规定,完善党内选举制度、党的集体领导制度等党内法规。综上所述,中国特色社会主义现代化在政治、组织、制度等方面不断巩固,加速迈入中国特色社会主义现代化建设新征程。

(四)中国特色社会主义进入新时代

新时代,以习近平同志为代表的党中央在自我革命的基础上,继续创新,形成了习近平新时代中国特色社会主义思想,为中国式现代化的推进提供了根本遵循。首先,将政治建设放在首位。党的十九大报告把党的政治建设纳入党的建设总体布局,"把党的政治建设摆在首位",为中国式现代化的全面推进提供了坚实的政治保证。其次,将思想建设作为党的基础性建设。先后开展了党的群众路线教育实践活动、"三严三实"专题教育、"两学一做"学习教育以及党史学习教育等活动,提高党内思想的先进性,始终确保中国式现代化建设中党的领导地位。再次，推进全面从严治党。开展了史无前例的反腐败斗争，取得压倒性胜利并全面巩固，为中国式现代化建设提供清朗的政治环境。最后，健全党内组织体系，为中国式现代化奠定了重要的组织基础。新时代，党坚持以自我革命引领社会革命，使得党的领导核心地位更加巩固，中国式现代化巨轮的航行更加平稳，中华民族伟大复兴的中国梦更加靠近现实。

三、继续以党的自我革命推进中国式现代化的实践要求

（一）增强党员干部的斗争精神、斗争本领

在推进现代化的新征程中，我们将会面临更多前所未有的艰难挑战和复杂问题。一方面，需要党员干部自觉发扬斗争精神，锻造堪当重任的"生力军"。党员干部要保持战略定力和清醒头脑，把好斗争方向，要全面贯彻党的二十大精神，不断进行自我革命，始终保持高度自觉性，坚持党的政治纪律、政治规矩，坚决反对党内的腐败现象和消极腐败倾向，坚决纠正党内的错误倾向和问题，增强党的创造力、凝聚力和战斗力。另一方面，需要党员干部时刻用党的理论武装自己，增强斗争本领，做攻坚克难的"强先锋"。党员干部要牢牢把握"学思想、强党性、重实践、建新功"的总要求，学习贯彻习近平新时代中国特色社会主义思想，坚持在学习中提高斗争本领，在斗争中强化斗争本领，不断自我提高，奔着问题去，盯着问题查、对着问题改，时时叩问初心，坚定践行使命，永远保持攻坚克难的勇气，接续创造顺应时代的实打实成绩，努力成为敢于斗争、善于斗争的勇士，为现代化建设、民族复兴不懈奋斗、贡献力量。

（二）以人民为中心，汇聚人民磅礴力量

人民是中国式现代化建设的实践主体和力量之源。无法实现人的全面自由发展的现代化，就是脱离了社会主义本质要求、背离了兴党强国根本目标的现代化，本质上就不是真正的社会主义现代化。一方面，中国式现代化的发展应当始终彰显深刻的人民性，以人民为中心。始终以实现人的自由全面发展为主导价值，坚持以人民利益为根本动力，在推进和践行中国式现代化的实践中，要始终秉持以人为本的发展理念，坚持现代化不是少数人的现代化，是全体人民富裕的现代化。另一方面，中国式现代化的发展应时刻以党的自我革命凝心聚魂，汇聚人民群众的磅礴力量。在现代化建设过程中，以党的领导激发群众向心力，以共同富裕激励群众创造力，切实将人民群众的根本利益与现代化建设的根本旨向紧密结合，发挥人民群众的集体力量，在伟大事业中接续奋进，在现代化中万众一心，创造出属于人民、蕴含民族

智慧、不愧于时代的历史伟业。[5]

（三）为世界现代化贡献新智慧

中国式现代化充分彰显了自主实现现代化的可行性,为人类实现现代化提供了新选择。近年来,围绕构建人类命运共同体、建设美好世界、摆脱贫困等重大议题在中国举行了一系列高规格国际会议,围绕马克思主义与世界社会主义未来举行了一系列专题会,展现了中国共产党作为世界上的一个大党,面对人类发展问题,直面风险挑战的担当和为人类文明做贡献的决心。未来,在中国式现代化建设中,中国要继续在理论范式、全球治理、社会制度等方面为世界现代化贡献新智慧,为系统性解决中国问题和人类问题提供中国式方法路径,以中国式现代化为人类文明发展进步开拓广阔空间和光明前景。

参考文献

[1] 聂雄新. 自我革命视阈下中国共产党推进中国式现代化的三维探赜[J]. 沈阳干部学刊,2023(3):12-17.

[2] 刘欣宇,何元浪. 自我革命引领社会革命:实现中国式现代化的必然路径[J]. 甘肃理论学刊,2023(3):31-39.

[3] 孙会岩. 坚持自我革命:推进中国式现代化的政党逻辑[J]. 河南社会科学,2023(5):48-55.

[4] 张三元. 坚持自我革命:以新时代党的建设推动和引领中国式现代化[J]. 西南大学学报:社会科学版,2023(2):51-65.

[5] 李斌雄,袁聪聪. 以党的自我革命推进中国式现代化的依据和路径探析[J]. 西北工业大学学报:社会科学版,2023(2):1-9.

（赵文静,张玉晶　中共青岛西海岸新区工委党校）

百年党史视域下中国共产党坚持自我革命的历史经验与时代启示

一、中国共产党百年来自我革命的历史进程

新民主主义革命时期,毛泽东同志先后作了《改造我们的学习》《整顿党的作风》《反对党八股》等文章,掀起了一股党内全面整风运动的潮流,实

现了党在思想建设上的自我革命。社会主义革命和建设时期,中国共产党为了贯彻落实毛泽东同志提出的"两个务必"方针主张,开始刀刃向内对全党开展了整风整党的运动,这是中国共产党在全国执政后首次关于作风问题开展的自我革命,在全党营造了良好的风气。[1] 改革开放和社会主义现代化建设时期,邓小平同志吸取了党的建设正反两个方面的教训和经验,并明确提出了制度治党。新时代新征程,习近平总书记一直以来将党置于一切工作的领导核心地位,坚持全面从严治党的方针,将党的政治建设纳入五位一体的总体布局,并将党的政治建设摆在首位,坚决做到"两个维护"。[2]

二、中国共产党百来年自我革命的基本经验

第一,实事求是是党自我革命的立足点。一百多年来,党自我革命的进程不是顺风顺水的。我们要想推进党的自我革命必须坚持从事物本身出发的原则。第二,坚持批评与自我批评相结合的方式方法。针对党在自我革命过程中发现的复杂的党内问题,中国共产党提出了党内批评的方法。所谓党内批评就是共产党员对于自己要进行定期的反省和批评,对自己进行简短的批评和自省,也要找到自己发光的优点继续发扬,同时欢迎党内的其他同志对自己提出做得不好的方面的意见,接受意见和批评。第三,人民立场是党自我革命的出发点。在艰苦的新民主主义革命时代,毛泽东同志从人民群众中走出来,把人民群众的利益放在党必须首要关注的地位,坚持不拿老百姓的一针一线。中国自进入新时代以来,习近平总书记将人民日益增长的美好生活需要视为全党的最高奋斗目标,要求将人民利益放到至高无上的位置。

三、中国共产党百年来自我革命的时代启示

一是要切实加强党的集中统一领导。在百年奋进历程中,中国革命、建设和改革取得成功的关键就是坚持中国共产党对一切工作的集中统一领导,党内坚持自我革命更要坚持中国共产党的领导,必须将党的领导放在一切工作的首要位置。二是要有直面问题的意识和刀刃向内的勇气。在新时期推进党的自我革命一定要自觉地正视党内问题和勇于向沉疴痼疾作斗争,要有坚持自我批评的勇气和精神,真正找准问题和要害,尤其是对一些严重阻碍党组织健康发展的顽瘴痼疾,不能坐视不理,不能小打小闹,而要刀刃向内,动真刀打真枪。三是要坚持运用批评与自我批评的锐利武器。批评与自我批评是中国共产党强身健体、保持活力的有力武器,在新的发展阶段必须熟练应用这个武器。四是要坚持以人民为中心的宗旨,牢记兴民为民初心。

参考文献

[1] 邹吉德. 习近平关于党的自我革命的重要论述研究 [D]. 延安:延安大

学,2021.

[2] 赵聪. 习近平党的自我革命重要论述研究 [D]. 哈尔滨:哈尔滨理工大学,2021.

（解忠正　青岛科技大学马克思主义学院）

百年大党自我革命的理论渊源、内在脉络与现实启示

百年大党何以永远年轻？何以无往而不胜？何以跳出历史周期率？毛泽东给出了第一个答案,这就是"让人民来监督政府"。经过百年奋斗特别是党的十八大以来新的实践,我们党给出了第二个答案,这就是自我革命。

一、百年大党自我革命的理论渊源

自我革命绝非凭空而来的,而是具有深厚的理论渊源,以马克思主义为理论基础,以中华优秀传统文化为理论底蕴,内涵丰富,思想深邃,博大精深。马克思主义是中国共产党进行自我革命的强大思想武器,更是无产阶级及其政党科学的世界观方法论。[1] 而中华优秀传统文化底蕴深厚、多姿多彩,是党的自我革命理论植根的沃土。其中"民贵君轻""君舟民水"等民本思想,以及儒家提出的自省、慎独等重要修身方法与中国共产党的自我革命高度契合。中国共产党何以凝聚磅礴之伟力,关键在于广大党员深化自我革命,经常检视自我、打扫政治灰尘,做到慎独慎微、勤于自省。

二、百年大党自我革命的内在脉络

中国共产党在领导中国革命、建设和改革的伟大实践中,不断进行自我革命的伟大实践。党在百年奋斗历程中,先后通过的《关于若干历史问题的决议》《关于建国以来党的若干历史问题的决议》《中共中央关于党的百年奋斗重大成就和历史经验的决议》三个历史决议,虽然产生的背景、解决的问题不同,但都是党处于重大历史关头、肩负重大历史使命,为全党统一思想、统一意志、统一行动时所作出的。三个历史决议与党的自我革命紧密联系。以三大历史决议为主线,党的自我革命经历了肇始、升华和深化三个阶段,共同构筑了中国共产党自我革命的历史进程。

三、百年大党自我革命的现实启示

回顾党的百年奋斗历程可以发现,中国共产党之所以能够不断历经磨

难而重新奋起,很重要的一条就是我们党始终重视加强自我革命,而党的自我革命之所以能够向纵深推进,离不开党的政治建设与思想建设的加强,更离不开人民这一党自我革命的根本动力。一百年来,中国共产党由小变大、由弱变强,建立新中国、取得改革开放的巨大成功并取得中国特色社会主义举世瞩目的伟大成就,关键就在于始终坚持以人民为中心的价值立场。新时代,推进党的自我革命要始终将加强党的思想建设和政治建设摆在首位,要自觉将群众观点、群众路线根植于头脑、落实于行动,始终保持党的自我革命永远在路上,不断提升完善自身。

参考文献

[1] 潘宗白.中共中央文献选编[M].北京:人民出版社,1999:90.

（于　洋　青岛科技大学马克思主义学院）

新时代党自我革命的源起

一、理论渊源:新时代党自我革命继承了马克思主义政党的革命性品质

勇于自我革命是马克思主义政党的政治本色。随着生产力的发展和社会交往成为社会的破坏力量,无产阶级承担起社会的重负,既不能享受社会的福利,又被社会排除在外,与其他的阶级存在对立的关系。基于这种社会情况,无产阶级必须与其他一切阶级对立起来进行革命,这种进行革命的方式就是实践,在实践的过程中扫除一切不符合自身发展的落后的东西。马克思、恩格斯指出:"只有在革命中才能抛掉自己身上一切陈旧的肮脏东西,才能胜任重建社会的工作。"[1] 这一论述指明了无产阶级政党进行革命的动因及其重要性。无产阶级是最先进、最革命的阶级,必须通过革命推翻压迫阶级的统治,从而实现自身的解放。马克思认为无产阶级在争取自身解放的过程中,要由无产阶级的革命政党来领导,否则,无产阶级将会因为进行自发的斗争而以失败告终。在争取自身解放以后,无产阶级要建立自己的阶级政党就要充分发挥人民群众的优势,与人民群众共同团结奋斗,这样才能在社会发展中克服艰难险阻,实现无产阶级政党的使命任务。列宁认为无产阶级是真正革命的阶级,资本主义社会的阶级斗争使阶级分化不断加大,无产阶级政党为了满足无产阶级的诉求,就必须进行自我革命,从而夺取阶级政权,实现自身的解放。

二、历史依据:新时代党的自我革命坚守始终以问题为导向的优良传统

"中国共产党的伟大不在于不犯错误,而在于从不讳疾忌医,敢于直面问题,勇于自我革命,具有极强的自我修复能力。"党的百年历史,既是党领导人民奠基立业、开辟未来的历史,也是党不断推进自我革命、解决自身问题的历史。在不同的历史时期,中国共产党科学分析并及时解决社会问题,不断深化对共产党执政规律的认识,巩固了党长期执政的地位。

新民主主义革命时期,中国共产党在同各种错误思潮进行斗争的过程中确立了马克思主义的指导地位,找到了适合中国国情的道路。遵义会议虽然纠正了当时党在政治上、军事上的错误,但在思想认识上未进行彻底清理,导致当时党内仍然存在教条主义的倾向。因此,增强党的作风建设,解决党内思想方面存在的问题,使党在动荡的社会环境环境下始终保持先进性和纯洁性就十分必要。延安整风运动的开展提高了全党的马列主义水平,纠正了党内各种非无产阶级思想,对于提高广大党员干部的政治领悟力,增强党的凝聚力和战斗力具有重要意义。这一时期的种种举措为党领导人民冲破"三座大山",实现民族独立、人民解放,加强党的自身建设提供了经验借鉴。

三、现实根据:新时代党的自我革命顺应国内外形势新变化的现实要求

先进性和纯洁性是马克思主义政党的本质属性,但永葆党的先进性和纯洁性不是一蹴而就的,需要随着时代和实践的发展而不断丰富和完善。当今世界处于大发展大变革大调整时期,和平与发展仍然是当今时代的主题。但是,近年来国际格局和国际体系发生深刻调整,世界经济重心自西向东位移,科技革命蓬勃发展,恐怖主义、单边主义、保护主义、逆全球化思潮抬头,思想文化领域斗争深刻复杂,外部环境的不确定性日益突出,国际安全形势错综复杂。此外,由于中国处于国际舞台上的中心,中外关系更加敏感紧张,这些外部因素都对党执政能力提出了考验。

参考文献

[1] 马克思恩格斯全集(第 1 卷)[M]. 北京:人民出版社,2009:543.

(孙　瑞　青岛科技大学马克思主义学院)

新时代党内自我教育发展与启示

开展党内集中学习教育是中国共产党的一项传统,是提高党的先进性和纯洁性的强大手段,也是党进行自我革命的重大举措。党内集中教育在多个方面发挥了重要作用,作出了历史贡献,积累了宝贵经验。我们要总结经验启示并将其运用于实践,在新时代、新阶段为开辟中国特色社会主义事业持续不断地积累动力、提供动能。[1]

第一,要坚持立足全局、精准切入地推进。在党内自我教育的行动实施中,既要依据党的发展策略整体情况从整体去入手,也要依据发展策略小切口精确着手。党的策略整体性发展是中央依据社会世情、形势、党情的重大发展变化所确定的整体发展的总策略、总架构和总抓手,对全党的各项事业发展有着重要的指导意义。此外,党内教育涵盖的范围大、领域广、种类多,也要找准小切口,以小见大,精准发力。

第二,要学思践悟、知行合一地学习。在党内自我教育工作的理论内容中,既强调要广泛认真地学习马克思主义中国化的基础理论成果,也强调要付诸行动,把所学内容应用于工作实际之中。必须进行思想理论上的学习教育,同时要落脚于具体行动中。

第三,要继承历史、创新求变地延续。在党内自我教育活动的接续继承中,既要总结历史经验加以传承,又要结合新情况新问题加以革新。在新时代的党内教育活动中,中国共产党一直以史为鉴,寻找参考,在各个时期、各个环节都实现了衔接连贯,既协调推进,又各有侧重,基本完成了对于划阶段、划分环节这一中国传统做法的改革探索。

第四,要坚持人民至上、为民服务的价值目标。在党内自我教育工作的长期发展目标中,一直强调以群众利益为核心,为群众利益工作,以进一步实现人民群众对美好生活的追求。新时代,党内自我教育活动推进的基本目的就是为了服务群众,提高党的执政水平和业务能力,以便最好地为群众服务。

第五,要坚持层次区分、精准教育的方法。中国共产党党员人数多,党员之间在年龄阶段、业务领域、对专业知识的接受与消化能力等方面都有着很大的差别。应当针对不同领域、不同业务、不同单位以及共产党员自身特征,提出具有针对性的学习内容和教育方式。

进入新时代以来,党内已经开展了五次学习教育。此外,党的二十大也从七个方面对新时代全面从严治党任务做出新部署,确定了当前和今后一个阶段党内集中教育的重要目标;通过党内集中教育把群众思想统一到党的二十大精神上来,把发展动力汇聚到党的二十大制定的各项任务上,必将给中国特色社会主义伟大事业发展带来新的发展动能。在新时代新征程中,党内自我学习教育必会继续发挥重要作用。

参考文献

[1] 张琛艳. 十八大以来党内集中教育的比较分析[J]. 党政论坛, 2020(8):38-40.

(钱美彤　青岛科技大学马克思主义学院)

中国共产党自我革命的历史进程研究

习近平总书记在党史学习教育动员大会上讲话指出:"我们党的一百年,是矢志践行初心使命的一百年,是筚路蓝缕奠基立业的一百年,是创造辉煌开辟未来的一百年。"革命救国、探索建国、改革兴国、小康强国,神州大地发生了翻天覆地的变化。中华民族站起来了,社会主义制度建起来了,中国人民开始富起来了,近代以来饱经苦难的中国强起来了。之所以能有这样巨大的变化,最重要一条原因就是我们党把握住了"打铁必须自身硬"的朴实真理,不断进行刀刃向内的自我革命[1]。

第一,新民主主义革命时期党的自我革命历史进程。大革命时期:党自我革命的初步探索。1926年通过的《中共中央扩大会议通告——坚决洗清贪污腐化分子》[2]是中国共产党历史上第一次出台文件以惩治腐败、严肃党纪,也是党自我革命实践探索中迈出的重要一步。土地革命时期:党自我革命的持续深入。八七会议后,中国共产党深刻意识到党的建设问题是中国革命的基本问题,必须进一步推动党的自我革命,着力解决党员思想不纯、组织纪律涣散等问题。其中,古田会议和遵义会议的召开具有标志性意义。全民族抗战时期:党自我革命的创新发展。新民主主义革命时期党的自我革命以思想革命为引领,自觉与党内外各种非无产阶级思想作斗争,革除各种非无产阶级思想及影响,从而达到思想上的纯洁,并以之带动党的生活严肃化、党的纪律严格化、党的意志和行动统一化,不断推动新民主主义革命时期的武装斗争、土地革命和政权建设。

第二,社会主义革命和建设时期党的自我革命历史进程。在初步探索时期,中国共产党持续加强党的建设,始终强调党群关系,坚决查处和依法处理极少数党员领导干部的腐败问题。同时,设立党的纪律检查委员会和监察委员会,对党员领导干部和各级党组织进行严格监督,初步形成了"党要管党"的自我革命思想和机制,为其后党建工作提供了宝贵经验。

第三,改革开放和社会主义现代化建设时期党的自我革命历史进程。改革开放和社会主义现代化建设时期党的自我革命逐步从以思想革命、制度革命带动发展模式的革命,演进为在思想上革新了对社会主义的传统认识。

第四,中国特色社会主义新时代党的自我革命历史进程。2014 年 10 月,习近平总书记在党的群众路线教育实践活动总结大会上的讲话中首提"全面从严治党"。

参考文献

[1] 姚宏志. 中国共产党自我革命百年探索及基本经验 [J]. 中国教育报, 2021(4):23-25.
[2] 金娅琳,杨满仁. 中国共产党自我革命的内在逻辑、历史进程与经验启示 [J]. 广西社会科学,2023(4):36-43.

（夏宗迪　青岛科技大学马克思主义学院）

自我革命与中国式现代化的交互逻辑

一、党的自我革命在现代化过程中发挥着重要作用

第一,党的自我革命是推进中国式现代化道路的重要动力。加强党领导的全面性,能够以党的自我净化强化中国式现代化的领导核心;提升党的治理的规范性,能够以党的自我完善强化中国式现代化的制度支撑;提升理论和实践的创新性,能够以党的自我革新完善中国式现代化的政治体制[1]。正是通过党的自我革命,将转职能、调结构与转作风有机结合,才能确保改革取得实效,让人民群众参与现代化进程并分享现代化成果。

第二,党的自我革命优势是有效推动群众参与中国式现代化道路建设的重要环节。党的自我革命与推进中国式现代化是互为表里的,也就是党领导下深入推进中国式现代化与党的自我革命是内在统一的。党的自我革命的最终结果是靠人民群众进行反映。从历史逻辑看,在社会主义革命、建设和改革进程中的现代化成果的取得,正是党的自我革命的伟大深刻的社会实

践。

第三,党的自我革命赋予了党领导中国式现代化进程所应具备的斗争能力,使中国式现代化行稳致远。党的自我革命是推进中国式现代化过程中问题转向办法的关键因素,主要表现为两个方面。一方面,自我革命塑造党的科学理性和人本精神,这是推进中国式现代化应该具备的心理基础。另一方面,推进中国式现代化要求党具备自我净化、自我革新的能力,"以伟大的自我革命引领伟大社会革命"[2],以此带领中国人民在进行新的伟大斗争中保持强大的战斗力、生命力。

二、党的自我革命是现代化的内在要求

第一,坚持党的领导是中国式现代化的本质要求。自党的十八大以来中国共产党团结领导中国人民,采取了一系列战略举措。一方面,中国共产党运用先进思想有效汇集人民的价值追求与美好愿景,发挥好主流价值的"凝合效应",在短时间内使广大民众接受中国式现代化,并在经济与生态、科教文化、国防和社会治理等方面取得显著成效,为中国式现代化的成功实现获得现实印证。另一方面,中国共产党在每一个阶段所提出的具体路线和战略目标,都是领导国家和人民进行中国道路探索的具体体现。

第二,以党的自我革命推进中国式现代化是坚持党的建设原理的必然要求。马克思主义科学阐明了人类社会形态更替的历史必然性,决定了无产阶级及其政党彻底的革命性,规定了自我革命的内在逻辑。其中,自我革命中蕴含着党性和人民性相统一的价值论立场,蕴含着守正性、创新性相统一的方法论原则,蕴含着谨守底线与原则的守正要求。在伟大的以党的自我革命引领社会革命的征程上,党的建设原理要求必须坚持马克思主义和社会主义正道,保持承认并改正错误的勇气,靠着自我革命和自我修复的能力,深刻体现党自信自强、越挫越勇的伟大力量。

参考文献

[1] 唐皇凤,熊红梅. 新时代党的自我革命制度规范体系建设的基本经验和优化路径[J]. 郑州大学学报:哲学社会科学版,2022,55(6):1-8,124.
[2] 习近平谈治国理政:第 4 卷[M]. 北京:外文出版社,2022:544.

(刘欣欣　青岛科技大学马克思主义学院)

以党的自我革命推进中国式现代化的内在机理及价值意蕴

一、以党的自我革命推进中国式现代化的内在机理

历史唯物主义作为马克思主义哲学的重要组成部分,不仅揭示了社会发展的历史逻辑和内在机理,而且为人类正确认识社会发展的规律提供了科学的世界观和方法论指导。中国共产党始终坚持以党的自我革命推进中国式现代化是将马克思主义基本原理同中国具体实际相结合的重要体现,更是坚持以马克思主义为指导思想的从一而终。

中国共产党以党的自我革命推进中国式现代化是坚持社会存在与社会意识辩证关系的必然要求。历史唯物主义强调,社会存在决定社会意识,社会意识具有相对独立性,正确的社会意识对社会的宪法有着积极的影响和推进作用。因此,为了更好地推动社会发展,实现社会变革,革命阶级必须首先完成思想上的自我革命,以思想上的自我革命推动伟大的社会革命。《共产党宣言》一书中,对思想意识上的自我革命有着鲜明的提法:"共产主义革命……在自己的发展进程中要同传统的观念实行最彻底的决裂。"新时代、新征程,我们党高度重视理论创新与实践创新的良性互动,更加重视理论的不断创新,坚持将马克思主义基本原理同中国具体实际相结合、同中华优秀传统文化相结合,不断推进马克思主义的中国化,形成了习近平新时代中国特色社会主义思想,为中国式现代化的不断推进提供了强大的理论武器与理论指导。只有以党的自我革命推进中国式现代化,才能早日实现社会主义现代化强国建设与中华民族伟大复兴中国梦。

二、以党的自我革命推进中国式现代化的价值意蕴

党的二十大明确指出,中国式现代化的本质要求首先就是要坚持党的领导。[1]党是全党全国一切事业的领导核心,是推进中国式现代化的根本保证,根本原因在于中国共产党是坚持以马克思主义为指导思想的政党、是以人民为中心的政党、是没有任何特殊利益的政党、是勇于进行自我革命的政党。当前,我国的发展已经进入了风险和机遇并存、不确定因素增多的关键时期,各种"黑天鹅""灰犀牛"事件随时都有可能发生。我们党要始终以自我革命的精神和壮士断腕的勇气破除一切制约发展的思想障碍与体制机制的桎梏,始终坚持以反腐败为主要斗争内容推进全面从严治党,将中国共产党打造成信仰坚定、方向明确、肌体纯洁、充满活力与战斗力、受人民拥护和爱戴的无产阶级政党,才能迎接中国式现代化道路上的新挑战、解决中国

式现代化道路上的新问题、抓住中国式现代化道路上的新机遇,为中国式现代化的深入推进创造良好的党内政治生态,提供重要的组织保障。二十大报告强调,以党的自我革命推动社会革命,中国式现代化属于社会主义革命的一部分。因此,中国式现代化与党的自我革命是具有内在统一性的。这就需要广大的党员干部与群众密切联系起来,将人民群众的根本利益放在心中的重要位置,同时以刀刃向内的勇气勇于破除阻碍党和国家事业进步的藩篱,自觉守初心、担使命、敢作为,将权力关进制度的笼子里,更好地为人民群众服务。

参考文献

[1] 习近平. 高举中国特色社会主义伟大旗帜 为全面建成社会主义现代化国家而团结奋斗 —— 在中国共产党第二十次全国代表大会上的报告[N]. 人民日报,2022-10-26(1).

（房　佳　青岛科技大学马克思主义学院）

浅析党的自我革命与中国式现代化的关系

一、中国共产党为中国的现代化建设提供了稳定的环境

（一）中国式现代化的历史使命选择了中国共产党

1840 年,列强用枪炮打开了中国国门,中国被迫寻找自救之路,各个阶级积极探索出路,做出了很大牺牲。但由于历史阶级局限性,除无产阶级以外的任何阶级都无法使中国摆脱半殖民地半封建社会的社会性质,不能带领中国走向独立。独立是现代化建设的前提。中国共产党作为先进生产力代表,在马克思主义先进理论的指导下带领中国人民结束了中华民族内外交困的局面,取得独立,为后来的现代化建设打好了基础。

（二）党的自我调整,带领中国社会走出危机、走向现代化

在社会主义建设初期,由于党还不甚理解现代化的方法路径,没有将市场经济与资本主义区分开来,生硬地将共产主义在当时的中国套用,实行了僵化的公有制与计划经济,使中国现代化建设遭遇了挫折。直到 1978 年底停止了"以阶级斗争为纲"的口号,社会主义现代化建设才重新迈向正轨。

党的十三大提出了社会主义现代化建设的总体布局和经济建设"三步走"的战略。到现如今，"三步走"战略的前两步已经达成，第三步的目标也将提早实现。正是在党不断自我革命、同党内错误思想进行斗争的实践中，党的领导能力与执政能力得到提高，为中国式现代化的建设提供了稳定保障。

二、现代化进程推动党的自我革命不断深入

（一）中国式现代化对党的领导提出更高要求

当今世界百年未有之大变局正在加速演进，中华民族伟大复兴进入关键时期，我国现代化进程面临前所未有的机遇和挑战。个别西方国家仍试图行使霸权主义，治理赤字、信任赤字、发展赤字、和平赤字有增无减，保护主义、逆全球化思潮时有抬头，国际社会正经历多边和单边、开放和封闭、合作和对抗的重大抉择与考验。[1] 在这种关键时期，党更要确保自己始终成为坚强领导核心，必须不断自我革命，确保党的先进性与纯洁性，提高党的领导能力与执政能力，为中国式现代化的建设提供保障。

（二）中国式现代化要保障人民当家作主

社会主义民主的本质在于人民当家作主。贪官污吏的存在严重影响法律的公正平等，社会主义民主无法落实，人民当家做主难以保障。党的十八大以来，以习近平同志为核心的党中央坚持"苍蝇老虎一起打"，彰显了党从严治党的魄力和决心。[2] 反腐倡廉没有终点，必须有永远在路上的决心，一体推进不敢腐、不能腐、不想腐机制，肃清正气。[3] 对于群众身边的腐败现象，要不松劲、不减力、不停步，时刻保持高度警惕，持续推动解决民生"痛点"问题，对政法领域的"涉黑"问题零容忍，坚决摘除黑社会、邪恶势力的"保护伞"，守护好"司法"这一社会公平正义的最后一道防线，营造公平正义的法治环境、风清气正的社会氛围，让人民群众在每一个司法案件中感受到公平正义。[4]

自我革命永远在路上。中国共产党作为无产阶级执政党，必将永远代表最广大人民利益，始终成为中国式现代化的坚强领导核心，引领中国式现代化道路越走越宽。[5]

参考文献

[1] 李斌雄，袁聪聪. 以党的自我革命推进中国式现代化的依据和路径探析 [J]. 西北工业大学学报：社会科学版，2023（2）：1-9.

[2] 杜艳华. 论全面从严治党与建设现代化强国的逻辑关系 [J]. 思想理论教育，2018（8）：29-36.

［3］张三元．坚持自我革命：以新时代党的建设推动和引领中国式现代化［J］．西南大学学报：社会科学版，2023（2）：51-65．

［4］邹谨，曲宏歌．论新时代党的自我革命与国家治理现代化的互动关系［J］．福建省社会主义学院学报，2023（2）：5-12．

［5］任德奇．一刻不停推进全面从严治党　为推进中国式现代化贡献交行力量［J］．机关党建研究，2023（3）：14-16．

（施　展　青岛科技大学马克思主义学院）

以党的自我革命推进中国式现代化的三重逻辑

以党的自我革命为引领是推进中国式现代化建设的重要途径，具有深厚的理论逻辑、历史逻辑和实践逻辑。在理论逻辑上，以党的自我革命推进中国式现代化是马克思主义政党特有的政治基因、坚持全体人民共同富裕和党的建设原理的必然要求。在历史逻辑上，党的自我革命为中国式现代化书写开篇、奠定基础、促进发展和开创新局面提供了重要帮助。从实践逻辑来看，新时代推进中国式现代化必须从理论创新、斗争精神和反腐败三个方面入手。

在国家现代化进程中，中国共产党从一开始就是推动者和领导者的角色，并在国家的现代化发展过程中融入了"自我革命"的政治基因。现如今我国已经进入新时代。站在新的历史方位上，党要带领人民在进行自我革命的前提下，继续推动伟大的社会革命，推动经济向高质量发展，实现所有人都能分享改革和发展的成果的目标，并推动中国式现代化的发展。坚持"自我革命""党的领导""党的中心工作"是中国特色社会主义的三大基本特征，也是我国社会主义现代化建设的必然要求。我们要不断加强和完善党的全面领导，为中国式现代化建设树立坚实的精神支柱和共同理想。[1]

中国共产党一百多年来的奋斗历程，不仅是一部不断推进中国式现代化的历史，而且也是一部不断进行党的自我革命的历史。在这一宏伟的历史进程中，中国共产党的自我革命与中国的现代化相互促进。回顾近现代历史，我们可以看到，中国的现代化建设有着明显的政党领导特征。中国共产党始终坚持以自身革命为先导，并以自我革命来引领社会革命，积极发挥广泛联系、汇集人才的优势，在不断的自我革命下，推动实现国家与社会治理的现代化。[2]在党的百年奋斗历程中，根据不同历史阶段的重大历史议题，党一直在不断地调整自我革命的策略，以此来推进现代化。

　　现在，世界已经进入一个新的动荡时期，机遇和挑战并存、不确定因素的不断增加也对我国造成较大影响。从以党的自我革命推进中国式现代化的发展进程来看，党的思想理论创新起到了指导作用。但在中国式现代化建设过程中，面临着各种各样的风险与挑战。我们不仅要有敢于斗争的胆识，更要有善于斗争的能力，坚持锤炼自己的斗争本领。在新的征程上，党的建设，尤其是党风廉政建设和反腐败斗争，都会遇到许多严峻的问题。因此，我们一定要拿出彻底的自我革命精神，将反腐败斗争进行到底，把新时代党的伟大自我革命进行到底，并以此助力中国式现代化发展。

　　进入新时代以来，在中美两国的战略博弈不断深化、"东升西降"的态势不断演变、我国的改革与发展已步入深度与紧要关头的背景下，我国的利益结构正经历着一场深刻的调整。在这种情况下，我们更应该保持清醒，坚持推动反腐败斗争，要坚决维护党中央的权威和集中统一领导，保证我们党在处理国内外各种风险挑战的历史过程中，始终是全国人民的主心骨。要想进一步推动反腐败斗争的发展，就一定要保持高度的政治敏锐性，要将政治腐败及时铲除，绝对不能让任何形式的小圈子、小团伙和无组织的行为出现。要在全党范围内，对腐败的政治危害进行深刻教育，使全党对其始终保持高度的政治警惕性，在全国范围内形成反腐、治腐、拒腐、防腐的良好氛围。要更加严格地遵守政治纪律和政治规矩，监督并促进各级党组织和党员干部形成自觉对标对表、认真履行职责的良好氛围，促进党的路线方针政策和党中央的重大决策部署在工作中的落实，共同努力做好应变局、育新机、开新局、谋复兴的工作。要进一步发扬党的自我革命精神，就必须更坚定地走好中国特色的反腐败道路。中国共产党在百年的历史长河中，走出了一条解决自己的问题并具有中国特色的反腐败道路，是实现中国式现代化的必由之路。我们要始终坚持道路自信，对我们在反腐败方面所取得的历史经验进行深刻的总结，在工作的思路和方式上进行创新，让我们的反腐败体制机制变得更加成熟，坚定不移地走好中国特色的反腐败道路。要把预防腐败与深化改革、推进发展紧密结合起来，把它融入治国理政的整个过程中，为改革和发展创造一个良好的环境，把制度优势转化为治理效能。

参考文献

[1] 习近平. 高举中国特色社会主义伟大旗帜　为全面建设社会主义现代化国家而团结奋斗——在中国共产党第二十次全国代表大会上的报告 [J]. 创造, 2022, 30(11): 6-29.
[2] 程双齐, 李大棚, 刘倩雯. 论新时代中国共产党的自我革命 [J]. 福州党

校学报,2022(1):25-31.

(管晓晖　青岛科技大学马克思主义学院)

中国共产党自我革命的历史经验与现实启示

一、中国共产党自我革命的基本内涵

习近平总书记在党的二十大报告中指出:"全党必须牢记,全面从严治党永远在路上,党的自我革命永远在路上,决不能有松劲歇脚、疲劳厌战的情绪,必须持之以恒推进全面从严治党,深入推进新时代党的建设新的伟大工程,以党的自我革命引领社会革命。"[1] 中国共产党自我革命包含着自我净化、自我完善、自我革新、自我提高的内在向度。自我净化是推进党自我革命的关键举措。中国共产党是否具有优良的自我净化素质,是否能够顽强地克服自己的缺点和错误,这将是我们党的兴衰成败的重要因素。自我完善是推进党自我革命的题中之义。我们坚持改革就是要使我们的社会主义制度不断地完善和发展,使它焕发出勃勃生机。自我革新是推进党自我革命的应然逻辑。一方面,自我革新要始终坚持"破"字第一。另一方面,自我革新要围绕"创新"这个词来发力。自我提高是推进党自我革命的内在要求。提高是指通过自身的内在动力,推动各个方面的优化,从而达到整体绩效的飞跃。

二、新时代党自我革命的历史经验

始终坚持和加强党的全面领导。党的建设历史经验证明,只有在党的领导得到加强的情况下,才能顺利地进行自我革命。在任何时候都要坚持并加强党的全面领导,尤其是要重视对党的自身建设和自我革命的领导。始终坚持人民至上的政治立场。全面从严治党是在新的时代条件下党自我革命的伟大实践。党带领人民取得了一项又一项的成绩,千锤百炼,依然生机勃勃,赢得了广大人民的拥护。任何一个马克思主义政党面临的首要问题都是领导权问题。所以,无论什么时候,都要坚持自己的领导地位。中国共产党的革命领导权不仅包括政治革命的领导、社会革命的领导,而且还包括对自我革命的领导。回顾党的百年奋斗史,我们可以看出,党的领导是确保党进行自我革命的根本保证,而在革命性锻造中,党也会变得越来越坚强,也会为加强和巩固党的领导打下坚实的基础。所以,在任何时候都要坚持并加强党的全面领导,尤其是要重视对党的自身建设和自我革命的领导,不能有丝毫的松懈和动摇。

三、中国共产党自我革命的现实启示

新时代百年变局加速演进。立足新的历史节点,面对纷繁复杂的国内外形势及风险挑战,稳扎稳打实现中华民族伟大复兴中国梦,要求我们从以往自我革命的成功实践中汲取智慧力量,以史为鉴,继续努力探究新征程上的自我革命新路径。[2] 推进自我革命是新时代党的建设的必然逻辑。要勇于担当起时代责任,在新的历史时期继续发挥带头作用。这是时代对中国共产党提出的重要使命,要求我们党的每一个党员干部都要自觉增强时代意识,承担起时代的责任,参与伟大的事业。要把群众的基础打牢,争取群众的支持。敢于进行自我革命,本质上是由我们党的性质和宗旨决定的。自我批评是我们党克服困难、战胜挑战的重要思想武器。敢于进行自我革命,就是要经受住一切危险的考验,肩负起中华民族伟大复兴这一历史使命。

参考文献

[1] 张晗. 党的自我革命的基本内涵、价值意蕴及实践进路——深入学习《习近平谈治国理政》第四卷相关重要论述 [J]. 老区建设,2022(17):11-16.
[2] 陈建兵,郭小铭. 中国共产党自我革命的动力探析 [J]. 科学社会主义,2022(2):15-21.

（吕　靓　青岛科技大学马克思主义学院）

延安时期党的自我革命:历史背景、实践过程、经验启示

党的二十大报告进一步强调了党的自我革命的重要性。延安时期中国共产党以自我革命积极推动党的自身建设,梳理其实践过程,提炼经验,对提高新时代党建质量具有重要指导意义。

一、延安时期党的自我革命的历史背景

第一，错误思想没有得到完全纠正。延安时期之前，"党内连续出现陈独秀右倾错误与三次'左倾'错误"，遵义会议只解决了军事和组织上的问题，思想和政治路线上的错误并没有得到彻底纠正。第二，党内情况复杂。至1938年底，全国党员人数已经达到了50多万。党内存在很多非无产阶级思想，急需进行集中统一的马克思主义理论学习以提升理论素养。第三，存在一定程度的贪污腐败问题。延安时期某些党员没有落实为人民服务的根本宗旨，出现了贪污腐败问题，例如黄克功、肖玉璧等反面案例。

二、延安时期党的自我革命的实践过程

政治建设上，首先明确党性要求，坚定政治立场，《中共中央关于增强党性的决定》提出要把党建设成为思想上、政治上、组织上完全巩固的布尔什维克党，加强党性修养，站稳政治立场。[1] 其次，完善党的集中统一领导。党的七大最终以最高法规的形式强调坚持民主集中制的政治原则，随后规定了各种有关党籍、各级党务委员会的程序问题。思想建设上，首先大力开展理论学习，专门成立马列学院编译部、干部教育部等组织，推动党员系统学习马克思主义理论，又积极推进延安整风，推动全党上下学习马克思列宁主义。作风建设上，培养艰苦奋斗的优良作风，开展了延安大生产运动，带动党政机关积极参加生产运动。坚持群众路线，在经济困难的情况下，与人民同甘共苦，依靠人民不断开展革命运动。党风廉政建设上，完善反腐制度，为廉政建设提供了制度保障；惩处腐败分子，例如对黄克功等人的惩处，表明了党中央对于反腐倡廉的决心。

三、延安时期党的自我革命的经验启示

第一，坚持人民至上，站稳人民立场。延安时期充分展现了党中央站稳人民立场的决心。新时代面对西方资本主义价值观，必须坚持人民立场的社会主义核心价值观，才能推动中国特色社会主义事业行稳致远。第二，坚持党的领导。中国共产党是中国式现代化的"掌舵人"，发挥总揽全局、协调各方的领导核心作用。要紧紧围绕党中央有序开展各项工作。第三，适时开展理论学习。新时代要全面系统学习党的指导思想，深刻领悟马克思主义世界观和方法论，以期解决实际问题，切实开展主题教育，确保理论学习质量。第四，传承优良作风。要深入调查研究，听取群众需求，切实为民办事，依靠人民群众，总结工作经验，更要在和平年代牢记革命先烈的奉献精神，继承艰苦奋斗的优良传统。

参考文献

[1] 李思雨. 论延安时期党的自我革命对新时代党建的经验启示 [J]. 党史博采(下), 2020（4）: 14-17, 36.

（夏雨萱　青岛科技大学马克思主义学院）

第十一篇
党的自我革命与党风廉政建设

打造保持机体健康的党性免疫系统

为了保持机体健康,人体免疫系统会发挥防御功能、自稳功能和监视功能。一百多年来,我们党历经挫折而屹立不倒,靠的就是自身素质能力的坚强过硬,先进性、纯洁性是我们党保持机体健康的天然免疫力。新时代新征程,面对强国建设、民族复兴的历史重任,党加强自身建设的首要任务莫过于勇于自我革命,努力消除一切影响党的先进性、纯洁性的因素,在党内继承、运行、维护好长久保持机体健康的党性免疫系统。

一、学深悟透党的自我革命战略理念,增强不想腐的自觉,实现党性免疫系统的防御功能

党的十八大以来,习近平总书记围绕党的建设的新鲜经验,逐步形成了关于党的自我革命的战略思想。《中共中央关于党的百年奋斗重大成就和历史经验的决议》把"坚持自我革命"总结为一条历史经验。在中国共产党第二十届中央纪律检查委员会第二次全体会议上,总书记更是发人深省地提出了六个大党独有难题,号召全党把全面从严治党作为党的长期战略、永恒课题。正气存内,邪不可干。党的自我革命战略思想是新时代加强党的建设的根本指导思想。把握好党的自我革命战略思想的基本观点、理论逻辑和重大意义,才能识别和排除各种不利于机体健康的外来因素,执行好免疫系统的防御功能。

(一)学深党的自我革命战略理念的精髓要义

勇于自我革命是党的特质和党的建设的目标。勇于自我革命,从严管党治党,是我们党最鲜明的品格。把党建设成为始终走在时代前列、人民衷心拥护、勇于自我革命、经得起各种风浪考验、朝气蓬勃的马克思主义执政党,既是我们党领导人民进行伟大社会革命的客观要求,也是我们党作为马克思主义政党建设和发展的内在需要。[1]

自我革命淬炼了先进、伟大的政党。"先进的马克思主义政党不是天生的,而是在不断自我革命中淬炼而成的。党历经百年沧桑更加充满活力,其奥秘就在于始终坚持真理、修正错误。党的伟大不在于不犯错误,而在于从不讳疾忌医,积极开展批评和自我批评,敢于直面问题,勇于自我革命。"[2]

以自我革命引领社会革命。以自我革命引领社会革命,以社会革命促进自我革命,深刻揭示了自我革命和社会革命相伴相随、互促共进的辩证关系,体现了中国共产党人在改造客观世界的同时自觉改造主观世界,从而更好改造客观世界的历史主动。

自我革命是跳出历史周期率的第二个答案。经过百年奋斗,特别是党的十八大以来新的实践,党给出了跳出历史周期率的二个答案,这就是自我革命。[3]

新时代全面从严治党开辟了党的自我革命的新境界。全面从严治党是自我革命的内在要求,是党永葆生机活力、走好新的赶考之路的必由之路。习近平总书记在十九届中纪委六次全会上深刻总结了新时代全面从严治党的伟大实践和百年大党自我革命的新境界。[4]

党的自我革命提高了对党的建设的规律性认识。党的十八大以来,我们继承和发展马克思主义建党学说,总结运用党的百年奋斗历史经验,深入推进管党治党实践创新、理论创新、制度创新,对建设什么样的长期执政的马克思主义政党、怎样建设长期执政的马克思主义政党的规律性认识达到新的高度。这就是坚持党中央集中统一领导;坚持党要管党、全面从严治党;坚持以党的政治建设为统领;坚持严的主基调不动摇;坚持发扬钉钉子精神加强作风建设;坚持以零容忍态度惩治腐败;坚持纠正一切损害群众利益的腐败和不正之风;坚持抓住"关键少数"以上率下;坚持完善党和国家监督制度,形成全面覆盖、常态长效的监督合力。

(二)领悟党的自我革命战略理念的理论逻辑

党自我革命的战略理念是在新时代的实践中鲜明提出的,体现了马克思主义基本原理与中国实际相结合的成果,也汲取了中华优秀传统文化中的思想精华,是萃取古今中外优秀思想精华的产物。

马克思主义以唯物史观的基本原理和科学社会主义的基本原则,深刻指出共产主义运动是不可抗拒的历史潮流;其一以贯之的最高理想、价值追求和逻辑起点是实现每个人的自由全面发展。实践的观点、生活的观点是马克思主义认识论的基本观点,同时马克思主义又是开放的理论。马克思主义的理论品格决定了中国共产党人必须具有与时俱进的自我革命精神。

中华优秀传统文化中的思想精华为党的"自我革命"赋予了鲜明的中国特色。修身文化为我们党树立自我净化、自我完善、自我提高等思想奠定了深厚的文化基础,"改过迁善""益者三友"等思想为广大党员干部本着维护党和人民的利益的原则,勇于自我批评,提供了有益借鉴。革故鼎新、与时俱进的中华文明永恒精神气质推动了党通过革故鼎新不断开辟未来。

党通过不断推进马克思主义中国化、不断推进中华优秀传统文化创造性转化和创新性发展,塑造了勇于自我革命这一区别于其他政党的鲜明品格。

（三）认清党的自我革命理念的理论与实践价值

党的自我革命战略理念高度凝结我们党百年奋斗的智慧结晶，深刻回答建设什么样的长期执政的马克思主义政党、怎样建设长期执政的马克思主义政党的重大时代课题。自我革命的道路、制度，为世界上各种政党如何破解"自我监督"难题、如何治国理政提供了示范和榜样，为世界政党建设和人类政治文明提供了中国智慧、中国方案，是新时代中国共产党人的伟大创举，是我们党在长期实践中获得的宝贵政治财富，必须长期坚持并不断巩固发展。

二、压实党风廉政建设责任，增强不能腐的约束，实现党性免疫系统的自稳功能

全面从严治党事关党长期执政、国家长治久安、人民幸福安康，必须坚定不移将党风廉政建设和反腐败斗争进行到底，持续深化不能腐的制度约束，取得更多制度性成果和更大治理成效，以保持党性免疫系统的内部稳定运行。

（一）落实管党治党政治责任

加强党风廉政建设，落实好党委的主体责任和纪委的监督责任，是党风廉政建设的关键，有利于形成全党动手、全社会参与反腐败的强大合力。青岛市纪委监委开展"清风护农"专项监督，形成"一个监督项目、一个监督检查室牵头、'室组地'协同推进"的监督模式，整合监督力量，实施项目化管理，靶向精准监督；梳理剖析近年来日常监督、专项监督、巡察监督等发现的问题，研究制定专项整治问题、措施和责任3张清单，紧盯藏粮于地、藏粮于技政策落实等18个重点监督任务，明确目标、压实责任，督促相关部门（单位）健全机制、规范工作、优化流程；推动部门间联动改革、完善制度、优化治理。

（二）开展积极健康的党内政治生活

要按照《中国共产党章程》规定，加强和规范党内政治生活，营造风清气正的良好政治生态。要坚定执行党的政治路线、坚持正确选人用人导向、严格党的组织生活制度，尤其需要正确贯彻执行民主集中制。

（三）坚决破除形式主义和官僚主义

形式主义、官僚主义严重危害党执政的群众基础，是党之大敌、国之大敌。破除形式主义、官僚主义，必须立足于完善制度，改革创新，努力形成不敢、不能、不想搞形式主义、官僚主义的有效机制。通过清晰的制度导向,把干部干事创业的手脚从形式主义、官僚主义的桎梏、"套路"中解脱出来,形成求真务实、清正廉洁的新风正气。

青岛市纪委监委守正创新,举办区(市)纪委监委"护航行动""书记擂台",以主题教育为契机,切实把学习成果转化为工作方法和工作举措,持续优化升级"护航行动"。各级纪检监察机关要坚持纠树并举,既严肃查处形式主义、官僚主义问题,又落实"三个区分开来"要求,推进容错纠错,查处诬告陷害行为,鲜明树立重实干、重实绩、重担当的导向。

(四)有效制约和监督权力运行

加强对权力运行的制约和监督,让人民监督权力,让权力在阳光下运行,把权力关进制度的笼子。强化自上而下的组织监督,改进自下而上的民主监督,发挥同级相互监督作用,加强对党员领导干部的日常管理监督。纪检监察机关是党内监督和国家监察专责机关,要加强对制度执行的监督,确保制度"长牙""带电"。

全面从严治党,应精准运用监督执纪"四种形态"政策策略,特别要在运用"四种形态"的第一种形态上"关口"前移、监督常在,抓常、抓细、抓长,让红红脸、出出汗成为常态,使党内政治生活真正严起来,帮助党员干部及时发现问题、纠正错误。

(五)把纪律建设摆在更加突出的位置

习近平总书记指出,加强纪律建设是全面从严治党的治本之策。我们党是用革命理想和铁的纪律组织起来的马克思主义政党,组织严密、纪律严明是党的优良传统和政治优势,也是我们的力量所在。全面从严治党,重在加强纪律建设。要把纪律立起来,严起来,执行到位,防患于未然。

三、坚决惩治腐败,增强不敢腐的震慑,实现党性免疫系统的监视功能

腐败是党机体内突变的异常细胞,最容易危及生命、颠覆政权。必须发挥党性免疫系统的监视功能,及时识别、彻底清除。必须深刻认识党风廉政建设和反腐败斗争的长期性、复杂性、艰巨性,深刻认识"四风"问题的顽固性、反复性,不断清除损害党的先进性和纯洁性的因素,不断清除侵蚀党的健康肌体的病毒,确保党不变质、不变色、不变味。

(一)坚持"两点论"与"重点论"的统一

纪检监察机关要严查重点问题,突出重点领域,紧盯重点对象,坚决查处政治问题和经济问题交织的腐败，坚决防止领导干部成为利益集团和权势团体的代言人、代理人，坚决防止政商勾连破坏政治生态和经济发展环境，深化整治权力集中、资金密集、资源富集领域的腐败，坚决惩治群众身边的"蝇贪"，坚决查处新型腐败和隐性腐败，严肃查处领导干部配偶、子女及其配偶等亲属和身边工作人员利用影响力谋私贪腐问题。

纪检监察机关要深化人民群众反映强烈的各领域腐败治理，坚决清理风险隐患大的行业性、系统性、地域性腐败，形成办案、治理、监督、教育的完整闭环，把不敢腐的强大震慑效能、不能腐的刚性制度约束、不想腐的思想教育优势融为一体。

（二）开展好经常性的党性和廉政教育

经常性的党性教育、党风廉政警示教育有利于帮助党员干部从违纪违法案例中看清违纪违法人员蜕变的心路历程、惨痛教训，警诫领导干部特别是"一把手"树立正确的政绩观、权力观、事业观，永葆共产党人的政治本色。纪检监察机关要把查办案件和以案促改作为着力点，通过制发纪检监察建议书、形成政治生态分析报告等方式，督促深入剖析、建章立制，努力做到查处一案、警示一片、治理一域。2023年1～6月，青岛市纪检监察机关共接收信访举报2 699件次，立案1 154件，处分925人。市纪检监察机关运用"四种形态"批评教育帮助和处理共3 930人次。

下一步，党风廉政建设工作要更加注重正本清源、固本培元，把不敢腐的震慑力、不能腐的约束力、不想腐的感召力结合起来，努力打造有利于全党机体健康的党性免疫系统，助力全社会实现海晏河清。

参考文献

[1] 习近平. 决胜全面建成小康社会 夺取新时代中国特色社会主义伟大胜利[M]. 北京：人民出版社，2017：62.

[2] 中共中央关于党的百年奋斗重大成就和历史经验的决议[M]. 北京：人民出版社，2021：70.

[3] 习近平. 全面从严治党探索出依靠党的自我革命跳出历史周期率的成功路径[J]. 求是，2023（3）：1-9

[4] 刘强，李天. 青岛"室组地"联动做实专项监督协同推进攻坚克难[N]. 中国纪检监察报，2023-07-27（3）.

（崔坤家　中共青岛西海岸新区工委党校）

在严修政德中推进党的自我革命

党的二十大报告指出:"深化标本兼治,推进反腐败国家立法,加强新时代廉洁文化建设,教育引导广大党员、干部增强不想腐的自觉,清清白白做人、干干净净做事。"百年大党,百年征程,之所以能坚持本色、不忘初心,就是因为始终坚持自我革命,并且在自我革命的实践所形成坚定的文化自信和高度文化自觉。新时代、新征程,面对新的诱惑和风险挑战,我们要继续坚持自我革命、增强自我革命的政治自觉,首先就要做到在思想上自我革命,筑牢"不想腐"的思想防线。扎实推进新时代政德文化建设,打造风清气正的政治生态,是推进中国式现代化的精神支撑和动力源泉。

一、严修政德对推进党的自我革命意义深远

坚持自我革命要求党员干部练好"为政以德"的基本功,不断提升自己的政德水平,永葆共产党人的政治本色。基于此,严修政德是对坚持推进自我革命的伦理诉求的有力回应。

(一)有利于增强自我革命的政治自觉

推进党的自我革命不仅要求党员和干部练就过硬本领、抵御风险挑战,更重要的是要严修政德,增强自我革命的政治自觉。

严修政德,是广大党员和干部充分认识到自我革命是共产党人的政治品格和内在要求。我们党自成立之日起,就把为中国人民谋幸福、为中华民族谋复兴的初心使命写在自己的旗帜上,从最广大人民群众的根本利益出发,检视自身,自觉主动地改造主观世界,顺利推动伟大社会革命。严修政德,是广大党员和干部充分认识到自我革命彰显的政治勇气。"刀刃向内""打铁还需自身硬",是我们党自我革命的方向,这就要求党员和干部必须主动发现自身不足、涵养优秀政德,实现自我净化和自我提升。

(二)有利于铸牢自我革命的思想根基

严修政德,是对中华民族伟大复兴事业的忠诚信仰和对实现共产主义远大理想的赤诚坚守。可以说,严修政德是净化党内政治生态、推进党的自我革命的关键环节。

严修政德,用马克思主义科学理论武装全党,不断提高广大党员和干部的理论思想高度。严修政德作为党的思想建设的重要内容,是广大党员和干部时刻用党的创新理论成果不断丰富和拓展自我革命的内容与形式,在面对众多复杂考验面前,坚定信心,防止出现思想偏航、行为失范的消极影响。严

修政德，凝聚起持之以恒推进党的自我革命的信心和决心，以统一的意志推进党的自我革命不断向前。推进党的自我革命，必须在前进道路上不断提高执政能力和水平，始终保持干事创业的精气神，坚持党的自我革命永远在路上。

（三）有利于坚定自我革命的历史主动

坚持自我革命是党的百年奋斗历程的经验总结和智慧凝练。在新时代新征程上，要不断从历史经验中汇集力量、获得启迪，不断以党的自我革命推动伟大社会革命。

严修政德，从党的百年奋斗历程中汲取智慧。新民主主义革命时期，遵义会议、延安整风运动，都是党开展自我革命的生动实践。社会主义革命和建设时期，"两个务必"的提出推动着党的自我革命不断向前。改革开放和社会主义现代化建设新时期，坚持从严治党、保持共产党员先进性纯洁性，尤其是进入中国特色社会主义新时代，全面从严治党战略方针提出并在自我革命中取得非凡成绩，这都是我们党以优秀政德为内在支撑，给出的跳出治乱兴衰历史周期率问题第二个答案的生动写照。

总结来看，政德是整个社会道德建设的风向标，是党员干部修身做人的政治体现。无数先进共产党人把涵养和实践崇高政德作为毕生的追求，生动诠释了对党忠诚、一心为民、廉洁自律、敢于担当的政治品格。历史和现实告诉我们，一个党员只有严修政德，才能拥有勇于自我革命的强大精神动力。

二、新时代严修政德、推进自我革命的核心内容

党的十八大以来，以习近平同志为代表的中国共产党人坚守初心使命、勇于自我革命，围绕党员领导干部政德建设，提出了许多新的重要论述。这些论述吸收了中华优秀传统政治伦理的精髓，继承和发展了马克思主义经典作家相关思想，与中国共产党人的"重德"理念一脉相承。

2018年两会期间，习近平总书记指出，"领导干部要讲政德、立政德，就是要明大德、守公德、严私德"，对政德的内涵、要求、实现方式等都进行了重要论述。[1]

（一）心中有党明大德

2018年，习近平总书记提出："明大德，就是要铸牢理想信念、锤炼坚强党性，在大是大非面前旗帜鲜明，在风浪考验面前无所畏惧，在各种诱惑面前立场坚定，这是领导干部首先要修好的'大德'。"坚定的理想信念、坚强的党性修养、旗帜鲜明的是非观等，这些优秀品质，不论是革命战争年代，还

是和平建设时期,都深深印在了我们共产党人的血脉之中。

在革命战争年代,无数共产党人流血牺牲、捍卫我们的主权和领土完整。在红一方面军两万五千里长征途中,平均每300米就有一名红军牺牲。和平建设时期,涌现了一大批党的优秀干部,他们忘我工作、无我奋斗。从这些优秀的党员干部身上,我们看到的是对理想信念的坚定、对党和国家的无私奉献,这就是习近平总书记说的"大德"。与这些优秀共产党员相反,我们现在身边有部分党员干部心态浮躁了、心里自满了,对共产主义心存怀疑;也有人不信马列信鬼神,从封建迷信中寻找精神寄托等等。这都是理想信念滑坡的表现。我们需要明确,我们现在身处和平年代,如果有一点点的信念不牢,党性不稳,就会地动山摇。

(二)心中有民守公德

习近平总书记强调:"守公德,就是要强化宗旨观念,全心全意为人民服务,恪守立党为公、执政为民理念,自觉践行人民对美好生活的向往就是我们的奋斗目标的承诺,做到心底无私天地宽。"从习近平总书记的表述中,不难看出,他强调的"守公德"关键就在人民。[2]

纵观我们党的百年历史,可以说是一部与人民风雨同舟生死与共的奋斗史。革命战争时期,我们就有不拿老百姓一个红薯的纪律、半条棉被的温情。到现在社会主义建设时期,涌现出李保国、焦裕禄等党的好干部。焦裕禄在兰考475天的时间里跋涉5 000余里,实地走访全县120多个生产大队。换算一下,相当于一个星期走两个生产大队。在此过程中,他把所有的风口、沙丘、河渠逐个丈量、编号、绘图,休息的时候就住在老乡的草庵、牛棚里。焦裕禄一边在饱受肝病折磨,有时甚至疼得直不起腰,一边还要处理兰考县的其他公务。可以说,像焦裕禄这种默默种树的好干部,带领老百姓种树谋生存谋幸福。他们种的不仅是树,他们种下的是老百姓的口碑,是干部群众一起同心合力铸就的精神丰碑。正是党员干部守公德的精神和老百姓心中的希望,为我们党在自我革命的过程中提供了源源不断的精神动力。

(三)心中有戒严私德

关于严私德,习近平总书记明确指出:"严私德,就是要严格约束自己的操守和行为。所有党员、干部都要戒贪止欲、克己奉公,切实把人民赋予的权力用来造福于人民。"从习近平总书记的重要论述中,我们可以总结两点就是,要真正做到严修私德,就要管好自己、管好身边人。

中国共产党是一个严守政德、严明纪律的政党,之所以能够从小到大、从弱到强,在一个拥有14亿人口的大国执政,最重要的优势就是守政德、严私德。进入新时代,党员干部在新的时代形势下,要始终初心不改、要求不松。比如今天小区单元门坏了谁给修、明天社区养老午餐能不能免费,就是这样看起来很小的事,都是关系到群众如何看待党员干部、认识我们党的大事。

领导干部加强政德修养,永葆政治本色,就是要明大德、守公德、严私德,加强自身的德行修为。三德之中,"明大德"是根本,"守公德"是关键,"严私德"是基础和底线,三者相互作用、相互影响、辩证统一,对于更好地发扬政德文化,以党的自我革命推进社会革命,具有深远而重大的意义。

三、严修政德、推进自我革命的实践路径

理论的诞生是为了更好地指导实践。党的十八大以来,以习近平同志为核心的党中央,为了更好地加强政德建设,推进党的自我革命,提出了一系列举措。我们要紧紧跟随习近平总书记指示,立身修德,用政德建设所涵养出来的思想意识和精神品格指导党的自我革命工作实践。

(一)党和政府角度

从党和政府的角度来看,我们要坚持思想教育与制度建设相结合,形成系统性合力。

党的十八大以来,我们持续性地开展了一系列专题党性教育活动。下一步,我们可以考虑将这种集中性教育发展成为经常性教育,但不能将其限定为形式上的宣传教育,而是要统筹各种力量,将优秀政德文化作为推进党的自我革命的重要内容,使广大党员和干部时刻保持政治上、思想上和理论上的清醒和自觉。

其次,我们要加强制度方面的建设。从一名党员干部的成长历程入手,我们不仅要建立起德才兼备、以德为先的选人用人体系,还要落实强有力的监督制度。监督的主体主要分为党内监督和党外监督。党内监督需要的是党委、纪委、巡视组等来履行党内监督的职责。各个部门各司其职,把监督工作覆盖到党员领导干部从政的各方面,从而制约党员领导干部用权。其次就是党外监督。党外监督的主体包括人民群众和各民主党派人士。为了保证这些人可以更好地行使监督权、保证人民当家做主的权利,我们实行党务、政务和各领域办事公开制度。

(二)领导干部个人角度

政德文化建设肩负着引导广大党员干部牢记初心使命、锤炼党性修养、提升自我境界等重要责任。从领导干部自身来讲,我们不但要加强个人道德

修养,还要提升自己的工作能力。

首先,如何提高自身道德修养?要求多积尺寸之功,常行自省之事。"多积尺寸之功"就是以严修政德推进党的自我革命这项伟大事业。一方面,要按照"八项规定"的要求对照检查自己,严防不知不觉变质。另一方面,要做实做细关系到群众利益的每一件小事。[3]坚持从小事小节上加强修养、从一点一滴中完善自己,正心明道,防微杜渐。"常行自省之事"就是要常常检视初心、反省自身所思所为。对于党员干部来说,我们要经常对镜自省,红脸出汗,守规矩、明底线、知敬畏。

其次,党员干部还要知行合一、不断提升自己。我们要紧跟习近平总书记思路,认真学习马克思主义理论,学习党的路线方针政策和国家法律法规,学习古今中外各种文史知识、中华优秀传统文化等,以学益智、以学修身,以坚定的意志和坚强的毅力推进自我革命,不断取得更大的突破。在学习理论知识的基础上,做到知行合一。[4]习近平总书记十分重视知行合一,并作出了新的阐释,指出学习理论要"把自己摆进去、把职责摆进去、把工作摆进去,做到学、思、用贯通,知、信、行统一"。

党的十八大以来,党的自我革命事业不断推进。新时代新征程,涵养广大党员和干部的优秀政德,继承优良传统、赓续红色基因,进一步提升用于自我革命的境界和勇气,继承自我革命精神,并将其转化为党员和干部的自觉追求,规范其价值期待和现实行为,以更加奋发有为的姿态和更加扎实的工作作风向着实现第二个百年奋斗目标不断前进。[5]

参考文献

[1] 虞志坚. 中国共产党坚持自我革命的伦理意蕴[J]. 江淮论坛,2022(2):72-77.

[2] 蔡娟,张甜甜. 德法兼修:优化党内政治生态的逻辑选择[J]. 廉政文化研究,2019(6):27-33.

[3] 董振华. 党的自我革命的历史经验与行动逻辑[N]. 光明日报,2022-03-28(6).

[4] 黄相怀. 党的自我革命战略思想的丰富与发展[J]. 党建,2022(12):33-35.

[5] 王书龙. 坚守自我革命的政治自觉[J]. 唯实,2023(2):42-44.

(刘慧敏　中共青岛西海岸新区工委党校)

加强舆论监督,推动全面从严治党

习近平总书记在党的十九大报告中强调,要"构建党统一指挥、全面覆盖、权威高效的监督体系,把党内监督同国家机关监督、民主监督、司法监督、群众监督、舆论监督贯通起来,增强监督合力"。在党的二十大报告中,习近平总书记更是进一步指出:"健全党统一领导、全面覆盖、权威高效的监督体系,完善权力监督制约机制,以党内监督为主导,促进各类监督贯通协调,让权力在阳光下运行。"舆论监督已成为一种重要的社会监督形式,逐渐融入党和国家的社会监督体系之中,成为正风肃纪新力量之一。

一、舆论监督的发展历程

舆论监督,就是指人民群众或新闻媒体利用传媒手段形成舆论,监督党和工作人员不正确行使公权力的情况。进入融媒体时代,人民群众舆论监督更为便捷。各级党组织推动党务公开、拓宽监督渠道,虚心接受群众批评,开通互联网舆论监督平台,让人民有了自己直接发表意见的平台,可以直接参与到舆论监督中。但实际上,舆论监督具有很悠久的历史,对加强党内建设,推动民主政治的发展具有重要意义。[1]

(一)国外舆论监督的发展变化

人民主权理论是西方舆论监督的基础。洛克认为人民是国家的主人,人民监督政府是应当且必要的,人民监督权力的行使,维护自身利益。霍布斯、卢梭等人认为人民通过言论自由表达自己的意愿。美国的杰斐逊认为人民监督是人民的重要权利。随着理论研究的不断深入,舆论监督也开始改变西方的政治环境。新闻舆论在西方被当作除了立法、行政、司法三大权力之外的"第四种权力"。在有些国家,各种报刊、电视、广播等传播媒介,虽然有一定的倾向性和明显的阶级性,但都有相对的独立性。舆论监督已经成为揭露丑闻的主要手段之一,而且政府高级官员一旦卷入丑闻,就面临辞职和蹲监狱的厄运。同时,由于新闻界同行之间激烈的竞争,也迫使它们为争取读者和听众、观众,而千方百计地调查政府高级官员的活动,一旦发现任何不轨行为的蛛丝马迹便穷追不舍,使政府官员很难长期营私舞弊而又不被发现和追究。

(二)国内舆论监督的发展变化

党和国家一直十分重视舆论监督工作。毛泽东认为:"只有让人民来监督政府,政府才不敢松懈。只有人人起来负责,才不会人亡政息。"延安整风时期，中国共产党创造性提出通过报刊进行舆论监督，开展批评与自我批评，进而整顿党风、学风、文风。而"舆论监督"正式出现在党的文件中，是在1987年党的十三大报告中。报告指出："要通过各种现代化的新闻和宣传工具，增强对政务和党务活动的报道，发挥舆论监督的作用，支持群众批评工作中的缺点错误，反对官僚主义，同各种不正之风作斗争。"这段话对传媒的舆论监督给予了肯定与支持。后来党的十四大、十五大、十六大、十七大、十八大、十九大报告中均使用了"舆论监督"的概念，党的二十大报告进一步强调"促进各类监督贯通协调"。在舆论监督的党内法规保障方面，2004年《中国共产党党内监督条例（试行）》首次在党内法规中写入舆论监督。

中国特色社会主义进入新时代，习近平总书记高度重视舆论监督，根据时代的发展，赋予了舆论监督新的内涵。习近平总书记强调加强党的建设，要加强舆论监督，通过对典型案例进行曝光剖析，发挥警示作用，为全面从严治党营造良好的舆论氛围。要把权力关进制度的笼子里，一个重要手段就是发挥舆论监督包括互联网监督的作用。习近平总书记将舆论监督纳入到了全面从严治党体系中。舆论监督的对象包括党和政府各方面的工作，目的是提高党的执政能力和领导水平。在这个意义上，舆论监督已成为党和国家监督体系的重要组成部分。

二、舆论监督在全面从严治党中的作用

习近平总书记指出："做好党的新闻舆论工作，事关党和国家前途和命运。"坚持全面从严治党，就要依靠制度治党。舆论监督制度建设能够支持反腐败工作，是制度反腐的重要一环。制度的完善和健全能够为党加强全面从严治党提供有力的制度支持和保障。制度规定了权力行使的范围、程序，为党的工作开展提供了基本遵循。舆论监督在全面从严治党上的作用主要表现在以下几个方面。

（一）舆论监督可以有效节省反腐败成本

与传统的监督形式需要消耗国家大量的人力、物力、财力相比，舆论监督可以有效地节省反腐的成本。进入融媒体时代，舆论监督的渠道越来越多样，网页、论坛、微博、抖音、直播等各种渠道的产生，极大地降低了人民群众参与舆论监督的门槛。人民群众可以通过各种渠道随时随地地将所见所闻发表到互联网传播至全国各地，而观众也可以随时随地通过互联网参与进来，进行点击评论。人民群众在互联网上分享的内容可以由文字、声音、图片、视频和直播的形式展示，这就是现成的证据，节省了纪委部门进行调查和收集证据的成本。

（二）舆论监督起到了威慑和警示作用

在全面从严治党的建设中，不能总是在事后去进行严格惩戒，更重要的是让广大党员从思想上认识到全面从严治党的必要性与重要性，防患于未然。目前，各地正在不断形成具有地方特色的舆论监督品牌，注入正风肃纪新力量，如北京的"朝阳群众"等。舆论监督通过对贪腐事件和腐败现象进行报道或揭露，警醒世人。从部分贪腐人员主动投案自首的情况来看，查究迫使其主动投案自首的原因，舆论监督确在其中起到了很大作用。因此，全面从严治党要充分合理运用舆论监督这柄"利剑"，实现真管真严、敢管敢严、长管长严。

（三）舆论监督具有揭露和检举作用

舆论监督的对象是党政机关，本质上说舆论监督就是对权力的监督，避免权力滥用滋生腐败。习近平总书记指出，要把权力关进制度的笼子里，而将权力关进笼子里，除了从制度上进行约束外，就是要通过舆论监督。孙小果案件就是一例典型案例。孙小果在保护伞的"照顾"下，一审判决没有判处死刑，多次违规操作最终改判为有期徒刑，完全罔顾法律，其所作所为激起民愤，是对国家利益和人民利益的极大破坏，更是对国家全面从严治党决心的挑战。如果没有舆论监督的参与，这件事情很容易就再被"保护伞"压下去，社会公平正义就会遭到严重破坏。正是因为广大人民群众积极参与，通过网络进行检举，为打击违法犯罪贡献了积极力量，使得相关部门及时介入，惩戒违法犯罪行为，扼杀腐败现象。

三、充分把握舆论监督，加强全面从严治党

舆论监督随着时代和科技的发展，不断更新迭代，使得新时代的舆论监督逐渐成为我国全面从严治党的重要监督手段之一。而我们要做的就是营造良好的舆论监督环境，健全全面从严治党舆论监督的制度。

（一）加强舆论监督理论学习

要加强舆论监督理论学习与制度建设，深化政府工作人员对舆论监督的认识，提高政府工作人员的制度意识。让群众满意是我们党做好一切工作的价值取向和根本标准，群众意见是一把最好的尺子。一方面，定期开展政府工作人员学习舆论监督理论的活动，使政府工作人员深刻认识到接受舆论监督是国家公务人员应尽的责任和义务，不能不愿接受监督，甚至千方百计回避监督、抵触监督；另一方面，要开展有关制度理论知识的学习活动，目的在于使政府工作人员充分认识到舆论监督制度的重要性，提高制度意识。

（二）加强舆论监督制度建设，畅通反应渠道

舆论监督是人民向党和政府提出意见的重要方式。党通过舆论监督制度及时地发现人民群众的诉求，解决好党和人民群众之间的矛盾，密切党群关系。加强舆论监督制度建设是坚持制度治党、全面从严治党的内在要求，是推进制度反腐的重要环节，是密切党群关系的重要方法，有利于党的执政能力和执政水平的提高。这就要求我们要不断加强舆论监督的制度建设。

要建立健全网络的反腐败运行平台。目前虽然政府已经在逐步构建反腐败舆论监督平台，但是其平台运作进展相对滞后，在人民群众当中的影响力不足，并且由于互联网消息的时效性较强，许多涉及反腐败的信息迅速淹没，无法做到有求必应。而建立一个统一的平台，明确平台运行机制，可以极大地提高人民群众进行反腐败舆论监督的效率，推动新时代反腐败舆论监督的进一步发展。

建立健全政府舆论监督处理制度。政府不能处于舆论监督的被动地位，仅仅依靠新闻媒体和人民群众主动监督政府。要主动地接受舆论监督，做到舆论监督和监督舆论相统一，才能提升政府工作的公信力。比如江苏省徐州市"丰县生育八孩女子"的视频在网络流传，产生了极大的舆论。江苏省政府高度重视此事，迅速介入调查，仅仅用了不到一个月的时间，便将事情调查清楚，即该女子是被拐卖多次才到了该地方。江苏省政府的快速反应及恰当处置，获得了人民群众的一致好评。因此，政府要严谨处理舆论，分析信息的真实性和准确性，切不能草率直接进行回应和处理，以免降低政府权威性和公信力。

要健全舆论监督的法律保护机制。人民群众在参与舆论监督的过程中，自身权益遭到侵犯，这无疑会打击人民群众的积极性。不仅如此，在网络舆论中，甚至不排除国外的势力利用网络舆论有组织地夹枪带棒攻击党和政府的行为。比如新浪微博开放了显示用户 IP 地址的功能，发现许多影响社会和谐的负面评论来自海外，这就很能说明问题。面对这种情况，就要求我们不断完善舆论监督立法，促进舆论监督法治化，避免了网络舆论监督中的"带节奏"现象。

（三）加强舆论监督与全面从严治党的联动

新时代我国加强全面从严治党制度建设，必须坚持以习近平总书记关于新闻舆论工作的重要论述为指导，构建起舆论监督与全面从严治党的联动，形成监督的合力。通过互联网最大程度地发挥人民群众的广泛性和参与性，迅速收集腐败事件线索，经验证核实后及时与权力监督部门相对接，这

不仅给权力监督部门指明了方向,同时也提供了权力监督部门所需要的线索,大大节约了反腐败斗争线索的收集成本。舆论监督要在全面从严治党中最大限度地发挥作用,需要权力监督为其保驾护航。

新时代我们将舆论监督运用到全面从严治党中来。它以自身独特的优势,在新时代全面从严治党中起着越来越重要的作用,通过打击腐败行为,净化政治生态环境,调动广大人民群众积极参与等方式,既能够有效地打击遏制腐败案件的产生,也能够加强全民道德教育,从源头上杜绝腐败的滋生,为全面从严治党的制度建设贡献力量。

参考文献

[1] 卢艳香. 媒体该如何守住"铁肩担道义"的风骨[J]. 人民论坛,2017(4):54-55.

[2] 沈正赋. 舆论监督与舆论引导:新时代中国共产党新闻舆论思想的核心理念[J]. 新闻与传播研究,2018,25(11):18-26,126.

(王誉超　中共青岛西海岸新区工委党校)

党以自我革命推进廉洁文化建设研究

加强新时代廉洁文化建设是中国共产党在新的党情、世情、国情下做出的正确判断,中国共产党也将以百年廉洁文化建设的实践经验来指导开展新时代廉洁文化建设。习近平总书记在党的二十大报告中提到,要加强新时代廉洁文化建设,教育引导广大党员、干部增强不想腐的自觉。《关于加强新时代廉洁文化建设的意见》提到"党中央高度重视廉洁文化建设,强调反对腐败、建设廉洁政治,是我们党一贯坚持的鲜明政治立场,是党自我革命必须长期抓好的重大政治任务"。[1]学术界近年来对中国共产党的自我革命做了大量研究。本文将顺着这些研究的理路,针对"自我革命推进廉洁文化建设"做出进一步探讨。

一、中国共产党以自我革命推进廉洁文化建设的实践逻辑

如何以党的自我革命推动廉洁文化建设是党克服长期执政考验,塑造良好党内、党外政治生态的关键环节。

（一）坚持以科学理论武装头脑，推进廉洁文化建设

坚持以科学理论武装头脑是我们党成立 100 多年来所总结的实践经验，马克思主义是我们立党立国的根本指导思想。中国共产党在自我革命的过程中，必须始终坚持以科学理论武装头脑，以此来推进廉洁文化建设。从理论指导上，始终保证无产阶级的先进性，保证廉洁文化建设有序进行。坚持唯物史观，相信人民群众是历史的创造者，坚定理想信念，在自我革命的纵深发展中必须始终坚持人民至上来保证廉洁文化建设的主体性与方向性。筑牢思想之基，马克思主义是中国共产党立党立国的根本指导思想，只有坚持它，才能始终占领意识形态的制高点。马克思关于"具体问题具体分析"的基本原理，又给我们以深刻的启示，使我们在新的历史时期、新的国情、新的现实条件下结合新的国内外现状来应对以自我革命推进廉洁文化建设时出现的问题。中国共产党正是在马克思主义的正确指导下，以自我革命精神攻克了一个又一个难题，取得一个又一个世界瞩目的成就。历史证明，科学的理论指导才能给中国革命及其以后中国特色社会主义的建设指明方向，使人们对它的认识更加深刻。当然，邓小平说过，"马克思主义理论从来不是教条，而是行动的指南"，也说明了我们不能把它照搬照抄。因此，坚持科学理论武装头脑，根据本国实际，可以为党的作风建设、反腐败斗争提供思想上的指引，有助于党员干部正视自己的政治立场，树立自己的清廉理念。在廉政文化建设中，中国共产党始终是在自我革命中推进的，但同时也必须以马克思主义的基本原则为指导，以科学理论推动新时期廉洁文化的建设。

（二）坚持以彻底的革命精神推进廉洁文化建设

中国共产党必须以彻底的革命精神来推进廉洁文化建设，不断把党建设成为始终走在时代前列、人民衷心拥护、勇于自我革命、经得起各种风浪考验、朝气蓬勃的马克思主义执政党，以此来保证廉洁文化建设的彻底性、革命性。老一辈革命家为新时代中国共产党建设厚植了文化土壤，党以自我革命推进廉洁文化建设必须将资源合理利用起来。在中国共产党领导下，经过一百多年的斗争，创造出了包含革命精神在内的文化财富，必须坚持以彻底的革命精神推进廉洁文化建设。在新时代，要加强廉政文化建设，就必须坚持初心，坚持正道，坚定文化自信，从革命精神中吸取廉洁自律精神的精华。首先，我们必须高度重视和持续强化对革命文化的培养。要根据党的重大事件、重大人物等，开展革命传统教育，认真学习革命先烈、仁人志士舍己为人、甘于奉献的革命精神，以革命文化、革命精神、革命传统、革命信念为思想武器，抵制和铲除腐化堕落的思想文化，加强对广大党员及广大人民群

众的政治思想指导,树立正确的思想价值观,为中国共产党在新时代的廉洁文化建设打下坚实的思想根基。其次,要对革命文化进行挖掘,充分利用具有革命精神的文化资源,将革命文化的价值最大化,用革命精神来教育广大党员、群众,特别是那些正在成长的年轻一代。让广大党员、领导干部从革命精神中汲取力量,无私奉献,营造良好的社会氛围。

参考文献

[1] 中共中央办公厅印发《关于加强新时代廉洁文化建设的意见》[J]. 支部建设,2022(9):5.

（崔国龙　青岛科技大学马克思主义学院）

党的自我革命制度规范体系的完善路径研究

完善党的自我革命制度规范体系是党的二十大部署的一项战略任务,探索在过去已有成就的基础上进一步完善的现实路径无疑具有重要意义。未来进一步完善党的自我革命制度规范体系,应当从以下方面入手。

一、始终坚持党的领导

目前,党的自我革命制度规范体系距离系统完备、科学规范、运行高效的理想目标还存在一定差距。因此,未来进一步完善党的自我革命制度规范体系,必须把坚持党的领导放在首位,着眼于坚持和加强党的全面领导,以习近平总书记关于党的自我革命战略理念为指导,明确党的领导体制机制、方式方法等基本问题,确保各级党组织和全体党员、干部始终做到"两个维护",遵守党的政治纪律与政治规矩,坚决贯彻落实党中央决策部署。特别是要进一步完善党的领导制度体系,健全重大事项请示报告制度和党委(党组)工作制度,加强党对重要工作和人大、政府、政协等各类组织的集中统一领导,确保党始终总揽全局、协调各方。

二、充分发挥政治巡视利剑作用

党的百年特别是新时代权力监督实践表明:在权力监督过程中,"自上而下"的监督最有效。"巡视是推进党的自我革命、深化全面从严治党的战略性制度安排。"巡视监督作为党内监督的利剑,本质是上级对下级的监督,具有高度的权威性与独立性,在全面从严治党和党的自我革命过程中具有发现问题、纠正偏差、政治导向的重要作用,在新时代反腐倡廉工作中发挥出强大威力,是完善党的自我革命制度规范体系的重要保障,有利于提高党的自我革命制度规范体系的执行力,将制度规范体系的制度优势转化为治理效能。

三、推进政治监督具体化、精准化、常态化

党的二十大报告指出:"推进政治监督具体化、精准化、常态化,增强对'一把手'和领导班子监督实效。"[1]"清廉之岛"的建设除了要靠党对于自身加强思想教育与政治教育,也离不开外部人民群众的监督,舆论监督则可以允许人民群众以更加公开便利、灵活广泛的形式参与到"清廉之岛"的建设中来。政治监督作为党和国家的根本性监督,以加强党的领导为根本目的,是贯穿党和国家监督体系的主线、党的自我革命的实践形态,也是健全党的领导制度体系的重点内容和实践要求,在党的自我革命制度规范体系中居于统领地位,有利于发挥制度规范体系固根本、扬优势、补短板、利长远的作用。政治监督通过严肃追责问责相关主体推动全面从严治党责任的落实,进而推动党的自我革命制度规范体系的落实。

参考文献

[1] 习近平. 高举中国特色社会主义伟大旗帜　为全面建设社会主义现代化国家而团结奋斗[N]. 人民日报,2022-10-26(1).

（衣　临　青岛科技大学马克思主义学院）

廉洁文化培育助力"清廉之岛"建设的内在逻辑与实践进路

党的二十大报告中强调"加强新时代廉洁文化建设"。[1]青岛市委树立"四个意识",响应党中央的号召,积极建造"清廉之岛",有助于防止"四大危险",筑牢党长期执政的根基。

一、廉洁文化培育助力"清廉之岛"建设的内在逻辑

（一）理论逻辑:蕴含古今中外文明的廉洁文化培育

第一,马克思列宁主义理论的根本导向。《共产党宣言》中指出,"它把

人的尊严变成了交换价值,用一种没有良心的贸易自由代替了无数特许的和自立挣得的自由。"马克思的初心就是保护人民群众的尊严,实现人的自由而全面的发展,反对因为利益而违背原则的金钱至上观点;第二,传统廉洁文化的底蕴支撑。孔子说的"不义而富且贵,于我如浮云"(《论语·述而》)向来是中国人高尚的人生追求。中华五千多年的发展历程中形成的廉洁传统获得了广大新时代人民的心理认同。第三,先进的红色廉洁文化的指引。从嘉兴南湖的那只红船开始,中国共产党扬帆启航,开启了轰轰烈烈的红色旅程,形成了中国共产党的伟大精神谱系。

(二)实践逻辑:对中国共产党执政规律的深刻把握

第一,坚持人民性。中国共产党在廉洁文化的实践中坚持以人民性为导向,继承中华民族优秀的民本思想,宣扬先进的民主政治、大众文化等,走出了一条廉洁为民的中国特色社会主义道路,始终代表人民群众的根本利益。第二,保持先进性。充分发挥党员先锋模范作用;在廉洁文化培育的过程中,坚持了"三个务必";坚持走中国式现代化道路,创造了人类文明新形态。中国共产党人的实践活动充分阐明了先进性。第三,坚守纯洁性。习近平总书记提出跳出历史周期率的第二个答案——自我革命,持续推进党的建设新的伟大工程,以刀刃向内的勇气治党管党,"打虎""拍蝇""猎狐"等一系列新的反腐败词语出现在人民大众的视野中,通过刮骨疗毒以保持党的纯洁肌体。

二、廉洁文化培育助力"清廉之岛"建设的实践进路

第一,完善廉洁文化培育的顶层设计。坚持普遍性和特殊性相结合,进一步完善安排部署。学习贯彻中央《关于加强新时代廉洁文化建设的意见》,在每年的青岛红色文化主题月里活动设置廉政基因传承游的红色旅游路线,为廉洁文化培育注入红色基因,发挥青岛市廉政教育馆、青岛市清廉家风馆等特色廉洁教育基地优势。第二,推进廉洁文化进校园。一方面,整体上建设校园廉洁文化培育系统,加强教师的廉洁文化培育,打造教学实践活动平台,运用网络媒体等。另一方面,重点发挥思政课堂主阵地的引领作用。第三,实现廉洁家风建设。抓住廉洁家风建设这一基点,努力实现用家风化社风、用家风化政风。

参考文献

[1] 习近平. 高举中国特色社会主义伟大旗帜 为全面建设社会主义现代化国家而团结奋斗——在中国共产党第二十次全国代表大会上的报

告[N]. 人民日报,2022-10-26(1).

（李　月　青岛科技大学马克思主义学院）

依法是全面从严治党的必然选择

无产阶级先进政党要想始终保持优秀的政治素质、卓越的政治能力、高度的政治自信,始终能够得到人民群众的坚决拥护,集民智用民力稳步前行,始终能够挑起时代重任、站在时代发展的前沿,必须坚持全面从严治党,其中依规依法治党是关键核心。

一、完善党内法规制度建设

法规和制度是全面从严治党的重要手段和途径,是管党治党的长远之策。完善党内法规制度建设必须坚持以党章为根本,以民主集中制为核心。[1]一方面,坚持以党章为根本推进党内法规制度体系建设。党章是党的总章程,是党的总规矩,是党必须遵守的根本行为规范,集中体现了党的性质、宗旨,体现了党的路线、方针、政策等。在新时代新征程上要进一步强调以党章为根本去深化发展党内法规制度,诠释好党章深刻的基本内涵。另一方面,坚持以民主集中制为基础推进党内法规制度体系建设。民主集中制是无产阶级政党区别于其他政党的一个重要标志,是中国共产党的根本组织原则和领导制度。这项制度把民主与集中有效结合,既保证了全党在思想上、组织上、行动上保持高度统一,又能够极大地激发了党内的活力和创造力。在新时代新征程上要进一步深化党内法规建设,必须坚持用好民主集中制。

二、增强党内法规的权威性和执行性

在建设完善高效的党内法规体系基础之上,必须切实增强党内法规的权威性和执行性,做到守法做事、执法严明、违法必究,确保党内法规落到实处。一方面,增强法治观念,树立法律的权威性。党员要深刻领会到全面依法治国,全面依法执政对于建设社会主义国家、对于推进国家整体现代化发展、对于维护人民大众的利益具有重大而深远的意义和影响。因此,要自觉树立法治观念,维护法律权威。另一方面,紧抓"关键少数"。各级领导干部必须坚决贯彻落实党中央关于全面依法治国的各项规定,确保各项任务真正落到实处。自觉树立法治观念,崇尚法律思维;自觉学法守法懂法用法,审视自身作风,做到依法依规办事,保持清正廉洁,让权力在阳光下运行,让权力始终为人民大众服务。

三、形成坚持真理、修正错误的有效机制

敢于坚持真理,勇于自我革命,是党的百年奋斗的成功经验,是党区别于其他政党的显著标志。自我革命,革的是自己的命,是自身的私欲、贪欲,是自身的错误的思想和错误的行动。只有真正做到有错必找,有偏必纠,才能够确保党始终保持清正廉洁,始终坚持为人民做事。强大的马克思主义执政党,强大的中国共产党,既有坚定自己的强大决心、强大的信心,又有动真碰硬、深挖根源、直面问题的胆识和勇气,自己否定自己,自己发展自己,推进自身不断迈上更高的发展阶段,确保始终站在时代发展的前列。

参考文献

[1] 中共中央纪律检查委员会,中共中央文献研究室.习近平关于党风廉政
    建设和反腐败斗争论述摘编[M].北京:中国方正出版社,2015.

（李婷婷　青岛科技大学马克思主义学院）

网络舆论监督与"清廉之岛"建设

廉者,民之表也;贪者,民之贼也。"清廉之岛"的建设是实现公正廉洁的政治生态氛围的现实要求,是党"打铁还需自身硬"的自我要求,也是人民群众对党自身作风的信任与要求。"清廉之岛"的建设除了要靠党对于自身加强思想教育与政治教育,也离不开人民群众的监督。

一、网络舆论监督是建设"清廉之岛"的时代选择

网络舆论是舆论监督的主阵地。当代网络的高速发展,不断改变着人们对于政治的参与方式。2023年3月2日,中国互联网络信息中心(CNNIC)在京发布第51次《中国互联网络发展状况统计报告》(以下简称《报告》)。《报告》显示,截至2022年12月,我国网民规模达10.67亿,较2021年12月增长3 549万,互联网普及率达75.6%。网络的发展,给人民群众提供了网络舆论监督的信息来源,自然增强了人民对于民主的意识,发展了人民群众参与到民主政治中进行网络舆论监督的普遍需求。网络是"清廉之岛"文化建设的重要阵地。"清廉之岛"主题活动在青岛多个行业陆续开展,收获颇丰,

但却相对忽视了"清廉之岛"城市名片的网络文化建设，在流量更大更为广泛的抖音、微博等 APP 上并没有官方账号来成系统、有顺序地对"清廉之岛"内容、情况进行介绍与说明。

二、"清廉之岛"如何利用网络舆论监督加强自身建设

"凡事预则立，不预则废"，建设"清廉之岛"抖音、微博等官方账号，实现从零到一的过程虽然困难，但最终能够扩展网络舆论受众群体，加强舆论带来的积极影响。2016 年 4 月，习近平总书记在网信工作座谈会中指出要"做强网上正面宣传"[1]，同时作出了"发挥舆论监督包括互联网监督作用"的重要论述。这样一方面有利于树立"清廉之岛"的正面形象，另一方面也可以通过实际行动解决舆论带来的负面因素。在公共舆论快速发展的今天，我们必须在引导舆论、建设正面形象的同时，对负面舆论积极回应，控制舆论的发展态势，对于紧急的舆论危机，应当具有妥善应对的能力，进一步将消极舆论扼杀在摇篮之中。

在加强"清廉之岛"的文化建设中，可以将类似青岛优秀党史故事、廉洁故事、家风故事以短视频形式上传，让"清廉之岛"形象在人民群众最看得到的地方"活"起来、"立"起来，将已有的文化资源投放到抖音等 APP 中。这就是将已有的优秀文化放到新的传播媒体中以适应时代发展的方式。如《清廉之岛走进党史纪念馆——倾听红色人物的清廉故事》，本身就是专题片，十分契合网络宣传属性，相关广播专题片也可悉数上传，将红色清廉真正与媒体矩阵相结合。地方文化也可建立相关官方账号，让像胶东文化一样的地方文化真正可以跨越地域广泛传播。在舆论监督方面，对各种媒体进行更全面的学习与适用，从而引导舆论积极走向，对舆论的反馈与监督也可以及时应对。这既是廉洁与反腐文化发展的时代需求，也是对人民新型生产生活方式的适应与结合。

参考文献

[1]《人民日报》评论员. 让互联网更好造福国家和人民——写在习近平总书记网信工作座谈会重要讲话一周年[J]. 当代广西，2017（09）：29.

（刘高杰 青岛科技大学马克思主义学院）

廉政文化培育助力"清廉之岛"建设

一、坚持以习近平新时代中国特色社会主义思想为指导

培育好廉政文化,实质上是站在廉政文明与自信自强的战略位置和层面上,推动我们的社会主义反腐倡廉文化建设和反腐倡廉斗争。但如果这一过程中没有习近平新时代中国特色社会主义思想理念的辐射、带动和支撑,具有青岛特色的廉政文化建设也就没有了任何指导思想、核心指向、实际依据,以"清廉之岛"为样本扩大廉政文化内涵的广度和深度、有条不紊推动廉政文化建设的工作,就会因为没有支撑而步履维艰、寸步难行,乃至徘徊不前。因此,我们要通过深入理解、准确掌握习近平新时代中国特色社会主义思想,在推动"清廉之岛"建设的常态化过程中,下大力气增强廉政文化能力、提升廉政文化信心、实现廉政文明自强的共同目标和全新高度。

二、坚持以健全完善的廉政体制机制为保障

体制机制既是政治原则的现实化形式,也是政治活动的普遍化、规范性形式,它对公共活动有着普遍的决定性的含义。共产党员永远和人民心相连、同呼吸、共命运,永远站在坚决维护最广大人民群众利益的位置上为最多数人谋发展,这对于我们中国共产党人坚决维护自己的政治先进性、纯净性和清廉性,有着正本清源的重要作用。[1] 但是,在"本正"的总前提下,还要进一步回答"如何做"的问题,即采取怎样的途径方法真正地贯彻并落实好党的群众路线、取得党风廉政建设和反腐倡廉的良好成效,永远体现共产党员的先进性、纯洁性和清廉。因此,我们不但要有本正源清的前提条件支持,还要主动探索并形成体制机制,做到标本兼顾,真正使社会主义廉政文明的建设由"虚"变"实"、由"隐"变"显"。

三、坚持以新媒体阵地廉政文化宣传为途径

当前,"清廉之岛"建设正处于一个观念大解放、思想大交锋、思维大撞击的特殊时期,前进的社会文化与落后的社会文化、正面的社会文化与负面的社会文化、清廉文化与腐朽文化、进步风尚与落后风尚大交锋,正常观念与不当思维、有利观念与不利思维、高尚理论境界与低下思想境界、主流思想与非主流思想共存并生。[2] 在"清廉之岛"建设这个大工程上我们应当紧跟时代,要把反腐倡廉理念的内涵与特点有机地融合在群众喜闻乐见的影视作品、话剧、讲座、歌咏、书画展以及各类文明建设活动当中,通过传播反腐倡廉建设的重要思想,树立人民廉政勤政的良好典范,传播人间正气,鞭笞贪污行为,让廉政光荣、贪污可耻成为人们街谈巷议的热门话题,营造清

正廉政的社会文化氛围,彰显廉政文化的魅力与感召力,让广大人民群众也在潜移默化中接受廉政思想的陶冶。[3]

参考文献

[1] 黄蜺,欧阳辉纯,黎永新．廉政研究的新视域——评唐贤秋《廉之恒道:中国传统廉政文化现代转换研究》[J]．唐都学刊,2015,31(2):126-128.

[2] 刘强．推动廉洁建设融入社会治理[N]．中国纪检监察报,2021-11-10(3).

[3] 加强廉洁文化建设和清廉建设　持续擦亮"清廉之岛"城市名片[N]．青岛日报,2023-05-24(6).

（姜　震　青岛科技大学马克思主义学院）

大历史观视阈下的新时代党风廉政建设和反腐败斗争

党的十八大以来,习近平总书记高度重视党风廉政建设,深刻指出:"党风廉政建设和反腐败斗争,是党的建设的重大任务。"习近平总书记根据时代发展的需要,在理论层面提出一系列新的思想、观点、战略和举措,构成习近平总书记关于党风廉政建设和反腐败斗争的重要论述,推进了党的建设新的伟大工程。在实践层面,以习近平同志为核心的党中央坚定不移贯彻实施中央八项规定精神,持之以恒纠治"四风",以最大力度惩治腐败,坚持"老虎""苍蝇"一起打,反腐败斗争取得压倒性胜利。

习近平总书记指出:"树立大历史观,从历史长河、时代大潮、全球风云中分析演变机理、探究历史规律,提出因应的战略策略,增强工作的系统性、预见性、创造性。"[1]我们应把党风廉政建设和反腐败斗争放在历史的长河和时代的大潮中,科学谋划,探究党的建设历史规律,做到"以史为鉴,可以知兴替",认清新形势下国内外局势,以伟大的历史主动精神推进新时代党风廉政建设和反腐败斗争。

运用大历史观的世界观和方法论透视党的廉政建设和反腐败斗争,可以从整体上更加清晰地理解和把握党风廉政建设和反腐败斗争的形成、发展过程。它奠基于新民主主义革命时期,在社会主义革命和改革开放时期进入过渡阶段,发展于改革开放和社会主义现代化建设时期,于新时代全面向纵深发展。

习近平总书记的大历史观强调,看问题不仅要从历史的长河中总结经验,更要在空间上,即站在时代浪潮的高度进行思考。只有把党风廉政建设和反腐败斗争置于世界发展进程中,才能对其正确认识和把握。党的廉政建设和反腐败斗争不能脱离世情国情党情而盲目进行。中国仍然处在社会主义初级阶段的基本国情没有变,我国是世界上最大的发展中国家的国际地位没有变。但国内外形势日益严峻,我国面临的风险与挑战并存,已然深刻影响着党风廉政建设。

在横向和纵向视野的基础上,整体把握新时代党的廉政建设和反腐败斗争,认识到历史、现实、未来三者的关系,这也是大历史观的基本要求。未来,要将廉政建设和反腐败斗争进行到底,就必须借鉴百年来中国共产党的建设经验,探究其中的规律;认清国际国内形势,在此基础上借鉴国外经验;适应新时代党的自我革命路径,坚持全面从严治党,以党的自我革命引领伟大的社会革命。

质言之,新时代新征程上,党风廉政建设和反腐败斗争能否做得好,关系到党的长期执政、关系到国家长治久安,关乎前途、关乎道路。我们要以习近平总书记的大历史观为指引,将其放在历史长河、时代浪潮中回顾、审视,既要从百年党史中总结经验、吸取教训,也要时刻认清楚国内外形势,依据世情国情党情的变化做决策、定方向、谋大局。

参考文献

[1] 习近平. 习近平谈治国理政(第4卷)[M]. 北京:外文出版社,2022:
511.

(史超月　青岛科技大学马克思主义学院)

以党的自我革命祛除形式主义、官僚主义之风的路径研究

一、以自我革命的态度明晰形式主义、官僚主义的"真面目"

祛除形式主义、官僚主义的首要前提就是要以自我革命的态度明晰其

真正面目。责任心差甚至毫无责任心，贯彻上级部署要求不认真、不自觉、不坚定，工作落实停留在口头表态上，只说不干，推一下动一下，不推不动，甚至推也不动，搞上有政策、下有对策，对上级精神和政策规定或大而化之、笼而统之，或简单理解、机械执行。纪律松弛不严肃。纪律规矩意识淡漠，该请示的不请示，该报告的不报告，更严重的是有令不行、有禁不止。编造工作落实，搞撒谎欺骗、欺上瞒下。

二、以自我革命的理念剖析形式主义、官僚主义的"真根源"

首先，从主观上看，正像习近平总书记指出的那样，"形式主义实质是主观主义、功利主义，根源是政绩观错位，责任心缺失。"[1]从思想源头上看，形式主义、官僚主义源于主观主义。主观主义是一种脱离实际、忽视客观事物实际情况，而仅仅凭借个人的认识、情感、经验等，对事物作出价值判断的错误思想方法，是一种不科学的、幼稚的、片面的、形而上学的思维方法。它脱离客观实际和人民群众，工作必然得不到群众的支持和拥护。其次，形式主义、官僚主义背后是个人主义和功利主义在为之推波助澜。二者都将一己私利视为至高无上的价值追求，主要表现为急功近利、狭隘偏私等行为，最终目的是谋取个人的政治利益和名誉。

其次，从客观上看，当思想上滋生形式主义、官僚主义的细菌，而外部客观环境充当细菌的培养皿，那么势必会为形式主义、官僚主义提供有力的制度机制保护伞。第一，浮躁不安的社会风气是环境因素。社会风气对于形式主义、官僚主义的滋生具有助长作用，且往往开始不容易被人察觉。第二，亟待完善的体制机制是制度因素。目前存在着一些不够完善的制度机制，为其滋生发展提供了土壤。

三、以自我革命的精神探求祛除形式主义、官僚主义的"真办法"

第一，全面从严治党，从根本上要解决的是党员干部的思想问题、作风问题。只有消除党员干部官僚主义、形式主义萌发的念头，才能从根源上阻断其发展生长的路径。思想建党、理论强党是我们党在长期实践过程中传承并发扬的优良传统和政治优势，必须一以贯之，坚持发扬和传承。第二，深化体制机制改革，官僚主义、形式主义盛行的很大一部分原因离不开不健全不完善的体制机制这一培养土壤。要建立领导干部终生问责制度。第三，增强决策的科学化和有效性。首先，要加强对基层的调查研究，党员干部需要经常进行实际调查，带着问题干工作。其次，注重协同治理。

参考文献

[1] 中共中央文献研究室. 习近平关于全面从严治党论述摘编 [M]. 北京：中央文献出版社, 2016: 153-154.

（申文理　青岛科技大学马克思主义学院）

民本思想视域下反对形式主义、官僚主义的若干思考

一、脱离群众是滋生形式主义、官僚主义的根源

官本位思想是导致党员干部官僚化的重要原因之一，其背后的深层次原因可以追溯到中国封建社会的演变和长期积淀的文化传统。[1] 长期的封建社会在中国社会形成了根深蒂固的"官本位"思想和"面子"文化，导致一些党员干部认同"官"这一身份，进而在思想认知和行为表现上呈现出"官老爷"做派和"衙门作风"。此外，权力集中化使得党员干部，尤其是各级党组织的一把手，拥有巨大的权力。这种权力不可避免地影响到了政治资源和社会资源的分配，如干部的晋升、资源的分配和发展规划等方面。例如，在子女教育、就医和办事方面，党员干部通常能够通过一句话或者个人身份的影响而享受特殊待遇。这种现象必然会导致一些党员干部追求官位的意愿增强，倾向于形式主义和官僚主义的行为。

随着经济和社会的不断发展，行政机构也在不断完善和革新，逐渐实现了电子化办公、流程规范和专业化分工。因此，一些干部只是在自己的办公桌前埋头工作，忙于处理文件、开会，基本上与群众的实际生活脱节。这一部分干部没有主动去了解群众的想法和需求，更别提真正亲身走进群众的家庭或一线工作现场去解决实际问题和困难。这种情况下，形式主义和官僚主义就很容易滋生。

二、践行群众路线是力戒形式主义、官僚主义的法宝

（一）公开信息，打破信息垄断

特权产生的根本原因是信息渠道的垄断。应更积极地公开政府和党员干部的信息，不断扩大群众的传达机制和利益表达。这样既可让来自底层的公众利益需求快速反馈到上层，又能使公众深入理解政府和党员干部的信息，消除由信息不均等造成的特权问题。健全制度，将权力束缚在制度的笼

子里。应坚持通过制度来管理权力、事务和人员，特别要加强对一把手权力的监督和制约。

（二）加强教育

深化思想政治教育的推动工作，提升党员干部公众服务的意识。同时，设定正确的政绩评价标准。此外，还需在日常工作中对党员干部进行信念坚定的教育，并加大与民众的交流互动，提高为民服务的热情。优化考核机制。划分责任，明确各层级、各部分的职责与权力，构建详尽明了的责任清单，避免责任混淆或推诿。

（三）深入群众进行调查研究

党员干部有责任积极地投身基层一线，实地接待群众信访，并下到基层开展办公、实地调研、宣传党的方针政策的活动。必须深入群众，开展调查研究，紧紧抓住老百姓最迫切、最关切、最不满的问题。要深入研究解决问题的具体办法，真正代表并关心百姓的想法和利益。此外，在开展调研和解决问题的过程中，需要将理论和实际工作紧密融合，深化对党的新理论的理解和领会。这同样是与人民紧密联系，推动工作持续进步的方式和过程。

参考文献

[1]习近平.在中共十九届中央政治局民主生活会上的讲话[N].人民日报，2017-12-27（1）.

（白　宇　青岛科技大学马克思主义学院）

反对官僚主义问题研究

官僚主义是领导机构中最常出现的一种政治疾病，它严重违背了党的初衷，脱离了群众。在我国的社会主义环境中，导致领导干部官僚化的社会基础已经被彻底消除，但是，官僚主义并没有因此而消失，它仍然以多种形式存在，并发展为一种腐败现象，严重地危害着党的公信力和社会主义现代化建设。我们必须深刻认识到这一问题的严重性，深入剖析其成因，力争根除官僚主义的顽症，这对于治党治国都具有重要的现实意义。

一、官僚主义的产生原因和危害

马克思在《黑格尔法哲学批判》中指出:"官僚政治是一个谁也跳不出的圈子。"[1] 官僚政治是资产阶级打着维护国家利益的幌子,控制公民、行使权力的一种形式。马克思曾指出,国家实际上就是管理社会公共事务的权力机构,是阶级矛盾出现之后形成的不可调和的产物,是剥削阶级用来统治被剥削阶级的工具。由于官僚主义是国家的衍生品,自然成了"祸害"。

官僚主义作为一种精神状态,严重影响党员和群众的关系。抗日战争期间,由于政权的改造不彻底、成员的成分不纯洁,加上党不能督促党团及时加以防止和纠正,导致党员干部因官僚思想衍生的贪腐现象时有发生,影响极其恶劣。"太行山区和顺县下辖的 8 个村的财政委员会贪污公粮 800 余石。太岳区临沅县第一区柏水村村主任李万和贪污大洋 6 000 元、粮食 400 石……"这些行为严重损害了中国共产党的形象,使部分群众对中国共产党产生了怀疑,误认为中国共产党与国民党一样腐败。由于官僚主义腐朽文化与中国共产党人的性质和宗旨格格不入,因而它成为阻碍党的先进性和纯洁性建设的突出矛盾和挑战。

二、中国共产党治理官僚主义的策略与方法

首先,加强马克思主义理论学习,强化科学理论武装是治理官僚主义的政治前提。1935 年,陈云在《怎样做一个共产党员》一文中将我们党的理论形象描述为"中国共产党是马克思列宁主义的战斗的党",提出要坚持和走好群众路线,中国共产党的执政宗旨是"全心全意为人民服务",这是我们党所有方针政策的出发点和落脚点。要永远以人民的利益为先,必须坚决反对脱离群众、唯我独尊、自我膨胀的官僚作风和习气。

自党的十八大以来,以习近平同志为核心的党中央以极大的政治胆识、高度的责任担当开启"打虎""拍蝇"的反腐倡廉工作,对一批贪污腐化的官员进行了严厉的查处,使我们党的政治风气得到了净化,政治生态得到了改善,党的先进性、纯洁性得到了保证。但是,反腐和反官僚主义永远在路上,"官僚主义同我们党的性质宗旨和优良作风格格不入,是我们党的大敌、人民的大敌"。对于已经忘记国家和人民的利益、走上违法犯罪道路的领导干部,必须依纪依法斗争到底,形成威慑,最终消除滋生官僚主义的土壤。

参考文献

[1] 马克思恩格斯全集(第 3 卷)[M]. 北京:人民出版社,2002:60.

(刘子龙　青岛科技大学马克思主义学院)

第十二篇
党的自我革命理论与实践探索

密切党群关系　打造清廉党风

——以青岛西海岸新区为例

习近平总书记指出，"群众路线是我们党的生命线和根本工作路线"。新时代全面从严治党成就表明，清廉党风是密切党群关系的基础，而密切党群关系则是打造清廉党风的实践途径。[1]

一、密切联系群众、打造清廉党风的理论与实践

（一）全党层面经验

坚持党的群众路线。无论党和国家事业发展到哪一步，马克思主义唯物史观、马克思主义群众观点不能丢。经过多年实践，党用中国式语言把马克思主义的唯物史观和群众观点表述为"从群众中来、到群众中去"，包含了与群众的关系、对群众的宣传动员、对群众主体地位的认识及为群众解决实际问题的导向等等。

加强党的作风建设。群众路线是政治立场，也是优良作风，是党得到人民群众拥护支持的根本，是党的最大政治优势。作为三大作风之一，密切联系群众的理论与实践为我们党孕育形成艰苦奋斗、廉洁奉公等优良传统、始终保持清正廉洁提供了最深层的支撑。

创新群众工作方法。事业在发展，形势和实践在变化，群众的思想和现实也在随之变化。党在制度和机制上，也在充分利用新的物质和技术条件、新的思想政治工作理念和新的群众社会性特点，不断调整创新。

（二）各地实践成果

创新党群工作理念。如重庆市在把握规律、观念革新方面做出了有益探索，提出创新基层党建"三大理念"：第一个理念是"基层是党建工作的主战场"，第二个理念是"老百姓的柴米油盐酱醋茶是基层的国家大事"，第三个理念是"教育、组织、服务党员群众是基层党组织的基本职能"。其他地方类似的表述也很多，这种更容易为基层党员群众接受的提法，在工作中更容易形成共识、共鸣。

创新党群工作方法。如枫桥，其经验最初只是体现为把问题和矛盾处理在最初的范围内，进入新时代，则把党群关系具体化，提出了"党政动手，各负其责""依靠群众，教育人、挽救人、转化人""专群结合、群防群治、预防化解矛盾，维护社会治安"等多项具体经验，最核心的内容则是对群众的"发动"和"依靠"。

拓展密切党群关系途径。如山东省夏津县社会治理创新实践，走出一条"民生改善→不稳定因素减少→维稳成本下降→社会负担减轻→民生进一步改善→不稳定因素进一步减少"的新路，破解了"维稳经费追加→群众负担增加→社会矛盾凸显→维稳经费需求进一步增加→社会矛盾日益加深"的"不良循环"困局，形成独具特色的"夏津现象"。

二、新区坚持群众路线、打造清廉党风的做法与经验

新区因经济社会发展走在全国前列，密切联系群众的实践也呈现出引领和示范的态势。在党组织和党员的观念养成、党群互通平台的有效运行和确保根植群众的机制建设方面取得突破，主要做法如下。

（一）把第一目光投向群众，增强心系群众的观念

新区提出，联系群众，要"带着感情解决问题"。感情从何而来？关键问题在哪？这是能否联系上群众的一道门。为了推开这道门，大兴调研之风活动有成效，但还不够，必须让各级党组织和党员把第一目光投向群众，全面彻底常态化了解群众的生产生活和思想。

如"四民"活动中，一是横向实现了全域覆盖、户户必访，整理收集群众意见建议，释放了群众情绪，并为科学决策夯实基础；二是纵向实现了动态跟踪，以回访检验成果，活动跨年度进行，多次走访和回访，把握住了群众利益诉求的变动。"五进"活动中，着眼城镇化变迁中的复杂情况，优化走访布局，区分类型，确保横向、纵向上了解群众无遗漏，并扎实贯彻了走访回访的动态流程。营商环境提升行动中，党员作为服务专员覆盖全部市场主体，逐个对接、长期交流，线上线下互动渠道畅通。

以这样大的力度让党组织、党员与群众面对面，能够真实准确地把握社情民意。经过这样的体验和推动，决策办事就不会再简单地以文件为据，而是会将群众的喜怒哀乐愁统筹进去，真正实现心系群众。而这种尊重群众的实际行动和观念，在展示党的决心和努力的同时，必然带来了党风的净化。

（二）把第一时间交给群众，打造融入群众的平台

新区率先提出"第一时间"理念，并在实践中不断发展。"第一时间"，就是及时发现和应答群众的诉求，从群众的视角去积极解决问题。为了贯彻这一理念，新区整合各类资源，畅通党群联系渠道，打造了融入群众的高端平台。

一是"一条线"集中处理社情民意，依托社区治理中心平台，将原本分散的电话、信箱、网络、问政等意见投诉渠道统一整合，自上而下，从新区到

部门镇街再到社区,机制实现闭环,呈现出信息快速传递共享、各部门协力合作、事项办理快捷高效等优势,确保人民群众诉求快速响应。

二是"一盘棋"提前谋划民生热点,利用大数据平台形成"社情民意情况汇集分析"机制,将群众的想法以及群众关心关注的热点、难点问题进行搜集整理,并分析判断,及时把握新动态、新问题,进而部署落实,及时解决群众反映的问题,及时化解可能出现的矛盾。

三是"一件事"重点解决急难愁盼,常态运行"行风热线",涉及民生和公共服务的区直单位(部门)定期上线,接受群众在线的问题反映、投诉举报和有关咨询,坚持把群众满意作为工作的根本标准,动态清零。

有了这个大平台,各级党组织和广大党员都能在第一时间获知全域范围内的总体社情民意,第一时间做出反应,真正实现了把各自的工作生活与群众紧密相连,融入群众的广阔天地中。可以说,平台建设及其有效性,能够及时化解矛盾、解决问题,并使党群在沟通中增强凝聚力。

（三）把第一阵地根植群众,健全服务群众的机制

新区在推进主题活动和平台建设的同时,注重重心下移,把第一阵地根植群众,逐步形成了一个全方位的服务群众的机制。

第一层是共建、帮扶机制。每一个区属单位都与企业、村居结对,把服务群众常态化、具体化,像织网一样把社会的各个细胞组织紧密联系在社会发展的大局中。第二层是挂职、锻炼机制。选派骨干干部,如第一书记进驻社区、优秀干部挂职企业,既成为一个党群联系的枢纽,方便意见收集,提高服务效率,同时也培养了一大批愿意为群众服务、会为群众服务的干部。第三层是党员社区报到。为每一位党员设岗定责,从最初的体系建立,到现在的作用初步体现,基层党员已经很好地体现了作为社区经济发展、文化建设和民主自治催化剂的作用。

这些机制,使党组织和党员在实践中真正融进了群众,一定意义上"成为群众",与群众同呼吸共命运,相互了解,协力共生,是清廉党风的生动诠释,也在实践中凝聚形成了清廉党风。

三、进一步密切党群关系、打造清廉之风的建议

时代发展提出了新的更高要求。密切党群关系既是手段也是目的,打造清廉之风既是途径也是结果,还需要探索更加切实有效的新举措。

（一）必须遵循发展实际,在民生导向群众路线中贯彻清廉党风

习近平总书记指出:"贯彻党的群众路线,首先要对群众有感情,真正把

自己当作群众的一员、把群众的事当作自己的事。"人民群众对美好生活的向往在不断发展,对党群关系、对党风政风的期待也在不断变化。处理党群关系,必然要根据经济社会的发展条件不断调整工作重心。高质量发展要求更好的民生获得感,要走出传统党群关系倾向稳定的模式,转向全面体现美好生活的民生导向群众路线,在为群众办实事中贯彻清廉党风。

（二）必须坚持依靠群众,在新型党群关系中改进清廉作风

改革开放以来,经济社会发展过程中党委政府主导因素非常大,"领导"和"带领"群众常常多于"依靠"群众。树立新政绩观,必须先行革新党群观。一是科学决策,沟通前置,党委政府决策前的舆情酝酿要更加扎实,避免"办公室里出文件";二是权力保障,深化党代表、人大代表等政治表达机制改革,确保群众的真实意见能够集中反映到决策环节。

（三）必须强化党员管理,在服务群众实践中锤炼清廉党风

要进一步完善现有的根植群众、服务群众机制,切实把党员的先锋模范作用体现到社会生活的细节当中。要通过制度建设,对广大党员干部特别是领导干部直接联系群众作出具体规定,细化责任人、时间要求、联系对象、服务内容、联系方式。在一线选拔和培养能够长期扎根于基层的骨干,让他们嵌入到各类正式或非正式的组织当中,在实践中锤炼提升影响。

参考文献

[1] 习近平.习近平著作选读:第1卷[M].北京:人民出版社,2023.
[2] 筑牢理想信念根基树立践行正确政绩观 在新时代新征程上留下无悔的奋斗足迹[N].人民日报,2022-03-02(01).

（周志胜　青岛西海岸新区工委党校）

党的自我革命与农村干部队伍建设

"全面从严治党永远在路上,党的自我革命永远在路上"。如何把制度优势转化为治理效能,提升农村干部队伍的战斗力和组织力,让农村事业焕发新的生机与活力是政府需要关注和重点研究的问题。面对新时代党的建设和乡村全面振兴更高要求,青岛西海岸新区的农村干部队伍在选拔人才、教育培训以及激励保障等方面仍存在不足。对此,我们应着力深化改革、自

我革命,努力打造一支素质能力高、执行力强的基层干部队伍。

一、新区农村干部队伍基本情况

建设社会主义新农村、实现农民共同富裕,关键是要有一支"爱学习、讲奉献、能战斗"的农村干部队伍。截止到 2020 年底,新区 145 个行政村换届选举产生了 1 124 名村"两委"成员。通过换届,新区对农村干部队伍的年龄、学历、行业性质进行了优化改革,从结构上看,具备了以下特点。

(一)队伍年龄得到优化

加快村级干部队伍的合理搭配与建设,逐步解决村级组织后继无人问题。这次换届后,新区农村干部年龄 45 岁以下的占比达到 50% 以上,逐步形成了合理的老中青梯队。农村"两委"成员平均年龄 48.9 岁,比上届下降 3.8 岁,年龄结构进一步优化。其中,35 岁以下的 168 人,36~45 岁的 395 人,46~59 岁的 494 人,60 岁以上的 67 人,分别占农村"两委"成员总数的 14.9%、35.1%、44% 和 6%。全区 145 个村"两委"班子中均至少有 1 名 35 岁以下的年轻干部。

(二)学历层次明显提高

高素质的农业人才队伍是实施科技兴农的基础。这次换届中,农村干部高中以上学历的占比达到 89.1%。其中,在农村"两委"成员中,高中(中专)学历的 514 人,占 45.7%,专科以上学历的 488 人,占总数 43.4%,分别比上届提高 31.6 和 19.9 个百分点。这将对农村各项工作的开展提供有力的智力支持。

(三)职业身份更加多元

近几年来,农村能人式干部的引领作用得到明显发挥,各类人才返乡数量有所上升,对优化农村班子队伍、增强带动领导能力起到积极作用。换届后的农村"两委"成员中,本村致富能手、外出务工经商人员、返乡创业人员、退役军人已分别占 41.5%、11.1%、9.9% 和 8.3%。

二、需要注意的几个问题

农村干部队伍是党的基层组织的主力军,是巩固党在农村的执政地位、永葆党的先进性的一线前沿力量。因此,要大力加强和改进基层干部队伍建设,以"全面从严治党永远在路上,党的自我革命永远在路上"的要求,及时发现农村干部中存在的问题、查找不足之处。

我们通过对部分街道和乡镇的调研发现,农村干部还存在以下一些突出问题。

（一）干部来源渠道窄

农村社会的"空巢化"削弱了村庄发展动能，许多村庄年轻、有能力的村民大多在外面发展，而村内的留守人员以老弱病残居多，缺少能为村庄服务的干事带头人，"带病上岗""矬子里拔将军"的结果往往容易造成村内"族群"、干群、干部之间"的对立与分裂，引发各类社会问题。有网格村原村干部在换届后，存在对新上任干部不满情绪，长期放任就有可能会影响街道及村庄内正常工作的开展，对农村稳定造成不利影响。

（二）学习领悟能力差

一方面，学习领悟能力不够。各镇街组织农村干部集体学习机会减少，尤其是单独针对农村干部的教育培训明显不足，开展业务培训往往与乡镇干部混在一起，导致农村干部学习理解不透彻，培训针对性不足。[1]部分农村干部上任后，也希望带领村民发展农业经济，但因自身学习掌握能力有限，技能培训的效果较差，存在畏难心理，导致农业新品种迟迟不能落地生根。

另一方面，主动学习意识不强。新区本次换届连任村"两委"成员共877人，占到了农村干部总数的78%。虽然新当选干部的年龄结构及学历层次得到了较大改善，但仍有一些干部观念守旧，缺少主动学习热情。

（三）待遇保障不到位

一方面，由于我区不同村庄（社区）之间的经济发展水平差距明显，导致基层干部待遇差别很大。如长江路、老黄岛、隐珠等部分发达农村（社区）干部收入水平较高，而西部落后乡镇如宝山、六汪、大场、海青等的农村干部收入相对较低，工作状态也明显不同，影响了工作开展的积极性。

另一方面，农村集体收入薄弱的村庄，村干部部分工资待遇长期拖欠，致使农村干部工作动力不足，也使部分年轻、有能力的村民觉得待遇低、难度大，不愿加入农村干部队伍中来。

三、加强农村干部队伍建设的几点建议

我们要认真贯彻新时代党的建设总要求，持之以恒要求干部进行自我反省、自我革命，以加强农村干部队伍建设的各个方面。建议从如下几个方面采取措施。

（一）强队伍，树典型

我们要站在抓好农村改革、保持发展稳定的立场上，以党建为引领，把

那些政治坚定、办事公道、乐于奉献、群众认可、能带领广大农民致富的干部选拔出来,加强新区村级干队伍建设。同时强化顶层设计,探索农村干部来源的多元化,大力选拔培养后备农村干部。

对合并后的新村,配备专职的党务、财务干部。新区换届的145个行政村"两委"成员1 124名、231个城市社区"两委"成员1 563名,城市社区选聘干部的档案关系、个人工资、养老保险等已由街道统一管理,但对农村干部(含城区社区拆迁改制村)的管理力度还不够。建议首先在党务、财务干部上参照城市社区逐步推进,选拔招聘专业的人干专业的事,减少换届对日常事务性工作的影响。

对经济薄弱、老多壮少、思想观念落伍的新村及网格村,大力吸引本村优秀的大中专生、退役军人、在外人员回村发展,克服农村"宗族"、小圈子对发展党员、选拔干部的影响,优化农村干部队伍建设。

对经济发展潜力大的优势村庄,摸清并建立人才名单,从中选拔有经济头脑、能带领群众共同致富的"企业主、小老板"型干部,树立致富能人的干部典型,提高经济发展带头、示范引领能力。近年来,就有一些镇街通过鼓励并邀请在外创业能人返村任职等方式,培养了一批不求待遇、反哺村庄的小老板、企业主式农村干部。他们的回村带头发展,规范了村庄的制度,其先进的理念更是带动了村庄的发展。

鼓励机关中政治思想素质好、工作能力强、发展潜力大、熟悉和热爱农村工作的年轻干部到村任职学习锻炼,给有志青年提供一个发展锻炼平台;动员退休退职干部到村担任顾问,发挥信息灵、路子广、办法多的优势,参与新农村建设,为村内发展提供智力与经验支持,以此来加强新区农村干部队伍建设。[2]

（二）抓阵地,促培训

对农村干部的教育培养,要把政治建设放在首位,同时紧贴农村工作实际,从课程设置、师资选用、培训方式等方面入手,以适应新形势下农村干部教育及发展需要。

用好党校"主阵地"。习近平总书记在全国党校工作会议上指出,党校是我们党教育培训党员领导干部的主渠道。要发挥好区级党校引领、示范作用,以镇街党校作为主要培训阵地,以党校师资为基础,选调各单位相关专业的专家为讲师,对农村干部进行系统培训。像新区成立的青岛市首家村级党校——大村镇西南庄党校暨区工委党校现场教学示范基地已挂牌开课,还有新区工委党校"直播大讲堂"也已在王台街道徐村开讲。村级党校和教学点的建设,对周边村镇干部的党建工作发挥了很好的辐射带动作用。

创新培训方式。要通过现场教学、结对帮扶、外地交流等方式,提高培训的实效性和针对性,真正培养一批懂农业、善经营的农村干部,并探索利用网上"云课堂"等载体方式,应用新技术手段进行培训学习。例如琅琊镇王家台后网格村第一书记带领本村干部打造"琅琊海故事"抖音号,以实景真人演绎琅琊海边乡村振兴故事。前期抖音短视频已播出 74 期,完播量 150 多万。这种以网络电商促发展的引导模式,创新了农村干部培训工作,形成了很好的示范引领作用。

合理设置课程。要加强需求调研,提高课程设置的合理性,把组织需求、岗位需求和自身需求有机结合起来,努力做到农村事业需要什么就培训什么,干部业务技能缺少什么就培训什么,增强培训的针对性与实效性。

（三）增待遇,优环境

农村干部具有农民、干部双重身份,所以村干部既要管好自家农田,也要处理好村庄事务,工作精力很容易分散,干部的领导带头作用有时也难以得到充分发挥。因此,我们迫切需要建设一支专业化程度高的农村干部队伍,推行村干部职业化管理,对其进行规范化的管理考核,并建立相应的奖励和约束机制,充分调动村干部工作的积极性、主动性和创造性。[3]

在待遇上让农村干部有干劲。一要考虑将农村干部待遇纳入镇街财政的统一管理,减少村级支出负担,实行按月发放工资、定期发放考核奖金的方式,保障农村干部收入;二要建立农村干部奖励机制,对在阶段性重点工作中考核优秀或做出重大成绩的农村干部以绩效奖励等方式提高其经济待遇;三要通过办理职工养老保险、意外保险的方式,解决农村干部的后顾之忧;四要以试点补贴等方式,鼓励农村干部领办诸如大棚农业、新品种种植、农产品加工等各类村集体经济项目,培养致富带头人,促进农村资产的盘活、增收。

工作上进一步优化履职环境。一要加大对村级组织活动阵地的财政投入力度,将党建工作和日常工作运行经费纳入财政预算,切实保证农村干部有钱办事;二要规范、明晰岗位职责,建立农村干部职责清单,加大党务村务公开力度,积极推进村级事项从落实结果到向事前、事中、事后全过程公开的延伸,并精简整合考核事项,切实减轻农村干部的工作压力和负担;三要健全监督制度,严格纪律监察,完善民主监督,为农村干部的管理铺好路,增强村级事务的透明度和村民群众参与度。乡镇政府还要定期与农村干部谈心,帮助干部树立廉洁自律意识,并做实党务、村务公开,防止被人误解、打击干部积极性。这样有利于保护农村干部。

总之,我们要以党的自我革命的勇气与担当,大力培养和发展有能力、有干劲的农村干部,把国家的乡村振兴战略实施好,以实现我国农业强起来、农村美起来、农民富起来的美好愿景。

参考文献

[1] 胡建华. 如何充分发挥基层党组织的战斗堡垒作用 [J]. 中小企业管理与科技(上旬刊),2021(5):66-67.

[2] 卢德铖. 强化村级后备干部队伍建设 [N]. 通化日报,2007-11-23(3).

[3] 王江松,紫云. 奏好村干部"选育用"三部曲 [J]. 当代贵州,2021(2):66.

(王致信　青岛西海岸新区工委党校)

自我革命视角下推进乡村绿色发展路径研究

1921 年中国共产党通过的第一个纲领明确指出,"党的根本政治目的是实行社会革命"。绿色发展是党立足于乡村振兴对生态文明建设做出的战略要求,不仅关系党的使命宗旨,还关系众多民生问题。根据中共中央、国务院关于做好 2023 年全面推进乡村振兴重点工作的意见,要求举全党全社会之力全面推进乡村振兴,加快建设农业强国,建设宜居宜业和美乡村。以自我革命精神推进乡村绿色发展,是党勇于打造和锤炼自己,以自我革命引领伟大社会革命,实现人与自然和谐共生的中国式现代化的政治自觉和实践主题。

一、绿色发展是落实党的全面领导

习近平总书记指出:"实施乡村振兴战略,一个重要任务就是推行绿色发展方式和生活方式,让生态美起来、环境靓起来,再现山清水秀、天蓝地绿、村美人和的美丽画卷。"[1]

(一)自我革命促进农村高质量发展

绿色是农业农村的本色,农村对自然生态和人文生态的保护要优于城市,这笔潜在的巨大资产必然会提升农村未来发展的竞争力和吸引力。党的二十大报告指出,推动经济社会发展绿色化、低碳化是实现高质量发展的关键环节。习近平总书记指出,检验乡村振兴的重要标志是看农民的钱袋子鼓起来没有。受城乡二元结构的历史因素以及城乡收入差距过大的现实影响,农村居民选择城镇务工、安家落户，土地无人管理，播种被迫撂荒，大量房屋闲置无人居住。土地作为农民生存和致富最重要的资源，在增加农民收入方面，有时却敌不过一个在城市打工的机会。土地不能留住自己的主人，也难以获得市场性资金的投入。另外，农村集体资产发展匮乏、政府投入较少、社会资金募集能力极弱等因素叠加，导致农民的自我生产空间不断变小。乡村既缺资源投入，同时又存在大量闲置和浪费资源，矛盾产生的症结是农村经济缺乏内生活力，阻碍其高质量发展，最终成为乡村振兴、美丽中国大踏步前行的绊脚石。这需要以自我革命的精神主动思变，借助乡村优良的生态要素吸纳绿色资金为其发展服务，将蕴藏在广大农村的生态优势真正转化为经济优势。

（二）自我革命可以破解乡村振兴难题

当前，推进乡村生态振兴和绿色发展，还面临着不少短板、问题和制约因素。党的二十大报告指出：加快建设农业强国，扎实推动乡村产业、人才、文化、生态、组织振兴。这需要党以自我革命的勇气对农村实际问题革顾鼎新。一要直面乡村人居环境问题。当前乡村还相当普遍地存在生存环境差、基础设施差、社会风气差的客观现实，例如：污水随处倒，禽畜粪随处可见，地膜农药废弃物依然存在，乡村不复田园风光，导使乡村自身发展的最大优势和宝贵财富被破坏。二要解决人口外流导致乡村治理困境问题。目前农村社会空心化、农村家庭空巢化、农村人际交往商品化等问题日益凸显。乡村是离不开的"退路"，不再是离不开的"家园"。这种生存意义和情感意义上"疏离"，造成了乡村社会共同体凝聚力的耗散，乡村治理面临新的困难。以自我革命推进绿色发展，不仅为破解乡村振兴难题提供动力机制，还可以有效纾解我国资源环境瓶颈约束、提升农业质量效益和竞争力、建设美丽宜居宜业乡村、促进农民增收。

（三）自我革命是实现美丽中国的需要

良好生态环境是乡村的最大优势和宝贵财富，倡导乡村绿色发展，构建发展新格局是建设美丽中国的需要。绿色发展可促进生态民生建设。所谓"生态民生"就是从生态层面提高和改善民众的生存和生活质量，满足民众对美好环境的需求和向往。习近平总书记强调，"生态环境是关系党的使命宗旨的重大政治问题，也是关系民生的重大社会问题"。[2]生态作为民生建设的新领域，是社会生产生活发展到一定阶段的必然要求，直接影响着人民对美好生活的体验。以自我革命反思人与自然的关系、审视经济发展模式、关注人的生态权益，实现乡村产业兴旺、生态宜居、生活富裕的生态民生，才是达成民众对美好环境的需求和向往的必经之路。

二、自我革命精神推动乡村绿色发展的逻辑机理

新时代党的自我革命，是通过党的自身变革及转型发展以获得党建效益和社会效益的政治范畴。自我革命与"产业兴旺、生态宜居、乡风文明、治理有效、生活富裕"的乡村振兴战略无疑是相互促进、一体发展的。贯通自我革命与乡村绿色发展的筋脉，可实现党建内部效益与社会发展外部效益统一共赢。

（一）自我革命精神内在要求

马克思主义使命必然。中国共产党作为马克思主义政党，本质上具备革命基因。习近平总书记指出："我们党继承和发展马克思主义建党学说，形成了关于党的自我革命的丰富思想成果。"在带领人民推进革命、建设和改革的历史进程中，党不仅推行"刀刃向外"的革命，而且强调"刀刃向内"的自我革命。"无情的自我批评"是无产阶级政党强大的"内在力量"，这有助于党实事求是地将革命性内化为寻求自我突破的主动精神。

党百年奋斗经验使然。自我革命作为党百年奋斗的十大经验之一，有着深厚的历史实践基础。回顾百年党史，中国共产党的伟大不是因为党不犯错误，而是因为党"勇于批评和自我批评，勇于听取不同意见，及时改正错误"，[1] 具有极强的自我修复能力。正是在勇于坚持真理、修正错误的过程中，党增强了敢于正视问题、克服缺点的自我革命勇气和信心。

全面从严治党定然。中国共产党作为长期执政大党，面临"四大考验""四大风险"问题，党的自我革命聚焦提升正是全面从严治党的逻辑延伸和实践成果。在彻底自我革命精神引领下，形成"以伟大自我革命引领伟大社会革命，以伟大社会革命促进伟大自我革命"的协同发展局面。

传统文化传承自然。中国共产党既是马克思主义的坚定信仰者和践行者，又是中华优秀传统文化忠实继承者和弘扬者。传统文化中"修身齐家治国平天下"的处事道德理念及"政在养民"的价值追求等，与自我革命要求高度契合。

（二）乡村振兴的内在要求

乡村振兴需要有为政府。乡村振兴起主导作用的是政府。具有自我革命精神的有为政府，一方面可以培养和提升干部的执政能力和领导水平，另一方面可制定完善法治政策、倡导理念，并通过政府层面有效推进。

乡村振兴需要企业参与。乡村绿色发展需要全社会共同参与，企业是其

中的关键性环节。企业既是各类政策法规实施的对象,又是推动乡村绿色发展的主体。政府的政策导向及社会舆论压力会倒逼企业以自我革命的精神求变,以适应市场对生态绿色产品需求,同时企业逐利思维会主动寻求绿色发展方式。

乡村振兴需要生态意识。乡村振兴最广大的动力和能量蕴藏在民众之中,党的自我革命可以唤醒民众意识。随着我国经济水平的不断提高,人民群众越来越重视生态环境的保护,民众意识觉醒可促进绿色发展和消费意识及生活方式的转变,为生态文明建设扫清认知障碍。

（三）贯通自我革命与乡村绿色发展筋脉

在思想上形成共识。理论上的清醒才有政治上的坚定、行动上的自觉。自我革命是权力拥有者对自身权力的整治。因此,达成统一思想尤为重要,思想上的共识才能使政策制定更加科学合理。

在工作中勇于践行。乡村绿色发展的组织实施主要靠基层党组织,乡村党员干部是自我革命的实践主体。因此,要加大其自我革命精神的教育培训,使自我革命精神外化为具体行为,落细落小到实际工作中加以推行,切实提高自我革命实践成效。

三、以自我革命推进农村绿色发展的实现路径

（一）提升内生动力

实现乡村全面振兴,必须依靠党的基层组织。基层干部和党员是推动农村绿色发展的"关键少数",也是中流砥柱。在选人用人层面要把真正在政治上站位高、服务人民意识强、创新能力足的党员选出来,给年轻人更多的舞台和空间,吸引包括致富带头人、返乡创业大学生、退役军人等在内的各类人才在乡村振兴中建功立业,不断夯实党在乡村的执政基础。要加大财政投入,着力改善村支部书记的工资待遇,提振干事创业动力。充分考虑农村党员现实,理论学习不搞"大水漫灌",按照"少而精、点对点、语言生活化"的原则,利用 QQ、微信等载体进行培训,及时发展年轻党员、妇女党员,确保党组织新鲜血液。

（二）引领政绩观转变

以"绿水青山就是金山银山"为鲜明考核指挥棒,驱动干部践行正确的发展观政绩观。把乡村绿色发展工作纳入领导干部政绩考核,增加绿色考核权重。针对重点生态功能区实行生态保护优先的考评方式,对严重破坏环境的实行一票否决。将产业生态治理与产业升级列入同等考核范畴,促使干部

积极拓展绿色产业良性循环发展空间。

（三）促进高质量发展

产业兴旺，是解决乡村一切问题的前提。将绿色发展与产业革新、日常生活、构建绿色发展机制相结合，以产业结构优化推动资源利用方式的转变。加强与周边学校、公司的相关合作，吸纳符合绿色化的方式、科技、人力资源，积极探索特色小镇发展，将乡村振兴统一于城乡融合发展，成为可持续发展的动力。特色小镇作为"城尾乡头"的发展中心，有利于破解城乡二元结构，既解决农村就业难，同时解决城市基础设施建设向更广阔的空间要平台的问题。

参考文献

[1] 杨世伟. 绿色发展引领乡村振兴：内在意蕴、逻辑机理与实现路径[J]. 华东理工大学学报：社会科学版，2020，35（4）：125-135.
[2] 梁巍. 自省、自觉与自信：生态民生建设的前提[J]. 学术交流，2019（04）：79-86.

（刘新华　李沧区委党校）

自我革命视域下加强农村基层党组织建设的逻辑分析

农村基层党组织是党在农村的"神经末梢"。在自我革命视域下探讨加强农村基层党组织建设的逻辑机理，有利于提高新时代党的建设新的伟大工程的质量，激发基层党组织和党员队伍的责任感和使命感，进而提高乡村振兴的成效。

一、加强农村基层党组织建设的理论逻辑

（一）始终保持先进性的力量所在

中国共产党的自身建设必须有严格的标准和特殊的逻辑是由党的先锋队性质决定的，这是加强农村基层党组织建设的内在根据。《共产党宣言》强调，"共产党人是各国工人政党中最坚决的、始终起推动作用的部分。"列宁认为，"党是阶级的先进部队，是阶级的领导者和组织者，是整个运动及其

根本和主要目的的代表"，"党是阶级的先锋队；它的任务不是反映群众的一般水平，而是带领群众前进"。《中共中央关于党的百年奋斗重大成就和历史经验的决议》指出："先进的马克思主义政党不是天生的，而是在不断自我革命中淬炼而成的。"因此，农村基层党组织只有始终保持先进性，把加强农村基层党组织建设放在首位，才能有坚强的组织力、凝聚力和战斗力。农村基层党组织只有以自身的建设带动农村的建设，以自身的先进性引领农村的现代化，才能有乡村治理水平的整体提升。

（二）马克思主义人民立场的当代表达

中国共产党的根本政治立场是马克思主义政党区别于其他政党的最显著标志，这就是相信人民依靠人民，人民是创造历史的动力和源泉。中国共产党自成立起，就深入到群众中去，始终坚持把人民立场作为根本立场。进入新时代，习近平总书记多次强调人民至上，要坚持以人民为中心的发展思想。党的十九大明确指出："中国共产党人的初心和使命，就是为中国人民谋幸福，为中华民族谋复兴。"人民立场体现在农村工作中，前一时期主要是实施精准扶贫，承诺决不落下一个贫困群众。如今脱贫攻坚工作已经结束，农村居民中绝对贫困的现象已经基本消失，但我国仍是一个农业大国，农村发展相对滞后，"三农"问题仍然是我国实现"第二个百年"目标的短板。党中央、国务院明确强调，"没有农业农村的现代化，就没有国家的现代化"。一定程度上，乡村振兴成为衡量我国现代化的标志。所以，中国共产党秉持以人民为中心的价值立场，提出实施乡村振兴战略。加强农村基层党建是党在农村落实党人民至上价值观的基础，以党组织作用发挥确保农村在发展进程中贯彻人民立场，切实做到发展为了人民，确保全面改善农村的生存和生活境况，改善相对落后的乡村面貌，从物质和精神上进一步推动农村发展，满足广大村民对美好生活的向往，全面增强农村居民的幸福感和获得感。

二、加强农村基层党组织建设的历史逻辑

（一）新民主主义革命时期：着力壮大农村基层党的组织

1922年党的二大开始关注到农村问题，通过的宣言认为：中国三万万的农民，乃是革命运动中的最大要素。党的二大通过的《中国共产党章程》对农村基层党建做了规定，提出各地农村凡有党员3到5人的，均需成立小组并隶属地方支部。这一时期，农村党组织作为党在农村的最基层"引领者"，起到了唤起、引导和组织民众的作用。针对党的理论准备不足、党员中农民和小资产阶级出身的党员占绝大多数，以及党内存在教条主义倾向等问题，中国共产党通过开展延安整风、弘扬党的优良传统和作风、实行民主集中制

原则等举措,对广大党员进行马克思主义教育,为完成推翻三座大山,实现民族独立、人民解放的历史使命奠定了坚实基础。广大农村基层党组织通过指导建立的群团组织广泛发动群众,开展革命斗争、积蓄革命力量,使党的工作在农村奠定了坚实的群众基础。

（二）社会主义革命和建设时期:着力提高农村基层党组织的建设质量

随着农村土地改革的开展,为更好地发展农业生产,建立和完善农村新的社会秩序,需要进一步提升领导能力。1952年,中共中央发布的《在"三反"运动的基础上进行整党建党工作的指示》指出,没有党的组织的地方,应争取在今后一年内建立党的组织……已有党的组织的乡村中还应接收一些党员。1954年,第一次全国农村基层组织工作会议召开,强调要进一步在农村发展党员,强调"使农村支部的组织形式和农村工作的发展相适应"。随着经济形势的逐渐转好,1958年,中共中央北戴河政治局扩大会议通过了《关于在农村建立人民公社问题的决议》,人民公社确立了农村集体经济"三级所有、队为基础"的根本制度。针对党内部分党员干部存在的骄傲自满等问题,党中央及时提出"两个务必",开展"三反运动",从严查处腐败问题,为克服新中国成立初期面临的重重困难、推进社会主义革命和建设提供了强有力的作风保障。建党和整党并进,党的农村基层组织在发展中巩固。

（三）改革开放和社会主义现代化建设新时期:着力完善农村基层党组织的功能

十一届三中全会后,党在农村实行家庭联产承包责任制,大力发展乡镇企业,加强社会主义新农村建设等。农村基层党组织以这些战略举措为中心,不断完善自身功能。1990年,中央五部委联合召开的莱西会议,总结推广"莱西经验",重新确立基层党组织的核心地位。1994年10月,全国农村基层组织建设工作会议召开,研究和部署以农村党支部为核心的农村基层组织建设工作。随后下发《关于加强农村基层组织建设的通知》,提出农村基层组织建设"五个好"的目标要求,即一个好领导班子(党支部),一支好队伍,一条发展经济的好路子,一个好经营机制,一套好管理制度,强调重点在于整顿软弱涣散和瘫痪状态的农村基层组织。1999年2月,中央发布《中国共产党农村基层组织工作条例》,标志着以党规的形式对农村基层组织建设问题实施法规化运行,进一步规范了农村基层党组织工作。2008年,《中共中央关于推进农村改革发展若干重大问题》中指出:"加强农村基层党组织建设,以领导班子建设为重点、健全党组织为保证、三级联创活动为载体,把党组织建设成为推动科学发展、带领农村农民致富、密切联系群众、维护农村稳定的坚强领导核心。"

（四）中国特色社会主义新时代：着力加强农村基层党建的理念、思路、机制、方法等创新

基层党组织作为党团结服务群众的组织基础，提升组织力是新时代加强基层党建的必然要求。党的十九大报告指出，加强基层党组织建设，"要以提升组织力为重点，突出政治功能"。农村基层党组织的组织力是农村基层党组织"为了完成自己的法定职责（即党章规定的职责）而内在蕴含的生命力，对内开展党内活动、对外处理与群众关系的能力"。党的十八大以后，以习近平同志为核心的党中央，坚持打铁必须自身硬，以刀刃向内的勇气，向党内顽瘴痼疾开刀，持之以恒加强作风建设，强力开展反腐败斗争，使党内政治生态明显好转，党和群众的关系更加密切，党的创造力、凝聚力、战斗力切实增强。各级党委认真落实从严管党治党主体责任，坚持抓基层、强基础、固基本，农村基层党组织建设得到长足进步和明显跃升。

三、加强农村基层党组织建设的现实逻辑

（一）加强农村基层党组织建设是巩固党的执政根基的现实需要

党的领导是做好党和国家各项工作的根本保证，是我国政治稳定、经济发展、民族团结、社会稳定的根本点。《中国共产党农村基层组织工作条例》规定："坚持和加强党对农村工作的全面领导，深入实施乡村振兴战略，推动全面从严治党向基层延伸，提高党的农村基层组织建设质量，为新时代乡村全面振兴提供坚强政治和组织保证。"农村基层党组织是农村社会的领导核心和组织核心，承担着领导农村经济、政治、文化、社会及生态文明建设的职责。打铁必须自身硬，农村基层党组织只有把自身建设成为坚强战斗堡垒，才能切实承担起领导乡村治理的使命。

（二）加强农村基层党组织建设是落实全面从严治党的本质需要

党的十八大之后，以习近平同志为核心的党中央将全面从严治党纳入"四个全面"战略布局，凸显了全面从严治党对于治国理政的政治保障意义。党的十九大之后，以习近平同志为核心的党中央对全面从严治党的认识进一步深化，提出了"全面从严治党是党永葆生机活力、走好新的赶考之路的必由之路"的重要论断，强调要深入贯彻全面从严治党战略方针，增强全面从严治党永远在路上的政治自觉，将全面从严治党向纵深推进。党的二十大继续强调新时代新征程必须持之以恒推进全面从严治党，健全全面从严治党体系。习近平总书记在二十届中央纪委二次全会上的重要讲话中指出，要"把

全面从严治党作为党的长期战略、永恒课题……把党的伟大自我革命进行到底"。习近平总书记的重要论述,彰显了持之以恒坚持自我革命、坚决铲除腐败的坚定决心,为把党锻造得更加坚强提供了根本遵循。[1]

（三）加强农村基层党组织建设是全面推进乡村振兴的重要保障

农村基层党组织是否坚强有力,直接影响乡村振兴战略成效。全面建设社会主义现代化国家,最艰巨最繁重的任务仍在农村。世界百年未有之大变局加速演进,守好"三农"基本盘至关重要、不容有失。党领导人民正在进行的伟大社会革命的复杂性前所未有。对照乡村振兴战略要求,农村基层党组织引领乡村振兴仍面临亟待一些解决的问题。因此,必须通过坚持不懈自我革命全面提升农村基层党组织建设引领乡村振兴的能力。

参考文献

[1]吴建雄.中国共产党自我革命的百年实践、内在逻辑和基本经验[J].中南大学学报:社会科学版,2022(2):1-12.

（陈　晔　中共青岛市即墨区委党校）

农村集体经济赋能乡村振兴的逻辑理路

一、农村集体经济赋能乡村振兴的理论逻辑——马克思主义集体经济理论

马克思主义公有制理论中提到创建集体所有制经济,《资本论》第一卷中,马克思写道:"私有制作为公共的、集体的所有制的对立物,只是在劳动资料和劳动的外部条件属于私人的地方才存在"。书中所提到的所有制,一定不是私有制,而是归大家、归社会、归人民共同所有的所有制,即公共所有制,公有制。

二、农村集体经济赋能乡村振兴的历史逻辑——在中国共产党的领导下

（一）新民主主义革命时期关于农村集体经济的理念与实践——"三产化"合作社

在20世纪50年代之前,中国的合作社经济具有"三产化非农性"的特

点,即以服务性为主,关于农业的生产涉及的并不多。当时处于革命战争年代,合作社的建立主要是为了得到广大农民群众对中国共产党的支持,是为了得到农民群众对中国共产党的拥护,是为了当时中国共产党的政权建设。

(二)社会主义过渡时期关于农村集体经济的理念与实践——供销合作社

新中国成立之初,对城市和农村的改革具有不同的侧重点,分别建立了消费合作社和供销合作社,以向市场提供农产品的供给。

(三)社会主义道路探索时期关于农村集体经济的理念与实践——人民公社前期

1958年之后,开始推行人民公社。所谓人民公社,就是大大小小的农业互助社、农业合作社合并在一起,就成了人民公社。

(四)改革开放新时期关于农村集体经济的理念与实践——邓小平"两次飞跃"论

1."第一次飞跃"论

随着经济的发展,集体经济中小农户的经营与市场之间的矛盾日益加剧,这时迫切需要发挥农村集体经济组织的桥梁作用,将小农户组织起来,形成规模优势。随着国家法律制度的不断完善,农民依法依规,按照自愿的原则进行土地权益的流转,增加了集体经济组织的收益。但是正是由于土地流转的规范化,大量土地流向资本手中,一定程度上对农村集体经济的发展起到了抑制作用。

2."第二次飞跃"论

1980年,邓小平对我国农业农村发展提出"第二次飞跃"的伟大战略构想。"第二次飞跃",即实现家庭联产承包责任制的"第一次飞跃"之后,要实现集体经济、集约经济的发展,促进生产的社会化,以实现"第二次飞跃"。

(五)社会主义现代化建设新阶段关于农村集体经济的理念与实践——习近平总书记"统"的农村集体经济理念

习近平总书记明确指出:"我们纪念邓小平同志,就要学习他高瞻远瞩的战略思维。"[1]2020年11月3日发布的《集体经济蓝皮书:中国农村集体经济发展报告(2020)》,认为当前中国农村集体经济发展已经到达由低水平集体化到高水平集体化的历史转折点,需要依靠体制改革,迎接中国农业农村发展"第二次飞跃"的来临,标志着"新集体主义"思潮的兴起。这也表明习近平总书记的"统"的理念对农村集体经济发展的有益推进。

三、总结

中国农村集体经济的发展基于马克思主义的集体经济理论,根据中国的基本国情,与中国具体实际相结合,在中国共产党的领导下,站在最广大人民的立场上,尤其是关注到最大部分的农村。毛泽东提出的社会主义改造极大程度上解决了当时农业农村的发展和农民的温饱问题;邓小平提出了"两次飞跃论",确定了家庭联产承包责任制;习近平总书记将"第二次飞跃论"与"三农问题"相结合,提出包括农业市场化在内的"统"的理念,极大地促进了农业农村的发展。

党的百年历程中对农村集体经济的发展,形成了坚持中国共产党的领导、与时代需要相适应、发展农村集体经济要从我国的具体国情出发和给予政策和法律的支持等重要经验,为新时代我国农村集体经济的发展提供了宝贵借鉴。

参考文献

[1] 习近平. 在纪念邓小平同志诞辰 110 周年座谈会上的讲话 [J]. 党的文献, 2014(05): 3-9.

(翟子晨　青岛科技大学马克思主义学院)

后小康时代农村相对贫困的现实表征研究

把握农村贫困新趋势,研究农村相对贫困特征,既能推动中国特色的反贫困治理体系深入发展,也能为我国反贫困战略和政策的制订提供科学依据。

一、农村相对贫困具有流动性特征

在消除绝对贫困之后,农村地区的相对贫困人口将更加集中,并且具有很高的流动性。

一是贫困人口的流动性。在城市"虹吸效应"的作用下,很多有劳动能力的贫困人口将从乡村向城市流动,农村贫困人口城市化趋势更加明显。二是相对贫困标准的可变性。贫困标准的调整受到多个方面的影响,相对贫困群体也是在不断变化的,这就决定了相对贫困人口的减贫标准也是在动态的调整中。[1]三是相对贫困人口主观感知的流动性。"相对贫困通常不取决于个人的实际生活状况,而是与参照群体状况紧密关联。"广大贫困群体会因为参照物的不同而具有不同程度的主观感受,其贫困感也有一定差异。

二、农村相对贫困具有多维性特征

大部分贫困人群表现出多维度的贫困状态,"对贫困的认定必然要从满足最基本的生活需求的收入层面向更多维的相对贫困层面延伸"。[2]

一是居民消费的增长。当贫困户群体的绝对贫困得到解决之后,将逐步从生存型消费向发展型消费转变。如果无法实现可持续的收入目标,处于贫困线附近的贫困人口将会面对新的消费困境。二是需求逐步多样性。在进入了相对贫困时期之后,贫困群体对于美好生活的渴望日益高涨,但当前的城乡二元结构还没有彻底消解。这就造成了农村资源的匮乏,从而限制了贫困群体的发展需求,使其陷入相对贫困的境地。[3]

三、农村相对贫困具有长期性特征

处理好农村发展的不平衡不充分和社会保障不健全的结构性矛盾将是社会主义初级阶段治理相对贫困的关键。

一是在减贫效果方面,我国脱贫人口仍然存在着返贫、致贫的巨大风险。有些地区可以通过政府主导下实施的"短平快"项目来更快地实现减贫目标,但这类项目又面临着巨大的市场风险,从而陷入"扶贫-减贫-返贫"的循环。二是在脱贫能力方面,"社会阶层的层序结构由于占有社会资源或分配的不同而表现为实际上的不平等状态"。所以,把扶志和扶智作为扶贫的内在力量更要从长远谋划。三是在贫困治理方面,贫困的复杂性决定了贫困治理的长期性。因此,针对不同的地区要实施不同的扶贫政策。

四、农村相对贫困具有系统性特征

农村相对贫困的流动性、多维性、长期性决定了它的系统性。

一是在解决农村相对贫困问题上,重点实现"四个转变":从减少农村贫困率到构建新型的农村防返贫机制;从解决收入贫困为主的单一贫困向解决多维贫困转变;从农村"运动式"的减贫方式转变为常态的减贫方式;从解决农民温饱问题到缩小城乡贫富差距。二是从结构体系上看,我国农村相对贫困治理是一种比较多元化的减贫工作机制,"包含对不同治理主体的角色定位、职责分工以及互动机制进行约定,对和减贫相关的项目设计、执行与评估不断规范"。[4]

综上所述,农村相对贫困的特征决定了要在解决重点领域贫困短板问题的基础上,重视整体协同治理,既要降低贫困存量,又要预防贫困增量的发生。

参考文献

[1] 罗必良. 相对贫困治理:性质、策略与长效机制 [J]. 求索,2020(6):18-27.

[2] 牟秋菊. "后 2020"关于缓解我国农村相对贫困的思考 [J]. 农业经济,2020(2):67-68.

[3] 刘奇. 小康时代贫困治理新走势 [J]. 中国发展观察,2020(Z8):91-93.

[4] 苏海,向德平. 贫困治理现代化:理论特质与建设路径 [J]. 南京农业大学学报:社会科学版,2020(4):163-171.

(冀文静　青岛科技大学马克思主义学院)

"大思政课"视域下大学生廉洁观教育实践路径探索

一、大学生廉洁观教育面临的问题

首先,对于廉洁观含义及其重要性认识不充分。大学生廉洁教育属于德育工作的重要组成部分,在思想政治教育工作中发挥着至关重要的作用。其次,教师队伍相对薄弱且专业水平较低。习近平总书记明确指出:"教师是教育工作的中坚力量,有高质量的教师,才会有高质量的教育。要充分认识教师工作的极端重要性,把加强教师队伍建设作为教育事业发展最重要的基础工作来抓。"再次,廉洁教育信息化水平有待提升。如今,伴随着经济的发展和科技的进步,新一轮的科技革命和产业变革得到了快速的发展。5G、人工智能、大数据、远程教育等信息技术使得高等教育领域出现了深刻的变革。最后,协同联动育人过程尚存在弱项。大学生的廉洁教育是一个系统化、整体化的育人过程,需要将学校、家庭、社会乃至网络平台等各方资源进行整合,形成育人合力。

二、"大思政课"视域下大学生廉洁观教育实践路径

(一)善用"社会大课堂"

首先,要充分整合社会资源。将社会资源最大化利用起来的前提就是收

集、整合有用的社会资源。一是教材课程资源整合。教材是教学的主要参考物和载体,是课程的物质体现。要想加强廉洁观教育建设,思政课教材和课程的改革势在必行。改革需要进一步深化,建立起真正的集科学性、思想性、时代性、针对性、可读性于一体的立体化、网络化教材体系。二是历史文化资源的整合。习近平总书记指出:"历史是最好的教科书。对我们共产党人来说,中国革命历史是最好的营养剂。"[1] 廉洁观教育要充分整合挖掘"四史"文化资源,从中汲取营养,继承中华民族伟大精神,实现文化的创新性转化和创造性发展。三是善用网络新媒体。在信息化科技化的时代,互联网的发展为廉洁观教育实现带来了机遇和挑战。我们在整合网络优秀资源的同时,要防范网络不良思潮传播对思想意识形态的影响,提高辨别能力,引导学生坚定理想信念,弘扬社会主义先进文化和社会主旋律。其次,可以构建线上廉洁教育虚拟课堂,利用线上教学时间灵活、生动形象、形式多样的优势,搭建学习平台,提高教学吸引力、灵活性。

(二)科学运用"大数据",创新教学方法

我们处在一个"大数据"时代。习近平总书记指出,要"增强利用数据推进各项工作的本领,不断提高对大数据发展规律的把握能力,使大数据在各项工作中发挥更大作用"。[1] 因此,在推进大学生廉洁观教育过程中,我们要充分利用大数据,为高校思政课的改革创新提供强大动能。首先,搭建教学资源共享平台。通过共建共享平台,可以构建包含马克思主义基本原理、中国近现代史纲要、思想道德基础与法律修养、习近平新时代中国特色社会主义理论等国内先进思想和国内外各种先进文化思想等内容的理论资源库;构建包含各种优秀和典型教学案例的案例资料库;构建包含优秀教案和教学课件的教学资料库。搭建这种平台可以极大提高思政课教师查找学习资料的效率,推动思政课教师丰富自身教育教学的知识储备和经验,学习优秀思政课程,推动教学设计的进步。其次,搭建网络学习共享平台。在互联网时代的今天,当代青年都是"有线一代"。通过搭建思政课网络学习共享平台,通过网站、公众号、APP等,针对不同学段学生,既满足差异性,又能实现网络平台信息、方式、资源、实践、教学等共享,对学生起到直接或间接的思想政治教育作用。再次,推进高校思政教育理念、方法和管理创新。大数据时代要求思政课教师转变单纯依靠主观经验开展思想政治教育的传统理念,与时俱进,终身学习,培养新型育人观念,让互联网有效融入思政教育之中,打造"智能思政"。

（三）廉洁观教育融入"三全育人"

多元主体组成思想政治教育队伍。在"三全育人"理念指导下,高校的思想政治教育应当丰富教学内容和囊括多元教育主体。因此,高校应当重视思政教育教师队伍建设,通过优厚待遇和保障吸引更多专业人才来校任职,并建立有效的激励机制和灵活的晋升机制,实现他们的积极性和主动性的最大化。大学生廉洁观教育涉及高校的思想政治教育三个层面:思想政治理论课教育、课程思政和思想政治教育工作,分别涉及不同的教育主体。一是思政课教师。他们作为知识的传递者和讲述者,不仅自身要将廉洁作为行为准则和个人品德,而且要不断丰富自身知识体系,利用互联网络改进教育方式,创新教学方法,更好地利用社会和学校资源,丰富课程之中的廉洁教育内容,提升教育效果。二是专业课教师。专业课教师虽然并非专职的思政课教师,但是仍然需要去丰富自身思想政治教育理论,提升自身廉洁水平,并尽可能将廉洁教育融入专业课教学之中,对学生起到潜移默化的教育作用。三是高校党政等学生工作负责部门,也要提高廉洁教育意识,将这种思想融入日常学生工作管理和服务中,以学生为主体。

参考文献

[1] 习近平. 以史为镜、以史明志,知史爱党、知史爱国[J]. 求是,2021(12):4-12.

（丁洪君 青岛科技大学马克思主义学院）

中国特色反腐败之路的实践探索及完善策略

反腐败是坚持党的性质和宗旨的必然要求,是百年发展中自我革命的重要之役。中国共产党坚持马克思主义的基本主张,不断实现理论转化,形成了比较系统的、科学的反腐败理论和思路,走出了一条既具有鲜明马克思主义政党特色又适合中国国情的反腐败之路,继往开来、行稳致远,开创了反腐败工作新局面。党的二十大报告提出"腐败是危害党的生命力和战斗力的最大毒瘤,反腐败是最彻底的自我革命"[1]的科学论断。中国共产党坚守立党初心使命,全面贯彻新时代党的建设总要求,在进取中突破、于挫折中奋起,探索创立中国特色反腐败道路,确保党员干部知敬畏、存戒惧、守底线,建构中国特色反腐理论与制度体系,实现腐败治理旧题新阐释、难题新突破。

一、反腐败斗争是党自我革命的关键一役

反腐败斗争没有休止符，没有完成时，只有进行时。腐败治理具有长期性的特点，反腐败斗争不可能一蹴而就、毕其功于一役。要保持永远在路上的坚韧和执着，不给腐败问题任何反弹机会，要永远吹响反腐败冲锋号，久久为功，不断取得新的胜利。要对腐败行为零容忍，有腐必反、有贪必肃，容不得丝毫退让妥协，清除蜕化变质、谋取私利的害群之马。

二、中国特色反腐败道路的探索与发展

中国共产党深刻认识腐败的极端危害性和惩治腐败极端重要性，从自我革命实践中找寻答案，在自我修正、勘误中不断坚持真理，由弱小变得成熟强大，在百年艰苦卓绝的奋斗中走出了一条中国特色的反腐倡廉之路，形成了能够堪当历史和时代重任的强大领导力和执政力。

三、新时代中国特色反腐败之路的完善策略

增强党组织政治功能和组织功能，坚持党中央对反腐败工作全覆盖、全方位、全过程的集中统一领导。加强反腐败协调机制建设，健全各负其责、统一协调的管党治党责任格局。反腐败斗争必须坚持以人民为中心的检验标准，以最广大人民根本利益为根本出发点和落脚点。人民群众的支持和拥护是反对腐败最深厚、最强大、最有力的动力资源，要以实际成效取信于民。健全"自我净化、自我完善、自我革新、自我提高"体制机制。及时发现自身突出问题，用党规、法律和主题教育革除顽疾、去腐生肌，永葆青春活力。一体推进不敢腐、不能腐、不想腐，坚持惩治、整改、治理相结合，警示、办案、监督相贯通，为新时代新征程的反腐败斗争奠定基调。发挥政治巡视利剑作用。把握稳中求进工作总基调，坚持"稳"和"进"的辩证统一，遵循客观规律，创新方式方法，持续深化巡视整改，高质量完成巡视全覆盖任务，深挖政治毒瘤、肃清作风流弊、严肃党的纪律、消除腐败变种，增强预见性和主动性，以彻底的自我革命精神解决影响党的先进性、纯洁性的问题。

参考文献

[1] 习近平. 高举中国特色社会主义伟大旗帜　为全面建设社会主义现代化国家而团结奋斗——在中国共产党第二十次全国代表大会上的报告 [M]. 北京：人民出版社，2022.

（李　辉　青岛科技大学马克思主义学院）

廉洁文化培育助力"清廉之岛"建设的路径探析

建设"清廉之岛"是青岛市城市现代治理的重要任务,而廉洁文化作为其核心支撑和保障,具有不可替代的作用。在十九届中央纪委四次全会上,习近平总书记第一次将"推进不敢腐、不能腐和不想腐"提升到"反腐斗争的基本方针"和"新时代全面从严治党的重要方略"的高度加以强调。

一、廉洁文化培育助力"清廉之岛"建设的时代背景和研究价值

廉洁文化培育是提升社会治理能力和公共信任的关键环节。通过培养廉洁意识和价值观,可以引导公民和组织主动抵制腐败和不正行为,促进"清廉之岛"品牌建设向深向远发展。我国博大精深的传统文化深刻阐释了廉洁文化的重要性和内涵。廉洁文化在传统文化中被视为高尚的道德品质,代表着正直、廉明的行为准则。习近平总书记指出:"以德修身、以德立威、以德服众,是干部成长的重要因素。"2022 年 6 月 17 日,中共中央政治局就一体推进不敢腐、不能腐、不想腐进行第四十次集体学习。习近平总书记在主持学习时强调,要弘扬党的光荣传统和优良作风,开展有针对性的党性教育、警示教育,用廉洁文化滋养身心。[1]

二、廉洁文化培育助力"清廉之岛"建设现状分析

党的强大领导力、完善的制度建设、教育培训的加强以及社会共治的推进,为廉洁文化的培育提供了有力支持。这些努力取得的成果使得"清廉之岛"建设取得了显著的成绩,社会廉洁意识不断提升,腐败现象得到有效遏制。在中国共产党领导下的廉洁文化培育对"清廉之岛"建设起到了重要的助力作用。通过倡导清正廉洁的价值观,提升社会的道德素养和行为规范,完善制度建设和监督机制,能够推动"清廉之岛"建设不断向前发展,实现社会的公正、公平和可持续发展的目标。"清廉之岛"建设不仅关乎政府的形象和威信,更关乎社会的公平正义和发展稳定。廉洁文化建设和"清廉之岛"建设是全面推进党风廉政建设和反腐败斗争的基础和保障,也是实现全面建设社会主义现代化国家的迫切需要。

三、廉洁文化培育助力"清廉之岛"建设的路径

开展宣传教育活动,加强对廉洁文化的宣传和普及,增强公民和组织的清廉意识。倡导廉洁道德和公正行为,推动社会价值观向清廉方向倾斜。

（一）加强对公职人员和领导干部的廉洁文化建设的监督检查,自觉抵制腐败和不正之风

加强对公职人员和领导干部的廉洁文化建设的监督检查,是确保党风廉政建设和反腐败斗争取得持久胜利的重要举措。坚决贯彻党中央关于全面从严治党的要求,自觉抵制腐败和不正之风,营造风清气正的政治生态。

（二）建立良好的领导示范效应,通过身边榜样的力量引领其他人

领导干部作为党和国家的中坚力量,其言行举止直接影响着广大群众的思想观念和行为习惯。因此,领导干部必须以身作则,树立崇廉尚洁的良好形象,成为社会风尚的引领者。要形成全社会共同努力的局面,为青岛市的廉洁建设和政治生态的良好发展提供持续的动力。

参考文献

[1] 习近平在中共中央政治局第四十次集体学习时强调提高一体推进"三不腐"能力和水平　全面打赢反腐败斗争攻坚战持久战[J]. 旗帜,2022（7）:6-7.

（迟明松　青岛科技大学马克思主义学院）

党的自我革命对社会主义新农村精神文明建设的实践引领

一、党的自我革命的理论探析

中国共产党的自我革命是在长期革命实践中形成的一种重要理论和实践观点。在历史的洪流中,党不断地反思自身,通过自我改革,以适应新的历史阶段和挑战,这就是党的自我革命。党的自我革命的实质在于全面革命,即对党的思想、组织和作风等方面的深化改革。这并非简单的表面调整,而是要求从根本上全方位地对党进行革新。从这个角度看,全面革命实质上是党持续推进自身建设、不断提高自身领导水平和执政能力的重要路径。它将使党更好地适应社会主义现代化建设的新要求,更好地为人民服务,推动社会主义事业的发展。在思想上,党要坚持马克思主义的指导地位,不断推进党的理论创新和思想解放。在组织上,党要加强党的组织建设,健全党的组

织体系,提高党的组织效能。在作风上,党要坚持党风廉政建设和反腐败斗争,以营造风清气正的政治生态。

二、社会主义新农村精神文明建设的内涵与特征

精神文明建设是社会主义建设中的重要内容,其理论内涵和实质不仅对于推动社会主义新农村精神文明建设具有重要指导意义,而且对整个社会,包括农村和城市环境的精神文明建设都具有深远影响。社会主义新农村精神文明建设是中国特色社会主义事业的重要组成部分,旨在推动农村社会的全面发展和农民素质的全面提升。该建设有以下显著特点:以人为本,强调人的全面发展,注重关照农民的物质生活和精神文化需求,以满足农民的多元化需求为目标,追求人的全面自由和全面发展;强调乡土文化传承,依赖于传统文化的传承和发展,赋予乡村特色文化的保护和挖掘以至关重要的地位;[1]倡导绿色生态文明,鼓励农民积极参与生态文明建设,以实现农村经济、社会和生态的可持续发展。新农村精神文明建设的目标是推动社会公平正义,消除城乡差距,促进农民的平等权利和机会,以推动农民社会地位和待遇的提高。

三、党的自我革命在社会主义新农村精神文明建设中的策略设计

中国共产党的自我革命是其核心任务的一部分,对于推动社会主义新农村精神文明建设具有关键性的影响。在这一进程中,战略的设计与实施是至关重要的因素,关系到其行动的有效性和实际成果的实现。首先,明确的目标和任务是成功实施党的自我革命的基石。党的自我革命的主要目标是提高党的管理能力、决策水平以及领导水平,以推动国家经济、政治和社会事业的发展。其次,组织和领导的加强也是确保党的自我革命成功实施的重要环节。可以通过建立和完善组织体系,以及强化领导机制,来保证党的自我革命在各级和各领域得到全面和深入的贯彻。最后,强化监督和问责是保证党的自我革命真正实施和深化的关键环节,可以推动精神文明建设的深入进行。

参考文献

[1] 闫红果.乡村能人"烧头香"对农村精神文明建设的影响研究——基于浙北 H 市的考察 [J].科学与无神论,2022(6):27-35.

(白海滨　青岛科技大学马克思主义学院)

后 记

　　党的二十大报告号召,要保持清醒头脑,永远吹冲锋号,牢记反腐败永远在路上。党的二十届三中全会指出,深入推进党风廉政建设和反腐败斗争。站在开启全面建设社会主义现代化国家新征程的历史起点上,加强党风廉政建设和反腐败斗争,对于新时代更好地坚持和加强党的全面领导,推进新时代党的建设新的伟大工程,具有重要意义。近年来,青岛市围绕党风廉政建设主题持续发力,进行了一系列实践探索,推出了"清廉之岛"建设品牌,为理论探索奠定了深厚基础。自 2020 年以来,青岛市政治学会联合青岛市社科联和有关大学围绕党风廉政建设主题,多次召开学术研讨会,产生了较好的社会反响和影响力。2020 年 10 月,"'清廉之岛'建设与政治生态优化"理论研讨会在青岛科技大学召开。与会人员分别从习近平总书记关于政治生态建设与反腐败的重要论述,统一战线在建设"清廉之岛"优化政治生态中的地位作用,廉政文化培育助力"清廉之岛"建设路径,"清廉之岛"建设与政治生态优化长效机制等方面进行了多视角、宽领域的交流探讨。2021 年 7 月,"'清廉之岛'与中共百年廉政建设"理论研讨会在青岛市社会主义学院召开。与会人员围绕"'清廉之岛'与中共百年廉政建设"这一主题,从中国共产党廉政建设的百年发展历程、党的历史上不同阶段党风廉政建设的典型做法、党风廉政建设的制度优化、廉政建设的东西方比较等方面进行了交流研讨。2022 年 11 月,"学习党的二十大精神:'清廉之岛'与国企领域清廉建设理论研讨会"在山东科技大学召开。与会人员围绕党的二十大精神和国有企业在廉洁建设方面有关重大理论和实践问题,结合青岛地铁集团等我市国有企业的典型经验进行了研讨。2023 年 9 月,"'清廉之岛'与党的自我革命理论研讨会"在青岛农业大学召开。与会人员围绕党的自我革命理论与历史实践进程这一主题,从党的自我革命理论、党的自我革命历史进程、党风廉政建设、党的自我革命的实践探索等方面展开了研讨。

　　这一系列学术活动,吸引了省内外和青岛市大批专家学者的参与和关注,四次研讨会共收到学术论文 400 余篇。为更好地汇聚专家智慧,深入挖掘研讨成果,服务青岛市经济社会发展,研讨会主办单位专门成立编委会,组织编选组具体负责文集的筛选与编辑工作。该文集由邵勇、常春、孙涛、牛月永、郭江龙、郭士民、田雨、闫鑫淇具体负责选编,逢奉辉、王振海、曹胜、贾乐芳通稿审定。

文集由山东科技大学、青岛地铁集团提供资助，中国海洋大学出版社为出版付出了辛勤努力，在此一并致谢！由于受水平所限，文中定有不少错误和遗漏，敬请广大读者批评指正。

本书编委会